马克思主义理论研究
和建设工程重点教材

# 国际关系史

## （上册）

《国际关系史》编写组

主　编　朱瀛泉

主要成员

（以姓氏笔画为序）

王为民　计秋枫　朱立群

任东波　刘德斌　洪邮生

蔡佳禾　戴超武



高等教育出版社·北京

**二维码资源访问**

使用微信扫描本书内的二维码，输入封底防伪二维码下的 20 位数字，进行微信绑定，即可免费访问相关资源。注意：微信绑定只可操作一次，为避免不必要的损失，请您刮开防伪码后立即进行绑定操作！

**图书在版编目（CIP）数据**

国际关系史. 上册 / 《国际关系史》编写组编. --北京：高等教育出版社，2022.9（2024.5 重印）

马克思主义理论研究和建设工程重点教材

ISBN 978-7-04-057934-5

Ⅰ.①国… Ⅱ.①国… Ⅲ.①国际关系史-高等学校-教材 Ⅳ.①D819

中国版本图书馆 CIP 数据核字（2022）第 013428 号

国际关系史（上册）
GUOJI GUANXI SHI

责任编辑 王溪桥 马羚玮 封面设计 王 鹏 版式设计 于 婕 责任校对 刘娟娟
责任印制 沈心怡

| | | | |
|---|---|---|---|
| 出版发行 | 高等教育出版社 | 网 址 | http://www.hep.edu.cn |
| 社 址 | 北京市西城区德外大街 4 号 | | http://www.hep.com.cn |
| 邮政编码 | 100120 | 网上订购 | http://www.hepmall.com.cn |
| 印 刷 | 涿州市星河印刷有限公司 | | http://www.hepmall.com |
| 开 本 | 787mm×1092mm 1/16 | | http://www.hepmall.cn |
| 印 张 | 20.5 | | |
| 字 数 | 340 千字 | 版 次 | 2022 年 9 月第 1 版 |
| 购书热线 | 010-58581118 | 印 次 | 2024 年 5 月第 4 次印刷 |
| 咨询电话 | 400-810-0598 | 定 价 | 41.00 元 |

本书如有缺页、倒页、脱页等质量问题，请到所购图书销售部门联系调换



物 料 号 57934-00

# 目　录

## 第三编 全球性国际体系的形成

# 绪　论

国际关系史是人文社会科学的一个重要分支学科，许多高等学校历史学、法学和国际政治等相关专业将其设为基础课程。国际关系史教学的根本目的是使学生通过对这门课程知识的学习，提高对国际关系发展的历史进程及当今国际事务的科学认识能力，适应全球化背景下我国现代化建设事业的需要，培养具有全球视野、符合我国和平发展需要的人才。随着中国国际地位迅速提高，与世界交往日趋密切以及该学科领域研究的深入和拓展，国际关系史的教材建设处在一个新的起点上。

本教材阐述自古至今世界范围内国际关系演变的历史。我们在编写过程中遵循一个基本想法，即在唯物史观的指引下，努力使编写工作具有中国经验和世界经验相结合的视野。英、美等国虽然不乏有知名度的、值得借鉴的教材，但它们大多是从西方经验及其对历史的理解来阐释国际关系史的，存在着局限性和思想判断上的偏颇。中国是世界上最大的发展中国家，完全有可能做到将国际关系史的撰写建立在综合考察中国经验和世界经验（包括其他发展中国家）的基础上，从而使中国国际关系史教材的知识体系更符合世界和时代发展的潮流。换言之，我们认为，一部科学和客观的国际关系史，应以人类共同的而又具有多样性的历史经验作为基础，这是一个不可或缺的衡量尺度，也是我们为之努力的目标。

## 一、国际关系史研究的对象和范围

对于国家间关系的历史叙事与思考古已有之，源远流长。只是这些丰富的记述大多保留在历史学、法学（国际法）和政治学的著述和文献中，并没有形成一个专门的学科研究领域。国际关系史作为一门相对独立的学科是 20 世纪以后的事，这固然与现代科学知识分类的进步有关，但更直接的原因是人们比以往任何时候都更迫切地希望从对国际关系历史的探索中总结经验和发现规律，寻找诸如战争与和平、冲突与合作、和平与发展等与人类生存状态息息相关的时代重大问题的答案。因此，正是现实国际关系实践的需要促使人们凝聚起了把国际关系史当作一门学科加以研究的动力，推动了这个学科的生长和发展。

同时，国际关系史又具有明显的交叉学科的性质。自 20 世纪以来，国际关系史学科经历了从传统的外交史（Diplomatic History）研究到国际史（International History）研究的变化轨迹。传统外交史重视阐述国家间的所谓“高级政治”，在外交政策分析方面有它的长处，国际史强调国家（包括其他国际行为体）间“互动”的要素，并注重融入相关学科（如政治学、经济学、社会学、民族学等）的方法和成果，因此，大大拓宽了研究思路。国际关系的历史进程内涵丰富，交织着世界各地区的多样化发展和国际关系各个层面（政治、经济、社会、文化等）的相互影响。国际史研究由于从单纯的国家外交层面转向更广阔的视野，因而在涉及这些问题时更具有优势，传统外交史却显得力有不逮。目前即使是标示为外交史的作品，其内容和方法也多少吸收了国际史研究的特点。在国际关系史学术界，这种研究趋势的变化至今方兴未艾。

国际关系史是一门研究人类社会国际关系演变的历史进程及其规律的学科。世界政治和国际关系所构成的是个连续性和变革性并存的社会世界，这在很大程度上决定了需要用整体的观念和视角去把握其在历史进程中的阶段性和变化趋势。因此，不同国家（包括其他国际行为体）及其政策间的互动与由此而引起的国际关系状态的变化，乃至国际体系和国际格局的变动，应当是国际关系史研究的基本内容。由存在着互动联系的国际行为体组成的国际体系（International System，历史上有时也称国家体系，States System），由根据国家间（主要是大国或国家集团）实力对比和战略关系形成的国际格局，它们在历史上的嬗变和转换往往是国际关系演进过程中重大转折的标志，所以也成为国际关系史考察的重要路径。

国际关系史自然要包括对历史上不同国家的对外政策和外交进行阐述和分析，但这并不意味着只是孤立地从单个国家的角度看问题。对于作为国际社会中主要行为体的国家，我们不仅需要了解其对外政策和外交所赖以存在的国内背景和动因，而且应该了解它在国际体系中的地位，它与外部世界怎样相互联系，这种联系形成了怎样的国家间关系的状态。一国的对外政策和外交，是该国在特定的自身历史条件影响下对外部世界互动所作出的反应。因此，考察国别对外政策和外交，同样要求有整体视角，将其置于所处历史时代的国际大环境中。

国际关系史研究的范围是极其广阔的，涉及人类社会跨越国界活动的各个领域和国际关系的不同层面。在国家间关系中，政治关系通常是包括作为基础的经济关系在内的其他各种关系的集中体现。国家间政治关系的变化便是国际关系史研究的主要对象，这是由学科性质所规定的。与此同时，必须注意经济关系、军事关系、文化关系和宗教关系等对国家间关系变化所起的重要作用，使之与政治关系研究相结合。必须指出，国际社会中除了国家和国家集团以外，还存在着国际组织和非国家行为体。随着人类社会全球化进程的发展，它们的数量和门类越来越多，而且其跨国活动对国际关系进程的影响也在不断地积聚和扩大，甚至关乎世界发展的大势，这也是国际关系史研究中必须加以重视的。此外，不应忽视历史人物在国际关系史上的地位和作用。

## 二、本书的基本框架和内容

本教材分上、下两册，上册内容从古代至20世纪初，下册内容从20世纪初至今。根据国际关系在世界范围内演变的大趋势，全书列为五编二十章。为了说明全书的框架结构，这里对每编的列编意图、主题内容以及国际关系发展的基本线索进行集中的概述，以期通过对每编相应大时段国际关系主要脉络的梳理，基本反映出整个国际关系在世界范围内变迁的历史逻辑联系。每章的概述则放在各章正文的前面，读者可结合起来阅读。

第一编为前现代世界的区域国际关系。前现代即古代，也包括了欧洲的中世纪。人类社会绵延数千年，自国家产生以来彼此间发生交往联系，就有了国际关系。这些国家不是现代主权国家，但以城邦、王朝、帝国等前现代的政治实体形式独立地进行跨国活动，交往方式从经贸、文化的交流，到结盟、战争或征服等。限于生产力发展的水平和地理交通的阻隔，古代世界的国际关系主要是区域性的。尤其在那些人类文明发达的地区，国家间互动极为活跃，遂形成带着自身历史文化印记的独具特色的区域国际体系。它们的国际关系形态与现代欧洲国家体系下的“无政府状态”不同，表现了其别样的、丰富多姿的一面，是人类历史上国际关系实践的重要组成部分。这一编分章阐述了中国与东亚地区的封贡体系，欧洲从希腊、罗马体系到中世纪基督教教会与神圣罗马帝国“双驾马车”下的政治分裂与割据状态，中近东地区从苏美尔城邦体系到伊斯兰体系的变迁，南亚地区以印度为中心的国际关系的嬗变。把古代国际关系编入本书内容，其意义一是改变长期以来多以西方教材框架为摹本的编纂方法，国际关系并非只有所谓起源于欧洲模式的几百年，而是有着更为悠久而多样化的历史进程；二是通过展现前现代世界区域国际体系的多样性及其变化，启发对现代国际体系生命周期及其复杂性的宏观思考。

第二编叙述现代欧洲国家体系的形成和演变。17世纪中叶欧洲三十年战争后形成的威斯特伐利亚体系在国际史上有着划时代的意义，它所确立的主权国家原则使欧洲国际关系走出中世纪神权政治的樊笼而具有了现代性质。这是自约1500年以后欧洲在向资本主义转变过程中社会、经济、文化和宗教的巨大变革在国际关系领域的反映，适应了资本主义发展和民族国家形成的要求。然而这个体系本质上尊奉的是强权政治，物竞天择。在17—18世纪，欧洲国家间为了争夺领土、权势，并寻求在海外扩张，频繁地变换联盟，进行了一轮又一轮的战争。西班牙、荷兰、瑞典等国相继退出欧洲国际政治的中心舞台，法国、英国、奥地利、普鲁士和俄国逐步确立起大国地位，形成以这五强为核心的均势结构。18—19世纪之交的法国革命和拿破仑战争给欧洲国际关系造成强烈的冲击。但1814—1815年的维也纳会议所建立的体系恢复了欧洲大陆的旧秩序和英俄两个欧洲侧翼大国占优势的多极均势格局。虽然维也纳体系被认为创造了欧洲均势的百年“黄金时期”，但这个体系违背当时风起云涌的资产阶级民主革命和民族运动的潮流，它的一些重要安排到19世纪中叶实际上已遭瓦解。1871年，德国统一及其在中欧的崛起，再次改写了欧洲地缘政治的版图。在这几个世纪中，欧洲列强大肆进行海外扩张和殖民侵略，逐步取得了在世界政治中的支配地位。特别是作为资本主义生长和工业革命摇篮的英国，到19世纪中叶已成为世界性超级大国，它凭借经济力量和海上霸权，不仅扮演着欧洲均势的制衡者角色，而且建立起一个其殖民地遍布世界各地的“日不落”帝国，这前后的一个多世纪里，其在国际事务中有着举足轻重的影响。

第三编为全球性国际体系之形成。19世纪中叶以后，世界资本主义向帝国主义阶段过渡，欧洲体系及其规范在全球持续扩展，到20世纪初全球性的国际关系体系基本形成。世界上任何一个地区的重要事态都会牵动或影响国际关系的全局，世界政治成为各个地区联结互动的有机整体。囊括全球的世界资本主义市场和经济体系的确立、帝国主义殖民体系的形成、前现代封闭性区域体系的没落与瓦解等因素，都大大促进了国际体系全球化的进程。特别是由于资本主义政治、经济发展不平衡的加剧和世界力量对比与分布的变化，资本帝国主义列强瓜分世界和争夺霸权的斗争空前激烈，并形成了全球性的新格局。欧洲是世界政治的中心，但欧洲以外的美国和日本作为新崛起的大国力量登上世界历史舞台，并分别在美洲和东亚事务中起着关键性的作用。19世纪中叶以后欧洲国际关系的变化是值得注意的篇章，尽管俾斯麦为保证德国优势所实行的复杂的大陆均势外交常被奉为外交史上的经典，但他也留下了和平时期缔结正式同盟的遗产。随着19世纪90年代后争夺欧洲权势与海外殖民利益的斗争相互交织、愈演愈烈，欧洲到1907年由多极均势转变为德奥集团和英法俄集团的两极对峙格局，从而为第一次世界大战（简称“一战”）准备了条件。全球性的国际体系的形成实际上是从欧洲列强对世界各地侵略扩张就开始的长期的过程，本编中分章叙述了美洲、非洲和亚洲在这个过程中的国际关系及其变化。

第四编叙述20世纪上半叶两次世界大战以及这期间的国际关系。这两场战争使人类经历了前所未有的劫难，同时也改变了世界的面貌，并终结了欧洲数百年来在世界政治中的中心地位。两次世界大战的性质迥然不同，可是两者之间存在着一定的因果联系。“一战”是帝国主义的战争，主要战胜国为维持战后国际秩序和既得利益缔造了所谓“凡尔赛-华盛顿”体系的和平。然而正是这个严重失衡的脆弱性体系，给那些力图用武力改变秩序的“修正”国家提供了发动战争的最好土壤。当日本、德国在经济危机和极端民族主义的双重刺激下成为亚、欧战争策源地之时，西方主要大国采取错误的绥靖政策，以致助长了侵略者的气焰，使大战的再次发生变得不可避免。第二次世界大战（简称“二战”）是世界人民反对法西斯侵略的战争，在这场决定人类历史命运的大搏斗中，苏、美、英、中等国结成反法西斯同盟，经过浴血奋战，于1945年打败了德、日、意轴心国集团，赢得了世界的和平与进步。在此过程中，苏联和美国两大国依靠强大的实力取得安排战后世界秩序的主导权，并通过雅尔塔体系的合作确保反法西斯战争的胜利成果。本编中单设了一章叙述东亚从华盛顿体系建立到太平洋战争爆发前后的国际关系。其间中国人民抗日战争首先揭开了世界反法西斯战争的序幕并成为东方主战场，中国在这场战争中所作出的伟大贡献和牺牲奠定了其重新成为世界大国的基础。

第五编为20世纪中叶以来的国际关系，叙述世界由冷战的两极格局到冷战后多极化趋势发展的演变过程。“二战”以后雅尔塔体系的合作被美、苏两个超级大国争夺全球利益和战略优势的对抗和竞争，即所谓“冷战”所代替。冷战所表现的国家间关系的状态其实是国际史上一种常见的现象，例如19世纪英、俄在亚洲之大角逐。而在现在的国际关系历史编纂学中，冷战是专指20世纪中后叶以苏、美为首的东、西方阵营在世界范围内的总体对峙为格局的和平状态。这场冷战带有强烈的意识形态色彩，伴随着一波波的危机、局部热战和有限缓和，作为核大国的美、苏之间却始终没有发生直接军事冲突，最后因1989—1991年东欧剧变和苏联解体而告结束。冷战并不能涵盖“二战”后国际关系的全部历史，这个时期殖民体系瓦解和民族解放运动成为不可阻挡的潮流，一大批获得独立的发展中国家开始登上历史舞台，是国际关系中反帝反霸和寻求和平与发展的重要力量。此外，20 世纪 60 年代以后，东、西方阵营内部分化，出现新的力量中心，多极化趋势开始出现。

随着冷战的结束和经济全球化进程的加快，冷战后世界呈现为以美国为超级大国和欧盟、日本、俄罗斯、中国等主要政治经济力量构成的“一超多强”的格局。一批新兴经济体的群体性崛起、地区一体化的多样性发展等因素推动了世界多极化进程和全球治理体系的变革。当今世界处在国际力量对比发生深刻变化、国际体系演进变快的转折时期。一方面，和平、发展的时代大势不可阻挡；另一方面，世界面临的复杂性和不确定性因素增加。随着国际力量对比消长变化和全球性问题不断凸显，大国竞争和博弈日趋激烈；霸权主义和冷战思维依然存在，单边主义和贸易保护主义逆流抬头，局部战争、地区冲突以及恐怖主义和极端势力等也在威胁着世界的和平与稳定。冷战后世界最有历史意义的变化是中国的和平发展和崛起。中国秉持建设人类命运共同体的理念，努力构筑以合作共赢为核心的新型国际关系，全面践行中国特色大国外交，成为维护世界和平，促进共同发展和人类昌明繁荣的重要力量。中国日益走近世界舞台的中央，进一步加强了世界的多极化趋势。本编把冷战和冷战后进程联系起来，意在更为充分地认识当今世界政治变化的来龙去脉。

## 三、关于学习国际关系史的方法问题

国际关系的历史进程如同一幅峰峦叠嶂、气象万千的长卷，意蕴无穷。我们在学习和探索其奥秘的过程中，要有合理运用研究方法的自觉，才会取得长足的进步。前面论及的运用整体观念和视角、融合多学科研究方法等都是这门学科在研究方法上取得进展的表现。这里就涉及方法的基本问题谈几点意见。

1. 坚持马克思主义原理的指导对于培养学习国际关系史的正确方法具有重要意义。马克思主义的唯物史观和辩证法从根本上揭示了社会历史的客观基础和辩证运动。作为“极其完整严密的科学理论”，它是我们认识世界的思想武器，也是我们学习国际关系史的“伟大的认识工具”①。马克思主义关于社会基本矛盾、社会形态和社会发展规律的理论，它的国家学说以及阶级分析的方法

---

① 《列宁专题文集 论马克思主义》，人民出版社 2009 年版，第 68 页。

等，对于学习国际关系史而言都是极为重要的基本理论和方法。恩格斯晚年曾就“人们如何创造自己的历史”作过唯物史观的经典阐述，他说：“第一，我们是在十分确定的前提和条件下创造的。其中经济的前提和条件归根到底是决定性的。但是政治等等的前提和条件，甚至那些萦回于人们头脑中的传统，也起着一定的作用，虽然不是决定性的作用。……第二，历史是这样创造的：最终的结果总是从许多单个的意志的相互冲突中产生出来的……这样就有无数互相交错的力量，有无数个力的平行四边形，由此就产生出一个合力，即历史结果，而这个结果又可以看做一个作为整体的、不自觉地和不自主地起着作用的力量的产物。”① 人类社会国际关系的历史如此纷繁复杂，国际社会相较于单个国家而言有着更多的相互交错的力量在起作用。恩格斯这个富含哲理的历史合力论思想，给我们如何认识国际关系的变迁提供了一把方法论上的金钥匙。

马克思主义经典作家对历史上的国际问题和所处时代的国际政治有大量精辟而深邃的论述，是运用唯物史观和唯物辩证法进行国际关系历史研究和理论探索的典范。马克思、恩格斯关于世界历史的理论蕴含着对国际关系从地域性向全球性演变的规律性揭示；他们关于欧洲外交史内幕和近东、中亚等问题的著述深刻揭露了欧洲列强为争霸世界而相互勾结和争斗的图谋与伎俩；他们关于印度和中国的许多文章和时评，犀利地抨击了资本主义殖民统治的罪恶本质和列强对外侵略掠夺的野蛮行径。列宁在深入考察20世纪初世界政治经济的基础上对帝国主义的实质及其时代特征做了科学的剖析，有关论著还阐述了关于战争与革命的关系、不同社会制度国家和平共处的思想。在新的历史条件下，中国化的马克思主义发展了经典作家的国际关系理论和思想。毛泽东基于对世界基本矛盾和国际形势的战略判断，阐述了关于独立自主、和平共处、反帝反霸以及“三个世界划分”的思想。邓小平阐述了关于和平与发展是时代主题、独立自主的和平外交政策和倡导建立公正合理的国际新秩序的思想。习近平阐述了关于建设新型国际关系、构建人类命运共同体以及新时代中国特色大国外交的思想等。他们在这些著述中体现的立场、观点和方法，不仅帮助我们洞察历史上国际问题的本质，而且能启发我们如何从思想和方法论上学习和研究国际关系史。

2. 学会使用史学研究的方法，注意微观的实证研究和宏观思考的有机统

---

① 《马克思恩格斯文集》第10卷，人民出版社2009年版，第592页。

一。这个学科虽然有交叉学科的性质，但使用的主要是历史学的研究方法。国际关系史是一种历史叙事分析（Narrative Analysis），掌握可靠的基本史实是我们学好国际关系史的基础，因此必须重现史料的搜集和考证。国际关系史料极为宏富，各国政府的外交档案和文件，有关人物的记述，如书信、回忆录等，都是第一手史料，相关的研究成果如论著、论文等属于第二手史料。对于针对某个学习和研究课题所搜集的资料，我们需要借助一定的历史学技艺和外语知识，对之进行仔细的研读、鉴别和辨析，以确定史料的真实性程度和价值，去伪存真、由表及里；还要充分评估前人关于这个课题的耕耘得失，了解相关档案的最新解密情况及近期学术动态。只有在这样的基础上，才有可能在正确历史观的指引下，对历史上某国际关系问题或事件进行可信的叙事分析，得出科学的结论。也就是说要做好扎实的实证研究。这些具体的微观分析要防止只见树木不见森林，必须要有宏观视角上的把握，即了解该问题或事件在国际关系发展趋势中的地位和作用，见微知著。同时，科学的宏观框架是以大量可靠的实证研究为依据的，一部国际关系史如果只是简单化地贴上几个标签性的国际体系名称而忽视具体分析，并不能说清楚国家间关系变化的真实进程。我们在研究和学习中要努力使两者有机统一起来。

3. 正确处理好国际关系历史、现状和理论三者的关系，学习国际关系史不能与国际关系的发展现状和理论思考相割裂。国际关系历史考察的最终目的，还是要落脚到加深对当今国际事务及其变化趋势的认识和判断上。我们既要防止陷入历史的故纸堆，也要避免以今译古，重要的是要把握世界政治和国际关系发展中“源”和“流”的关系，以史为鉴，鉴往而知远。今天的世界是昨天的世界的继续和发展，所谓“欲知大道，必先为史”（龚自珍《尊史》），这也是我们学习国际关系史的意义所在。对于如何处理国际关系史与国际关系理论的关系，国内外学术界长期以来莫衷一是。国际关系史学家和理论家之间的争论与对话，不时地成为有关学术刊物上的一道引人瞩目的风景线。我们在学习过程中自然不能也无法回避这个问题。对此，我们一是要始终坚持马克思主义科学原理的指导；二是注意借鉴那些对国际关系历史进程确实起过重要影响或有解释力的优秀理论成果，因为这有助于揭示国际关系各种现象之间的联系，发现和总结国际关系历史变化的趋势及其规律性；三是必须认识到，人类社会国际关系的客观历史进程既是国际关系理论的根本来源，也是检验国际关系理论之科学性的唯一准绳。

# 第一编 前现代世界的区域国际体系

# 第一章　古代中国与东亚区域体系

中国是世界文明古国之一，在长期的历史发展中形成了中华一体的统一多民族国家。古代中国在东亚地区始终有着重要影响，它的文化观念、外交理念也在一定程度上塑造了东亚区域国际体系。古代中国拥有自己独特的天下观，这一观念在中国封建王朝的长期对外交往中得以展现。中国大体上呈现出以下发展轨迹：春秋战国时期诸侯国邦交活跃，秦汉至魏晋时期中国对外关系初始发展，唐宋元时期对外关系开放且发达，明清时期对外关系出现扩展和转折性变化。随着中国对外交往范围的扩大，与中国发生联系的国家从周边近邻扩展到南亚、西亚乃至欧洲及非洲。与此同时，由于与东亚其他国家的频繁互动，中国文化传播到东北亚、东南亚，促成了东亚文化圈的形成，使儒学成为东亚多元文化中举足轻重的一部分。汉字、儒家文化、中国式的律令制度、中国化的佛教等构成了东亚文化圈的重要元素。在两千多年中国与周边国家关系的变迁中，逐渐形成了以中国为中心的东亚封贡体系，并臻于完善。这种体系是建立在政治册封、朝贡贸易和一定文化认同的基础上的，是一种以和平为基调的封建性藩属关系，反映了古代中国长期在东亚国际秩序中的主导地位。它不同于现代西方殖民宗主国与被殖民国家间基于不平等条约所构建的关系，而是一种独特的前现代区域体系。

## 第一节　古代中国的对外关系

### 一、古代中国的天下观

在古代中国，从有文字记载的商、周时代至秦朝统一后的历朝历代，秉承的都是一种独特的天下观。早在《诗经·小雅·北山》中就有“溥天之下，莫非王土；率土之滨，莫非王臣”[①] 的阐述。在儒家思想传统中，个人作用的发挥也要从修身、齐家到治国、平天下。天下，在中国某些典籍中是与地理范围相关联的，如在《礼记·王制》中提出了中国与夷狄的概念，即位于天下中央

① 《诗经·小雅·北山》，《十三经注疏》本，中华书局 1980 年版，第 463 页。

的为中国，其他四方分别为东夷、西戎、南蛮、北狄，这五方共同组成了天下。但更多时候，天下并非一种实体层面上的地理观念，它是中国人对于自己所生存的世界和世界秩序的构想。

古代中国，虽然没有对确定的疆域界限的明确划分，但对于国家所统御的地理范围有大致清晰的认识。古代中国有内与外的区分，在历史演进中，对内外观念所指涉的地理范围存在着多样化解读。比如最初的内指王畿地区，外指王畿之外；后来长城作为边域形成，长城以南指内，长城以北指外；此外还存在着把中华作为内，把夷狄作为外的情况。但“内外相对的用法，并不意味中国和邻邦或藩属之间没有疆界”①。而广义的天下则远远超越了国家的界限，将当时所能认知到的时空界限都看成天下的一部分。

从明清之际著名思想家顾炎武所提出的亡国与亡天下的区分中，也可窥见天下观与国家观的不同。顾炎武在《日知录》中指出：“有亡国，有亡天下。亡国与亡天下奚辨？曰：易姓改号，谓之亡国；仁义充塞，而至于率兽食人，人将相食，谓之亡天下。”② 由此可见，国家与具体的行政统治相关，而天下则以民众为主体，是全体民众的集合体，重在民生，并不区分具体的国家。

古代中国的天下观是一种崇尚和谐的世界秩序观。尽管在中国的天下观中会出现中国与夷狄的区分，在《尚书·禹贡》篇里也出现了对于“五服”制度的描述，即在王畿周围，分别以五百里为单位区分出甸服、侯服、宾服（或称绥服）、要服、荒服，进行不同程度的管理与教化，尽管其中或有一定的等级秩序和统属关系，但实际上这些区分主要是基于文化的区分。中国的天下观本质上是和谐世界的思想：“西方人视国外尽是敌，抑不许敌我之相安而并存。中国人之天下，则敌我一体，同此天，同在天之下，同为人，不同一政府，此谓小别而大同。”③

在天下中，可以存在不同的国，而不同国家间也可能有文化上的差别，或是有强弱区别，但无论是在儒家思想看来，还是在一些中国古代政治家看来，与其他国家的和平共处不仅利于本国发展，也利于天下和谐。在《左传》中，管仲就曾阐述，对待其他国家的最好方法为“招携以礼，怀远以德，德礼不

① 杨联陞：《国史探微》，新星出版社 2005 年版，第 2 页。

② 顾炎武：《日知录集释（全校本）》（中），黄汝成集释，栾保群、吕宗力校点，上海古籍出版社 2006 年版，第 756 页。

③ 钱穆：《晚学盲言》，广西师范大学出版社 2004 年版，第 173 页。

易，无人不怀”①。中国的天下观最终希望实现的是一个大同世界，即如《礼记·礼运》篇中所描述的情景：“天下为公，选贤与能，讲信修睦。故人不独亲其亲，不独子其子，使老有所终，壮有所用，幼有所长，矜寡孤独废疾者皆有所养。”② 因此，在古代中国的天下观中，“协和万邦”，天下的大同与和谐才是世界的根本追求。

## 二、春秋战国时期的诸侯国邦交

在春秋战国时期（前770—前221），西周（前1046—前771）以来奠定的周天子与诸侯的政治组织体系得以延续。周天子是名义上的最高政治、军事首脑，也被视为天下的统治者，而诸侯则在各自封地内拥有最高管辖权。

在西周时期，各诸侯国的力量消长不甚明显，但是到了春秋战国时代，作为政治与军事实体的各诸侯国不断扩张自己的势力，形成了形势复杂的互动。随着周王室不断衰微，春秋五霸会盟，及至后来战国时期七雄并起，春秋战国时期诸侯国之间出现了频繁的邦交活动及相互关系的变化。这些邦交活动形式多种多样，纵横捭阖之间，关乎着国家的命运以及战争与和平的前景。这个时期丰富的邦交实践以及当时众多政治家、谋略家和思想家关于邦国间关系的异彩纷呈的论说，对于后世中国对外交往有着深远的影响，也是世界上关于国家间政治思考的最早的、最为丰厚的思想资源之一。

春秋战国时期诸侯国的邦交互动具有以下特征：

第一，周天子具有象征性的权威。春秋战国一般被认为是逐渐转向礼崩乐坏的时期，所谓“礼乐”实际上是确定周天子与诸侯等级关系的制度，这一制度的不断被打破，一方面见证了天子与诸侯体系的松散，另一方面促成了霸主与依附国体系的形成。但在此过程中，周天子仍是一种象征性的权威，仍是表面上的天下共主，诸侯还要借助天子的名义行事，“一般盟主用了‘尊王’、‘攘夷’的口号联合诸夏成为一个集团，禁抑篡弑，裁制兼并”。③

第二，霸主或大国与小国形成控制与依附关系。春秋时期先后成为霸主的齐国、晋国、楚国等国和战国时代的七雄齐、楚、燕、韩、赵、魏、秦，皆属于大国；其他国家相对为小国，总是不断地根据形势变化选择不同的依附对

---

① 《春秋左氏传·僖公七年》，《十三经注疏》本，中华书局1980年版，第1798页。

② 《礼记·礼运》，《十三经注疏》本，中华书局1980年版，第1414页。

③ 童书业：《春秋史》，山东大学出版社1987年版，第239页。

象。大国对于依附自己的小国具有一定的支配与干预权力：如小国要定期向其所依附的大国供奉财物；大国一旦与其他国家开战，依附国要配合采取军事行动；大国有对依附国的巡视权力；依附国内部陷入纷争，大国往往成为依附国的求助对象。但大国与依附国之间的关系不一定是长久稳定的，随着大国力量的消长和小国对自身利益的权衡，小国对大国的依赖是动态的，即不同时期同一小国可能依附于不同的大国，从而使春秋战国时期的诸侯国关系颇为复杂，形成了动态的结盟与敌对关系，这也是春秋战国时期邦交体系的重要特点。

第三，缔结的条约能够得到一定程度的遵守。缔结条约是国际关系中的重要内容。春秋战国时期的条约不似今天国际关系中的明文法，当时的会盟多是在仪式举行的同时确定盟约的内容，即确立霸主地位或者依附关系等，例如战国时期的会盟即有齐、魏浊泽之会，韩、魏宅阳之会，秦、赵渑池之会，等等。在盟书的缔结过程中，各国也要不断进行磋商，最后就盟书的内容达成一致，这一过程中各种外交手段得到应用。一旦缔约成功，会盟诸方都会在一定程度上遵守约定。

第四，血缘联系与道德规范对于诸侯国间的外交甚至战争有一定程度影响。虽然春秋战国时期规范周天子与诸侯关系的礼乐制度渐趋崩坏，但血缘联系与道德规范仍然在诸侯国间的关系中发挥着作用。属于同一血缘姓氏的诸侯往往更容易结成联盟；大的诸侯国在干预其他诸侯国的内政时也可以将道德原因作为依据；在一些战争中依然恪守礼仪规范。如在公元前 638 年的宋、楚泓水之战中，楚军进抵泓水南岸时，宋军已占据有利之地，在泓水北岸列阵待敌，但宋襄公认为仁义之师“不鼓不成列”，要等待楚军渡过泓水列阵完毕后才发起进攻，结果宋军大败。

## 三、秦汉至魏晋时期的对外关系

自秦始皇（前 259—前 210）统一六国，中国进入了大一统的中央集权封建王朝时代。秦朝（前 221—前 207）统一了货币、度量衡和文字，开始提升整个国家的凝聚力。随着大量驰道的修建，各地交通网络渐趋打通，全国范围内的政治、经济、文化联系日益紧密。尽管秦朝很快灭亡，中国陷入楚汉之争，但这并没有对全国范围内的联系造成破坏。全国性的联系在西汉（前 202—8）、东汉（25—220）时期进一步加强，中国达到了一个繁荣昌盛的高峰期。魏晋南北朝时期，中国内部出现了分裂与战争的局面，虽然行政统属有时分属于不同的政权，但是各区域的整体联系并未割裂，中国已成为一个稳固的整体。

秦汉至魏晋南北朝时期（前221—589），中国的对外关系取得了初步发展。两汉时与东北亚的朝鲜和日本都建立了联系，《后汉书》中记载了朝鲜半岛上马韩、辰韩、弁韩并存的情况，也记载了位于朝鲜半岛东南的大海中的日本处于一个多国并立的时期，自汉武帝（前156—前87）后，这些并立的日本诸国中，“使驿通于汉者三十余国”。当时与中亚、南亚国家甚至更西国家的交往，得益于汉武帝年间的张骞（约前164—前114）两次出使西域（前138和前119）。张骞曾派使节抵达当时的安息（今伊朗一带）。安息国王在接见汉朝使节后，还派出使节回访汉朝，从此汉王朝与安息建立了正式联系。张骞也曾遣副使至身毒（印度北部），身毒国使节随汉使到长安，两国开始正式往来。张骞凿空之举，正式打开了中原与西域及更西地方的交通路径，它不仅使中国第一次同西域地方诸国①和安息等国建立了政治联系，而且推动了著名的“丝绸之路”的形成，开创了中西交流史的新纪元。此后，中外通过这条沟通欧亚陆上交通的丝绸之路，进行经贸和文化往来。汉时对东南亚地区已有相对清晰的了解，并与之有了一定程度的交往，如《汉书·地理志》中记载了位于今马来西亚的都元国、位于今泰国西南的邑卢没国、位于今缅甸的夫甘都卢国等。

东汉时期的汉朝统治者仍然十分重视丝绸之路在沟通中外经济、文化交往中的重要作用。东汉时的西域都护班超，更是把视线投向了当时同样强盛的大秦，即罗马帝国。97年，班超派遣使节甘英出访罗马。尽管甘英没有如预想中的那样到达罗马，但甘英的西行，进一步拓展了丝绸之路，到达了许多从未到达过的国家，最终行至波斯湾一带，使非洲红海沿岸的一些国家了解到中国的存在并派遣使节前往中国。166年，罗马商人来到中国，以安敦王名义向汉桓帝（132—167）赠送礼物。

除陆上丝绸之路外，还有一条海上丝绸之路连接着中国与其他国家。中国古代海上丝绸之路始于公元前2世纪，汉武帝开辟了从雷州半岛的徐闻、合浦，经东南亚至南印度的海上交通。中印之间的海上丝绸之路开辟后，中国丝绸源源不断地输入印度，在那里同来自地中海的罗马商人进行交易。

魏晋南北朝时期，中国与马来半岛国家、马来群岛国家以及狮子国（今斯

---

① 此后在公元前60年，西汉统一西域，设立都护府，作为管理西域的军政机构。

里兰卡)、天竺(印度次大陆)、波斯、大秦等国，先后建立了经贸往来。在魏晋时期，日本和中国的联系也日益紧密。413 年，统一了多国并立的日本的大和国主动同中国建交，自此一直到 502 年，先后多次向东晋及南朝宋、梁等遣使朝贡，请求册封。

### 四、唐宋元时期的对外关系

中国封建社会发展到隋唐时期(581—907)，达到了盛世阶段，中国的对外政策十分开放，对外交往取得了重要成绩。此后历经五代十国，到宋元时期，对外关系仍进一步发展。整体上唐宋元时期，对外关系是开放和发达的。

隋唐时期的中国是当时世界上最为先进、文明和发达的国家，也是亚洲各国对外交往的中心。这一时期，尤其是唐朝，同亚洲许多国家建立广泛而密切的政治、经济、文化联系，如新罗、百济、日本、天竺、狮子国、泥婆罗(今尼泊尔)、骠国(今缅甸)、赤土(今泰国)、真腊(今柬埔寨)、室利佛逝(今印尼苏门答腊地区)、大食(阿拉伯帝国)、波斯、拂菻(东罗马帝国)等国。各国使节、商人、学者等不断到访唐朝的都城长安及其他地区。长安是当时的国际大都会，各国使节云集，出现了“万国衣冠拜冕旒”的盛世景象。唐朝的使臣、僧侣、商人也不断地前往其他国家。

唐朝是中外经济文化交流大发展的时代。中国的丝绸、瓷器通过陆、海丝绸之路大量运往亚洲各国；造纸术也于此时传入阿拉伯地区，之后传入欧洲促进了西方文明的发展；一批批新罗留学生和日本遣唐使将唐朝的先进文化和制度带回母国，推动了东亚文化圈的形成；唐朝高僧玄奘(602—664)、义净赴印度求法和译传佛经，对中国佛教有很大影响。玄奘还写下了《大唐西域记》，此书后来成为研究这一时代中亚和南亚次大陆地区历史、地理和交通的宝贵文献。

面对繁荣的外交局面，唐朝设有鸿胪寺接待各国使节宾客，在各地设商馆招待外商，设互市监督管理对外贸易，还在广州设立了市舶使。长安、洛阳、扬州、广州、兰州、凉州、敦煌是唐朝对外贸易的重要城市。

为适应对外关系中的频繁往来，唐朝时开辟和形成了发达的交通体系。陆上交通方面，如以长安为中心：北路经蒙古到叶尼塞、鄂毕两河上游，往西达额尔齐斯河流域；西路即陆上“丝绸之路”，走河西走廊，出玉门关，经天山南北可分别通中亚、西亚、南亚；西南路经西川、吐蕃(今西藏)，可达尼泊尔、印度，或经南诏、缅甸到印度；东路经河北、辽东到朝鲜半岛。海路交通方面，往东可以从登州（今蓬莱）、楚州（今淮安）、扬州或明州（今宁波）等几条路线出海，到达朝鲜半岛或日本。前往东南亚、南亚和西亚等地，有条"广州通海夷道"，即从广州出发，沿中南半岛、马来半岛，通过马六甲海峡，进入印度洋；先后经过今斯里兰卡和印度次大陆，越阿拉伯海，进入波斯湾；从那里连接沿阿拉伯半岛航行的"西岸路"航线可达非洲东岸。[①] 这是当时世界上最长的海上航线，对于亚洲各国经济、文化交流具有重要意义。

唐朝对外交流的极大繁荣与唐朝的对外政策紧密相关。唐朝时期采取兼容并蓄的开放对外政策，唐太宗李世民（599—649）将华夷放在相对平等的地位看待，称"自古皆贵中华，贱夷狄，朕独爱之如一"，采取了"远夷存抚"的方针。这种较为开明和包容的态度使唐朝时期的对外交往达到一个高峰。

两宋时期（960—1279）对外交往的重要发展是海外贸易。宋朝政府为了增加财政收入，对海外贸易十分重视。唐朝时仅在广州设有市舶使，北宋则先后在广州、杭州、宁波、泉州等多地设立市舶司，专门管理海外贸易。南宋时造船业发达，进一步促进了海外贸易的繁荣。在两宋时期，与中国通商的有 50 多个国家。这个时期中国和非洲地区的关系有了进一步的发展。在东非海岸的摩加迪沙、布腊伐、桑给巴尔、马菲亚岛、基尔瓦等地，都发现过唐代和宋代的钱币；在格迪、奔巴岛、桑给巴尔、坦噶尼喀和基尔瓦，也发现过宋代的瓷器和瓷器的碎片。这些都是中国与非洲海上交流的历史见证。

元朝（1271—1368）时实现了广泛的民族融合，强化了中华一体的格局，对于中国之外其他国家和地域的认知更为丰富。和平交往是元朝中外关系的主流。随着中外交通的发达，对外关系得到进一步发展，这个时期中国与欧洲直接交往的范围有了明显扩大，与波斯和欧亚草原之间的往来比过去更为频繁。各国使节、商人往来不绝，中外贸易十分活跃。在中国的各大城市，不仅有波斯、阿拉伯的商人，而且出现了欧洲和非洲的商人。意大利人马可·波罗在中国居留 17 年，曾在元朝政府任职，由他口述、其他人整理而成的《马可·波罗行纪》生动描述了元朝的幅员广阔和工商业的繁荣，此书后来成为西欧国家了解中国的重要资料。

## 五、明清时期（1840 年前）的对外关系

明朝（1368—1644）处于中国封建社会的晚期，是当时亚洲具有重要影响

① 参见陈高华、陈尚胜：《中国海外交通史》，中国社会科学出版社 2017 年版，第 37—38 页。

的强大国家。明朝建立后对周边邻国采取睦邻友好政策，对外关系取得显著的扩大和发展。明太祖朱元璋（1328—1398）确立了以“不征”为基本国策的外交方针，积极推进官方主导的朝贡贸易，同时出于巩固统治和维护海疆安全考虑而实行海禁。到明成祖朱棣（1360—1424）时，对外更是积极拓展，“锐意通四夷”。为了宣扬国威，加强与海外诸国的联系，他派郑和率领船队出使西洋。① 从永乐三年至宣德八年（1405—1433），郑和先后七次下西洋，访问了亚、非 30 多个国家和地区，最远到达红海沿岸和非洲东海岸地区。郑和船队中的“宝船”为世界上最大的海船；随行人员多时达 27000 多人，其中包括使臣、官兵、水手、工匠等各类专业人员。船队每至一地都表达明王朝的通好意愿，并在当地开展贸易活动。返航时一些国家派出使者随行，如郑和第 6 次下西洋回国时有 16 国遣使 1200 人“贡方物至京”。在永乐年间，有 60 个国家共 240 多次访问中国，其中有 8 位国王。15 世纪初叶郑和下西洋比欧洲大航海早了半个多世纪，是世界航海史上空前的壮举，也是中国对亚洲海上国际贸易网形成的伟大贡献。郑和远航扩大了中国与海外国家的友好联系，促进了经济文化交流。在此之后，中国移民南洋的人增多，对南洋的开发起了巨大作用。明朝还多次派遣使臣出使中亚，加强了与中亚各国的政治、经济往来。

明朝一直存在日本海盗（倭寇）侵扰中国沿海地区的外患，这也是明王朝从建国一开始就实行海禁的重要原因。嘉靖年间（1522—1566）倭患最为严重，此时日本处于战国时期，在封建诸侯的支持下海盗活动十分猖獗，而中国东南沿海有一些从事海上走私的豪富巨商组织海盗集团，与倭寇勾结，形成“真倭十之三，从倭者十之七”的局面。他们结穴于海岛，出没于江、浙、闽、粤等沿海地区，攻掠乡镇城邑，烧杀抢劫，危害百姓。到嘉靖末年，在戚继光等名将率领下，明朝军民经历大小八十余战，终于基本荡平倭寇。抗倭斗争的胜利一方面解除了倭寇对中国沿海的长期侵扰，另一方面也为明朝开放海禁创造了条件。隆庆元年（1567），明朝宣布“准贩东西二洋”，开放福建漳州月港，设立督饷馆管理民间海外贸易。“隆庆开关”标志着明朝对外政策的重大调整，民间海外贸易合法化后得到迅速发展，促进了晚明中国国内市场与世界市场的相互连接和发展。

明朝在周边国家中与朝鲜的关系最为密切，两国之间的贸易也一直络绎不

① 明初时把今文莱以西的东南亚和印度洋一带海域及沿海地区称作西洋。

绝。16世纪末，日本统一后丰臣秀吉（1537—1598）掌权，积极策划征服朝鲜的战争，进而图谋中国。1592年，日本侵略朝鲜。明朝应朝鲜请求，两次出兵援助，经两国联军共同奋战，到1598年赢得对日战争的胜利。明朝万历年间的援朝战争维护了朝鲜的独立，也保证了明朝的安全，对东北亚国际关系格局产生了长远的影响。

明朝时，中国与伴随着新航路开辟而东来的西方早期殖民势力，已有最初的碰撞和互动。最早到来的葡萄牙人先后以武力侵占中国沿海屯门、双屿岛等地，均被明朝军队打败驱逐，之后葡萄牙人改变策略，1557年以借地晾晒货物为名入居澳门，交地租银，明广东官方允其贸易纳税并设守澳官加强控制，澳门成为明朝管辖下的一个特殊的侨民社区，亦是晚明时期广州的外港和中外贸易中心。① 荷兰人曾侵占澎湖被明军驱离，1624年转而侵占台湾南部，1642年又赶走侵入台湾北部的西班牙人占领全岛，但南明时郑成功于1662年收复台湾，将荷兰殖民者驱逐出境。16世纪后期耶稣会来华，以意大利人利玛窦为代表的传教士采取接受中国文化习俗的“适应”策略，受到明朝官方的礼遇。他们通过结交徐光启等开明士大夫，介绍和传播天文历法、数学、地理学、物理学、火器制造等西方科技知识，同时又把博大精深的中国文化经典译介到西方，进而出现了“西学东渐”和“中学西传”相结合的中西文化交流期。

清朝（1644—1911）是中国历史上最后一个封建王朝，也是中华民族获得空前发展和历史命运发生重大转折的时期。清朝前期（1644—1840）历经康乾盛世，国力强盛，疆域辽阔，巩固了中国多民族国家的统一，奠定了现代中国的版图。对外关系方面，在发展与周边国家传统关系的同时，与西方国家的关系逐渐成为中外关系的主要内容。清朝在前期始终保持外交自主权，维护和保障了作为亚洲大国的独立地位和领土完整。与此同时，这个时期清朝所面对的世界局势正在经历巨大的变化。西方资本主义列强为了掠夺海外市场，加紧了对远东地区的殖民活动和扩张，而清政府对此采取了闭关自守的被动防御政策。这种政策虽然有防御外患的目的，但并不能从根本上扼制西方殖民势力的入侵，反而使自己逐渐地隔绝和落后于世界的发展。清朝后期（晚清，1840—1911），随着中英鸦片战争的爆发，中国历史进入近代时期。

---

① 参见万明：《中国融入世界的步履——明与清前期海外政策比较研究》，社会科学文献出版社2000年版，第263—273页。

清朝取代明朝之初，为了与东南沿海的抗清势力斗争，清廷厉行海禁，禁止商民出海贸易，甚至实行迁海令，将沿海居民迁入内地。1683 年，清朝统一台湾，之后解除海禁，设闽、粤、江、浙四海关开海贸易。但到乾隆（1711—1799）年间，由于英国殖民者在中国沿海进行非法的活动，1757 年清朝政府开始限制外国商人的通商地域，只准其在广州通商，并通过颁行《防范外夷规条》、设立行商制度等措施对外商进行严格管理，如外商不得在广州过冬，凡外来的一切人员、船只、货物和纳税必须由官府指定本土行商担保和办理相关事务等。1793 年和 1816 年英国两次派使团来华，企图打破广州一口通商的限制，皆以失败告终。

清朝与周邻国家的联系依然较为紧密。清朝定都北京以后，朝鲜与中国双方使节每年往来不断。这种往来关系一直维持到甲午战争。自明初以来，琉球与中国的关系就很密切，其 1373 年的第一个朝贡使团便是前往明朝。清朝建立以后，琉球使节于 1646 年来华，受到顺治帝的接见。从此，琉球使节与清廷往来不断，一直持续到 19 世纪 70 年代末琉球被日本侵占。从乾隆年间开始，越南与中国保持长期的友好关系，直到中法战争打破这一状态。东南亚的苏禄国（菲律宾南部）也曾遣使到清廷朝贡。

清朝时期，北方的沙皇俄国 17 世纪后向中国的东北黑龙江流域伸展势力，以雅克萨为主要据点，进行扩张和抢劫骚扰。1685 年和 1686 年清朝两次出兵围攻雅克萨，俄军死伤惨重，被迫求和。1689 年 9 月双方经过协商，签订了《尼布楚条约》，确定了中俄东段边界，从法律上肯定了包括库页岛在内的黑龙江和乌苏里江流域的广大地区都属于中国领土。1727 年，双方又签订《恰克图条约》，确定双方中段边界以及相关贸易安排。这是中国在鸦片战争被列强侵略之前，以实力为基础，自主地通过签订条约的方式解决国际争端的重要记录。

清朝虽然经历了康乾盛世的鼎盛时期，但鼎盛之下孕育着危机。乾隆后期吏治腐败严重，中国封建制度的弊端日益显现，在对外关系上也越来越丧失了开放气度。虽然从经济总量上讲，中国曾经处于世界前列，“中国凭借着在丝绸、瓷器等方面无可匹敌的制造业和出口，与任何国家进行贸易都是顺差”①，但是这种优势并没有转变为经济结构和体制的根本性变革。而此时，欧美国家正处于资产阶级革命时代，欧美资本主义通过工业革命，大幅提升生产效率和

① ［德］贡德·弗兰克：《白银资本——重视经济全球化中的东方》，刘北成译，四川人民出版社 2017 年版，第 115 页。

科技水平，积蓄着后来居上的力量。在西方列强迅速崛起的同时，中国的封建统治者依然以“天朝上国”自诩，满足于封建自然经济结构下“无求与人”的状态，故步自封，闭关自守，他们对世界范围内工业革命的历史性变动茫然无知，看不到当时世界发展的大势和中西力量对比正在发生的变化，坐失应变自强的机会，随着时间的推移，造成了落后于世界整体发展的被动局面。

到清朝后期（1840 年后），在西方列强纷至沓来的侵略中，腐朽的封建统治、落后的生产力使此时的中国沦于被动挨打的境地，中华民族面临空前的生存危机。与此同时，面对数千年未有之大变局，中国人民奋勇抗争，开始了争取民族独立和振兴的新的探索与奋斗。

## 第二节 中国与东亚文化圈

### 一、中国文化在东南亚的影响

中国地处东亚，有着五千多年绵延不断的灿烂文明。中国与东南亚的政治、经济、文化交往开始的时间早，持续的时间长。中国作为当时东亚地区的核心国家，对东南亚文化产生了重要影响。

东南亚地区，受中国物质文明影响最早且最大的国家当属越南。早在公元前 3 世纪到公元前 2 世纪，中国的农耕技术、铁制农具等就开始传入越南地区。秦汉时期，中国的制陶技术、养蚕技术、造纸技术也先后传入越南。越南运用中国的造纸技术，结合本地的原材料制造出的带有香味的纸张还一度颇受中国文人的欢迎。隋唐时期，中国的印刷术已经传到越南，越南印刷刊刻了很多儒家经典与汉译本的佛经。到宋元明清时期，中国与越南的经贸联系进一步加强，中国各个时期的瓷器、漆器等在越南都有发现。此外，越南的古建筑更是受到了中国风格的影响，亭台楼阁、城墙宫殿都能看到中国建筑的影子。

东南亚的其他国家也在不同程度上受到了中国的影响。老挝的酿酒、养蚕、种茶、造纸、纺织等技术都是不断向中国学习所获得的。中国在明清时代与老挝的贸易也较为频繁，大量丝绸、瓷器等输入老挝，对老挝的商品供给多样化产生了积极作用。在中国与泰国的贸易往来中，泰国不断从中国输入丝绸、瓷器等物品，还采用中国的度量衡，并专门学习中国的制砖工艺用以建筑大型宫殿。马来西亚、印度尼西亚等国，在历史上也不断从中国输入物质文化。郑和下西洋更加深了中国与这些国家的联系，此后，它们与中国的贸易联系更为频繁。

中华文化不仅在物质文化发展方面对东南亚各国产生了影响，在制度文化的许多方面，也促进了东南亚各国的制度建设。越南不断学习和模仿唐宋两代的制度，包括官制、学制、法制、礼制、田制和税制。可以说，越南的许多制度都是在中国的影响下形成和发展起来的。

中国的汉语文字在古代相当长的一段时间内，对东南亚各语种的文字有广泛的影响。越南是历史上长期使用汉字的国家。古代越南曾在使用汉字的同时，假借汉字和仿效汉字结构的原理与方法，创造了具有表音、表意功能的越南语文字“字喃”；而越南官方，仍然以使用汉字为正统。这一状况一直到19世纪越南开始创制新的拉丁化越南文字为止。在菲律宾，有一部分地方语言的词汇来自中国的闽南语，菲律宾的一些地方剧种还受到了中国戏剧的影响。汉语对于丰富缅甸语、泰语、马来语等东南亚主要语言的语汇，也起了不同程度的作用。

由于汉语影响的广泛性，以语言文字为依托的儒家思想在东南亚地区也受到了相当程度的重视。例如越南仿效中国实行科举考试制度，开科取士，考试内容多以“四书五经”为本。国家还不断地奖励儒学教育与儒学研究。在社会伦理上，越南也受到儒家纲常名教的影响和熏陶，强调礼、义、忠、信、孝、悌等儒家道德伦理对社会的重要作用。在泰国，由汉语书写的中国名著《三国演义》曾以书面形式在社会上广为传播，学校一度把它当作解释中国历史的教科书和汉语写作的范文，并被视为治国用兵的珍贵典籍，成为泰国将领学习战略战术的必读书目。汉译本佛经在东南亚的流传，也使中国化的佛教在东南亚地区有着一定程度的认同度。

作为中国文化重要载体的民俗文化，由于更贴近普通百姓的生活，所以在东南亚的传播十分广泛，如在缅甸、菲律宾、印度尼西亚、文莱等东南亚诸国，很多民俗与中国相同或者相近：中国的十二生肖、燃放孔明灯、用灯花占卜等习俗，至今仍在缅甸流传；在今天，许多菲律宾的食物和餐具名称是中国名称的音译；文莱有一部分人所穿的衣服、所戴的金属装饰品都与中国的相似。

除了文化本身的传播之外，华人在东南亚社会中还占有相当的比重。在漫长的历史时期中，中国人不断漂洋过海来到今马来西亚、印度尼西亚、菲律宾、泰国、缅甸等地定居。这些华人的海外移民群体一方面带去了中国本土的各种技术，另一方面将中国的文化观念、民间习俗带到所在国，在华人融入当地社会的过程中，也不断使中国文化融入当地文化。因此，中国文化对于东南亚的影响源远流长，至今仍然是构成东南亚文化的重要因素。

## 二、中国与东北亚诸国的文化交融

日本是中国的重要近邻，中日交往绵延两千多年，中国文化对日本文化的形成和发展有重要影响。早在秦汉时期，中国就已经和日本诸岛上的国家开始了往来。稻作农耕技术和铁器、青铜等中国物质文明，通过中国大陆移民经朝鲜半岛传往日本，使日本文化发生了巨大的变化。汉字传入日本的时间也比较早。日本原来“无文字，唯刻木结绳”。3 世纪末，朝鲜半岛上百济人把《论语》《千字文》等大量汉字书籍带入日本，推动了日本接纳汉字。到唐朝时，日本派大量遣唐使访华，他们回国后进一步推动了汉字在日本的传播和使用。735 年，唐玄宗命袁晋卿为护送使，随同日本遣唐使赴日。此后，袁晋卿居留日本，因熟悉《尔雅》等典籍，被任命为音博士，他对于汉字在日本的传播发挥了积极作用。

隋唐时期日本遣使来华的目的是学习和吸收中国文化，因而日本很重视使团人员的选拔，特别是正使、副使、判官、录事等官员。遣唐使将大量中国典籍输入日本，中国文化不仅风靡日本封建社会上层，还广泛波及社会制度、建筑风格、文学艺术、民间风俗等各个方面。645 年日本发生的大化改新，就是以“中华化”为目标。遣唐使引进唐朝典章律令，推动了日本社会制度的革新，如日本的第一部成文法典《大宝律令》是一部以刑法为主、诸法结合的法典，对日本社会制度的发展起着至关重要的作用，而该部法典正是以唐朝的《永徽律》作为蓝本制定的。

日本还仿效唐朝教育制度，开设各类学校，教授汉学，培养人才。在日常生活中，中国的茶叶种植也在日本得到推广，人们仿照唐朝的服饰创造了和服。日本人还借用汉字偏旁或草体创造出日本的假名文字。中国的书法、绘画、雕塑、音乐、舞蹈等艺术，经过消化改造，融为日本民族文化，围棋、马球等体育运动也是由中国传入日本。在这期间有些中国人也积极向日本传播盛唐文化，其中比较著名的有 8 世纪中叶鉴真和尚东渡日本，向日本传播中国化佛教。日本奈良至今仍有鉴真主持修建的唐招提寺遗迹。

隋唐以后，中国文化仍不断地传播到日本，如宋朝时期的程朱理学和明朝时期的王阳明心学，形成了日本的朱子学、阳明学。宋元时期，中国的对外贸易十分发达，中日之间经贸往来频繁，中国的造船、航海技术也传播到日本。

到了明朝中后期，由于倭寇之患，中日之间的往来开始减弱，但仍未断绝。在清朝中后期，中日两国同时面临着列强入侵的局面，魏源的《海国图志》曾在日本激起了强烈的反响。日本在明治维新后走上富强的道路，也引发了中国开明知识分子的反思。

中国与朝鲜半岛的联系与交往更为久远和密切。中国与朝鲜半岛人民有着三千多年的交往历史，中国的文化也对朝鲜半岛国家产生了深远的影响。

朝鲜半岛从政治制度、文学艺术，到科学技术、民族风俗、礼仪规范，均受到了中国文化的熏陶。早在秦汉时期，中国郡县制度、钱币制度以及金属器皿、丝绸、漆器等都已传往朝鲜。汉字的传入约在中国战国至汉初这段时间，“据朝鲜史书记载，公元 1 世纪初，就有不少朝鲜人会背诵《诗经》《书经》《春秋》等中国典籍”。① 朝鲜在此之前是没有文字的，汉字传入后便被接受并广泛使用，朝鲜半岛成为东亚文化圈的主要组成部分。15 世纪中叶朝鲜创立了自己的“训民正音”文字，但汉字仍然在官方文件、学者著述中经常使用。这种情况一直持续到 19 世纪末。

魏晋南北朝时期，当时的前秦皇帝苻坚曾派遣僧人前往朝鲜半岛，带去了大量的佛经、佛像，使佛教传入朝鲜半岛。南朝的宋、齐、梁、陈还通过海路与朝鲜半岛国家互派使节赠送特产。4 世纪，朝鲜仿照中国教育制度，设立学校教授儒家经典。在隋唐时期，百济、新罗等朝鲜半岛国家不断派出使节到中国学习，带回大量中国典籍。根据《新唐书》的记载，隋唐时期，朝鲜半岛国家研习的中国经典除了“四书五经”之外，还包括《史记》《汉书》《后汉书》《三国志》《昭明文选》等。除儒家经典外，朝鲜还重视学习中国的中医中药、天文历法、建筑技术。

在选拔官僚方面，朝鲜学习中国的科举制度，大量通晓儒家典籍、通过科举考试的人才进入官僚阶层。在行政组织上，朝鲜半岛国家也不断效仿中国，如新罗就按照中国的行政组织模式，在中央设立执事省，相当于唐之尚书省，地方设州、郡、县、乡，也与唐朝相似。

---

① 王介南：《中外文化交流史》，书海出版社 2004 年版，第 57 页。

宋元时期，中国与朝鲜半岛的联系依然密切而频繁。这一时期有很多中国的文人、武士因为中国的战乱等因素，前往朝鲜半岛，并被委以重任。这些人进一步促成了朝鲜半岛在文化与制度上的汉化。北宋毕昇发明的活字印刷术传入朝鲜，朝鲜把泥活字加以改造，制成金属活字，之后大量刊刻中国的典籍，进一步加快了中国文化在朝鲜半岛的传播。

明清时期，中国与朝鲜建立了友好的关系。1392 年，李氏朝鲜建立，与明朝往来密切。倭寇之患波及朝鲜时，中国向朝鲜输出硫黄、火药、武器等军用物资，后曾援朝抗日。

### 三、东亚文化圈的特征

由于中国文化在东南亚和东北亚地区具有广泛而深刻的影响，古代东亚地区形成了一个独特的东亚文化圈。东亚文化圈是世界文化中独特的一部分，“不论在人种、书面文字系统、家族结构、生产方式、生活方式、政治文化等方面，都有历史形成的共同性与相关性，与西方基督教文化圈或西亚北非伊斯兰文化圈相比具有鲜明的独特性”①。

东亚地区涵盖的国家众多，因而东亚文化圈内部也存在着广泛的多样性，这种多样性包括以宗教为载体的来源于印度的佛教文化、来源于西亚地区的伊斯兰教文化，也包括东亚内部各国不同的文化习俗。但从文化圈的独特性来讲，中国文化对于东亚文化圈的生成有着至关重要的作用。它对于东亚文化圈的贡献主要表现在以下方面：汉字、儒家文化、中国式的律令制度、中国化的民俗、中国化的佛教与中国的科技要素。

文字是文化的重要载体，汉字不仅是中国的主要书写文字，也为朝鲜、日本、越南及其他东南亚国家所广泛使用。汉字不仅在文化圈诸国国内成为文化的重要载体，而且一直在东亚各国之间起着重要的沟通媒介作用。有的国家是直接借用汉字，有的国家是在汉字的基础上创造出本国的文字，也有的国家将汉字或多或少融入其本国官方语言或地方语言之中。

儒家文化一方面具有安身立命的功用，强调个人的修养与发展；另一方面也具有治国安邦的作用，强调民本，强调仁政。儒家文化是一套实际且理性的原则，目的是维护社会的秩序和人自身的发展。

---

① 罗荣渠：《现代化新论——世界与中国的现代化进程》，北京大学出版社 1993 年版，第212 页。

中国式的律令制度包括科举制度、刑罚制度、郡县制度等层面，正是各个领域的复杂制度得以支撑中国在封建社会中不断发展出盛世期，并使中国的文化与历史绵延久远。在长期的文化交流之中，中国式的律令制度不断被周围的国家吸收与借鉴，促进了东亚文化圈中其他国家律令制度的成熟，对于整个东亚地区的社会发展具有积极作用。

民俗是文化的重要组成部分，并且深入大众，中国式的节庆习俗、婚丧嫁娶习俗、休闲娱乐习俗在历史过程中潜移默化地融入东亚其他国家民众的日常生活之中，民俗的相同或相近对于整体东亚文化圈的生成起着不可或缺的作用。

中国化的佛教是将中国的儒家、道家思想与佛教禅悟融合为一体的佛教，中国化佛教中的很多思想体现了中国文化中的人生观、世界观。在中国自身进行佛教改造与传播的同时，中国化的佛教伴随着东亚其他国家的遣使来华、刊刻汉文佛经以及中国僧人的海外传教而得以在整个东亚地区产生重要影响。

中国的科技要素包括天文历法、中医中药、算学等，这些科技要素一方面切实地应用于农业生产、疾病治疗、土木工程之中，另一方面又以独特的形式影响着东亚人共同心理的形成，因此，科技要素同样是构成东亚文化圈的重要因素。

东亚文化圈之所以是世界文化中独特的一部分，就在于其拥有独特的构成要素，这些要素形成了独特的文化特征。简言之，东亚文化圈的特征可以概括为集体本位思想、兼容并蓄精神、中庸和谐观念。

与西方现代文明崛起过程中强调个人本位、个人自由不同，东亚文化圈中的儒家思想自诞生之初就强调集体本位观念，强调个人是集体的一部分。当然，这种思想绝不是忽视个人的作用，儒家思想从强调个人的修身养性开始，但是最终端的目的不是执着于个人，而是治国、平天下。重视集体本位，就要重视个体在集体中的合作关系，强调每个人都要遵从道德与礼制，遵从符合礼制的社会秩序，从而推动整个社会的发展。集体本位的思想希望以一种“老吾老以及人之老，幼吾幼以及人之幼”（《孟子·梁惠王上》）的行为方式促成大同世界的实现。

兼容并蓄精神是东亚文化的又一特质，中国文化最初强调华夷之别，但华夷之间没有森然的壁垒，只要后者能够在文化上提升、在文明上进步，就可以成为华夏文明的一部分。之后中国在处理与周边国家的关系时也是如此，有一种海纳百川、兼容并蓄的精神，在与东亚国家的交往中倡导的也是厚往薄来，不断将自身的物质文化、精神文化输入周边国家，与周边国家保持友好关系。

中庸和谐观念，在东亚文化圈中，既可以体现在个人生活上，也可以体现在社会组织上，还可以体现在国家交往上。中庸强调不偏不倚，适可而止，如在处理人与自然的关系时强调一方面要利用自然，另一方面又不可向自然索取过多。和谐指不同的事物、事物的不同部分之间，可以多元统一、和平共处。和谐是东亚文化圈对秩序追求的最高目标，而达到和谐的手段就是中庸。

## 第三节　东亚封贡体系

### 一、中国与东亚封贡体系的缘起和发展

古代存在着诸多相对独立、自成一体的区域，东亚便是其中具有明显特征的一个。从国家间关系的角度看，东亚区域存在着一种迥异于现代国际关系的东亚封贡体系。中国是这一体系的中心。作为一个幅员辽阔、人口众多的封建国家，中国与周边各国有着悠久的历史文化联系，其儒家文化对东亚各国有着广泛的影响，因而在它与周边国家的交往过程中，逐渐形成了以封贡制度为交往模式的天朝大国与藩属国间的东亚封贡体系。

这种封贡制度的渊源可以追溯到中国的先秦时代，周天子分封诸侯，建立了封贡制度。它最初特指天子与诸侯之间隶属关系的模式，后来中原的封建王朝把它作为“羁縻”周边地区少数民族政权的一种制度，同时它又被逐渐扩展成中国封建王朝对外交往、处理与周边国家关系的一种主要模式。古代中国与周边国家之间通过这种模式构建起双向互动的基本要素，即中国封建王朝通过“册封”的形式来确定尊卑上下的名分，而周边国家以携带方物进贡的形式向中国皇帝“朝贡”，并获得中国皇帝的“回赐”，双方由此确立起正式的官方外交关系。东亚封贡体系即中国封建王朝与周边邻国所形成的这种以封贡关系为基础的国际关系体系。尽管历史上不同时期中外封贡关系所涉及的国家和地区范围有所变化，但中国和近邻东亚国家的封贡关系是最为长久和相对稳定的。

东亚封贡体系是中国与东亚各国在长期的历史交往以及东亚文化圈的互动过程中，所构建起来的东亚地区秩序的基础。中国是这个封贡体系中的主要册封国，其他国家是朝贡国。在历史的进程中，东亚有一些实力较大的其他国家

也希望让其周边的国家对自己进行朝贡，于是在某个历史时期，可能同时存在以其他国家为中心的相对小范围的封贡体系。这虽然使有关国家的封贡关系复杂化，但从整体看，并不构成对东亚封贡体系本身以及中国作为主要册封国地位的根本性挑战。

封贡体系的形成和发展是一个长期的过程。在秦汉时期，就已有周边国家开始向中国朝贡，形成封贡关系。如西汉初期汉高祖曾遣使给称臣的南越王“即授玺绶”；东汉中元二年（57）日本岛上倭奴国奉贡朝贺，光武帝赐予金印，其印文为“汉委奴国王”。《汉书》记载，日南徼外（东南亚）诸国“自武帝以来皆献见”，《后汉书》记载，永建六年（131）有叶调（爪哇）遣派使来华朝贡，还载有东汉时“条支、安息诸国至于海濒四万里外，皆重译贡献”①。这一时期中国与周边国家的水陆交通仍不通畅，尚未建立起稳定的封贡体系。

在魏晋南北朝时期，与东北亚国家间的封贡体系渐趋稳定。朝鲜半岛上的新罗、百济等国已经开始频繁向中国遣使朝贡，并获得相应的册封。238 年，日本有邪马台国女王卑弥呼曾派遣使节携带奴隶、土布等来华请求“朝献”，魏明帝在洛阳接见使节，册封卑弥呼为“亲魏倭王”。到南北朝时期，日本正值“倭五王时代”，日本与南朝刘宋政权的关系较为紧密，曾在刘宋政权存续期间（420—479）遣使朝贡 10 次。魏晋南北朝时期来华朝贡的东南亚、南亚国家也较以往增多，如扶南（柬埔寨、老挝一带）曾分别遣使向西晋，东晋，南朝的宋、齐、梁、陈朝贡。

隋唐大一统时期，与周边国家的封贡关系逐渐稳固，封贡体系趋于成熟。《通典》上记载，大唐贞观以后，“声教远被，自古未通者重译而至”。② 盛唐时期，与中国建立朝贡关系的国家和地区 70 多个。自唐高祖武德七年（624）到唐代宗大历七年（772），中国史书上有明确记载的中亚诸国的朝贡就有 200 多次。在唐代，封贡体系开始向制度化方向发展，在唐代文献中，“朝贡”一词已作为专用术语频频出现。除了设鸿胪寺管理诸番朝贡事务外，礼部的主客郎中和兵部的职方郎中分别负责接待司礼和绘制有关朝贡使节的图形等工作。对于朝贡国的赏赐，以及对朝贡国国君的册封都更为稳定，比如在朝鲜半岛，新罗国王长期被封为唐朝的都督，一直持续到唐朝末年。

---

① 范晔：《后汉书》卷八八《西域传》，中华书局 1965 年版，第 2910 页。

② 杜佑：《通典》卷一八八《海南序略》，中华书局 1988 年版，第 5088 页。

两宋时期，虽然中国境内一度存在多个地方政权，但与周边国家的封贡体系仍有进一步的发展。首先是封贡体系制度化方面逐步完善。中国辽、金、宋政权与朝鲜半岛的高丽之间都建立了封贡关系，它们对于册封等礼仪细节的规定更为明晰，如在金朝和高丽之间，当金国出现国丧时，高丽要派出两期使臣（奉慰使、祭奠使）前往祭奠，而高丽有国丧时，金朝也会相应派出使臣前往祭奠。其次是来华朝贡国的数量和朝贡次数依然众多。根据《宋会要辑稿》所载，向宋朝朝贡的国家有 26 个，朝贡次数达 300 余次。东南亚、南亚国家来华朝贡比之前更为频繁，这一定程度上得益于宋朝海路的畅通。北宋比较看重封贡关系的政治意义，柔远人以饰太平，对朝贡贸易不加限制，赏赐无度。南宋时注重发展海外贸易，市舶贸易繁荣，朝贡贸易降到次要位置。中国与东南亚国家交往较多。交趾或安南在两宋时期与中国维持了稳定的封贡关系，自北宋太祖开宝六年（973）至南宋度宗咸淳九年（1273），交趾或安南遣使入贡不下 60 次。

元朝建立后，伴随着其对所辖地域的开拓，之前的一些水陆交通障碍也被克服。元朝初期的对外征战曾对封贡体系造成一定的消极影响。总体上，元朝推行积极的对外政策，不断向海外派遣外交使节，促使各国与元朝建立和发展了较为稳定的朝贡关系。元代的驿站遍布全国，为历代之最，贡物的转运全赖驿站之力。东南沿海一带对外贸易尤为活跃，如在泉州，蕃商云集，贡使往来不绝。据《元史》等记载，元朝有 34 个国家来华朝贡，朝贡次数超过 200 次。

## 二、明清时期的东亚封贡体系

明朝建立后，大力强化封贡制度，积极发展中国与周边国家的友好关系，周边国家在与明朝的交往中也增强了对封贡关系的认同和对中国的向心力。明朝频繁派出使臣到东亚国家举行特别册封典礼，并多次向海外各国宣谕，表达明朝积极的外交态度，鼓励和招徕海外诸国来华朝贡。《明史》中曾记载朱元璋自述："命使出疆，周于四维，足履其境者三十六，声闻于耳者三十一，风殊俗异。大国十有八，小国百四十九。"① 洪武年间遣使 30 次访问 12 个国家，有 17 个国家的使臣访问中国。由于明朝前期的统治者实行政治上"怀柔远人"的和平外交政策和经济上"厚往薄来"的原则，中外封贡关系异常活跃，遣使

① 张廷玉：《明史》卷三二四《暹罗列传》，中华书局 1974 年版，第 8398 页。

来华朝贡的国家空前增多，永乐年间郑和下西洋时期达到最盛期。明朝逐渐全面建立起以中国为中心的东亚封贡体系。据明代典籍所载，明朝时来华朝贡的国家超过了100个，其中主要朝贡国为朝鲜、琉球、安南、暹罗、占城、日本、爪哇、真腊、满剌加和苏门答剌等。

明朝时与周边国家的封贡关系实现了常态化与制度化，它所确立的封贡制度，较之以前历朝都更完备，发展到相当缜密的地步。明朝规定各国遣使朝贡，必须呈递官方文书即所谓表文，通过“奉表称臣”体现朝贡的政治属性。明朝根据朝贡国不同，规定一年、二年或五年一次等不同的贡期（朝贡时间），指定浙江、福建、广东等地不同的贡道（朝贡路线）以及朝贡使团居留地。明朝还颁布准贡勘合，即一种许可证制度，规定凡贡使来华需先验证勘合真伪，故朝贡贸易也称为勘合贸易。此外，明朝对于朝贡的规模也做出一定的规定，其中主要是限制朝贡使团的人数和朝贡礼品的多少。因为根据厚往薄来的原则，明朝要加倍回赐；如果不加限制，就很容易增加朝廷的财政支出。

明朝在中央和地方设置了一系列管理机构，以保证封贡体系在符合礼仪规范的情况下运行。在中央，主要由礼部负责，如制定朝贡时间、路线和辨别朝贡者的身份等，下设主客司负责具体的朝贡工作。明朝在京城设置了会同馆，接待各朝贡国使团，它同时也是使团除“正贡”外所携带的“附至番货”进行贸易的场所。中央设有鸿胪寺负责朝贡仪式，还设有培养对外官员的行人司。在地方，每到朝贡季节，各沿海地方政府或者驿站要积极配合朝贡国使节按照既定路线前往京城。明朝政府恢复宋元旧制设置了宁波、泉州、广州三处市舶司，管理外国海船的朝贡事务。由于严厉的海禁政策，市舶司有时也被停摆。

根据朝贡国与明朝政治隶属关系的强弱和对中国文化的认同程度，明朝封贡体系中的朝贡国家大致上可分为几类。第一类国家在政治上明确称臣、定期朝贡，它们是封贡体系中最重要的部分，国内往往采取明朝的年号和历法。境内一旦出现政治动荡或者外敌入侵，多会向明朝求助，明朝就会派兵帮助平定乱局或驱除外侮。这类国家包括朝鲜、越南等国。第二类国家没有明确与明朝达成臣属关系，但也接受明朝皇帝的册封，与明朝维持一定程度的政治联系。这些国家专注于经济贸易甚于政治联系，对于明朝的朝贡期限也没有确定的时间与频率，如日本、苏门答剌、暹罗、爪哇等国。第三类国家则主要出于经济目的加入封贡体系，一些国家有时由商人充当朝贡使节，名为朝贡，实为贸易。明朝对于这些国家的册封也流于表面，缺少实质内容。

明初政府出于彰显自己中华正统和大国威望的需要，极为重视封贡体系中的政治联系，而朝贡贸易则服务于政治考量。通过“厚往薄来”，争取“四夷”来朝，体现自己“天下共主”地位，而较少考虑经济利益。由于明朝同时实行海禁政策，即所谓“非入贡即不许其互市”，这就使得朝贡贸易成为中外经济交往的唯一途径。在明朝前期，官方积极推动下的朝贡贸易，对扩大与海外各国的联系和经济交流起了重要作用，但后来随着社会经济的发展和国内外市场需求的扩大，这种官方垄断的朝贡贸易逐渐陷入困境。一方面民间私人海上贸易禁而不止，冲破阻力悄然兴起，另一方面“厚往薄来”实际上有违商品经济的规律，朝贡贸易成为明朝政府沉重的财政负担，难以持久，明朝君臣开始认同“不欲疲中国以事外蕃”。15 世纪中叶，明朝停止了对外国朝贡使团的派团护送，15 世纪末又开始对外国朝贡使团的“附至番货”征收实物税。一些原本就“虽去修贡，实则慕利”的朝贡国随着所获利益的减少，前来进贡的次数逐渐减少。明朝中期，“四夷来朝”盛况不再，朝贡贸易趋于衰落。

到了清朝，东亚封贡体系进入了它的最后阶段。清朝为了昭示其统治的合法性，沿袭了建立封贡关系的传统对外交往模式。清朝的封贡制度基本上承继明朝旧制，但因客观形势和条件的不同，清朝构建封贡体系有其自己的特点。

清朝在与周边国家建立封贡关系的过程中，并没有频繁遣使域外，招徕朝贡，而是采取了基于实力地位的宽严相济的政策。对于原来明朝的朝贡国，必先谕令其缴回明朝颁发的封诰印敕，作为确立新的封贡关系的前提，否则“绝其贡使”。这与明初四处宣谕、“有贡必封”有明显不同。与发展中外封贡关系相比较，清朝统治者更为重视安邦治国和在此基础上的开疆固土。康熙皇帝（1654—1722）曾言：“外藩朝贡，虽属盛事，恐传至后世，未必不因此反生事端。总之，中国安宁则外衅不作，故当以培养元气为根本要务。”① 清朝与周边国家建立封贡关系的基本目的是在保障大清疆域安全稳定的前提下，建立自身的藩篱和屏障。清朝皇帝在对周邻一些朝贡国的敕谕中强调的是“永作屏藩”，约束本部，“永守边界，不生事端”。清朝与它们发展边境贸易，也是有着稳定边疆地区的考量。清朝的封贡体系实际上是一个关注边疆稳定和“自身安全的防御体系”。②

---

① 赵尔巽：《清史稿》卷一五三《俄罗斯志》，中华书局 1977 年版，第 4483 页。

② 陈尚胜：《中国传统对外关系研究》，中华书局 2015 年版，第 169—170 页。

清朝把外部国家分为所谓“朝献之列国”和“互市之群番”，明确将藩属关系与通商关系加以区别。“朝献之列国”即与清王朝结成藩属关系的国家，通常向清朝称臣，奉正朔，按清廷规定的贡期、贡道遣使朝觐清帝，交纳贡物；清廷则给以册封、赏赐，同时对其使臣在华的朝贡贸易予以免税。朝贡国自居藩臣，但拥有处理本国事务的自主权。朝鲜（1637年开始入贡）、安南（1660年开始入贡）、琉球（1651年开始入贡）、暹罗（1652年开始入贡）、南掌（1729年开始入贡）、苏禄（1726年开始入贡）、缅甸（1750年开始入贡）七国被清朝礼部列为正规的朝贡国，都是东亚周边国家，它们构成了清朝封贡体系的主体部分。其中清廷尤其重视朝鲜、安南、琉球，只对这三个长期使用汉字文化的国家派遣使团前往册封，“钦命正副使奉敕往封”，对其余朝贡国的册封皆是“敕授来使赍回”。另一类所谓“互市之群番”，则是被清朝以“王者无外”的宽厚之怀，允诺与之“互市”的国家，包括葡萄牙、西班牙、荷兰、英国和俄罗斯等。这些国家使节来华与清廷交往，清朝规定其必须遵行朝贡礼仪，清廷亦例行赏赐和颁发敕谕，但无册封之举。此种朝贡礼仪体现的是“天朝上国”俯临万邦的心态，实际上与其并不存在着政治隶属关系。这些国家只限于互市通商，即“往来贸易，严奉约束”。也有一些国家不认同朝贡礼仪，由此发生不少争端。此外，清朝另设置了理藩院来处理国内边疆地区的民族关系以及部分境外国家（西部、北部周边国家）的朝贡事务。

清朝的朝贡国数量不及明朝前期，这一方面与清朝本身对于封贡关系采取了相对务实的方针有关，另一方面也受到16世纪初以后西方殖民势力东侵造成周边国家情况变动的影响。但与明朝相比，清朝与周边国家建立的封贡关系较为稳定。这种情况一直持续到1840年鸦片战争爆发。在清朝后期，西方列强的殖民扩张席卷了整个亚洲，亚洲政治、经济格局和国际关系发生根本性变化，不仅清朝长期的藩属国相继失去独立地位，变成了殖民地，而且清朝自身也遭到西方列强的野蛮侵略，沦于半殖民地境地。在西方以强权为核心的殖民体系和强势的“条约体系”的冲击下，作为前现代国际体系的东亚封贡体系最终瓦解。

### 三、封贡体系和东亚传统国际秩序

古代东亚封贡体系确立的区域性国际秩序，存在的历史悠久，文化内涵丰富，并且在总体上维持了这个地区内国家的长久和平。它是古代东亚各国通过文化、礼制自愿组建起来的，并非由中国单方面强制形成的。这个体系之所以历代相沿而得以持久维系，是中国与周边国家长期共同构建、良性互动的结果。古代中国先进的制度与文化、发达的社会生产力和富裕的物资财富，对东亚各国有着强大的影响力和向心力，这是中国保持封贡体系中心地位的基础和根本条件。中国封建王朝实行封贡制度，意在彰显“以德怀远”、体现“帝王临御天下”的秩序，也是为了达到“守在四夷”的政治目的。而对于周边国家来说，则不同程度上是出于对中国礼仪制度的“慕义向化”和强化自身政权政治合法性的需要，同时也是谋求巨额赏赐和经济利益的重要途径。这种封贡关系具有内敛、德化和非战的特征，在实际中则通常表现为，册封一方的“以礼服人”“以力臣人”“以利悦人”，分别对应朝贡一方的文化认同、政治臣属、朝贡贸易。① 封贡体系作为古代东亚国家乐于自愿遵从的政治安排，决定了由此而形成的东亚传统国际秩序的总体稳定、和谐和可持续性。

东亚封贡体系中政治联系与经济联系同时存在，相辅相成。在政治上，中国与朝贡国之间有册封关系；在经济上，中国与朝贡国之间有朝贡贸易。在中国方面，政治上的封贡关系是国家的主要追求；在朝贡国方面，经济上的朝贡贸易往往是主要追求。朝贡贸易一般由三部分组成，它们是：（1）由贡使携带的传统贡物以及由中国方面与此对应的回赐构成的授受关系；（2）贡使的随行人员在官办的、限定规模的北京会同馆进行的交易；（3）随同贡使到来的商人团体在国境上所设的榷场或在沿海港口与中国方面商人进行的交易。② 经济上朝贡贸易的存在有时甚至是政治上封贡关系得以维持的主导因素。

在东亚封贡体系内，中国与各个朝贡国关系的紧密程度是不同的，除了朝鲜、越南等少数国家外，其与大部分藩属国关系是松散的。中国史书所记载的大量朝贡国中，大部分实际上仅与中国维持着松散的联系，这些国家的朝贡频率与朝贡规模都不固定。相对确定了朝贡规模、朝贡频率，依照既定的规模和频率与中国发生紧密封贡关系的国家，则多与中国在某种程度上存在结盟关系。这种结盟关系一方面表现在，一旦朝贡国内部出现内乱或遭遇外敌入侵，便会向中国请求帮助戡乱或者抵御外侮，中国则会相应地对朝贡国的叛乱进行谴责，或是不承认弑君者，或是直接出兵。当朝贡国与他国发生冲突时，中国

① 李云泉：《万邦来朝：朝贡制度史论》，新华出版社 2014 年版，第 275 页。

② 参见［日］滨下武志：《近代中国的国际契机：朝贡贸易体系与近代亚洲经济圈》，朱荫贵、欧阳菲译，中国社会科学出版社 1999 年版，第 41 页。

充当调停者或仲裁者。另一方面，当中国内部出现内乱时，也可能向朝贡国申请援兵，统治者希望通过朝贡国的认可彰显自己是中国的正统。

东亚封贡体系下的国家间关系以和平外交为基础。中国虽然在封贡体系中处于主导国的地位，但并不是霸权国。中国在处理与东亚其他国家的关系时一贯坚持怀柔远人的政策。以明朝时期为例，明太祖在明朝建立后就颁布《皇明祖训》，明确告诫之后的明朝君主不可以对周边国家兴兵进犯，如果周边国家不兴兵来犯，中国不可首先出兵侵犯周边国家。明太祖还明确列举了不可征伐的周边国家，被称为“不征之国”，其中包括朝鲜、日本、琉球、安南、暹罗等十几个国家。在中国的统治者看来，与周边国家建立的封贡关系是中国儒家文化的自然扩散，是由中国文化形成的向心力使然。因此，中国一般在对外交往中实行厚往薄来政策，以彰显自己泱泱大国的气度。朝贡国虽然处于朝贡的地位，但因为在与中国不断的交往中能学习先进的精神、物质文化，并能从朝贡贸易中获得实际的物质利益，因此，朝贡国不希望以武力方式改变自身朝贡地位。在封贡体系内国家的实际交往过程中，和平外交一直是中国与朝贡国得以维持长期政治、贸易联系的基础。

东亚封贡体系中宗主国与朝贡国承担双向的权利与义务。与中国关系较为密切的朝贡国，向中国朝贡并得到中国的正式封赐后就能够增强或拥有统治的合法性，而作为回报，朝贡国就要不断确认中国的册封国地位。在此过程中，双方同时承担权利和义务。就中国而言，其权利是能够通过得到朝贡确保自己在封贡体系中的主导性地位，以彰显“天朝上国”至高无上的权威；其义务是对朝贡国进行封赏，一旦朝贡国出现动乱或遭受入侵，中国应予以援助。对朝贡国而言，其义务是根据中国的相关规定进行朝贡，其权利是可以获得中国丰厚的回赐和中国的援助。在这种双向的权利与义务关系中，不仅朝贡国应履行义务，中国同样应履行义务。如果中国不能履行自己应承担的义务，朝贡国则可以通过拒绝朝贡表达自己的不满。它们之间虽然没有成文的国际条约来对册封国与朝贡国的关系进行约束，但如有一方违约，同样需要承担违约责任。从这一层面来看，双方地位又存在着相互制约的含义。东亚封贡体系在本质上是一种封建性的不平等关系，但它倾向于以和平的方式处置国家间关系。

总之，由封贡体系所确立的东亚传统国际秩序以文化联系为根基，以政治上的册封关系和经济上的朝贡贸易为纽带。在这个体系内，紧密结盟与松散联系并存，册封国和朝贡国承担双向权利与义务，通过和平外交方式进行多层次、复杂的互动。它构建了前现代东亚区域联系与区域秩序的一种独特形式，与现代殖民国家作为宗主国对殖民地国家基于不平等条约和武力威胁而建立起的秩序是有本质区别的。

**思考题：**

1. 古代中国天下观的内涵是什么？
2. 春秋战国时期的诸侯国互动具有哪些特征？
3. 简述东亚封贡体系的缘起与历史演进过程。
4. 试析古代东亚传统国际秩序的性质和特点。

# 第二章　前现代欧洲国际关系

前现代欧洲区域体系源自古代希腊城邦体系。公元前8—前6世纪希腊各城邦的大殖民运动和对波斯战争的胜利使城邦体系扩展至地中海大部分地区和整个黑海沿岸。但公元前5世纪里长达数十年的伯罗奔尼撒战争动摇了城邦体系的根基，至公元前4世纪，马其顿南下征服希腊各邦，并通过四处远征建立起一度直至北非、西亚乃至中亚的亚历山大帝国。公元前3世纪中叶起，雄起于亚平宁半岛的罗马人不断对外扩张，至公元前1世纪建立横跨欧、亚、非诸大陆的强大帝国，再度实现了地中海地区的一体化。395年，罗马帝国分裂为东、西两部分，西罗马帝国又在476年被日耳曼部落摧毁，其废墟上出现了若干个“蛮族王国”。10世纪前后，罗马教廷利用基督教信仰的感召力和世俗政治的封建割据状态，在西欧营造了一个颇为稳定的教会帝国，与同时期建立的神圣罗马帝国争夺对基督教世界的控制权，这种教俗之争成为欧洲中世纪政治的主线之一。与此同时，西欧封建领主借宗教旗号对近东地区发动历时近200年的十字军东征，但屡屡失败。在伊比利亚半岛，基督教徒对穆斯林取得缓慢但持续的胜利，至15世纪末彻底实现了伊比利亚半岛的基督教化，葡萄牙和西班牙等王国亦借此率先实现统一、加强王权并开展海外拓殖。

## 第一节　希腊城邦和希腊化世界

### 一、希腊城邦的兴起：斯巴达和雅典

古希腊地处地中海东部，大致上包括希腊半岛、爱琴海和伊奥尼亚群岛中的各岛屿。由于多山、内部地势崎岖不平、平原狭小且为关山所隔阻，公元前8世纪，以一个中心城市或较大村镇为中心、连同周围农村而形成的城邦，成为希腊世界的政治单位，最多时达到200多个。城邦间彼此独立，实行着不同的政治体制。希腊城邦中最重要的是斯巴达和雅典。斯巴达位于伯罗奔尼撒半岛南部，经济上以农业见长，政治上奉行贵族寡头政治，统治权被集中在国王和长老会手中，军事上有着全民皆兵的军国主义传统，整个国家就像一个大兵营。这种特殊的军国主义传统，使斯巴达拥有全希腊最强大的步兵，在

希腊世界也以军事力量闻名。斯巴达正是凭借军事实力，成为伯罗奔尼撒半岛上的霸主，并在公元前 6 世纪末，联合半岛的主要城邦科林斯、麦加拉等组成军事性的伯罗奔尼撒同盟，决策以斯巴达的利害而定。斯巴达经常利用同盟镇压国内的希洛人起义，也利用同盟干预各邦内政，支持各邦的贵族政治，打击实行民主制的城邦。伯罗奔尼撒同盟事实上成了斯巴达与雅典争夺希腊霸权的工具。

与斯巴达不同，位于阿提卡半岛上的雅典实行的是民主政治。由于工商业发达，在雅典形成了一个实力雄厚的工商业者阶层，他们同破产失地农民联合在一起，掀起了轰轰烈烈的反对贵族统治的斗争。在公元前 6 世纪，经过梭伦（约前 638—前 559）改革以及其后的庇西特拉图的僭主政治和克利斯提尼改革，最终确立了民主政治。到伯里克利（约前 495—前 429）担任雅典的首席将军时，雅典民主政治发展到顶峰，雅典被称为“全希腊的学校”①。

## 二、城邦体系的扩展：大殖民运动和希波战争

大约从公元前 750 年开始的大殖民运动成为希腊城邦体系扩展的重要一环。大殖民运动兴起的原因首先是人口增长过快，狭小的城邦无法容纳更多的人口。正如马克思（1818—1883）指出的，“在古代国家，在希腊和罗马，采取周期性地建立殖民地形式的强迫移民形成了社会制度的一个固定的环节。那些国家的整个制度都是建立在人口数量的一定限度上的，超过这个限度，古代文明本身就有毁灭的危险。……由于生产力不够发展，公民地位就要依赖于一种不得打破的一定的人口比例。强迫移民是唯一的出路”②。其次，在政治上，大殖民运动是为了平息公民内部斗争，一些在内部斗争中失败的人被迫向海外殖民。米利都城邦在黑海南岸的锡诺普建立殖民城邦，便是为了安插部分在斗争中失败的公民。最后，大殖民运动的兴起亦与商业贸易有关。古希腊地少且贫瘠，不利于农作物生长，却适合种植葡萄、橄榄等经济作物，这就决定了希腊人只有通过海外商业贸易才能维持生存和发展。而希腊海岸曲折、岛屿密布且多优良港口，为古希腊城邦发展海外贸易提供了天然的便利条件。由此而发展成希腊世界在古代文明中堪称独步的奴隶制商品经济。

---

① ［古希腊］修昔底德：《伯罗奔尼撒战争史》，谢德风译，商务印书馆 1960 年版，第 133 页。

② 《马克思恩格斯全集》第 11 卷，人民出版社 1995 年版，第 661 页。

大殖民运动持续约 250 年，范围遍及地中海大部分地区和整个黑海沿岸，建立殖民城邦至少有 139 座。这些殖民城邦一般都沿袭母邦的制度和习惯，但它们在政治经济关系方面与母邦基本是平等的、独立的，并不依附于母邦。大殖民运动传播了希腊文化，在希腊城邦之间建立起长途贸易网络。它大大扩张了希腊人的生活空间，使希腊城邦体系从希腊本土扩展到地中海周边的西亚、北非和中欧、西欧地区，构成了一个海洋与大陆交错、东方与西方连接的、前所未有的地中海区域国际体系。

希腊城邦体系的巩固，还得益于一场反抗外来侵略的战争，即希腊城邦与波斯帝国之间的战争，史称希波战争（约前 492—前 449）。波斯帝国是兴起于伊朗高原西南部的奴隶制国家。公元前 550 年，波斯国王居鲁士二世（约前 558—前 530 年在位）率军征服了小亚细亚各希腊城邦，但这些城邦并不甘心于波斯统治，公元前 499 年，以米利都为首的伊奥尼亚诸邦发动起义，并向希腊本土求救。雅典人派出军舰进行支援，但起义在公元前 494 年被波斯国王大流士一世（约前 522—前 486 年在位）镇压下去。为了惩罚雅典人，大流士一世决定率领海陆大军远征希腊，公元前 492 年，希波战争全面爆发。

面对外来威胁，希腊各邦组成一个军事同盟——希腊联盟，以期共同抗击波斯。公元前 490 年，波斯大军越过爱琴海，占领巴克特里亚，向雅典进发。雅典一面派人前往斯巴达求援，一面尽遣军队在阿提卡东北部马拉松迎敌。斯巴达虽答应援救，但表示按习俗只能在月圆之后出兵。结果雅典人几乎是独自作战，以少胜多，在马拉松战役中击溃了波斯大军。第一次希波战争以希腊胜利告终。公元前 480 年，波斯国王薛西斯（约前 486—前 465 年在位）率大军再次入侵希腊。希腊诸邦组成盟军，奋起抵抗。斯巴达国王列奥尼达（约前 490—前 480 年在位）率领 300 名士兵死守温泉关，力战至死。波斯大军南下占领了雅典。在危急时刻，雅典将军地米斯托克利指挥希腊舰队，在萨拉米斯海战中大败波斯海军，取得了希波战争的决定性胜利。萨拉米斯海战后，波斯军队从爱琴海撤回，希腊舰队尾追其后，又取得一次海战的胜利。不久小亚细亚各希腊城邦陆续摆脱了波斯人的统治，希腊城邦取得了希波战争的完全胜利。而雅典更是凭借其在战争中获取的极高声望，在公元前 478 年组成了以其为领导的提洛同盟，依靠对同盟的控制建立起雅典的海上霸权。

希波战争的胜利，不仅使希腊城邦得以自保，也极大推动了希腊文明的发展，此后传于罗马再扩及欧洲，形成西方文明；波斯则经安息、萨珊和伊斯兰文明等，成为中近东文明的基础。

## 三、希腊城邦体系的衰落：伯罗奔尼撒战争

希腊城邦体系因希波战争的胜利得以巩固，然而战后雅典海上霸权的建立，遭致其他一些希腊城邦国家的反对。雅典霸权使这些城邦国家感到威胁，更引起了希腊陆上强国斯巴达及其伯罗奔尼撒同盟成员国的不安，双方发生冲突已不可避免。公元前 460 年，第一次伯罗奔尼撒战争（前 460—前 446）爆发。经过 14 年的战争，双方签订了《三十年和约》。根据和约，雅典虽然被迫放弃了控制希腊中部的野心，但其庞大的海上帝国得以保留，实力并未受到削弱。公元前 432 年，雅典在波蒂迪亚战争中击败了斯巴达联盟。这次胜利加上斯巴达同盟国麦加拉对雅典贸易的认可，激起斯巴达对雅典违反和约的指责。为了彻底摧毁雅典海上霸权，公元前 431 年春，斯巴达盟邦底比斯袭击雅典盟邦普拉亚，这一事件成为战争的导火索。6 月，斯巴达军队侵入雅典，第二次伯罗奔尼撒战争（即通常所称的伯罗奔尼撒战争，前 431—前 404）全面爆发，使这次战争不可避免的真正原因是“雅典势力的增长和因而引起斯巴达的恐惧”。①

伯罗奔尼撒战争分为两个阶段：第一阶段双方虽互有胜负，但雅典发生的一场瘟疫夺去了 1/4 雅典城内居民的生命，首席将军伯里克利也在这场瘟疫中去世。伯里克利去世后，雅典执政者之间发生了矛盾，战场上也屡屡失利。公元前 421 年，双方缔结了休战和约。战争的第二阶段（前 415—前 404）从雅典名将亚西比德率军远征西西里开始。如果成功，雅典既可获得充足的粮食供应，又可借此控制西地中海，进而严重威胁斯巴达。但在出兵前夕，雅典反对者以叛国罪诬陷亚西比德，因此，他逃到斯巴达寻求庇护，并将雅典的进攻计划告诉了斯巴达，结果雅典远征军全军覆没。雅典耗尽了所有国力，从此一蹶不振。此时的斯巴达，不仅陆军强大，而且在波斯资助下建成了海军。公元前 405 年，斯巴达舰队在羊河战役中给雅典主力舰队以毁灭性打击，雅典不得不屈膝求和。公元前 404 年，双方签订和约，规定解散以雅典为首的提洛同盟，除 12 艘警备用的舰艇外，雅典销毁所有舰只，并拆除重要的防御工事。持续 27 年的第二次伯罗奔尼撒战争最终以雅典战败、丧失霸权而告终。斯巴达虽然

---

① ［古希腊］修昔底德：《伯罗奔尼撒战争史》，谢德风译，商务印书馆 1960 年版，第 19 页。

是胜利者，建立起霸权，但国力亦遭到严重削弱。其霸主地位尚未坐稳，就遭到希腊各邦的反对。此后，希腊世界的霸权又先后被底比斯、科林斯和其他城邦攫取。伯罗奔尼撒战争以及紧随其后的城邦混战，耗尽了希腊各邦的力量。它表明希腊城邦体系已走到尽头，必须建立新的秩序。然而新秩序的建立者不是希腊人自己，而是其北邻马其顿。

伯罗奔尼撒战争在古代军事史上占有相当地位，也给人们理解国家间关系提供了一种现实主义的启示。古希腊历史学家修昔底德（前 460—前 400/前 396）留下了一部描述这场战争的脍炙人口的历史著作《伯罗奔尼撒战争史》。近世有学者从中演绎出了一条所谓“修昔底德陷阱”的“定律”，意即当一个崛起的大国与既有的统治霸主发生竞争时，双方面临的危险大多以战争告终。

### 四、马其顿入侵与希腊城邦时代的结束

当希腊城邦内部混战不已时，北部的马其顿王国开始崛起。公元前 4 世纪中叶，马其顿国王腓力二世（前 382—前 336）经过一系列改革后国势强盛，开始其称霸希腊的扩张行动。他采取远交近攻、分化瓦解、各个击破的策略。首先，他征服了毗邻的伊利里亚、色雷斯，稳固了后方；然后又掠取卡尔息狄斯半岛和色雷斯沿岸的希腊殖民城邦，使马其顿拥有自己的出海口；最后便挥师南下，问鼎希腊本土。公元前 349 年，腓力二世率军攻占卡尔息狄斯半岛上的希腊城邦奥林托斯；公元前 346 年，迫使雅典签订《菲洛克拉底和约》予以承认。

面对马其顿的入侵，希腊城邦组成反马其顿同盟。公元前 338 年，双方在中希腊的喀罗尼亚展开决战，结果反马其顿同盟战败。喀罗尼亚战役的失败对希腊城邦是毁灭性的打击，除斯巴达外，各邦都向马其顿俯首称臣，希腊各邦实际上已置于腓力二世宰制之下。此后，腓力二世率军南下伯罗奔尼撒，从而实现了对整个希腊世界的统治。公元前 337 年，腓力二世在科林斯召开全希腊会议（斯巴达缺席），会上签订的盟约规定希腊与马其顿建立永久性同盟，马其顿为盟主。科林斯会议标志着希腊城邦时代的结束。希腊城邦体系从形成到瓦解，持续了 400 多年的时间，对以后欧洲现代国家体系的形成具有深远的影响。

### 五、亚历山大帝国与希腊化世界

科林斯会议决定由马其顿领导，东征波斯。公元前 336 年，腓力二世积极准备东征波斯时，在女儿婚礼上被卫士杀死。腓力二世之子、年仅 20 岁的亚历

山大（前 356—前 323）即位。亚历山大 16 岁时便随父出征。喀罗尼亚战役中，18 岁的他任骑兵司令官并掌管左翼，指挥左翼取得了决定性的胜利，显示了卓越的军事才能。腓力二世遇刺后，马其顿宫廷发生骚乱，希腊各邦也趁机掀起反马其顿起义。在这困难时刻，亚历山大却无所畏惧，他迅速采取措施镇压马其顿贵族的叛乱，巩固了自己的王位，然后挥师南下，采用分化瓦解的策略，以军事外交双重压力迫使雅典遣使求和，承认他为希腊霸主。在腓力二世死后不到半年，亚历山大便扭转了形势，在科林斯再度召开全希腊大会，继腓力二世而被委以远征军统帅之职。

公元前 334 年春，亚历山大开始东征。他率军渡过赫勒斯滂（达达尼尔）海峡，踏上波斯帝国的亚洲领土，首先在格拉尼克斯河战役击败波斯大军。此役的重要意义在于打开了通向小亚细亚的道路，沿岸希腊城邦接连归顺，到公元前 333 年，整个小亚细亚已被征服。这年 12 月，波斯王大流士三世（约前 380—前 330）与亚历山大在叙利亚名城伊苏斯城郊会战，结果大流士三世弃阵而逃，波斯大军随之崩溃。亚历山大再获全胜。这次胜利使亚历山大挥师横扫叙利亚、腓尼基、巴勒斯坦和埃及。至此，亚历山大占领了半个波斯帝国。公元前 331 年春，亚历山大再度北上，在高加米拉大败大流士三世。大流士三世逃到中亚的巴克特里亚（即“大夏”），被当地谋叛的总督所杀。亚历山大借口为大流士三世报仇而进军中亚，征服大夏，随即以波斯帝国的合法继承人自居。亚历山大继续东侵，公元前 329 年，越过乌浒河，进入粟特，几经苦战，最终将其征服。公元前 327 年，亚历山大进军印度河流域，林立的诸邦很快被征服，亚历山大准备向腹地深入时，流行的瘟疫、炎热的气候和广大士兵厌战的情绪阻止了他的进军。公元前 324 年，亚历山大下令停止东征，分水陆两路撤回首都巴比伦。历时 10 年的东征结束。

亚历山大东征的直接后果就是建立起一个横跨欧、亚、非三大洲的庞大帝国，其范围西起希腊、马其顿，东至印度河流域，南临尼罗河第一瀑布，北抵多瑙河与锡尔河，在历史上第一次把东西方部分世界连为一体。亚历山大不仅采用了东方宫廷礼仪，而且在统治政策上充分袭用波斯帝国和各地区原有的体制法例。这样，西部地区的希腊、马其顿，君主政治代替了城邦体制；东方地区在承袭了原有体系的同时，通过东征新建的希腊人自治城市则引入了希腊民主传统。统一帝国的建立，对沟通希腊和埃及、西亚、中亚以至印度的商业贸易起到了积极作用。受西方商品经济的影响，希腊化各国的君主不再像东方宫廷和国库那样贮藏巨额金银，而是将大量金银铸成货币以利流通，形成了融合东西方特色的新型经济，这种经济日后被罗马帝国所继承，成为其奴隶制经济的重要组成部分。亚历山大东征极大促进了东西方文化交流，东方文明与希腊文明融汇的硕果构成希腊化时代最辉煌的篇章。东西方的艺术形式和艺术风格也相互影响，希腊雕像艺术风格甚至通过印度传到了中国，对中国的佛教造像艺术产生了一定影响。帝国的建立使希腊人走出了狭小的城邦界限，从而具有了一种世界主义的眼光。

但是，亚历山大帝国同历史上一切通过征服建立起来的帝国一样，统治极不稳固。公元前 323 年，亚历山大因患恶性痢疾突然病逝，加快了帝国瓦解的步伐。亚历山大帝国被一分为三。公元前 305 年，占据埃及的大将托勒密（前 367—前 282）自立为王，建立托勒密王朝；同年，拥有中亚、西亚的塞琉古（约前 358—前 281）称王，建立塞琉古王朝；马其顿和希腊的统治权先由亚历山大部将安提帕特（前 397—前 319）掌握，他死后马其顿的统治权落入其子卡山德（约前 350—前 297）手中，建立马其顿王国。三国之中，塞琉古王朝统治区域最为辽阔，它基本沿袭波斯帝国体制，宫廷采取波斯礼仪，地方分省而治。托勒密王朝完全继承新王国时期埃及的版图，除埃及本土外，还占有巴勒斯坦、迦太基、塞浦路斯和北非的昔兰尼等地。它沿袭法老专制政权的体系，国王的意旨就是法律。而马其顿王国对希腊的统治实际上并不稳固，不久即被安提柯王朝所代替。三国之间虽然经济、文化联系密切，但为争夺霸权彼此混战不已。塞琉古和托勒密两国为争夺东地中海和爱琴海霸权，从公元前 276 年到公元前 195 年的 80 年间，双方竟进行过五次“叙利亚战争”。混战使各国疲惫不堪，却给蓄意向东扩张的罗马提供了可乘之机。从公元前 229 年起，罗马不断向地中海东部地区扩张，利用希腊化诸国的各种内外矛盾，采用分化瓦解直至诉诸战争的方式，于公元前 168 年、公元前 64 年、公元前 30 年分别灭掉安提柯、塞琉古和托勒密三国，逐步使各希腊化地区并入罗马。前现代欧洲国际关系体系进入罗马帝国体系时期。

## 第二节 罗马帝国体系

### 一、罗马城的兴起与统一意大利

罗马城建于公元前 8 世纪，最初仅为台伯河岸的一个蕞尔小邦，被迫屈从于伊达拉里亚人的统治。公元前6世纪末，由于伊达拉里亚人走向衰落，“王政时代”第六位国王塞尔维乌斯·图利乌斯（约前578—前534年在位）进行了政治与社会改革，取消氏族制度的影响，奠定了以地区划分为基础的真正的国家制度。公元前509年，罗马共和国建立。然而，贵族共和制下人数占绝大多数的平民不仅政治上无权，经济上也不能参与国有土地的分配和使用，甚至面临着沦为债务奴隶的威胁。因而共和国建立之初就爆发了持续两个世纪之久的平民反对贵族的斗争。斗争的结果是平民赢得了对所有与罗马有关的事务进行决策的权利。这就扩大了罗马政治参与的基础，完善了罗马共和制政体，为罗马国家的强大、统一意大利奠定了坚实基础。

从公元前5世纪起，罗马开始征服意大利。最后，经过历时十年的与伊达拉里亚人的第三次维爱战争，罗马人控制了台伯河流域及右岸的广大地区。公元前390年，罗马人又与侵入波河平原的高卢人发生了冲突，最终迫使高卢人与其签订了和约。高卢威胁的解除，极大提高了罗马的地位。公元前343年到公元前290年，罗马通过与萨谟奈人的三次战争，迫使萨谟奈人与之结盟，从而征服了中部意大利。其间，在公元前340年至公元前338年，罗马又赢得“拉丁同盟战争”的胜利，成为拉丁同盟中势力最强者。随后，罗马又打败萨宾人，使之臣服于罗马。至此，罗马征服了意大利半岛的北部与中部地区，成为地区性大国。

接着，罗马将扩张矛头指向意大利南部。这里分布着众多的希腊殖民城邦，以塔林敦城邦的势力最为强大。公元前282年，罗马与塔林敦爆发战争。塔林敦向伊庇鲁斯国王皮洛士（前319—前272）求援。皮洛士率军突入意大利，起初取得数次胜利，但也付出了沉重代价。公元前278至公元前275年，得到迦太基援助的罗马军队频频告捷，皮洛士被迫撤离意大利。公元前272年，皮洛士在一次战争中被杀，塔林敦城被迫投降，与其他意大利南部城市一样，成了罗马的同盟城市。到公元前3世纪中叶，罗马征服了除波河流域外的全部意大利，统一了意大利半岛。

罗马之所以能成功统一意大利半岛，一个重要原因在于罗马人采取了一种比较有效的统治策略：它与被征服的城市和地区结成同盟，在被征服的地区建立军事殖民地；对被征服地区的人民采取较为宽厚的政策，不但经常免征税收，让其实行自治，甚至还给予一些人罗马公民权。当然，作为同盟，罗马要求这些被征服地区提供兵源和军事上的支持。罗马利用同盟的形式统一了意大利半岛。意大利半岛的统一，则为罗马提供了人力和物力，使其由城邦变为一个强国。

## 二、布匿战争与征服地中海世界

罗马人在征服意大利半岛后，意图继续进行扩张，征服整个地中海地区。它在西部地中海遭遇的劲敌就是迦太基。迦太基是公元前 9 世纪腓尼基人在北非建立的殖民地，到公元前 6 世纪时，它已成为一个囊括非洲西北部、西班牙南部、撒丁、科西嘉和西西里岛西部的庞大帝国，成为唯一足以和罗马抗衡的大国。罗马视迦太基为心腹之患，尤其为了争夺对富庶的西西里岛的控制权。因罗马人称迦太基人为“布匿人”，双方的战争被称为布匿战争。公元前 264 年至公元前 146 年，布匿战争共进行了三次：第一次战争（前 264—前 241）以海战为主，初期迦太基海军占据优势。罗马重整舰只后，终在西西里海战中大获全胜，占领了西西里大部。第二次战争（前 218—前 201），迦太基大将汉尼拔（前 247—前 183）率领战象，从西班牙经高卢，越过阿尔卑斯山进入意大利半岛，屡次战胜罗马军团。后来罗马派海军在北非登陆，直捣迦太基腹地。汉尼拔匆忙回师，公元前 202 年，双方在扎马激战，结果汉尼拔战败，被迫与罗马签订屈辱的条约，实际上已处于罗马附属地位。但是，为防迦太基死灰复燃，罗马挑起第三次布匿战争（前 149—前 146）。迦太基人拼死抵抗三年，最终迦太基城被攻破，夷为平地，五万幸存者沦为奴隶。布匿战争的胜利，使罗马人征服了西部地中海地区，建立了罗马雄霸地中海的根基。

在与迦太基发生冲突不久，罗马就卷入东部地中海的纠纷中。当时东部地中海地区由三个希腊化王朝统治：即统治马其顿的安提柯王朝，统治埃及的托勒密王朝，以及统治区域最为辽阔、囊括富庶的叙利亚和安纳托利亚地区的塞琉古王朝。罗马之所以对其采取军事行动，除希腊化各国内部混战导致实力衰落外，还有一个原因就是马其顿国王腓力五世（前 238—前 179）曾在第二次布匿战争期间援助过迦太基将领汉尼拔，这自然引起罗马人的愤恨。从公元前 215 年至公元前 148 年，罗马人通过三次马其顿战争和一次叙利亚战争，迫使马其顿和叙利亚屈服，罗马成为东部地中海的主人。随着公元前 146 年希腊城邦科林斯陷落于罗马人之手和迦太基城被夷为平地，罗马人控制了整个地中海周边地区。这样，从公元前 4 世纪中叶至公元前 2 世纪中叶的 200 年里，罗马人通过征服战争，最终建立起以地中海为“内湖”的庞大国家。

### 三、罗马帝国的建立与地中海世界一体化的形成

罗马共和国的扩张给罗马带来大量的财富和权力，但也给罗马社会带来许多问题。财富分配不均加深了阶级之间的矛盾，大地产经济的形成造成小自耕农破产，影响了罗马的兵源，危及共和国统治的根基。与此同时，随着罗马疆域的扩大，昔日建立在狭小城邦基础上的共和政体已经越来越不能适应管理的需要，因而向中央集权的帝国过渡已成为趋势。执政官马略（前157—前86）进行的军事改革虽然解决了因小农破产带来的兵源枯竭问题，但“将可私兵”为军事独裁奠定了基础。公元前83年，在罗马内战中崛起的马略部将苏拉（前138—前78）以武力控制罗马，建立个人军事独裁。公元前73年，罗马爆发了声势浩大的斯巴达克起义，起义给元老贵族政治以沉重打击。在这场混乱后登上罗马历史舞台的恺撒（约前100—前44），开启了罗马由共和政体向中央集权的帝国政权转变的过程。公元前45年，恺撒被宣布为终身独裁官。继苏拉之后，恺撒又建立起个人军事独裁统治。尽管他努力使罗马保持共和制的外表，但其统治还是引起许多罗马贵族的反对。公元前44年，恺撒被两名共和派贵族刺死，罗马又陷入新一轮内战之中。公元前31年9月，恺撒养子屋大维（前63—公元14）率军在阿克兴海战中击溃安东尼（前83—前30）与埃及女王克列奥帕特拉七世（前70—前30）的联军，二人逃往亚历山大里亚，先后绝望自杀，埃及作为特别行省被并入罗马。至此，屋大维清除了所有对手。公元前27年，元老院授予屋大维“奥古斯都”尊号。但他并未直接称帝，而是自称“元首”。实际上元首制就是披着共和制外衣的君主制，虽然保留了共和制的各种官职和政权形式，但是罗马国家的政体发生了重要转变，罗马亦由此进入了帝国时代。屋大维将军事和政治大权集于一身，所有重要政令都出自他一人之手；建立对行省总督的直接控制，将收税权收归国有；改组军队，建立常备军，直接向他效忠；他还颁布了一系列法令，以整饬日益腐化堕落的社会道德，复兴罗马传统的纯朴风尚。

罗马帝国建立之初，屋大维进行了一系列征服战争。西边，征服了西班牙；北边，几次征讨意大利北部阿尔卑斯山附近的一些野蛮部落，将边界推至多瑙河流域；在东方，屋大维与帕提亚人订立协定，划幼发拉底河为界线。屋大维一系列征服的结果，大体上确定了罗马帝国的最后边界。此后，罗马进入

了持续 200 多年的和平时期，有力地促进了地中海世界一体化。

通过征服，罗马帝国在历史上第一次把东起幼发拉底河，西濒大西洋，南至撒哈拉大沙漠，北抵多瑙河的广袤领土统一于帝国中央集权的统治之下。在被征服的土地上设立行省，派驻总督进行统治。总督的选派在共和制时由元老院负责，元首制建立后，由屋大维直接控制。随着罗马扩张，原本只属于罗马贵族的罗马公民权不断扩大：对内扩展到城邦内的平民和部分奴隶，对外扩展到被征服者拉丁人、意大利同盟者甚至部分行省居民。罗马帝国建立后，公民权进一步扩大到授予个人与整个团体。212 年，罗马皇帝卡拉卡拉（186—217）宣布将公民权授予全帝国所有生为自由民的人们。此时，罗马公民权这一概念发生了极大的变化，而“Rome”这个词也不再是指台伯河畔的那座城市，而是代表着所有归于罗马皇帝管辖之下的地域。在这个意义上，所有他的属民都是罗马人。

帝国的建立与扩大，促进了帝国经济一体化，加速了环地中海地区商业网络的形成。罗马在征服地区，如西班牙、高卢南部等，建立了许多“殖民地”，每个“殖民地”其实就是一个农业聚落。大批罗马公民来到殖民地，刺激了当地经济的发展，不少地区发展为后来欧洲著名的城市，像巴黎、里昂、科隆、伦敦等城市的起源都可以追溯到罗马时代。此外，罗马人非常注重道路交通网络建设。他们建造了非常复杂的道路系统，沿途还设立了驿站。在东地中海地区，罗马人也新建了一些道路。公元前 146 年征服马其顿后修建的埃格纳提亚大道，不仅将马其顿行省的主要城市连接起来，也把罗马与马其顿行省等连接起来，有利于罗马的统治向东方渗透。良好的道路状况加上地中海地区本来就拥有的便利的海上交通条件，为贸易往来的发展提供了良好基础，促进了各种商品在地中海贸易区域的流动，罗马帝国“在对外贸易方面和国内贸易——无论是省际贸易或省内贸易——方面，政府的政策都是保持自由放任的政策”①。正因如此，罗马的国外贸易也极为发达，与阿拉伯半岛、印度和中国都有着贸易往来。

环地中海世界的频繁交往，四通八达的公路交通网络，便利了文化交流与融合。公元 1 世纪兴起的基督教，原本只是犹太教的一个规模较小的分派，但

① ［美］M. 罗斯托夫采夫：《罗马帝国社会经济史》全两册，马雍等译，商务印书馆 1985 年版，第 249 页。

随着罗马帝国的扩张，不仅发展成为罗马帝国国教，而且不断向外传播，传遍地中海地区，甚至远及中亚地区。随着罗马公民散布至地中海各处，罗马文化和拉丁语也不断传播。拉丁语的使用不再局限于意大利半岛，而成为西部地中海世界的通用语言文字。“对希腊化东方的征服致使希腊的思想和习俗引入罗马。尽管罗马煞费苦心地进行抵制，但这些新奇的东西在改变社会和文化生活的某些方面上仍发挥了巨大作用。”① 在法律方面，罗马法学家们有选择地将希腊化世界的一些法规中的条文和传统习俗收入罗马法，使之逐步应用于整个帝国。

### 四、蛮族入侵与西罗马帝国的灭亡

在经过200余年所谓“罗马治下的和平”的鼎盛后，罗马帝国从3世纪开始走向衰落。政治上，罗马帝国军人跋扈，内战频繁，中央政权经常陷入瘫痪。在军队的指挥下，皇帝的废立如同儿戏。235年以后的50年中，竟换了10个皇帝。经济上，帝国经济全面衰退，西部地区尤为严重。为了应付日益膨胀的军事和行政开支，不得不加重税赋、滥发货币。结果导致物价飞涨，货币贬值，人民生活普遍贫困，纷纷反抗、起义。从3世纪70年代起，高卢、北非先后爆发巴高达（高卢语意为“战士”）运动，沉重打击了罗马帝国的统治。

与此同时，帝国的分裂倾向愈来愈严重。罗马帝国是一个通过征服建立起来的庞大帝国，同一切通过征服建立起来的帝国一样，各地在政治、经济、文化方面存在差异，西部与东部的差异更为明显。284年，戴克里先（250—312）登基后，采取“四帝共治制”，由四个皇帝分治帝国不同的部分，其初衷是更好地进行统治，结果却加速了东西方分裂。戴克里先退位以后，继位的君士坦丁一世（272—337）在330年把首都迁到拜占庭（后改名为“君士坦丁堡”），号称“新罗马”。这为帝国东西分治埋下伏笔。395年，狄奥多西一世（379—395年在位）去世。他留下遗嘱，把帝国版图划分为东西两部：东部分给长子阿卡迪乌斯（377/378—408），为东罗马帝国；西部分给幼子霍诺里乌斯（384—423），为西罗马帝国。

---

① ［美］菲利普·李·拉尔夫等：《世界文明史》上卷，赵丰等译，商务印书馆1998年版，第324页。

正当帝国内部陷入长期混乱的时候，外部又遭遇许多所谓“蛮族”的大举入侵。实际上，3 世纪以来，从亚洲中部到欧洲中南部兴起一股强大的“民族大迁徙”浪潮。在亚洲是匈奴等北方民族南迁灭亡了西晋，在欧洲则是“蛮族”灭亡了西罗马帝国。“蛮族”主要是指日耳曼人各部落，包括东、西哥特人，汪达尔人和勃艮第人，等等。由于受西迁的匈奴人的挤压，一支西哥特人渡过多瑙河，于 376 年进入罗马帝国境内。其后，进入帝国境内的西哥特人与罗马当局发生冲突。378 年，阿德里安堡战役中参战的罗马军队几乎全军覆没。410 年，另一支西哥特人在首领阿拉里克率领下，攻下罗马城后进行了三天三夜的洗劫，然后离去。此后，他们在今天的西班牙北部建立起西哥特王国。452 年，意大利本土遭到了匈奴人侵扰。455 年，汪达尔人又洗劫了罗马，城里的文物几乎全被毁坏。

在此之后，西罗马帝国已经无法维持，皇帝成为傀儡，实权掌握在“蛮族”出身的军事首领手中。476 年，日耳曼人首领奥多亚克将末代皇帝罗慕路（475—476 年在位）废黜，西罗马帝国灭亡。在其广袤的领土上，陆续建立起一个个“蛮族”小王国，它们成为后来欧洲一些国家的前身。西罗马帝国最终为蛮族王国所取代，但蛮族入侵并不是西罗马帝国灭亡的唯一原因，恩格斯（1820—1895）指出：“到 5 世纪末，罗马帝国已是那么衰弱，毫无生气和束手无策，因而为德意志人的入侵敞开了大门。”①

## 五、拜占庭帝国的外交

拜占庭帝国即东罗马帝国，因首都君士坦丁堡是在古希腊殖民城市拜占庭基础上建立起来的而得名。拜占庭帝国地处欧亚非三大陆结合部和东部地中海沿海，周围分布着许多经常迁移的“蛮族”部落，长期处于外族入侵的威胁之中，所以“拜占庭外交的主要任务是迫使蛮族不要威胁帝国，而要为帝国服务”②。而在不同历史时期、针对不同敌手，拜占庭帝国基于自身实力，采取了不同的外交政策。拜占庭皇帝查士丁尼（527—565 年在位）以罗马帝国的主人自居，将收复失地、恢复对西地中海地区的控制作为其统治政策的中心。他多次发动对外征服战争，主要包括波斯战争、汪达尔战争和哥特战争。为巩固

---

① 《马克思恩格斯文集》第 4 卷，人民出版社 2009 年版，第 166 页。

② ［苏］В. П. 波将金等编：《外交史》第一卷，史源译，生活·读书·新知三联书店 1979 年版，第 131 页。

东方边防，531 年，拜占庭统帅贝利撒留在达拉斯战役中大败波斯军队，翌年签订的和约使拜占庭帝国以支付年贡的代价扩大了在亚美尼亚和美索不达米亚的领土，也使查士丁尼得以放心发动西地中海战争。533 年至 534 年的汪达尔战争中，拜占庭攻灭了汪达尔王国，并借此控制了北非，占领了意大利南部和西西里岛。汪达尔战争胜利后，查士丁尼又发动了征服东哥特人的战争，史称哥特战争，战争持续了 20 年，最终贝利撒留施展外交阴谋，诱使东哥特军队投降。至此，查士丁尼通过外交和征服战争，几乎使所有的地中海沿岸地区收归拜占庭所有，地中海重新成为罗马的内湖，查士丁尼大帝重建罗马帝国的抱负得以实现。

但拜占庭帝国的鼎盛没能保持多久，查士丁尼去世后，帝国迅速走向衰落。东部劲敌波斯人卷土重来，先后攻占叙利亚等东部省份。阿瓦尔人和斯拉夫人则从北面多瑙河一线大举南侵帝国腹地和希腊，巴尔干半岛的大部分地区被斯拉夫人占领。西哥特人在西班牙的进攻，使拜占庭丧失其最西部领土。伦巴底人突进意大利，以波河河谷为中心，建立起伦巴底王国。751 年，伦巴底人攻占拉文纳，使拜占庭在亚平宁半岛的势力再度被削弱。西哥特人也重新夺回伊比利亚半岛南部被拜占庭占有的国土。至此，在前西罗马帝国的范围内，拜占庭仅拥有亚平宁半岛南部的一角。希拉克略（575—641）登上帝位后，重新收复了巴尔干地区，沉重打击了波斯军队，收复了被波斯占有的国土。然而他刚刚击败波斯人，在伊斯兰教统一下的阿拉伯人就从中东横扫而至，从拜占庭手中夺取了叙利亚、巴勒斯坦和埃及，甚至直接威胁其首都君士坦丁堡。拜占庭凭借其强大的海军和君士坦丁堡坚固的城墙，最终挡住了阿拉伯军队的北上，但拜占庭帝国的势力因此被大大削弱。到 800 年时，拜占庭的势力仅存在于君士坦丁堡、小亚细亚以及巴尔干和亚平宁半岛的部分地区。

马其顿王朝（867—1056）是拜占庭帝国继查士丁尼之后的又一个鼎盛时期。之所以被称为“马其顿王朝”，是因为其开创者巴西尔一世（约 811—886）童年时曾被关在一间名为“马其顿”的监狱。巴西尔一世统治期间，又开始对外进行征服战争，拜占庭的领土再次得到扩张。拜占庭重新占领叙利亚地区，并在小亚细亚扩张了国土的东北边境。马其顿王朝最著名的征服者是巴西尔二世（958—1025），1014 年，他打败了保加利亚人，并于 1018 年彻底灭亡了第一保加利亚王国，在巴尔干地区建立起稳固统治。同时，信仰东正教的斯拉夫人成为拜占庭帝国的同盟者，也是其雇佣军的重要来源之一。

马其顿王朝的鼎盛同样没能维持多久。由于陷入伊斯兰国家和西欧社会的包围之中，拜占庭帝国从 11 世纪末期再次进入衰落期。诺曼人征服了意大利，拜占庭在此的势力遭到驱逐。塞尔柱突厥人侵入小亚细亚，并在 1071 年曼齐克尔特战役中击败了拜占庭军队，拜占庭失去对安纳托利亚和亚美尼亚的统治权，特别是失去了安纳托利亚这个拜占庭最主要的兵源地，使拜占庭的军队规模受限，严重削弱了帝国保卫边疆的能力。帝国的军事力量从此变得衰弱，更加无力对抗塞尔柱突厥人。正是在这种背景下，拜占庭皇帝阿历克塞一世（1081—1118 年在位）向罗马教廷求救以抵抗塞尔柱突厥人和阿拉伯人的侵扰。这成为十字军东征的起源。十字军东征的本意是从穆斯林手中把耶路撒冷等圣地重新夺回到基督徒手中，却为西欧向东方扩张提供了机遇。拜占庭没有得到十字军的多少帮助，反而在拜占庭腹地被分割出许多国家。在威尼斯商人的蛊惑下，第四次东征（1202—1204）转变使命，而把矛头对准了君士坦丁堡。这座城市遭到洗劫，在此建立起拉丁帝国（1204—1261）。直到 1261 年，拜占庭军队才灭掉拉丁帝国，收复君士坦丁堡。但十字军对君士坦丁堡的破坏给了拜占庭帝国沉重一击，使其元气大伤，再也没有恢复过来。

在欧洲人从西部、塞尔柱突厥人从东部的双重夹击下，到 15 世纪中叶，领土被大大削减的拜占庭帝国几乎已经丧失了独立，疲于应付来自意大利商人、西欧雇佣军和突厥部落的挑战。1453 年，在经历了长期的衰退后，奥斯曼土耳其人占领君士坦丁堡并将其领土并入奥斯曼帝国。这样，在西罗马帝国灭亡后，持续 1000 年之久的拜占庭帝国灭亡。

综观拜占庭帝国的外交，可以发现，与外部世界的激烈竞争和在斗争中求生存的处境，使拜占庭的外交政策特别具有实用性和功利性，其集中表现就是针对不同的外交对象采用不同方式。这一外交传统由查士丁尼开创，贯穿整个拜占庭帝国的外交实践。当神圣罗马帝国日益衰弱时，拜占庭外交艺术和实践通过威尼斯传到欧洲，对欧洲政治产生重要影响。15 世纪时，它转变为意大利外交方式。对此，英国外交学家尼科松在其著作《外交学》中写道："在罗马帝国的后期，当武力政策衰落下去的时候，在拜占廷制度下外交又恢复了一种最没有建设性的形式。外交与其说是消除人类贪婪和愚笨的良药，还不如说是对这种贪婪和愚笨的刺激。离散代替了合作，分裂代替了统一，狡猾代替了理性，机巧代替了道德原则。拜占廷的外交概念直接传授给威尼斯，然后又从威尼斯这个水上城市传遍了意大利半岛。在中古时代，外交都带有一种浓重的意大利风格，而实际上是拜占廷的风格，近代欧洲的外交就是由于这种传统，因而蒙受这样不好的声誉。”①

## 第三节　中世纪欧洲的基督教世界

### 一、西欧“金字塔式”教会帝国的建立

基督教在 1 世纪诞生后旋即传入罗马帝国，但起初被视为异端遭到残酷镇压。313 年，君士坦丁一世颁布《米兰敕令》，宣布承认基督教在罗马帝国中的合法地位。392 年，狄奥多西一世公布法律，禁止在任何场所向“异教”神祇献祭，规定基督教为唯一合法宗教，从此基督教成为罗马帝国国教。

诸多“蛮族”在西罗马帝国灭亡的废墟上建立了一系列王国，法兰克人墨洛温王朝国王克洛维（481—511 年在位）首先率众皈依基督教。此后，历代法兰克国王在罗马教廷的支持下成功展开其征服活动。751 年，“矮子”丕平（714—768）在罗马教皇帮助下篡位，建立加洛林王朝。为酬谢罗马教廷，丕平将罗马城及周围地区奉献给教皇统治，罗马教廷从此有了一个坚实的世俗根据地。丕平之子查理曼（即查理大帝，768—814 年在位）继承其父与罗马教廷合作的方针，在教廷支持下，东征西讨，使法兰克王国的疆域大大扩展，几乎囊括了原西罗马帝国的所有欧洲领土。800 年，因帮助镇压迫害教皇利奥三世（795—816 年在位）的罗马贵族并将教皇护送回罗马，查理曼被利奥三世加冕为“罗马人皇帝”。

继法兰克王国后，其他日耳曼诸部落及其王国先后皈依基督教：诺曼人于 8—9 世纪先后建立的丹麦、挪威和瑞典三个王国皈依了基督教；爱尔兰、苏格兰的教会先后承认了罗马教会的最高权威。罗马教廷又利用法兰克人的武力逐一镇压信奉东方基督教的阿里乌斯等教派，罗马教廷最大限度地实现了“一个上帝、一个基督、一个教会”的理想，由此促成西欧“基督教国家”建立，形成以教皇为核心，大主教、主教、教区教士次第组成的金字塔型网络体系。罗马教廷通过在 11—12 世纪的“策封权之争”中的胜利，基本操纵了欧洲基督

---

① ［英］哈罗德·尼科松：《外交学》，眺伟译，世界知识出版社 1957 年版，第 41—42 页。

教世界中的教阶网络体系，教皇格里高利七世（1073—1085年在位）时期改进的教皇使节制度，更成为教廷控制各地教会的重要工具。当然，罗马教廷的这种普世权威，有着坚实的经济基础。通过世俗君主的捐赠和各种名目的搜刮，教会的地产急剧膨胀，到11世纪时，教会成了“最有势力的封建领主，拥有天主教世界的地产的整整三分之一”①。

## 二、神圣罗马帝国与它的统治

与基督教会一样，神圣罗马帝国也坚持“普世统治”的权利，这种“普世主义”理念源于查理曼帝国。查理曼自视为古罗马帝国皇帝的继承人和基督教共同体的全能统治者，而把罗马教皇仅仅看作一个非常重要的教区之主教；他否认精神权威高于尘世权威，坚持皇帝应保护、赞助并控制教会。故查理曼本人对他被加冕“罗马人皇帝”一事毫无热情，也没有感谢之意，他事后声称假如他当初能够预见到教皇的意图，他那天就不会进教堂。②

814年查理曼死后，他的几个孙子互争统治权，843年缔结《凡尔登条约》后，帝国被一分为三，又遭受阿拉伯人、马扎尔人（即匈牙利人）和诺曼人的大肆入侵。经过一个多世纪的混乱，东法兰克王国的奥托一世（936—973年在位）再振雄风，征服了原查理曼帝国的大部分地区，甚至将势力扩展到北欧的日德兰半岛，随后又进军富饶的意大利半岛。奥托一世制服了对他不屑一顾的罗马教廷，于962年2月2日在罗马城圣彼得教堂由教皇约翰十二世（955—964年在位）加冕为“神圣罗马皇帝”。奥托一世以加冕来表明自己作为查理曼直接继承人的地位，他的帝国由此再度获得了文明世界之首领的地位。

由此建立的神圣罗马帝国名义上持续到1806年，它对德意志、意大利、低地国家（勃艮第公国）拥有实际领主权，对波希米亚、波兰和匈牙利拥有宗主权，对法兰西、英格兰、西班牙、丹麦和斯堪的纳维亚拥有理论上的领主权。奥托一世的几位继承人怀有更强烈的“普世统治”愿望，并像查理曼一样力图让教皇臣服于自己的权威。在奥托加冕后的一个世纪里，皇帝对教会事务横加干涉，把教会当作帝国的一个政策工具。奥托一世在加冕后的第二年就将为他加冕的教皇约翰十二世废黜，另推选出一个教皇利奥八世（963—965年在位）

---

① 《马克思恩格斯文集》第3卷，人民出版社2009年版，第509—510页。

② 参见［法兰克］艾因哈德、圣高尔修道院僧侣：《查理大帝传》，戚国淦译，商务印书馆1979年版，第30页。

并随即与罗马教廷订立协定，规定嗣后将由皇帝来监督教皇选举和教廷的行政，不经皇帝的同意，任何人，无论其威望或教阶如何，都无权推选显贵或委任教皇或任何主教。皇帝亨利三世（1039—1056 年在位）曾连续指定四名德意志人充当罗马教皇。

这种政策终于引发了“策封权之争”。1059 年，教皇尼古拉二世（1058—1061 年在位）在拉特兰宗教会议上宣布嗣后教皇只能由教廷的枢机主教选举，世俗君主不得干涉，由此拉开了政教之争的序幕。教皇格里高利七世采取更激烈的行动对抗皇帝，先后提出禁止买卖圣职、不准教士结婚、不准向世俗人士授予教职。皇帝亨利四世（1056—1106 年在位）予以回击，1076 年在沃姆斯召开帝国会议，向教皇送呈要求其悔改的最后通牒，但格里高利七世不为所动，反而报之以宣布开除亨利四世的教籍，德意志诸侯趁机反抗皇帝。四面楚歌中的亨利四世被迫于 1077 年 1 月翻越阿尔卑斯山，前往教皇驻跸的卡诺莎谢罪，他穿着悔罪人的衣服在城堡下等候了三天才得到了教皇的赦免。

“卡诺莎觐见”之后，策封权之争又延续了 45 年，至 1122 年，皇帝亨利五世（1105—1125 年在位）和教皇卡里克斯特二世（1119—1124 年在位）才在沃姆斯签订和约。和约规定主教和修道院长由教士选举，皇帝归还所侵占的教产，由教皇赐予指环和权杖；但德国主教和修道院长的选举须请皇帝或其代表参加，并首先由皇帝赐予权节作为世俗权力的象征。《沃姆斯和约》的这种相互妥协安排，奠定了罗马教廷与帝国皇帝“双驾马车式”的统治模式，但这辆双驾马车从来没有达到充分的协调。

神圣罗马帝国一统天下理念无法付诸现实的一个关键原因是德意志内部封建诸侯势力对皇帝的钳制。在查理大帝死后，起源于日耳曼部落军事首领制的日耳曼公爵势力大增，形成四个力量和规模大致相等的公国：巴伐利亚、法兰克尼亚、斯瓦本和萨克森。德意志国王和随后的神圣罗马帝国皇帝必须依靠这几个大诸侯的协调才能产生。从奥托一世起，神圣罗马帝国不乏雄才大略、武功赫赫的皇帝，但在德意志内部，他们始终只能是几个大诸侯中的第一人而已。神圣罗马帝国皇帝深知统一德意志的艰难，他们把政治扩张的方向指向德意志以外，首先是意大利，其次是东欧，有时还指向西西里、耶路撒冷等欧洲外围地区，试图以对外扩张的成就来加强自己在德意志内部的权势。但控制意大利的努力招来伦巴底地方势力和罗马教廷的对抗，而罗马教廷对付皇帝时，也经常借助德意志诸侯的力量，通过宣布革除皇帝教籍来煽起德意志的反帝情绪。

神圣罗马帝国皇帝就是这样在与罗马教廷争当基督教国家首领和容忍德意志内部封建割据局面的双向怪圈中徘徊犹豫，不能自拔。一些雄心勃勃的帝国皇帝如亨利四世、腓特烈一世（1155—1190 年在位）等人，在往返于阿尔卑斯山的征讨中耗尽了自己的力量。霍亨斯陶芬王朝覆没后，帝国皇帝在德意志内部的权威更趋衰微，德意志诸侯不愿再看到强有力的君主占据帝国皇位，有时甚至懒得推选皇帝。在经历了近 20 年的“皇位大空缺”（1254—1272）之后，他们推选出力量极其弱小的哈布斯堡家族的鲁道夫（1273—1291 年在位）出任皇帝。至 1356 年，皇帝查理四世（1355—1378 年在位）颁布著名的《黄金诏书》，规定嗣后皇帝由 7 个帝国诸侯（即所谓的“七选侯”，包括 3 个教会领主和 4 个世俗领主）选举产生，这不啻是通过制度化形式确认了德意志近乎无政府的状态。

### 三、西欧的封建割据状态

罗马教廷与神圣罗马帝国皇帝争夺基督教世界最高领导权的斗争，使西欧世界陷入持续的政治混乱，西欧地区根深蒂固的封建主义传统则增强了这种混乱的烈度。封建割据并非德意志特有的现象，而是整个西欧的普遍现象。中世纪西欧封建主义可追溯到日耳曼“蛮族”的军事组织，尤其是法兰克人的扈从制度（或称亲兵制度）：“蛮族”统治者将辖内领土作为采邑赐给亲信部属（扈从），通过这些封臣来统治普通民众以确保其政权的稳固，而这些封臣又时常把他们的采邑分成小块授予自己的扈从。随着 6—8 世纪法兰克人统治的扩展，这种政治运作机制逐渐扩及整个西欧。

诸侯势力在查理曼统治时期一度受到压制，但查理曼死后帝国权威急剧衰落，查理曼的几个孙子为击败竞争对手，争相用土地作为主要手段拉拢一些有权有势的大贵族，当一些贵族因领地膨胀而实力大增时，国王们又向他们作新的让步，给予他们对其领地的世袭权力。世袭领主把领地当作自己的私有财产，在自己的领地上独行其是，排斥王权对领地内部事务的干预。他们还进一步分封听命于己的附庸，并设置法庭来解决附庸之间的纠纷，俨然建立起“国中之国”。

西欧封建依附模式是一种双向的权利和义务关系，领主与附庸必须相互承担一系列的责任和义务。如果附庸不遵守封建契约中规定的各种应尽义务，他们可能会被剥夺采邑；同样，如果领主不能尽到保护附庸的责任，或对附庸不公平，附庸也可宣布解除对领主效忠的誓言。这种双向义务在履行过程中势必产生许多争执，当一些争执无法靠裁决解决时，封建领主之间往往诉诸武力，因此私战十分普遍。封建主们与国王或皇帝之间的争执也属于私斗范畴，因为在封建主们看来，君主并非最高权力拥有者，而不过是上帝的附庸。封建领主往往自认为代行上帝旨意，以上帝之名义集体反抗君主，如德意志诸侯经常响应罗马教廷号召反抗神圣罗马帝国皇帝，而13世纪初大宪章运动期间英国贵族也组成所谓“上帝和神圣教会之军”反抗英国国王约翰一世（1199—1216年在位）。

由于各级封建主坚持私人权利凌驾于公共权力之上，西欧封建国家的疆域也显得极其模糊。一个君主所统治的范围，不是某个确定的地域，而是他手中所掌握的“权利”之延伸。在所谓的封建“权利”中，由联姻所致的王朝继承具有特殊的意义。在中世纪乃至现代早期的欧洲，王朝继承在国际政治中发挥着相当大的作用，王朝世袭体系带来的个人继承是国家存续或分裂的重要原因，王室成员之间的联姻可以导致国家像财产一样合并或被瓜分。名义上“统治”着不稳定疆域的君主，不仅对内无法实行统一的管理，对外也不能以主权者的身份进行平等的交往。国与国之间关系的性质完全等同于人与人之间的关系，故学者们普遍认为，在中世纪欧洲没有真正意义上的国际关系。

英格兰王国与法兰西王国之间的恩怨是非最清晰地表明了中世纪欧洲国家关系的混乱。1066年，“征服者”威廉入主英格兰，他虽然加冕为英国国王威廉一世（1066—1087年在位），但作为法国的诺曼底公爵，他始终只是法兰西国王的一个附庸。英国国王亨利二世（1154—1189年在位）继承祖先的各种联姻遗产，统治了法国境内的诺曼底公国、安茹伯爵领、曼恩伯爵领等多块领地，又通过与法国阿基坦女公爵埃莉诺（法王路易七世的前妻）结婚而领有阿基坦公国，统治了一个“从北冰洋一直延伸到比利牛斯山脉”的庞大帝国，领地比其领主法兰西国王的直属领地大上好几倍。但是，他作为法兰西国王的附庸，还是要去巴黎拜见法王以示臣服。两者之间的这种君臣关系，直到百年战争之前依然得到英国方面的承认。

百年战争（1337—1453）与其说是英国与法国两个国家之间的战争，不如说是金雀花家族（也称安茹家族）与兰开斯特家族及瓦隆家族等几个封建家族争夺法国王位的“私战”。只有到了百年战争后期，随着法国民众长期遭受外族军队的蹂躏，法兰西民族意识逐渐觉醒，勃发成以圣女贞德（1412—1431）为代表的爱国热情，战争才从原先封建君主间的私战演变为法兰西民族抗击外敌的斗争。

### 四、十字军东征

十字军东征（1095—1291）是罗马教皇和西欧封建主、骑士以收复圣地耶路撒冷等被穆斯林占领的土地为名义，对地中海东岸国家进行的系列宗教性军事行动。十字军东征的原因极为复杂：

首先，罗马教皇希望借此建立基督教世界的神权政治，通过东征将东西方教会重新统一于罗马教廷最高权力下。基督教传入罗马帝国后，在东、西部均得到迅速传播，并形成以罗马教区为中心的西部教区和以君士坦丁堡教区为中心的东部教区，双方在文化传统、神学问题等方面存在显著差异，经常利用神学分歧指责对方为异端，借以确立自己的正统地位，夺取教会领导权。7世纪末，东部教会逐渐从西方分离。直接原因则是双方领导集团争夺教会的最高统治权。双方矛盾不断激化甚至发生冲突，终于在1054年彻底分裂，从而分成了罗马公教（罗马天主教）和希腊正教（东正教）。在西欧确立了“普世权威”的罗马教皇，除了追求财富的世俗动机外，希冀将东西方教会重新统一于罗马教廷麾下。而东征成为最佳契机。

其次，十字军东征还有着深刻的社会经济原因。11世纪时，西欧封建制度确立，长子继承制使西欧社会出现一批骑士阶层。在相对和平的环境里，他们失去赖以为生的战争机会，无所事事，游手好闲，迫切希望找到新的财源。而西欧农奴受领主剥削日益加重，也迫切希望改变现状。西欧商人如威尼斯人和热那亚人，早就觊觎东方贸易的丰厚利润，希望夺取东地中海商业垄断权。这成为西欧社会各阶层热衷于参加十字军东征的重要原因。

最后，拜占庭帝国衰落引起的近东地区国际政治格局的变化也是不可忽视的因素。拜占庭帝国曾是地中海东岸和近东地区的强大国家，对该地区国际形势的稳定起着决定作用。但是，11世纪时拜占庭帝国走向衰落，塞尔柱突厥人趁机入侵，占领了拜占庭在小亚细亚和叙利亚的大片领土。拜占庭皇帝阿历克塞一世幻想借助西欧的军事力量从突厥人手中收复被占领土，于是向罗马教皇发出求助呼吁，这正给教皇机会，借此发动十字军东征。

1095年，罗马教皇乌尔班二世（1042—1099）在克莱蒙宗教会议上号召天主教徒从伊斯兰教徒手中夺回圣地耶路撒冷，为西方基督教世界赢回神圣的“奶和蜜之地”，并保证所有参加十字军远征的将士都将获得最高等的精神救赎。这样，西欧各国僧侣、封建主纷纷组成十字军准备东征，意大利等地中海沿岸的城市商人也积极支持，愿意为东征封建主提供后勤支援和海军舰船，十字军东征由此开始。从1095年至1270年，先后共发生八次十字军东征，其中最重要的是第一次和第四次。第一次十字军东征由法、意、德三国的骑士组成，这次远征除收复了被土耳其占领的土地外，还夺取了一些位于叙利亚和巴勒斯坦的堡垒和城镇，在收复地区建立起4个基督教公国。第一次十字军东征以1099年7月占领圣城耶路撒冷而告终。

第四次十字军东征由罗马教皇英诺森三世（1198—1216年在位）发起，目标是攻占阿尤布王朝（1171—1250）统治下的埃及。但在威尼斯商人的蛊惑下，这次东征改变了初定目标，没有与任何穆斯林军队作战，而是违抗教皇命令将进攻矛头指向拜占庭首都君士坦丁堡。这与拜占庭帝国皇室权力斗争以及拜占庭与拉丁西欧的复杂关系都有牵涉。结果，十字军攻陷了君士坦丁堡，夺取拜占庭大部分领土，在巴尔干半岛南部建立了“拉丁帝国”，强迫那里的东正教徒改信天主教。十字军的占领引起拜占庭的强烈反抗，1261年，拜占庭军队收复君士坦丁堡，“拉丁帝国”覆灭。此后，虽然又组织了四次十字军东征①，但声势已逐渐式微。1270年，法王路易九世（1214—1270）率第七次十字军东征包围突尼斯，但是一无所获。1291年，十字军建立的最后一个据点阿克城陷落，西亚大陆的十字军国家至此全部灭亡，十字军东征以彻底失败告终。

十字军东征影响深远。首先，就近东国际格局而言，伊斯兰教力量更加强势。十字军东征虽然相继建立了一些基督教公国，但这些公国不断遭到邻近的伊斯兰教统治者攻击而最终被穆斯林收复。拜占庭帝国因十字军打击被严重削弱，最终在15世纪中叶被奥斯曼帝国所灭。东征未能实现收复失地的初衷，伊斯兰教势力反而较此前大为扩张，从北非、小亚细亚，一直到东南欧，都成了穆斯林的势力范围。伊斯兰教和基督教之间为此长期互相仇视。其次，十字军东征失利的结局，削弱了教会的权威，导致教皇的威信丧失和影响力下降，西欧王权趁机得以强化。当然，出于对抗伊斯兰教的需要，东征在一定程度上增

① 其中第六次东征（1228—1229）是在神圣罗马帝国皇帝率领下进行的。

进了西方基督教国家的团结，推动了西欧各国民族主义的兴起与成长。最后，十字军东征实现了西欧商业城市垄断东西方贸易的野心，促进了西欧商品经济的发展，沟通了东西方贸易。有学者认为，十字军东征促进了“基督教与伊斯兰教世界之间通商的恢复和扩大。……伊斯兰教世界与西洋之间贸易的恢复，或许是由来到东方的十字军所留下的、唯一具有深远影响的事物”[①]。

### 五、伊比利亚半岛的反穆斯林斗争

几乎与十字军东征同时，欧洲西部亦掀起肃清穆斯林势力的斗争，其中影响最大的是伊比利亚半岛的反穆斯林斗争。伊比利亚半岛曾经是罗马帝国的一部分，4 世纪时与罗马帝国其他地方一起皈依基督教。西罗马帝国灭亡后，西哥特人占领伊比利亚半岛，建立起自己的封建王朝，原属信仰阿里乌斯教派的西哥特人出于政治利益而皈依天主教。直到 7 世纪，西哥特王朝异常稳定。711 年 7 月，新皈依伊斯兰教的北非阿拉伯人和柏柏尔人入侵了伊比利亚半岛。虽然西哥特人顽强抵抗，但很快战败，阿拉伯入侵者以科尔多瓦为都城，建立起他们自己的统治，一些基督徒和犹太人也加入了政府。10 世纪时它达到鼎盛时期，被称为阿拉伯西班牙的“路易十四世纪”[②]。

但是，半岛的北部并未被穆斯林占领，基督教王国阿斯图利亚斯一直统治着此地。从 11 世纪开始，一些天主教国家相继组成联邦国家，从西北向东北延伸，开始了收复失地运动。此时，阿拉伯王朝却因内部派系斗争慢慢走向衰颓：各省逐渐脱离中央政权，哈里发于 1031 年被废黜，伊比利亚半岛阿拉伯王朝不复存在，兴起许多穆斯林领主统治的小王国，彼此相互混战。随着半岛上阿拉伯人力量的削弱，基督教徒的力量逐渐增强，遂向南侵蚀穆斯林的地域。卡斯提尔王国国王斐迪南一世（1037—1065 年在位）利用阿拉伯人的分裂，掀起了“收复失地运动”。他征服了葡萄牙北部地区，把穆斯林从那里赶走。此后，基督徒抵抗中心由卡斯提尔转移到阿拉贡。阿拉贡的阿方索一世（约 1073—1134）是反抗运动的英雄，其行动也得到罗马教皇的支持。1118 年夺取萨拉戈萨后，他继续向南，所向披靡。在他之后的统治者又发动多次战争，终于在 1236 年收复了科尔多瓦。到 1300 年，伊比利亚半岛上的基督教统治者已

① ［英］伯纳德·刘易斯：《穆斯林发现欧洲：天下大国的视野转换》，李中文译，生活·读书·新知三联书店 2013 年版，第 25 页。

② ［法］让·德科拉：《西班牙史》，管震湖译，商务印书馆 2003 年版，第 139 页。

经占领了除格拉纳达以外的整个半岛。

然而，由于格拉纳达拥有强大的军队和坚固的城堡防御系统，而且容易从北非获得军事援助，以致即使卡斯提尔王国和阿拉贡王国在 1308 年至 1310 年期间组成联军进攻格拉纳达，仍然无法攻克。当然，这与基督教统治者内战不已，各自为政，背离收复失地运动的方向也有着很大关系。这样，双方又进入相持阶段。直到 15 世纪末，“收复失地运动”才最终完成。1474 年，伊莎贝拉一世（1451—1504）登基为卡斯提尔女王，她与丈夫阿拉贡国王斐迪南二世（1452—1516）结成联盟。1482 年，他们发动了对格拉纳达的战争。教皇西克塔斯四世（1414—1484）授予他们教皇谕旨，帮助他们筹措资金和招募军队。在教皇的支持下，他们组织了十字军，历经 10 年，这场战争最终以 1492 年 1 月攻占格拉纳达而告终。这样，长达近 8 个世纪的阿拉伯人对伊比利亚半岛的统治就此结束，穆斯林虽然被允许住在他们本来居住的地方，但实际被纳入信仰基督教的国家中。

伊比利亚半岛反穆斯林的斗争具有重要意义。首先，收复被穆斯林占领的失地是西班牙和葡萄牙两国向现代民族国家发展之前的重要一步，西班牙建立统一中央王权，葡萄牙建立独立王国，都与此有着密切关系。其次，正是伊比利亚半岛的成功收复，才促成“伊比利亚半岛另一种形式的扩张开始——向世界扩张”①，它拉开了从 15 世纪中后叶由葡萄牙和西班牙开始，持续至 17 世纪末的“地理大发现”的大幕，孕育着现代国际关系的产生。

**思考题：**

1. 概述古希腊城邦体系的形成及其演变过程。
2. 试述拜占庭帝国查士丁尼的对外政策及其影响。
3. 试分析中世纪欧洲政治混乱的原因。
4. 述评十字军东征的背景、过程及其影响。

---

① ［英］海伦·尼科尔森：《十字军》，刘晶波译，上海社会科学院出版社 2013 年版，第 54 页。

# 第三章　古代中近东国际关系

中近东包括亚洲中西部、北非和巴尔干半岛部分地区，多种文明交汇使该区域的国际关系在古代时期就极为活跃。约公元前2900年，两河流域出现了人类最早的苏美尔城邦体系，其后递次在这一地区形成了一些奴隶制的统一王国和帝国，公元前6世纪建立的波斯帝国是历史上第一个横跨欧、亚、非三洲的大帝国。公元前330年，马其顿亚历山大征服波斯帝国，然后经历了希腊化的塞琉古王朝和安息王朝的统治时期。公元3世纪中叶，萨珊王朝兴起，成为最后一个前伊斯兰时期的波斯帝国。7世纪初，伊斯兰教在阿拉伯半岛兴起，其势力经过不断扩张，到7世纪中叶已统一阿拉伯半岛，征服埃及和萨珊王朝，中近东由此转变为伊斯兰体系囊括的地区。8世纪中叶至9世纪阿拉伯帝国达至鼎盛，其疆域西起大西洋比斯开湾、东接印度河和帕米尔高原。10—11世纪塞尔柱突厥人的入侵给阿拉伯帝国以沉重打击。1258年，西征的蒙古军队打到巴格达，阿拉伯帝国灭亡。但蒙古建立的统治昙花一现，而已开始在该地区进行扩张的奥斯曼土耳其人趁势而起，并于1453年攻占君士坦丁堡，征服拜占庭帝国。此后，他们在16—17世纪建立起了统辖西亚、北非和东欧巴尔干地区的庞大帝国统治体系，奥斯曼帝国不仅成为伊斯兰世界无可争议的中心，而且对欧洲政治经常发挥重要的影响。1683年，奥斯曼帝国进攻维也纳失败，于1699年被迫与奥地利等国签署《卡洛维茨条约》，这标志着奥斯曼帝国开始衰落。中近东此后逐步被纳入欧洲大国主导的国际体系。

## 第一节　从城邦到帝国：古代早期中近东区域体系的演变

### 一、苏美尔城邦体系

两河流域是指底格里斯河和幼发拉底河之间的富饶地区。大约在公元前4千纪时，苏美尔人在两河流域南部逐渐修建起作为经济生活和宗教活动中心的城市，这些城市被称为世界上最古老的城市，它们连同其控制的周围区域形成各自独立的城邦。这些城市以运河和界石为分界，神庙是每个城市的核心。至约公元前2900年，众多城邦开始形成城邦体系。苏美尔各邦一方面在种族、语言、宗教、文化等领域存在着统一性，另一方面也为争夺水源和商路互相争战。一些强大的城邦建立霸权，组成城邦联盟。之前最早形成的大城市是乌鲁克（约前 4 千纪中期后），它曾通过贸易（经济掠夺和物品交换）、军事和文化等扩张手段，在西亚地区建立起一个庞大的交流网络，史称“乌鲁克扩张”。

苏美尔的城邦体系维持了近 600 年。公元前 2500 年左右，拉伽什在城邦之间的混战中强大起来，它击败北方基什，征服乌尔、乌鲁克等城邦，成为苏美尔诸邦的霸主。国王卢伽尔安达（约前 2384—前 2378 年在位）统治时，因治国不善，引起暴动，乌鲁卡吉那（约前 2378—前 2371 年在位）推翻其统治登上王位，进行了迄今已知人类历史上第一次政治改革运动。然而他的改革并未成功，苏美尔诸邦之间再次爆发大规模战争。最终，温马征服拉伽什，随后又相继征服波斯湾到地中海之间的几乎所有国家，结束了持续几百年的分立局面。然而，温马未及统一苏美尔，就被迁入的一支闪米特人——阿卡德人所灭。阿卡德人建立起两河流域第一个统一王国——阿卡德王国，西亚区域体系从此进入统一王国时期。

## 二、统一王国：阿卡德和古巴比伦

阿卡德位于美索不达米亚北部。约公元前 24 世纪中期，由萨尔贡一世（约前 2334—前 2279 年在位）篡夺基什王位，而后建立新都阿卡德城。他组建起一支 5400 人的常备军，通过军事征服和扩张，建立起一个以两河流域中下游地区为核心，以两河流域上游、伊朗高原西部、海湾地区、安纳托利亚高原东南部为边缘区的统一王国。在注重兴修水利、统一度量衡促进国内贸易发展的同时，王国积极发展对外贸易，贸易对象远达印度河流域。到第四位王纳拉姆辛（前 2254—前 2218 年在位）时，再度对外扩张，西达地中海沿岸，北达亚美尼亚，东至扎格罗斯山脉，令国势达到顶峰，纳拉姆辛成为第一个被称作“四方之王”的统治者。但是这个靠武力征服建立的政权并不稳固。纳拉姆辛死后，王国迅速走向衰落，约公元前 2193 年随着受到两河流域东北部山区另一支闪米特人——古提人的入侵而亡。之后，苏美尔人卷土重来，建立乌尔第三王朝（约前 2112—前 2004），史称“苏美尔复兴”。但好景不长，它就被两河流域兴起的另一个更为强大的统一王国——古巴比伦王国所替代。

古巴比伦王国的建立者为闪米特人的一支——阿摩利人。约公元前 2004 年，阿摩利人灭掉乌尔第三王朝，开始统一除亚述以外的两河流域地区；约公元前1894年，建立了以巴比伦城为首都的古巴比伦王国。到第六代国王汉谟拉比（前1792—前1750年在位）统治时期，他采取灵活外交政策，征服了苏美尔人和阿卡德人，统一了美索不达米亚平原，建立起一个君权神授的强大的中央集权制国家，中央和地方的所有官员都由汉谟拉比亲自任命。其专制统治在经济方面的表现就是国家对地方征收各种赋税，并统一管理全国的水利系统。他还试图通过法典来维持他的统治，所颁《汉谟拉比法典》是古代西亚乃至世界上第一部较为完备的成文法典，用当时通用的楔形文字写成，对刑事、民事、贸易、婚姻、继承、审判等制度都作了详细的规定。《汉谟拉比法典》为巴比伦王国建立起一套公共准则，对王国内的文化统一起到一定作用，标志着两河流域进入了司法制度向世俗化发展的新时代。《汉谟拉比法典》不仅被后起的赫梯、亚述、新巴比伦等古代西亚国家继续使用，还通过希伯来法对西方法律文化产生了一定的影响，中世纪天主教教会法中的某些立法思想和原则便渊源于该法典。古巴比伦王国代表了当时两河流域文明的最高成就。

汉谟拉比死后，古巴比伦王国由盛转衰。在内部暴乱和外族入侵的双重打击下，约公元前1595年，古巴比伦王国被由北方入侵的赫梯人所灭。两河流域由统一王国演进到帝国阶段。

### 三、帝国的建立：赫梯、亚述、新巴比伦

赫梯是赫梯人在古代西亚地区建起的奴隶制国家。赫梯人是由小亚细亚原住民哈梯人与一支属于印欧人的涅西特人同化而成。从约公元前2000年起，小亚细亚逐渐形成库萨尔、涅萨、哈图什等城邦。约公元前1830年，库萨尔城统治者皮哈纳吞并涅萨，其子阿尼塔又灭掉哈图什，并征服了小亚细亚的亚述殖民地，建立了赫梯国家。接着，赫梯人利用精良的青铜和铁质武器与先进的战车，开始大规模扩张。先后征服小亚细亚东部、西里西亚，使赫梯版图从地中海扩大到黑海沿岸和叙利亚北部。公元前1595年，穆尔西里一世（约前1620—前1590年在位）洗劫古巴比伦王国，之后退回小亚细亚。赫梯成为当时近东地区的一个大国。

公元前16世纪后期，国王铁列平（约前1525—前1500年在位）进行改革，确立了王位世袭制。这是迄今最早的、记录在案的王位继承法，明确规定嫡长子拥有第一继承人的特权，这成为后世继承法的基本原则。赫梯国势在公元前15世纪末至公元前13世纪中期达到鼎盛。国王苏皮鲁流马一世（约前

1350—前1322年在位）时，建立起了强大的帝国。赫梯征服了由胡里安人建立的米坦尼王国，并趁埃及国内宗教改革之际，夺取了埃及在西亚的领地叙利亚，但也因此引发与埃及的严重冲突。因为早在公元前3000年后，埃及就多次发动对叙利亚地区的征服战争，力图建立和巩固在叙利亚地区的霸权。第十八王朝创立者阿赫摩斯一世（约前1550—前1525年在位）继续对叙利亚用兵。但米坦尼王国强大后，叙利亚被其控制。随着赫梯的强大，埃及和米坦尼通过联姻建成联盟来对抗赫梯，然而没有奏效，叙利亚北部重镇哈拉颇还是被赫梯占领。随着赫梯对叙利亚的征服和埃及法老企图恢复在叙利亚的统治，两国关系日趋紧张，到埃及第十九王朝法老拉美西斯二世（约前1279—前1213年在位）时，双方间的冲突和战争已不可避免。公元前1274年，赫梯与埃及军队会战于卡迭什。战争持续了16年，双方都精疲力尽，损失惨重。赫梯王哈图西里三世（约前1267—前1237年在位）主动讲和，正中拉美西斯二世下怀，于是于约公元前1259年在孟斐斯签订了和约，宣誓“从此相互信任，永不交战”，这是留传至今历史上最早的和平条约之一。这场战争第一次保留了详细的战场描述资料，包括赫梯人的情报战术、埃及人的军团行军路线等。战争双方签署的条约是保存完整的两个强国之间一个平等的条约，其条约格式、攻守盟约等为后世国际条约的签订提供了借鉴。除联姻、贸易交换、文化交流等外交手段之外，赫梯人创造性地使用了“条约”这种外交方式，他们所签订的条约，包括平等条约、附属国条约、封侯条约等多种类型。以条约形式处理与周围国家、地区的关系，是赫梯人在世界外交史上的重要贡献。

卡迭什之战使赫梯元气大伤，本来就不甚稳固的经济基础进一步被动摇，不久即开始衰落。公元前13世纪末，“海上民族”腓力斯丁人席卷了东部地中海地区，赫梯帝国解体。公元前8世纪，残存的赫梯被亚述帝国所灭。

亚述是兴起于美索不达米亚北部的奴隶制国家。亚述人由操印欧语的胡里安人和闪米特人融合而成。约公元前2000年，以亚述尔城为中心建立了贵族专制的奴隶制城邦。由于缺乏天然屏障，城邦屡遭外族入侵，国势时盛时衰。沙姆什阿达德一世（约前1813—前1781年在位）时，征服小亚细亚东部，沙姆什阿达德一世自称“天下之王”，但在他死后亚述走向衰落，先后沦为古巴比伦王国和米坦尼王国之藩属。约公元前14世纪时，亚述重新崛起，开始采用王的称号。提格拉特帕拉沙尔一世（约前1115—前1077年在位）在位时大肆扩张，北至黑海，向西侵入叙利亚和腓尼基，向南一度统治巴比伦地区。但是阿拉美亚人的入侵给亚述以沉重打击，此后百余年间它跌入低谷。

亚述作为帝国的兴起是在公元前10世纪后期。此时埃及已然衰败，赫梯帝国已经瓦解，南方的巴比伦势力益弱，东方的米底和波斯尚未兴起。这些都为亚述的对外扩张提供了难得的时机。至纳西尔帕二世（约前883—前859年在位）时征服了北部叙利亚，其后萨尔玛那沙尔三世（约前858—前824年在位）通过多次战争，征服了两河流域北部和叙利亚地区的众多小国。公元前8世纪中叶，提格拉特帕拉沙尔三世（约前745—前727年在位）将亚述帝国的扩张推至顶峰，他击败北邻乌拉尔图，征服整个叙利亚。公元前729年，亚述吞并巴比伦，在两河流域历史上第一次实现了南北统一。

此后，经萨尔贡二世（约前721—前705年在位）及其后几代亚述国王持续的对外扩张，亚述灭掉以色列王国，征服埃及。至此，亚述版图东接伊朗，西临地中海并囊括埃及，北及高加索，南临波斯湾，建立起近东第一个横跨西亚、北非的军事帝国。亚述将被征服地区降为省，其行政官通过公文往来和中央政府保持密切往来，各省居民也必须向亚述国王表示崇拜，以加强控制。亚述之所以能依靠武力和军事征服建立起古代西亚、北非地区第一个军事帝国，是与其军事发展的完备分不开的。亚述建立了一支由战车兵、骑兵、重装步兵、轻装步兵、攻城兵、工兵组成的当时世界上兵种最齐全、装备最精良的常备军，还拥有当时最强大的攻城武器“投石机”和“攻城锤”，并从赫梯引进了炼铁技术、锋利的铁制兵器，极大增强了军队的战斗力。先进的军事装备，为亚述统治者发动对外扩张战争提供了有力的工具。

亚述因地处贸易商道，早在古亚述时期（约前2000—前1800）商业贸易已相当发达，在小亚细亚、叙利亚、美索不达米亚南部、扎格罗斯山区和亚美尼亚等地，建立了很多商业殖民地。商业活动不仅使亚述的一些城市如尼尼微、亚述尔城等富裕起来，更重要的是借此把楔形文字带到了小亚细亚。此外，亚述人修建的驿道，本来是为适应迅速调兵遣将、传达命令的需要，但驿道的修筑和驿站的设置，不仅为军队调迁、辎重运输和行政联系提供了方便，而且也为帝国内从事商业贸易活动提供了便利。后来亚述的驿站制度被波斯继承。

然而，与所有依靠武力和军事征服建立的帝国一样，亚述的统治也存在根基不稳的问题。亚述的残暴统治激起了被压迫民族的反抗，加上王室内部的争权夺利，共同加速了帝国的衰亡。公元前612年，亚述帝国灭亡，代之而起的是它的邻国新巴比伦帝国。

新巴比伦帝国由闪米特人的一支——迦勒底人所建。公元前 630 年，首领那波帕拉萨尔（前 626—前 605 年在位）趁亚述帝国内乱之机，发动反抗亚述的起义，并于公元前 626 年建立新巴比伦帝国，后与米底王国结盟，攻灭亚述帝国。亚述帝国的西半壁河山，即两河流域南部、叙利亚、巴勒斯坦和腓尼基被新巴比伦帝国夺取。但此举引起了一向对该地区存有觊觎之心的埃及的不满。公元前 605 年春，埃及第二十六王朝法老尼科二世（约前 610—前 595 年在位）出兵美索不达米亚，与新巴比伦帝国军队在卡尔赫米什进行决战，结果埃及军队被全歼。公元前 605 年 8 月，那波帕拉萨尔去世，其子尼布甲尼撒即位，称尼布甲尼撒二世（约前 605—前 562 年在位）。

尼布甲尼撒二世即位后，迅即对外扩张。鉴于埃及已与迦太基和犹太王国结成同盟，尼布甲尼撒二世延长了与米底的同盟，并娶米底公主为妻，通过联姻来强化同盟关系。公元前 590 年，埃及法老率军进占巴勒斯坦。尼布甲尼撒二世针锋相对，于公元前 587 年进军巴勒斯坦，在经过 18 个月的围困后，公元前 586 年，尼布甲尼撒二世攻陷耶路撒冷，将犹太国王及全城居民俘往巴比伦，史称“巴比伦之囚”。此后，他又率军进攻腓尼基城市推罗，最终迫使推罗王及其他附近的小王国向其称臣。公元前 567 年，入侵埃及，迫使埃及放弃了对巴勒斯坦的野心。至此，新巴比伦帝国成为地区霸主，埃及也彻底放弃了侵略迦南地区的企图。

尼布甲尼撒二世统治时期，新巴比伦帝国臻于鼎盛，政治稳定，经济也有很大发展，首都巴比伦城被古希腊历史学家希罗多德（前 484—前 425）称为当时世界上最壮丽的城市。他为王后米底公主建立的空中花园，被后世誉为古代世界七大奇观之一。尼布甲尼撒二世死后，新巴比伦帝国政局很快陷入动荡，国力大降。公元前 539 年，波斯军队占领巴比伦城，新巴比伦帝国被波斯帝国所灭。

### 四、波斯帝国的对外扩张

波斯帝国位于伊朗高原，是以古波斯人为中心形成的君主制国家。波斯人属印欧语系的一支——雅利安种族，约公元前 2 千纪末叶从中亚一带迁至伊朗高原西南部，最初处于米底统治之下的波斯人部落联盟分为 6 个农业部落和 4 个游牧部落，部落联盟首领已实行世袭制，阿契美尼德氏族世代为王。公元前

558 年，出身于阿契美尼德氏族的居鲁士二世（即居鲁士大帝）完成波斯各部落统一，并趁米底与新巴比伦交恶之机，与后者结盟，同时对米底贵族采取笼络政策，于公元前 550 年灭掉米底，建立阿契美尼德王朝（前 550—前 330），亦称波斯第一帝国，波斯帝国从此崛起。

征服米底，也就意味着居鲁士二世继承了米底所统治地区的权利要求，但“这些要求在很大程度上与巴比伦的要求发生了冲突”①，导致与新巴比伦的结盟破裂，波斯同吕底亚、埃及、新巴比伦之间的战争已不可避免。公元前 546 年，居鲁士二世征服小亚细亚的吕底亚，随后又征服与吕底亚结盟的小亚细亚诸城邦。这样，波斯对两河流域已形成东西夹击之势。但居鲁士二世并不急于进攻两河流域，而是挥军直入中亚，征服巴克特里亚等许多地区。这不仅扩大了波斯的势力范围，也免除了进攻新巴比伦的后顾之忧。公元前 539 年，居鲁士二世率军出征新巴比伦。他采用军事压力、外交攻势双管齐下的策略，兵不血刃地占领了巴比伦城，将波斯势力扩至埃及边界。此后，他没有乘机进攻埃及，而是率军再次远征中亚以解除帝国东北边境游牧民族的威胁。但在进攻马萨革太人时遭到失败，居鲁士二世也在此战中阵亡。

居鲁士二世死后，其子冈比西斯二世（前 530—前 522 年在位）即位，在稳定中亚局势后，着手进攻埃及。公元前 525 年，他率兵征服埃及，建立埃及第二十七王朝（前 525—前 404）。他企图以埃及为据点，向西向南扩大波斯在非洲的统治，但远征利比亚和埃塞俄比亚均遭失败。公元前 522 年 3 月，波斯国内发生高墨达政变，冈比西斯在返国途中暴卒。王族将领大流士镇压了高墨达政变和各地起义，登上王位，史称大流士一世。他继续对外扩张，征服了印度河流域和爱琴海上的若干岛屿，并越过赫勒斯滂海峡，占领了马其顿和色雷斯，建立起世界上第一个地跨亚、非、欧三大洲的大帝国。

为加强对庞大帝国的统治，大流士一世借鉴美索不达米亚的管理方式，通过改革建立起一套有效的管理体系。他加强王权，确立君主专制统治，将行政权、军权、司法权控制在国王一人之手，并建立起王室经济；将全国划分为 23 个行省，总督作为中央代表进行管理和收税；将全国划分为 5 个大军区，每个军区下辖若干省军区，军事长官和总督互不相属，使其互相牵制，国王拥有私人卫队——万人近卫军；固定各地税收数额，取消不定期贡物；铸造统一货

① ［美］A. T. 奥姆斯特德：《波斯帝国史》，李铁匠等译，上海三联书店 2010 年版，第 49 页。

币，统一度量衡，以促进帝国内商业的发展；修建驿道、驿站，既方便军队调动、国王命令的下达和下情上达，也便利了商业交流，从而把帝国内不同地区整合成一个大的经济统一体。除此之外，大流士一世还有意识地采取宽容态度：尊重各被征服地区人民的价值观念和文化传统，允许宗教信仰自由；在制定法律时尽可能参考各地原有法律，不加排斥。通过改革，极大地巩固了波斯帝国的统治。

但大流士改革并未根除帝国内的阶级矛盾和与外族的矛盾，尤其是和希腊的矛盾。波斯与希腊的矛盾，起于居鲁士征服吕底亚之时。吕底亚被征服后，小亚细亚海岸各希腊城邦表面臣服，但并不甘心于波斯统治。大流士一世征服色雷斯后，更严重威胁希腊本土各邦的安全。尤其波斯控制了希腊与黑海之间联系的通道，严重损害了希腊人的经济利益，更加深了双方矛盾。终于波斯与希腊城邦之间爆发了希波战争。

公元前 449 年，希波战争以希腊城邦的胜利告终，这场战争是波斯帝国由盛而衰的转折点。在战争期间，埃及、新巴比伦等爆发大规模反抗波斯统治的起义，进一步削弱了波斯帝国的军事力量。波斯帝国的统治，主要依靠军事力量的强大，而军事优势的动摇和丧失使帝国的集权统治难以继续维持。公元前 330 年，大流士三世的军队被马其顿王亚历山大战败，持续 200 多年的波斯帝国遂告崩溃。

波斯帝国是西亚、北非地区古代文明从城邦发展至统一王国直至帝国这一过程的最高阶段，“标志着中东边缘地区的文明终于完全超越原有的文明中心埃及和两河流域而成为主导文明”①。通过军事征服和扩张，波斯帝国首次将三大文明（美索不达米亚文明、古埃及文明和古印度文明）囊括在一个帝国之中，并接近第四个文明中心希腊的边缘。波斯帝国出于巩固统治需要而采取的若干有利于加强交流和联系的措施，使这个庞大地区的融合达到一个更高的阶段。波斯帝国广泛吸收美索不达米亚文明等诸文明的成就，形成了一整套维系和管理帝国的比较成熟的制度，诸如行省制度、赋税制度、铸币制度、驿道制度、军事制度、宗教政策以及对被征服地区统治阶级的政策等，为继之而起的亚历山大帝国、罗马帝国所承袭。波斯帝国的兴起，打断了西亚、北非原有古代文明独立发展的进程，而它又最终被亚历山大帝国所取代。从一定意义上

① 彭树智主编、王铁铮、黄民兴等著：《中东史》，人民出版社 2010 年版，第 43 页。

说，波斯帝国既为西亚、北非古代文明作了总结，又为后来的希腊、罗马古典文明提供了借鉴，起了承先启后的作用。

亚历山大征服波斯帝国后，该地区进入希腊化世界的塞琉古王朝统治时期。公元前3世纪以后，塞琉古王朝中央权力衰落，逐渐分裂出一系列独立国家。其中安息王朝势力最强，与汉朝、罗马、贵霜帝国并称为当时亚欧四大强国，因处于与汉朝之间的贸易路线丝绸之路上，成为重要的商贸中心。由于内部斗争以及长期与罗马的战事，安息的势力被严重削弱，224年，波斯统治者阿尔达希尔一世（约224—240年在位）取代安息王朝，建立萨珊王朝，成为最后一个前伊斯兰时期的波斯帝国（又称萨珊波斯）。651年，萨珊王朝为阿拉伯人所灭，开始了伊斯兰统治时期。

## 第二节 伊斯兰势力的兴起与阿拉伯帝国

### 一、伊斯兰教的兴起与穆罕默德统一阿拉伯半岛

伊斯兰教是穆罕默德（570—632）于7世纪初在阿拉伯半岛创立、传播的一神宗教。610年，穆罕默德称接到天启，令其奉“创造主的名义而宣教”，从此，他以“安拉使者”身份，在麦加开始其宣教生涯。他宣称世间唯一真神就是安拉，是宇宙万物创造者和主宰者，服从安拉命令者将入天国，违抗其命令者将下火狱。穆罕默德的传教吸引大批贫民甚至商业贵族家庭成员入教，引起以倭马亚家族为核心的麦加统治集团的嫉恨，他们斥伊斯兰教为邪说，并多方迫害穆斯林，穆罕默德在麦加的传教活动遭到残酷打击。622年，穆罕默德率信徒迁往麦地那，这一事件在伊斯兰教历史上被称为“徙志”。

迁徙麦地那，伊斯兰教从此有了一个根据地。穆罕默德组织了一个名叫“乌玛”的宗教社团，并建立起政教合一的政权。穆罕默德既是宗教领袖，又是政治首脑、最高法官和最高军事统帅。而“乌玛”宗教社团实际上就是一个组织严密的武装团体。穆罕默德就是依靠这支武装，在“圣战”口号下，于630年1月占领麦加，迫使麦加贵族接受伊斯兰教，承认穆罕默德的领袖地位。占领麦加，是伊斯兰教向整个阿拉伯半岛发展的重要一步。穆罕默德继续率兵征服其他地区。631年，阿拉伯半岛各地派遣代表团到麦地那，表示接受伊斯兰教。至此，伊斯兰教已在阿拉伯半岛占统治地位。632年6月穆罕默德去世

时，阿拉伯半岛已大体统一。

## 二、阿拉伯帝国的形成：早期“哈里发”与倭马亚王朝的对外征服

穆罕默德去世后，由于没有指定继承人，各派选举艾布·伯克尔（632—634年在位）为继承人，称“哈里发”（意为“先知的代理人”）。艾布·伯克尔认为亟待解决的问题是巩固穆罕默德建立的统一政权，而这也是伊斯兰教对外扩张的前提，为此他以武力镇压了反叛者，统一了阿拉伯半岛。半岛统一后，对外扩张提上日程。633年秋，艾布·伯克尔派三路大军攻伐拜占庭治下的叙利亚，后于634年7月去世。

艾布·伯克尔去世后，欧麦尔（634—644年在位）当选为第二任哈里发，他继续向阿拉伯半岛外扩张。从当时的国际形势看，伊斯兰教向北方扩张面临两大强敌，即拜占庭和萨珊波斯，但此时这两个国家由于彼此长期战争和各种原因引发的内乱已深陷困境。欧麦尔充分利用这两大帝国的困境，夺取了拜占庭的叙利亚和巴勒斯坦，占领了隶属萨珊波斯的美索不达米亚的大部分地区。642年在尼哈温战役中再次击败波斯大军，同年攻占亚历山大里亚，征服埃及。欧麦尔的军事扩张和他创建的各种国家制度如建立常备军、完善伊斯兰教律等，为建立阿拉伯帝国打下坚实基础，他因此被誉为“伊斯兰国家的第二位奠基者”。

欧麦尔被刺身亡后，出身倭马亚家族的奥斯曼（644—656年在位）当选为第三任哈里发，继续对外扩张，他在灭掉萨珊王朝后，夺得呼罗珊、亚美尼亚、阿塞拜疆和非洲的利比亚等地区。正当对外扩张势如破竹时，帝国内部发生分裂。以穆罕默德的堂弟和女婿阿里为首的亲阿里派对出身于倭马亚家族的奥斯曼出任哈里发的合法性提出质疑，组建起什叶派，与普遍接受奥斯曼继位的逊尼派相对立。656年6月，奥斯曼在家中被刺，阿里继任哈里发。但遭到了以奥斯曼堂弟、叙利亚总督穆阿维叶为首的倭马亚家族的强烈反对，双方发生内战。661年，阿里被刺身亡，穆阿维叶继任为哈里发（661—680年在位），以大马士革为首都，建立倭马亚王朝（661—750）。

倭马亚王朝继续对外扩张。在非洲，阿拉伯军队在先后征服突尼斯、马格里布等西北非地区、控制了地中海南岸后，于711年横渡直布罗陀海峡进入伊比利亚半岛，占领西班牙大部。而后越过比利牛斯山攻入法兰克境内，但732年在普瓦提埃被查理·马特率领的法兰克军队击败，阿拉伯军队从此停止了在

欧洲的扩张。在亚洲，从7世纪末到8世纪初，阿拉伯军队先后征服了中亚的布哈拉、撒马尔罕、花剌子模，深入锡尔河流域，还占领了印度西北部，东至帕米尔高原与中国接壤。这些地区随之也大多伊斯兰化了。

至此，阿拉伯人的大规模对外征战基本结束，对外征战奠定了帝国的疆域。到8世纪中叶，阿拉伯帝国最后形成。疆域西起大西洋的比斯开湾，东至中国边界，北起黑海和里海南岸，南至尼罗河下游，形成一个横跨亚、非、欧三洲的大帝国，其疆域内逐步阿拉伯化、伊斯兰化。穆阿维叶将哈里发由选举改为世袭，世袭的家族王朝取代了游牧的部落联盟，穆阿维叶实际上成为帝国的君主，阿拉伯语成为帝国官方语言。伊斯兰教将松散的部落文化联系起来，征战使各地的文化得以传播、交流，最终形成全新的阿拉伯文明。

### 三、阿拉伯帝国鼎盛时期远交近攻的对外政策

由于倭马亚王朝是通过不断征服建立起来的，不仅阿拉伯人与被征服民族之间存在严重对立，而且阿拉伯军事贵族与普通阿拉伯人也矛盾尖锐。这些矛盾导致在倭马亚王朝末期爆发了大规模人民起义。这次起义的领导者——阿布·阿拔斯（750—754年在位）推翻了倭马亚王朝，建立阿拔斯王朝（750—1258）。后来首都东迁至巴格达，阿拔斯王朝“转型为重亚洲、轻地中海的帝国”①。

阿拔斯王朝的建立，使阿拉伯帝国历史进入了一个新时代。大量非阿拉伯人在帝国中担任高官，种族排斥和种族歧视逐步消失，古代东方因素，尤其是波斯因素对帝国产生了重要影响。762年迁都巴格达后，波斯风尚逐渐占了上风：帝国政体是波斯式的，典章仪式也是波斯式的。不少波斯人在阿拔斯王朝担任要职，实际上形成了阿拔斯王室和波斯贵族的联合执政。而哈里发统治也演变为东方君主政体，哈里发不再是阿拉伯部落酋长。

与倭马亚王朝是一个典型的征服性的王朝不同，“阿拔斯王朝主要满足于对他们所继承的帝国加以治理，而不是征服新的土地”②。即使有征服行为，也只是边际性的。这突出体现在对外政策上，阿拔斯王朝采取“远交近攻”的政

---

① ［英］伯纳德·刘易斯：《穆斯林发现欧洲：天下大国的视野转换》，李中文译，生活·读书·新知三联书店2013年版，第19页。

② ［美］杰里·本特利、赫伯特·齐格勒：《新全球史：文明的传承与交流》上，魏凤莲、张颖、白玉广译，北京大学出版社2007年版，第379页。

策。在东方，751 年 7 月阿拉伯军队在撒马尔罕附近的怛罗斯之战中击败高仙芝率领的唐朝军队，俘获唐军一万余人，唐朝从此放弃在中亚的争夺，阿拉伯人也无力再行东扩，双方修好。怛罗斯之战的结果是造纸术和其他中国工艺西传，促进了西亚、欧洲与东亚的文明交往。在西方，阿拔斯王朝适时地与法兰克王国结盟，达到牵制在伊比利亚半岛的后倭马亚王朝的目的，以便集中全力进攻拜占庭帝国。双方经常互派使节、互赠礼品。哈伦·拉希德（786—809 年在位）是阿拔斯王朝最著名的哈里发，他曾率军亲征，迫使拜占庭帝国缴纳贡赋和人丁税。对内，阿拔斯王朝完善政治制度；奖励农耕，积极兴修水利，发展农业生产；修建了四通八达的道路网，促进商业流通的发展；提倡教育，奖励学术。

由于这些积极政策的实施，阿拉伯帝国在 8 世纪中叶到 9 世纪中叶达到鼎盛，首都巴格达不仅成为阿拔斯王朝的政治、经济、文化中心，也是当时世界著名的工商业城市。

## 四、巴格达陷落与阿拉伯帝国的衰亡

阿拔斯王朝的鼎盛并没能维持多久，这个通过武力征服建立起来的多民族、多宗教、多信仰的集合体，存在着多种矛盾。封建制度的进一步发展，更是从帝国内部培植起了离异的势力。9 世纪中叶，帝国开始走向衰落。哈伦·拉希德诸子为争夺王位而爆发的内战严重削弱了帝国的权威，各省纷纷宣布独立。实际上，早在阿拔斯王朝建立之初，倭马亚家族的后裔就在伊比利亚半岛割据独立，建立后倭马亚王朝（756—1031），与阿拔斯王朝分庭抗礼。随后，摩洛哥（788）、突尼斯（800）、埃及（868）宣布独立。909 年，什叶派穆斯林在突尼斯建立的法蒂玛王朝，曾据有叙利亚、埃及、撒丁岛等大片领土。10 世纪以后，帝国四分五裂，实际统治区域仅限于巴格达及其周围地区。

内部四分五裂之际，阿拔斯王朝又遭遇外族入侵。在北部和西部，欧洲教俗封建主组成的十字军远征，使西西里岛和伊比利亚半岛上的伊斯兰势力遭到重创，只有萨拉丁（1171—1193 年在位）建立的埃及历史上的伊斯兰王朝——阿尤布王朝，经过顽强抗争，才使得西亚和埃及重新回到同一个政权之下。在南部，阿拔斯王朝遭到了柏柏尔人以及上埃及地区的希拉勒和苏莱姆这两个阿拉伯贝都因部落的进攻，他们席卷了利比亚和突尼斯，北非辖地尽失。在东方，侵扰帝国的首先是塞尔柱突厥人，因其酋长塞尔柱的名字而得名。约于 10

世纪中期，塞尔柱率其部族西迁至锡尔河下游，在布哈拉城附近定居，归信伊斯兰教。1055年，塞尔柱之孙图格鲁勒·贝克（约990—1063）率军进入巴格达，哈里发承认其为“苏丹”，即“君主”，塞尔柱突厥人从此有效地控制了阿拔斯王朝。接着，塞尔柱突厥人的统治扩展至叙利亚、巴勒斯坦和安纳托利亚地区。11世纪末，塞尔柱突厥人已形成一个强大的军事封建帝国，它实际上已取代阿拔斯帝国，哈里发只是名义上的最高统治者，实际的权力掌握在塞尔柱突厥人苏丹手里。塞尔柱突厥人的统治标志着草原游牧民族时代的来临。但塞尔柱帝国如昙花一现，迅速分裂，十字军又给了其致命打击。1194年，塞尔柱帝国灭亡。不久，蒙古人的西征给了阿拔斯王朝最后一击。1258年2月，成吉思汗（1162—1227）的孙子旭烈兀（1217—1265）率蒙古大军攻陷首都巴格达，历时500余年的阿拔斯王朝灭亡，阿拉伯帝国遂告崩溃。

阿拉伯帝国是继波斯帝国、亚历山大帝国、罗马帝国、拜占庭帝国之后又一个地跨欧、亚、非三洲的大帝国。它在长期的武力征服过程中形成，靠伊斯兰教的宗教信仰这条纽带维系，形成伊斯兰教文化圈；在保持伊斯兰教神权统治原则的基础上，吸收巴比伦、波斯国家制度，形成一种伊斯兰世界所特有的、政教合一的君主专制政体。由于其独特的地理位置，阿拉伯帝国哈里发体系对中近东区域体系，乃至欧洲国际关系进程均产生过重大而直接的影响。阿拉伯帝国是伊斯兰文化圈的奠基者，为此后以奥斯曼帝国为中心的伊斯兰世界体系打下了基础。

## 第三节 奥斯曼帝国的崛起与开始衰落

### 一、奥斯曼人的兴起与早期扩张

奥斯曼人又称奥斯曼土耳其人，与塞尔柱突厥人同源。当塞尔柱突厥人向外扩张时，奥斯曼人也从中亚呼罗珊地区西迁至亚美尼亚。后来，其中约400人的一支队伍在酋长埃尔托格鲁尔率领下，进入小亚细亚，臣服于塞尔柱突厥人建立的罗姆苏丹国。埃尔托格鲁尔死后，封地统治权和部落领导权由其子奥斯曼（1258—1326）继承。1299年，奥斯曼乘罗姆苏丹国分裂之际，正式宣布独立，史称奥斯曼一世（1299—1326年在位），奥斯曼帝国由此奠基。奥斯曼同时开始了其征服行动。他首先占领了罗姆苏丹国的大部领土，并攻取耶尼谢希尔（即新城），使之成为土耳其第一个真正意义上的首都，开始了其追随者由游牧民转化为定居者的历史进程。接着，奥斯曼又成功实现了从萨卡里亚河向北到黑海、向西南到马尔马拉海沿岸两个方向的扩张，从而孤立了拜占庭在本地区最后一个重要城市布尔萨，并最终在1326年将其攻陷。占领布尔萨意义重大，使他们的王国“从一个游牧的边境国家转变成为一个真正的国家，有首都、边界和定居居民，并发展出常备军来保卫和扩展自己的国家，还有了一套行政管理体制来统治这个国家”。①

奥斯曼一世死后，其子奥尔汉继位，继续开展同拜占庭帝国之间的战争。10年间，拜占庭在小亚细亚的全部领地被征服。1354年，奥斯曼人跨越达达尼尔海峡，开始向巴尔干半岛扩张。他们占领军事要塞加里波利作为立足点，获得其他突厥竞争者所没有的优势。奥斯曼人的入侵得到当地人的大力支持，迅速扩大了在巴尔干半岛的疆域。1360年奥尔汉去世时，奥斯曼人已在欧洲站稳脚跟。穆拉德一世（约1326—1389）继位后，利用巴尔干各国衰落和相互间存在矛盾冲突之机，逐步控制巴尔干半岛。1362年，穆拉德一世攻占拜占庭重镇阿德里安堡，并迁都于此。1389年，奥斯曼军队在科索沃战役中大败塞尔维亚、保加利亚、匈牙利联军，粉碎了巴尔干国家的最后抵抗。巴耶塞特一世（1389—1402年在位）统治期间，拜占庭疆域几乎全部落入奥斯曼人之手。1396年，他在尼科堡战役中击溃由匈牙利国王率领的欧洲十字军，为灭亡拜占庭帝国做好了准备。但正当奥斯曼人摆出架势准备攻取君士坦丁堡、灭亡拜占庭帝国之际，却在1402年安卡拉战役中被帖木儿率领的军队击败。这一事件暂时挽救了拜占庭，奥斯曼土耳其人也因内部爆发王位争夺战和新征服地区人民乘机掀起的反抗运动而处于严重的危机之中，暂停了对外扩张。

## 二、蒙古帝国势力在中近东的兴衰

蒙古人是继塞尔柱突厥人之后又一支大规模西侵的草原游牧民族。蒙古人原居于贝加尔湖东南和黑龙江上游，最初臣服于金国。13世纪初叶，首领成吉思汗统一蒙古各部，1206年建立大蒙古国。1219年，成吉思汗开始第一次西征，翌年就掌控了中亚。1227年成吉思汗病逝时，蒙古人的势力已西至波斯。不久，成吉思汗长孙拔都率军开始第二次西征，于1231年灭掉花剌子模王国残

---

① ［美］斯坦福·肖：《奥斯曼帝国》，许序雅等译，青海人民出版社2006年版，第22—23页。

部，并于1236年、1237年两度进攻巴格达，但未得手。1253年3月，蒙哥汗（1209—1259）派其弟旭烈兀率军第三次西征。一路势如破竹，1258年2月攻占巴格达后，蒙古军队将扩张的矛头指向埃及。1260年9月，在耶路撒冷以北的艾因扎鲁特战役中，蒙古军队被埃及的马穆鲁克军队打败，蒙古的西进从此停止。

蒙古征服属于世界历史上游牧民族对农耕民族的最后一次冲击，建立了以广阔的蒙古统治区为基础的所谓的“蒙古治下的和平”。但蒙古人在中近东的势力迅速走向瓦解。首先，作为游牧民族的蒙古人文化较为落后，而被其征服的阿拉伯人的文化则远比他们先进。由于蒙古人“采用了比他们更先进的属国的语言、宗教信仰和文化，从而丧失了自己的特点。这就是其帝国创立后不久即告崩溃的根本原因”①。其次，人口上的劣势。蒙古是一个仅有100万人口的少数民族，由于蒙古人数极少，大量突厥人被招募入蒙古军队，并逐渐攫取了重要位置。其中最著名者就是帖木儿（1336—1405），因他腿部曾受伤，被人们称为“跛子帖木儿”。他出身于察合台汗国河中地区一个突厥贵族家中。1369年，他夺取西察合台汗国的权力，自立为苏丹，建立帖木儿帝国（1370—1507）。在巩固了对整个汗国的统治后，帖木儿开始了其征服活动：他消灭了伊儿汗国；打败金帐汗国，导致其走向分裂；1398年侵入印度，攻陷德里；1402年，在安卡拉附近打败奥斯曼帝国的军队，向西一直打到爱琴海边。帖木儿帝国鼎盛时的疆域从地中海延伸至中国边境。但帖木儿帝国是一个昙花一现的军事帝国，1405年帖木儿在东征中国途中去世后，帝国迅即分裂。奥斯曼土耳其人趁势继之而起。

### 三、穆罕默德二世与奥斯曼帝国的崛起

帖木儿帝国的崩溃，使奥斯曼土耳其人得以重建他们的统治。穆罕默德一世（1413—1421年在位）结束分裂局面，收复帖木儿征战时丧失的领土。穆拉德二世（1421—1451年在位）即位后，随着奥斯曼国力恢复，再次开始了在拜占庭帝国内部的扩张。1430年，奥斯曼军队占领拜占庭在巴尔干的最后一块领地帖萨罗尼加。面对奥斯曼军队的节节胜利，以匈牙利国王为首的欧洲基督教

① ［美］斯塔夫里阿诺斯：《全球通史：从史前史到21世纪》第7版上册，董书慧等译，北京大学出版社2005年版，第231页。

联军，于1444年11月10日在黑海沿岸的瓦尔纳与奥斯曼军队会战。结果欧洲联军一败涂地，奥斯曼人再次统治东南欧。1446年，穆拉德二世率军进攻伯罗奔尼撒半岛，将希腊本土大部分置于奥斯曼人的直接统治之下。1448年10月，穆拉德二世在科索沃击溃由匈牙利人约翰·胡亚迪率领的欧洲十字军。穆拉德二世的胜利巩固了奥斯曼人在东南欧地区的统治地位，巴尔干半岛的基督徒丧失了反击奥斯曼人的最后力量。此时，拜占庭帝国的领土仅剩首都君士坦丁堡及其周围不大的地方。但穆拉德二世未及征服君士坦丁堡便去世，征服君士坦丁堡的重任落在其继承人穆罕默德二世（1432—1481）肩上。1453年，继位仅两年的穆罕默德二世亲率大军进攻君士坦丁堡，君士坦丁堡陷落。5月29日，拜占庭末代皇帝君士坦丁十一世（1405—1453）阵亡，持续了长达1100余年的拜占庭帝国灭亡。君士坦丁堡改名为伊斯坦布尔①，成为奥斯曼帝国的首都。占领君士坦丁堡，意味着奥斯曼帝国的崛起，在奥斯曼帝国史、欧洲史乃至国际关系史上都是重大的历史事件，影响深远。对奥斯曼帝国来说，君士坦丁堡成为国家首都和政治、经济、文化中心，帝国从此更加巩固；对整个伊斯兰世界来说，这极大鼓舞了伊斯兰教徒的斗志。在伊斯兰强势文明进攻下，欧亚大陆咽喉地区的基督教文明处于弱势地位，欧洲的东方商路也被切断。欧洲因此而另觅通往东方的商路，促成美洲新大陆的发现和绕过好望角到印度航线的开辟。

## 四、奥斯曼帝国的对外扩张与开始衰落

攻克君士坦丁堡鼓舞了奥斯曼帝国的士气，以“征服者”著称的穆罕默德二世继续对外扩张。继1456年征服希腊后，1458年至1479年，他又通过多次远征，征服了包括塞尔维亚、波斯尼亚、黑塞哥维那和阿尔巴尼亚在内的巴尔干半岛主要国家，控制了北爱琴海大部分地区。1481年，穆罕默德二世在远征途中去世，继位的巴耶塞特二世（1481—1512年在位）确立了对瓦拉几亚、摩尔达维亚的宗主权。1502年对威尼斯战争的胜利，表明奥斯曼海军已成为地中海主要海军力量，奥斯曼帝国从此有效控制了横贯地中海东部至威尼斯的国际贸易航线，“此次战争及其和约标志着奥斯曼帝国开始与欧洲进行外交，它成

---

① 此后很长时期内国际上仍常沿袭其旧称“君士坦丁堡”。

为各种力量平衡体系中日趋重要的因素”①。

1512年4月，巴耶塞特二世禅位给次子塞利姆，即塞利姆一世（1470—1520）。在位期间，塞利姆一世继续扩张政策。1514年8月率军东征，在查尔迪兰战役给波斯萨法维王朝（1501—1736）以沉重打击，从而控制了小亚细亚东北和伊拉克北部地区，巩固了东部边界。1516年，他率军进攻埃及马穆鲁克王朝，1517年攻陷开罗，马穆鲁克王朝灭亡，奥斯曼帝国海军势力亦扩至红海。

塞利姆一世去世后，苏莱曼一世（1494—1566）继位，他将奥斯曼帝国领土推进到欧洲腹地。1521年8月，他亲率大军攻陷基督教重镇贝尔格莱德，从而获得了进入欧洲心脏地带的前哨站。1522年，他又率领10万大军经过9个月的苦战，占领罗德岛，为征服匈牙利解除了后顾之忧。1526年8月，苏莱曼率军攻入匈牙利，在摩哈赤大败匈牙利军队，匈牙利国王拉约什二世战死，这个“基督教之盾”从此进入奥斯曼帝国的势力范围。以此为跳板，奥斯曼帝国于1529年和1532年两度进攻维也纳，虽然在基督教国家的联合抵抗之下未获成功，但仍然占领了匈牙利大部分地区。1547年，苏莱曼一世打败哈布斯堡王朝，迫使斐迪南一世（1503—1564）承认奥斯曼帝国对匈牙利的宗主权。奥斯曼帝国从此成为欧洲政治舞台上的一个强有力的重要角色。

在巩固欧洲边境后，苏莱曼将扩张目光转向东方，他要彻底消灭波斯萨法维王朝，解除其对帝国东方边境的威胁。从1533年到1554年，通过三次战争，奥斯曼帝国从波斯人手中夺取巴格达，苏莱曼一世成为伊斯兰世界无可争议的领袖和阿拔斯王朝哈里发的合法继承人，从而掌控了美索不达米亚以及波斯湾的部分地区。在北非，苏莱曼一世依靠其拥有的强大海军力量，多次击败基督教国家联合舰队。1538年普雷韦扎战役击败西班牙舰队后，奥斯曼帝国称雄地中海三十余年，先后征服的黎波里、突尼斯、阿尔及利亚和摩洛哥等地，控制了地中海大部分地区。到16世纪中叶，奥斯曼帝国达到历史上的鼎盛时期，它不仅是一个伊斯兰大国，更是地跨欧、亚、非三洲的世界帝国。16世纪被称为奥斯曼帝国“黄金时代”。

奥斯曼帝国的崛起对国际关系产生了深刻影响。首先，奥斯曼帝国扼欧亚交通要冲，特别是对东地中海和博斯普鲁斯海峡的控制，严重阻断了东西方贸

---

① ［美］斯坦福·肖：《奥斯曼帝国》，许序雅等译，青海人民出版社2006年版，第103页。

易商路。西欧国家出于政治、经济上的考虑，急切探寻到达东方的新航路，从而开创了地理大发现的新时代。其次，奥斯曼帝国对欧洲的进攻和威胁，长期影响着欧洲的国际关系。为反对称霸中欧的哈布斯堡王朝，奥斯曼帝国1536年与法国结成同盟，最终使哈布斯堡王朝分裂。法奥同盟在客观上维持了欧洲的均势局面，促进了欧洲多元并存的国际体系的发展。同时，奥斯曼帝国在扩张进程中与欧洲各国发生严重冲突，并使东欧的国际关系更加复杂化。再次，奥斯曼帝国对基督教欧洲的威胁，在客观上促进了欧洲宗教改革时期新教在德意志和奥地利地区的发展与传播。1526年，奥斯曼人进攻匈牙利，曾迫使神圣罗马帝国皇帝查理五世（1500—1558）向新教诸侯让步，以换取对援助匈牙利的支持。1532年8月，奥斯曼帝国再次围攻维也纳，迫使查理五世与新教诸侯签订《宗教和平条约》。在新教诸侯的帮助下，虽然解除了维也纳危机，但这一和约使新教徒获得了“扩张的保护伞”。最后，奥斯曼帝国将东地中海、北非等广袤的疆域囊括于帝国统治之下，严重影响了这些地区各民族独立的社会发展进程。

然而，16世纪，奥斯曼帝国也隐含着走向衰落的迹象，甚至在苏莱曼大帝最辉煌的统治时期就已经出现了征兆。从政治方面看，奥斯曼帝国是一个中央集权的封建军事帝国，鼎盛时期的苏丹是奥斯曼制度的核心，凌驾于社会之上，行使至高无上的绝对权力。但苏莱曼死后，苏丹的统治权力日渐式微，宫廷内部勾心斗角，官员腐败，中央政府对地方行省的控制不断削弱，奥斯曼帝国的政治体制受到了严重损害。从经济方面看，奥斯曼帝国是典型的农本社会，小农经济长期占主导地位。16世纪以后，在奥斯曼帝国仍然实行自给自足的经济体制的时候，西欧国家则普遍建立起以重商主义为中心的商业经济。西欧国家通过商业扩张和资本积累使新兴工业得到迅速发展，大量工业品输入奥斯曼帝国，导致其手工业持续衰落。不仅如此，奥斯曼帝国与欧洲列强签订的一系列贸易条约，给帝国经济复兴以致命打击。贸易的不平衡造成帝国黄金和白银大量外流，奥斯曼帝国在经济上逐步沦为欧洲的附庸。

从军事方面看，自16世纪末期起，由于对外扩张所依靠的传统骑兵的战斗力明显下降，取而代之的雇佣制步兵成为奥斯曼军事力量的核心，但因其日趋腐败，战斗力严重削弱，导致对外战争失利和领土丧失。1571年10月的勒班托海战中，奥斯曼帝国舰队被欧洲基督教诸国的联合舰队击溃，此战使奥斯曼帝国对地中海地区的威胁被解除。1595年，哈布斯堡王朝组成反奥斯曼帝国联盟，改变了奥斯曼帝国与基督教诸国的力量对比。在1606年签订的《兹西特瓦·托罗克条约》中，哈布斯堡王朝首次被当作土耳其苏丹的平等对手。1683年，奥斯曼帝国军队围攻维也纳，被哈布斯堡王朝和欧洲联军打败，从此结束了它对欧洲的扩张之路。匈牙利和贝尔格莱德脱离奥斯曼帝国控制，威尼斯人趁机夺取了奥斯曼帝国控制的希腊诸地。1699年1月，战败的奥斯曼帝国被迫与奥地利、俄国等国签订《卡洛维茨条约》，丧失了其在欧洲的大片领土。该条约签署后，奥斯曼帝国对基督教欧洲诸国的军事态势由主动进攻转变为被动防御。1711年和1739年虽有部分领土被恢复，但只是帝国的回光返照而已。

17世纪末至18世纪初，俄国的兴起是奥斯曼帝国走向衰落的一个重要外部因素。此前在两国一个多世纪的争斗中，奥斯曼帝国占据上风。但自17世纪晚期俄国经过彼得大帝（1689—1725年在位）现代化改革后，双方的力量对比发生变化。如果说以前奥斯曼帝国在基督教欧洲的主要战争对象是哈布斯堡王朝，那么此后由于哈布斯堡王朝与普鲁士角逐中欧霸权，沙皇俄国就成为奥斯曼帝国的主要战争对象，双方争夺的主要目标就是巴尔干半岛、黑海北岸和南高加索地区。1696年7月，彼得大帝击败奥斯曼帝国军队，夺取亚速要塞，并借1699年《卡洛维茨条约》获得对德涅斯特河以北地区的统治权。《卡洛维茨条约》的签署，标志着奥斯曼帝国衰落的开始。

**思考题：**

1. 试析古代早期中近东地区从苏美尔城邦体系到帝国体系的演进过程。
2. 评析古埃及与赫梯之间卡迭什之战的起因和结果。
3. 简述阿拉伯帝国的崛起及其对中近东地区的影响。
4. 试析奥斯曼帝国的对外征服活动及其对国际关系的影响。

# 第四章　古代南亚国际关系

作为人类文明发源地之一，南亚次大陆在古代是一个国家间关系非常活跃的区域。早在公元前 4 世纪时，就产生了《政事论》，它被认为是世界上最早的对国家间关系进行现实主义思考的著作之一。早期南亚国际关系经历了从公元前 6 世纪后吠陀时期的邦国纷争到古典时期区域性帝国体系的转变。由于受印度宗教文化的影响，国家之间虽然征战不息，但胜利的君主通常满足于宗主国地位的建立和对手的臣服朝贡而并无实质性的行政统治。因而无论是第一个统一次大陆的孔雀王朝（约前 4 世纪—前 2 世纪），还是之后的贵霜帝国（约 1 世纪—3 世纪）、笈多帝国（约 4 世纪初—6 世纪中叶）、戒日帝国（7 世纪上半叶），其帝国形态经常呈现为一种“王中之王”的松散格局。其间佛教因一些帝国统治者的青睐而广为传播。8 世纪以后，来自西亚和中亚的伊斯兰势力不断进入印度，并先后建立起堪称强盛的德里苏丹国（1206—1526）和莫卧儿帝国（1526—1857），其上层建筑虽搬用伊斯兰模式，但在整体上逐步与印度本土制度相融合，显示出印度文化“多样性统一”的特征和力量，而帝国统治下地方王国、土邦势力割据一方的状态仍没有根本改变。在次大陆南端，古代大多数时期则是一种王国林立、此起彼伏的争雄局面。18 世纪后随着西方殖民势力从海上侵入次大陆，加之西北波斯、阿富汗等国的侵扰，莫卧儿帝国遂在内部的分裂、倾轧中日趋衰落。

## 第一节　印度早期文明与对外关系

### 一、吠陀文明与列国时代的国家间关系

印度次大陆是人类文明的发源地之一。大约在公元前 2500 年，印度河流域便诞生了以哈拉帕文明为代表的发达的古代文明。高耸的城墙和复杂的城市建筑表明该地区有可能是一个个早期城邦。各城邦之间为争夺霸权、获取奴隶而争战不休。由于控制了周边地区的铜矿、锡矿和青金石矿等重要资源，这些城邦还成了埃及法老和美索不达米亚国王的战略性贸易伙伴。然而，在对自然资源过度开发所导致的生态环境恶化等因素的影响下，哈拉帕文明开始衰退。公

元前1750年左右雅利安人入侵后，这个文明便消逝于历史的长河之中，但它的印记依然留在了次大陆的后续文化里。

在公元前1500年到公元前1000年的前吠陀时期，雅利安人征服了肤色黝黑的当地原住民，在旁遮普过着畜牧为主、农业为辅的生活。他们以氏族和部族为单位进行活动，实行军事民主制度。原住民中许多部落与雅利安人关系平等，两者有种族和文化上的融合。种姓和宗教信仰尚处于萌芽阶段。从公元前1000年到公元前600年左右后吠陀时期，雅利安人进入恒河流域，建立了一个个村社，同时完成了向阶级社会的过渡，形成了很多早期国家。这些国家中既有贵族共和国，也有君主制国家。原初的宗教信仰已演变为婆罗门教，其核心是“吠陀天启”“祭祀万能”和“婆罗门至上”。种姓制度开始形成，部落酋长和贵族变成了刹帝利，巫师成了婆罗门，普通的民众成为吠舍，犯有严重过失的原部落成员和被征服的原住民成了首陀罗。各种姓之间在社会地位和权利义务等方面有着严格的区分，职业世袭和种姓内婚制更使印度各个社会阶层难以融合。

约公元前6世纪，印度次大陆进入了列国争雄的时代，并涌现出了包括摩揭陀王国在内的16个大国，各国间为争夺霸权不断发生冲突与战争。公元前6世纪中叶，在崇奉佛教的频毗沙罗（约前544—前493年在位）统治时期，摩揭陀实力猛增。此后，由于其子阿阇世（约前493—前462年在位）奉行开疆拓土的政策，摩揭陀很快成为与乔萨罗并列的北印大国。公元前4世纪中叶摩揭陀王国的难陀王朝兴起后，继续实施兼并政策，征服了北印度大部分地区，至最后一位国王达那·难陀当权时，国家盛极而衰。由于他横征暴敛，激起民众反抗，难陀王朝很快被新兴的孔雀王朝取代。

## 二、波斯和马其顿对印度的征服

就在次大陆列国争雄之时，波斯阿契美尼德王朝居鲁士大帝发兵东征，进入印度河流域。公元前518年，大流士一世征服了印度旁遮普地区，设立帝国第二十行省，由此“印度河就这样成了波斯帝国的边界”①。但帝国对当地的控制并不严密，在这个省内仍存有许多自治小国。这个横跨亚非欧三大洲的帝

① ［德］赫尔曼·库尔克、迪特玛尔·罗特蒙特：《印度史》，王立新等译，中国青年出版社2008年版，第68页。

国，开辟了印度与埃及之间的海上航路，促进了印度与西亚、北非地区的交往。如阿拉米字体传入印度，衍生出书写梵语的佉卢字体，有助于当地文化的发展并极大地促进了佛教的传播。波斯帝国的政治体制对印度政治家也产生了很大影响。随着波斯对这一地区的控制逐步减弱，到公元前 4 世纪中叶，这里已呈现出小国林立的局面。

公元前 327 年，马其顿国王亚历山大在征服波斯帝国后远征印度。他在征服了库尔纳河与斯瓦特河一带并渡过印度河后，接受了呾叉始罗的归降。接着他与波罗斯（约前 325—前 321 年在位）大战于希达斯皮斯河畔，波罗斯战败。不过，亚历山大被波罗斯的勇猛所感动，不仅赦免了他，还扩大了他的统治范围，从而赢得了他的忠诚。当马其顿军队继续前行至比阿斯河畔时，将士们拒绝渡河前行。于是亚历山大决定以此作为东征的极点，沿印度河南下回师巴比伦。亚历山大在杰卢姆河以西建立了两个行省并留军屯守，委任总督，节制印度河以东当地诸国，由此开启了该区域的希腊化时代，这对印度科学和艺术的发展都产生了重要影响。然而，马其顿帝国未能在当地建立起有效的统治，亚历山大的省督杀死了波罗斯王，引起印度民众的纷纷反抗，旃陀罗笈多（月护王，约前 324/321—前 297 年在位）乘机起事，很快占据了旁遮普地区。

### 三、孔雀王朝的崛起

公元前 4 世纪后期，旃陀罗笈多在婆罗门贵族考底利耶（约前 350—前 275）的帮助下率军东下，推翻了摩揭陀王国的难陀王朝，建立孔雀王朝（约前 324—前 187）。考底利耶出任国家首相和顾问，这位印度古代著名的政治家和哲学家在所著《政事论》中提出的国际关系理念对以后次大陆国家间关系产生了深远影响。有学者认为他是一位伟大的政治现实主义者。考底利耶明确指出，在遵循“鱼的法则”（即大鱼吃小鱼）的世界里，国王生存的唯一途径就是成为一个拥有无上权势的征服者，因为只有规模和权势庞大且国内不存在任何不稳定情形的帝国，才能遏制“大鱼”或外来入侵者。根据考底利耶的看法，一个国王必须清楚自己在“蔓荼罗”式王国圈子中的位置。这是基于一种地理假设，即王国的直接邻国最有可能成为其敌人（真正或潜在的敌人），而紧邻直接邻国的国家有可能成为自己的朋友，紧邻友好国家的国家则可能是一个不友好国家或敌人的友好国家，再接着便又是友好国家，依次一圈圈类推。

在“蔓荼罗”体系中，每一国都假设其邻国是非友好的、贪婪的和富有侵略性的国家。为此，一位国王要想获得成功，唯有在针对邻国的和平共处、战争、中立、进攻、联盟、双重政策这六种方案中作出选择。他强调只要是为了国家的利益，伦理便成为与之毫无关联的一种累赘。正因为如此，马克斯·韦伯称他为“真正极端的马基雅维里主义者”，与《政事论》相比，《君主论》是无害的。①

月护王很快征服了包括印度河流域与恒河流域在内的整个北印度地区，并将马其顿军队逐出印度西北地区。其子宾头沙罗（约前297—前273年在位）则征服了温迪亚山脉以南的德干地区，与达罗毗荼人的朱罗、潘迪亚和哲罗三国为邻，东南则虎视强大的羯陵伽王国。阿育王（约前268—前232年在位）即位后，经过八年残酷的战争最终征服了羯陵伽。但惨烈的战争也促成了阿育王政治思想的转变。他放弃了征服行动，皈依佛教，选择以和平、非暴力的“正法”手段来治理这个国家。他公开宣布无意用武力去征服毗邻的朱罗等王国，也不会用武力去损害其他独立王国的地位。由于孔雀王朝仅满足于各地方王国的臣服，缺乏较为完善的行政管理机制，王朝对各地的控制能力十分有限，运用非暴力手段根本无法维持庞大国家的有效运作。到了阿育王晚年，王朝已逐步失去对边疆地区的控制。在他死后，孔雀王朝虽仍延续了五十年左右，但内部混乱和王位继承战争导致地方势力雄起和王朝的瓦解。此外，公元前206年，塞琉古王朝的安条克三世（约前241—前187）对旁遮普的入侵也对国家构成了一定的冲击。约公元前187年，孔雀王朝被巽伽王朝取代。

### 四、孔雀王朝的对外关系和佛教外传

孔雀王朝在其崛起扩张的过程中，与周边国家交往频繁。月护王清除了希腊人在印度西北部地区的政治统治后，又挫败了塞琉古一世恢复希腊人统治的努力。公元前305年，两国订立条约，建立联姻关系并互派使节。麦加斯提尼作为塞琉古王朝的使节，曾长期生活在孔雀王朝的首都华氏城。月护王之后，孔雀王朝继续与各希腊化国家保持密切的外交往来。如宾头沙罗曾希望安条克

---

① Max Weber, “Politics as a Vocation,” in W. G. Runciman ed., *Weber: Selections in Translation*, New York: Cambridge University Press, 1978, p. 220.

一世（约前 324—前 262/261）能送给他一些希腊酒、无花果和哲学家。埃及的托勒密王朝也向孔雀王朝的宫廷派遣过使节。

阿育王在国家内部积极施行“正法”治理的同时，还特别注意利用佛教并扩大佛教的影响力。他在华氏城主持了第三次佛教结集，使古佛经最终定型，并将释迦牟尼舍利分成许多份，送往国内外建塔供奉。为了弘扬佛法，他还向克什米尔、尼泊尔、塞琉古王朝、东南亚、次大陆南部达罗毗荼人诸王国以及斯里兰卡等周边国家和地区派出了 9 个佛教僧团，其子摩硒陀王子和僧伽密多公主就在斯里兰卡传教，并使当地君主改宗佛教。缅甸佛教的盛行也是阿育王僧团前往传道的结果。阿育王在相关石刻铭文中自称他用宗教征服了邻近的希腊化诸国、泰米尔和斯里兰卡等国。在他的努力下，佛教由一个印度的地方性教派迅速跃升为具有国际影响力的宗教。

## 第二节 古典时代的印度对外关系

### 一、北方诸势力的冲突和贵霜帝国的兴起

摩揭陀王国的巽伽王朝除了与次大陆的诸王国不断发生战争外，主要精力是应对来自次大陆西北部的外敌入侵。从塞琉古王朝分离出来的大夏王国趁孔雀王朝衰落之际，占领了白沙瓦和旁遮普地区。公元前 180 年前后，大夏国王德米特里一世（约前 200—前 180 年在位）入侵印度，一度直达华氏城，但终为巽伽王朝击败，止步于印度河。此后，巽伽王朝同各希腊化国家保持了友好关系，希腊化国家的使节也不断造访巽伽宫廷。约公元前 75 年，巽伽王朝被甘婆王朝取代。但甘婆王朝所统治区域仅限于恒河中下游地区，领土有限，国力弱小。公元前 30 年左右，它被来自印度南方的萨塔瓦哈纳王朝所灭，由此终结了摩揭陀王国 5 个世纪的辉煌历史。

孔雀王朝解体后，南部诸省很快出现一些强大的地方王国，安度罗人的萨塔瓦哈纳王朝、再度复兴的羯陵伽王国和西萨特拉普王朝就是其中的佼佼者。萨塔瓦哈纳王朝大约于公元前 235 年兴起，后被阿育王征服为属国，阿育王去世后再度复兴。它曾战胜巽伽王朝，并从中印度的萨伽王国手中夺取了华氏城。在南方它先是与羯陵伽王国对抗，羯陵伽王国被其灭亡后，1 世纪后半期又征服并兼并了西萨特拉普王国，确立了在德干的霸权，其君主因

此自称“南方之王”。到225年后分裂为5个小国。阿育王去世后复兴羯陵伽王国的国王卡罗毗拉（约前209—前170年在位）曾称雄一时，与巽伽王朝和耆伽王国交战，并迫使入侵印度的大夏国王德米特里一世退回到印度西北地区。然而，在他死后不久该王国就解体了，并很快为萨塔瓦哈纳所灭。次大陆最南端，在孔雀王朝时期即已存在的以朱罗、潘迪亚和哲罗三个国家为首的南方诸国继续保持独立地位。他们相互之间也不时发生战争，但基本处于均势状态。海上力量较强的朱罗还曾一度入侵并统治斯里兰卡部分地区。为了抵御北方国家向印度半岛的扩张，它们也曾不止一次结成联盟。这三个国家都有发达的海外贸易，与东南亚和阿拉伯海沿岸地区均有商业往来。公元前2世纪以后，一些婆罗门僧侣搭乘商船前往东南亚传教，婆罗门教逐步为当地王公所接受。到1世纪时，在中南半岛的扶南国，婆罗门教已非常盛行，到5世纪婆罗门教已从中南半岛传入东南亚其他地区，并在爪哇等地占据主导地位。

与各分裂王国争雄的南方地区一样，北方地区也是政权林立，纷争不已。公元前2世纪初大夏王国从塞琉古王朝中独立出来。大夏国王德米特里一世曾入侵印度，重建希腊人对信德和旁遮普等地的统治，由此开始了印度-希腊化国家时代。在他死后，内部王权之争导致本地区出现多个独立的印度-希腊化国家。在这些国家的统治者中，最著名的是统治旁遮普地区的君主米兰德（约前155—前130年在位）。他曾大力弘扬佛教，使该地成了当时的佛教文化中心和佛教徒的避难所，但在他死后，其国家便很快解体了。

继希腊人之后入侵印度的是安息人、塞种人和月氏人。公元前2世纪中叶，安息阿尔萨克王朝向东打到了信德和杰卢姆河流域。公元前165年左右，塞种人被月氏人逐出伊犁河流域后，进入克什米尔和喀布尔河下游地区建立了罽宾国。接着他们又向南消灭了许多已趋衰弱的希腊人国家。公元前115年，西汉使节张骞出使乌孙国时，曾派副使出访罽宾。1世纪初，塞种人通过俾路支和信德，向南逐步渗透至戈达瓦里河流域的印度西部地区，并建立了若干王国。这些塞种人政权在388年左右为摩揭陀笈多帝国的旃陀罗·笈多二世（380—413年在位）所灭。此时，塞种人已完全融入印度社会，并接受了当地的文化。

公元前2世纪初月氏人被匈奴击败后，西迁至阿姆河流域，约公元前130年消灭了大夏王国。1世纪上半叶丘就却（约1世纪中叶在位）统一大月氏五部并建立了贵霜帝国，其后又攻取罽宾，并占领了印度次大陆的西北地区。其子阎膏珍则确立了对旁遮普乃至恒河上游地区的统治权。迦腻色迦（约 1 世纪末—2 世纪初在位）又征服了乌贾因的塞种人国家，还占领过华氏城，使贵霜帝国成为一个当时与东汉、罗马和安息齐名的帝国。90 年，贵霜曾派军队入侵东汉的西域属国，被西域都护班超击败，此后与东汉重又修好。[①] 迦腻色迦崇信佛教，曾主持第四次佛教集结。在帝国支持下，佛教沿着丝绸之路继续向外传播，当时来中原传教的许多支姓高僧都与大月氏人有关。迦腻色迦死后，贵霜帝国继续统治北印地区近百年。3 世纪末，贵霜在北印的统治被雅穆纳河流域兴起的那伽人推翻。但贵霜在阿富汗和旁遮普地区的政权依然持续了相当长时间，史称后贵霜帝国。3 世纪波斯萨珊王朝给了后贵霜帝国致命一击，帝国迅速瓦解为众多小国，到 5 世纪后半期这些小国为白匈奴所灭。

## 二、笈多帝国的兴起和扩张

贵霜帝国衰微之后，北印又出现了许多地方王国。4 世纪初，位于古摩揭陀地区的笈多帝国在旃陀罗·笈多一世（320—335 年在位）领导下迅速崛起，他自称“王中之王”。其子“征服者之王”沙摩陀罗·笈多（约 335—380 年在位）武功卓著，吞并了孟加拉、阿萨姆、北方邦和马尔瓦地区的若干王国和部落。他甚至还远征德干，直至建志补罗，迫使当地王公称臣纳贡。旃陀罗·笈多二世（即超日王）继续开拓疆土，统治时期帝国达到鼎盛，控制了除旁遮普西部和克什米尔以外的几乎整个北印地区，并与南印的伐卡塔卡王国联姻，加强在南印西部的影响。笈多帝国是古典时代印度的黄金时期，经济繁荣，文化上兼容并包，大乘佛教盛行，印度教兴起，是当时印度文化的中心。帝国的繁荣一直持续到 5 世纪中叶鸠摩罗·笈多一世（415—455 年在位）统治晚期。此时，位于纳尔巴达河畔的普什密多罗人势力兴起，并对帝国安全构成严重挑战。塞健陀·笈多（455—467 年在位）在消除这一威胁后，又被迫以举国之力迎接来自中亚的白匈奴人（又称哌哒人）的挑战。5 世纪末 6 世纪初，白匈奴人在首领头罗曼及其子摩酰逻矩罗的率领下，占领犍陀罗和旁遮普后，多次入侵北印，一度占领了北印中西部大片土地，直到 528 年才被北印王公联军击败。

① 参见范晔：《后汉书》卷四七《班梁列传》，中华书局 1965 年版，第 1580 页。

此后，白匈奴人残余力量继续统治西北印度和马尔瓦个别地区，并在与当地王公的不断混战中被逐渐同化为拉其普特人。尽管笈多帝国取得了对白匈奴人的胜利，但长期的战争严重削弱了帝国的力量，地方势力趁势雄起。到了6世纪中叶，笈多帝国最终衰亡。

### 三、戒日帝国及其与唐朝的交往

随着笈多帝国的衰亡，一批新的国家也随之涌现，其中较为强大的有莫卡里王国、普什亚布蒂王国、伐腊比王国和高达王国等。与此同时，在南印有强大的遮娄其王国。莫卡里王国拥有恒河中下游大片领土，建都于曲女城。普什亚布蒂王国则拥有德里以北恒河、雅穆纳河河间地，建都于塔内萨尔。在与周边国家的战争中，莫卡里王国起初一度得势，但其末代君主最终被高达人杀害。与其有姻亲关系的普什亚布蒂君主戒日王曷利沙（约590—647）于612年合并了莫卡里王国。他击败了摩腊婆和高达王国的联盟，又与阿萨姆的加摩缕波结盟击败并瓜分了高达王国。通过不断的征伐，戒日王最终建立了以曲女城为中心的帝国，实现对北印大部分地区的统一，史称戒日帝国。曷利沙还曾意图征服德干，但在纳尔马达河畔被遮娄其王朝击败，统一南方之梦就此破灭。戒日帝国对国内各地区的控制极为松散，并没有施行统一的行政管理制度。据《大唐西域记》记载，帝国疆域内藩属国就有30个左右，他们只是承认帝国的宗主权。647年曷利沙去世后，王位为臣子所夺，帝国随之瓦解，北印随之陷入了长达近6个世纪的诸国混战和外来势力入侵的乱局中。

曷利沙崛起北印之时，正值大唐盛世，唐朝称印度次大陆为天竺。唐王朝与天竺多国都有往来，与戒日帝国的关系更加密切。641年，戒日王召见了正在印度取经的玄奘法师，听取玄奘的介绍后，对唐朝很是钦慕。当年，戒日王派遣使者到长安朝贡，唐太宗派遣梁怀敬为使节前往该国抚慰，受到隆重欢迎。隔年，曷利沙再派使节来唐。唐王朝又派王玄策等护送客使归国，他们取道吐蕃、尼波罗前往戒日帝国。戒日王接见了唐使者，再度派出使节并携带火珠、郁金香等礼物。647年，唐太宗派王玄策、蒋师仁等前往印度答谢。在出访途中，王玄策等人对各天竺国家进行了友好访问，接受各国的赠礼，最后抵达戒日帝国境内。此时，戒日王已死，大臣阿罗拉顺篡位自立，后者派兵袭击并囚禁了唐朝使团。王玄策逃至吐蕃求援，得到了吐蕃松赞干布（617—650）和尼波罗国王的军事支持。王玄策率领吐蕃与尼波罗联军再入天竺，救出唐朝使团，并与蒋师仁一起数次大败阿罗拉顺军队，最终将其俘送至长安阙下。此后，王玄策又两次受命出使天竺。唐朝与天竺各国的友好往来，堪称中印友好关系史上的佳话。

### 四、逐鹿曲女城及次大陆南部诸国家关系

戒日王死后，帝国解体，群雄并起。曲女城的后期笈多帝国和克什米尔地区的卡尔科塔王朝曾先后在北印短暂称雄。特别是卡尔科塔王朝，在消灭后期笈多后，曾一度拥有北印大部分地区，是北印诸国中的头等强国，还曾得到过唐王朝的册封。

随着 8 世纪中叶孟加拉地区的波罗王国、西印度的波罗提诃罗王国和德干西部地区的拉什特拉库特王国的兴起，次大陆的政局迅即发生重大变化。为争夺北印霸权，从 8 世纪后期起，这三个强国开始了以争夺北印度的曲女城为标志的长达近 200 年的战争。波罗王国首先征服曲女城，并与向东扩张的波罗提诃罗王国相遇。两国很快在雅穆纳河与恒河之间的河间地区发生了激烈的战斗，结果两败俱伤。拉什特拉库特人趁机北上，首先大败波罗提诃罗王国，接着又击败波罗王国，取得重大胜利。但由于后方发生内乱，拉什特拉库特人不得不迅速撤回德干，波罗王国得以重新控制曲女城。

9 世纪初波罗提诃罗王国力量恢复后，再次东征，并在蒙吉尔击败了波罗王国军队。后者转而向拉什特拉库特王国乞援。拉什特拉库特人再次大败波罗提诃罗人，并将波罗王国收为藩属。但南印国家趁其国内兵力空虚，迅速组成反拉什特拉库军事同盟，迫使其再度回撤。印度北方又现出两强争雄格局。波罗王国曾一度稍占上风。但 836 年，波罗提诃罗人最终占领了曲女城并长期以此为都，直至 1018 年被加兹尼王朝的马茂德所灭。到了 10 世纪初，波罗提诃罗王国因为内部王位争夺以及外部突厥人、拉什特拉库特人和波罗王国的攻击等内忧外患而衰落。拉什特拉库特王国同样因长期争战而变得脆弱不堪，于 973 年被其藩属所建的西遮娄其王国所灭。

南方地区在萨塔瓦哈纳王国灭亡后，曾先后兴起过伐卡塔卡、帕拉瓦和遮娄其等一些实力较强的地方王国。同期兴起的帕拉瓦和遮娄其两王国为争夺德干霸权曾进行了近一个半世纪的战争，结果两败俱伤，都在 8 世纪中叶后走向衰落。约 753 年兴起的拉什特拉库特王国当年便消灭了遮娄其。古老的朱罗王国也趁势摆脱了帕拉瓦王国的控制，并且很快吞并了帕拉瓦王国。朱罗王国与

拉什特拉库特王国为争夺南印霸权也不断发生战争。为此，朱罗王国曾一度遭受沉重打击，但它在10世纪后期再度崛起，不仅征服了周围的潘迪亚、哲罗等国家，还向北征服了羯陵迦王国，向南征服了锡兰岛北部地区。不同于印度次大陆其他王国的是，朱罗王国还凭借强大的海上力量向东南亚扩张，特别是在1025年对室利佛逝王国的远征中，不仅擒获了室利佛逝国王，还洗劫了包括其都城巨港在内的多个城市，导致室利佛逝王国衰落。

973年，西遮娄其王国兴起后，朱罗人又与西遮娄其人为争夺富庶的文吉地区进行了长达百余年的战争，结果也是两败俱伤，各地方势力趁机雄起。到12世纪初，西遮娄其王国和朱罗王国迅速解体，南印再度形成小国林立的政治格局。

## 第三节 德里苏丹王朝的对外关系

### 一、伊斯兰力量在次大陆的渐进扩张

712年，阿拉伯倭马亚王朝伊本·卡西姆击败了信德王公，很快便征服了印度河下游全部领土。但由于738年在拉贾斯坦战役中，阿拉伯人被印度西北部波罗提诃罗王国击败，此后200多年内伊斯兰势力只能退居印度河的一侧。

962年，信奉伊斯兰教的阿富汗迦色尼王朝（都城加兹尼）建立后，很快征服了从喀布尔河谷到印度河的全部领土。从997年起，迦色尼君主马茂德（971—1030）统率阿富汗军队对印度次大陆先后发动了17次战争，不仅掠获大量财富，还消灭了喀布尔河谷与犍陀罗地区的沙希亚王朝和印度西北的波罗提诃罗王国。伊斯兰教由此在旁遮普西部传播开来。1030年马茂德死后，迦色尼王朝在塞尔柱突厥人的打击下逐步瓦解。12世纪初，原迦色尼藩属古尔人在阿富汗西部兴起，建立疆域直达印度北部的古尔王朝（约1146—1215），古尔王朝的统治者从1175年起多次远征印度，不仅消灭了迦色尼王朝，而且在1192年的塔劳因战役中彻底击败了拉其普特人，使得北印再无可以抵挡它的势力。1193年，古尔军队攻占了当时的佛教中心比哈尔，几乎完全摧毁了那里的佛教文化，一些佛教僧侣被迫前往西藏和尼泊尔。古尔王朝苏丹将所征服的北印地区交与部将库特卜-乌德-丁·艾巴克（1150—1210）管理，自己则专注于中亚事务。1206年，苏丹穆伊兹·穆罕默德遇刺身亡，王朝随之解体，艾巴克

在印度自立为王，开创了德里苏丹国时代（1206—1526）。

## 二、德里苏丹国的兴起及其统一次大陆的努力

艾巴克建立起德里苏丹国第一个王朝即奴隶王朝后，很快夺取了旁遮普和加兹尼。但由于加兹尼人憎恶他的统治，所以他未能守住加兹尼，该地区先后被花剌子模王国和成吉思汗领导的蒙古人占领。1210 年，艾巴克去世后，继位的阿拉姆沙仅在位一年便被推翻，而后继位的伊勒图特米什（1211—1236 年在位）降伏了敌对的突厥将领，压制了各地印度人的反抗，建立起一个强大而稳定的帝国。1229 年，他被阿拔斯王朝的哈里发封为大苏丹，由此加强了其在当地穆斯林中的政治地位。伊勒图特米什去世后，国内政治陷入混乱状态，名为“四十奴隶长”的贵族集团逐步把持了朝廷大权。各省总督借机扩展他们的独立统治，印度王公更寻机摆脱帝国的控制。1266 年，“四十奴隶长”中的首要人物吉亚斯-乌德-丁·巴勒班（1200—1287）成为德里苏丹后，重整军队，引用波斯礼仪整肃朝纲，严厉打击桀骜不驯的地方总督与政治对手，加强王权，恢复了帝国的政治秩序。巴勒班去世后，国家政务混乱。1290 年，贾拉尔-乌德-丁（1290—1296 年在位）发动政变，建立卡尔基王朝。阿拉-乌德-丁·卡尔基（1296—1316 年在位）在位期间是德里苏丹国最为强盛的时代。他摆脱伊斯兰神学家的控制，整顿财政和行政，加强中央集权，还建立了一支多达 47 万人的精锐部队，以应对蒙古人的威胁，并将整个北印都纳入德里苏丹国的版图。进而，他开始将征服的目光转向德干。此时，德干地区诸王国中德瓦吉里王国、瓦朗加尔王国、多拉萨穆德拉王国和潘迪亚王国势力最为强大。但这些印度教国家相互敌视，彼此间战争不断，根本无力应对卡尔基王朝的入侵。从 1306 年起，德里苏丹派宠臣马利克·加富尔率军队远征德干，先后征服了这些王国，迫使他们承认德里苏丹的宗主权。

1316 年，阿拉-乌德-丁·卡尔基去世后，帝国陷于内部一连串的权斗之中。1320 年，穆斯林贵族拥戴旁遮普总督加济·马利克（1320—1325 年在位）为苏丹，后者建立了图格鲁克王朝。加济·马利克努力清除积弊，恢复政治经济秩序。1325 年，其子穆罕默德·宾·图格鲁克（1325—1351 年在位）继位后，德里苏丹国由盛转衰。此人志大才疏，为了经营德干地区，他曾一度下令将都城从德里迁至南方的德瓦吉里，这一举措遭到穆斯林贵族的坚决反对，因为这既不利于控制富庶的北方各省，又不利于北方边防，最终不得不重新迁回

德里。在放弃耗费巨资最终却并未实施的征服呼罗珊地区的计划后，1337 年，他决定征服喜马拉雅山区，意图出其不意地占领中国元朝的西藏等地，但在喜马偕尔地区遭到激烈抵抗，最后也以惨败告终。加之他的赋税整顿和货币改革计划导致国库空虚、民不聊生，各地反对苏丹的反叛因此不断发生，德干地区的地方势力趁机独立。到他去世时，德里苏丹已失去了对温迪亚山以南地区的统治。1398 年，中亚的跛子帖木儿以德里苏丹宽容“异教徒”为名，宣布对德里苏丹国发动“圣战”，帖木儿大军在击败德里苏丹后，将德里洗劫一空。在回国途中，又劫掠了印度西北诸省并接受克什米尔的归附。帖木儿对印度的入侵彻底动摇了德里苏丹国的统治基础，图格鲁克王朝名存实亡。

帖木儿在离开德里前任命印度穆斯林希兹尔汗为木尔坦和旁遮普大公。1414 年，希兹尔汗（1414—1421 年在位）攻占德里建立了赛义德王朝。但这个王朝仅拥有德里附近的旁遮普和恒河与雅穆纳河之间的河间地区，不时受到周边印度教诸王国的挑战。希兹尔汗去世后，他的继承者们懦弱无能，最终于 1451 年将王位拱手让给了拉合尔总督布卢勒汗·洛迪（1451—1489 年在位），后者建立了洛迪王朝（1451—1526）。这位出身阿富汗部落的君主和他的继任者锡坎达尔·洛迪（1489—1517 年在位）励精图治，先后平定河间地区，征服江普尔和比哈尔等地，并迫使蒂鲁特君主承认苏丹宗主权，与孟加拉的统治者也签订了互不侵犯条约。然而，锡坎达尔之子伊卜拉欣·洛迪（1517—1526 年在位）即位后，其压制阿富汗贵族的做法引起后者的强烈不满，阿富汗贵族的反叛相继爆发。1526 年，伊卜拉欣在帕尼帕特战役中战死，历时 300 多年的德里苏丹国就此终结。

### 三、德里苏丹国与蒙古人之间的战争

1206 年，德里苏丹国建立后不久，便不得不应对蒙古人的长期挑战。1221 年，成吉思汗在印度河北岸大败花剌子模国王扎兰丁，后者逃入德里苏丹国。由于蒙古人无法适应印度炎热的气候，成吉思汗才暂时放弃对印度的征服。为避免介入中亚事务和与蒙古人为敌，苏丹明确拒绝了扎兰丁的共同对付蒙古人的建议，并迫使其离开印度流亡呼罗珊。

窝阔台（1186—1241）出任蒙古大汗后不久，便决心南征印度。1235 年以后，蒙古多次入侵印度并很快占领了信德和旁遮普等大片土地。1266 年，吉亚斯-乌德-丁·巴勒班即位后收复了被蒙古人占领的部分土地，大力巩固边防，

又在比阿斯河与拉维河之间建立起一道牢固的防线，多次击败蒙古人的侵扰。然而，在1285年比阿斯河战役中，王子穆罕默德·汗中伏身亡，这对年迈的巴勒班是个沉重打击，也间接导致奴隶王朝终结。

就在卡尔基王朝立足未稳之时，1292年，蒙古伊儿汗国军队又入侵印度，被苏丹贾拉尔-乌德-丁击败，他优待蒙古人俘虏并将他们安置在德里附近居住。阿拉-乌德-丁·卡尔基取得王位后，继续巩固西北边防。1295年，察合台汗都哇夺取了伊儿汗国的呼罗珊地区后，又以此为基地南征印度。蒙古军队曾两次攻至德里城下，但均被击退。其间，德里也发生了归降的蒙古人反对苏丹的叛乱。作为报复，阿拉-乌德-丁·卡尔基命令用大象将所有被俘的蒙古人头领活活踩死，蒙古妇孺则被卖为奴隶，由此蒙古人对其极为恐惧。1306年都哇死后，蒙古内争不断，因此基本放弃征服印度的目标。德里苏丹国也一度转守为攻，不时向喀布尔和加兹尼地区的蒙古人发起攻击，降低蒙古人对德里苏丹国的威胁。

但富庶的印度仍不时激起蒙古人的贪婪欲望，蒙古人的威胁并未减弱。在苏丹穆罕默德·宾·图格鲁克下令迁都南方后，察合台汗国君主塔尔马希林趁机于1328年至1329年间大举入侵印度，迫使德里苏丹交出大笔赎金。1398年，跛子帖木儿又率军洗劫了德里，致使图格鲁克王朝瓦解。

尽管蒙古人多次入侵印度均未能实现征服印度、取代德里苏丹国的目的，但蒙古人所到之处，烧杀抢掠，对当地社会经济造成了严重的破坏。由于大量社会资源被用于巩固北方边境，德里苏丹国无法集中精力经营印度，更无法实现完全统一印度的梦想，这客观上加剧了印度的分裂局面。

### 四、印度南方各国的角逐

图格鲁克王朝衰弱后，次大陆南部地区陆续出现了一些实力强大的国家，彼此互争雄长，其中最重要的是巴曼王国、毗阇耶那伽罗王国。1336年，信奉印度教的毗阇耶那伽罗王国建立。1347年，图格鲁克王朝将领阿拉-乌德-丁·巴曼沙（1347—1358年在位）在当地穆斯林贵族支持下反抗德里苏丹，建立了巴曼王朝。巴曼苏丹利用当时的混乱局面，不断征服周边小国，迫使他们接受自己的宗主权，国土面积迅速扩大。1358年，毗阇耶那伽罗王国进攻巴曼王国，意图夺取克里希纳河与通加巴德拉河之间的土地，由此拉开了两国长期战争的序幕。

到了15世纪中叶，巴曼王国内部出现“德干派”与“外来派”贵族之间的严重倾轧，导致国内局势混乱，各省总督纷纷独立。毗阇耶那伽罗王国由于内部的王位争夺、藩属叛乱和巴曼王国等外敌的侵扰，也经历过几次朝代更迭。16世纪初，毗阇耶那伽罗王国趁巴曼王国内乱，多次进攻巴曼王国并在战争中获胜。随后巴曼王国分裂为五个苏丹国即贝拉尔、比达尔、艾哈迈德纳加尔、比贾普尔和高康达。毗阇耶那伽罗王国与这些苏丹国也不断发生争霸战争。在1565年塔里科托战役中，毗阇耶那伽罗王国被苏丹国联盟击败，其都城亦被摧毁，从此走向衰弱，只是由于这几个苏丹国之间相互猜忌，毗阇耶那伽罗王国才得以幸存，直至1656年左右被比贾普尔苏丹国所灭。巴曼王国的解体以及其后兴起的五个王国之间的纷争严重影响了伊斯兰教势力在次大陆南部的扩展。毗阇耶那伽罗王国的长期存在，保护了印度教文化，使之不至于在伊斯兰教的冲击下被湮没。

## 第四节 莫卧儿帝国的兴衰

### 一、巴布尔和莫卧儿帝国的初建

1525年11月，统治喀布尔的巴布尔（1483—1530）应洛迪王朝的叛乱贵族之请，入侵印度。次年4月，他在帕尼帕特战役中击败了洛迪苏丹的军队，建立了莫卧儿王朝（1526—1857）。1527年，他又通过坎瓦之役击败了梅瓦尔王公领导的拉其普特人与阿富汗人的军事联盟，成了西北印度和恒河平原上无可争议的主人。1529年5月，在哥格拉战役中他又击败了比哈尔和孟加拉的阿富汗联军，此后，大量阿富汗贵族归顺了莫卧儿帝国。

然而，1530年巴布尔去世时，帝国基础仍极不稳固，而继任者胡马雍（1508—1556）又缺乏应对复杂局势的能力。他将帝国的领土分给自己的兄弟，不仅破坏了帝国的完整，而且丧失了可靠的财源和兵源。在帝国西部，他尽管打败了一些拉其普特王公，但是未能获得他们的效忠。

莫卧儿帝国在东部面临的挑战更为严重。1531年，比哈尔的阿富汗人舍尔汗·苏尔（1486—1545）宣布脱离胡马雍独立。1534年，他战胜了比哈尔总督与孟加拉国王的联军，赢得了苏拉杰加尔战役的胜利，成为比哈尔地区的主人。接着他利用胡马雍西征古吉拉特的机会，向东进攻并战胜了孟加拉王国，这不仅增强了自己的实力，而且吸引了大批阿富汗贵族为其效力。1539 年至 1540 年，胡马雍与舍尔汗先后在乔萨、卡瑙季和比尔格拉姆进行三场战役，胡马雍均遭败绩，失去了印度政权，最后不得不流亡波斯。舍尔汗则攻入德里建立了苏尔王朝。他通过持续作战，迅速建立了一个东起孟加拉，西到信德和木尔坦的广大帝国。除了引人瞩目的军事成就外，舍尔汗还是一位杰出的政治家，进行了诸多民政改革，建立了一套行之有效的政治管理体系，这些制度大多为后来复兴的莫卧儿帝国所承袭，连胡马雍也称赞其为“王者之师”。1545 年，舍尔汗在进攻卡兰贾尔堡时不幸受伤阵亡，继承者昏庸无能，内争不息，从而为胡马雍复兴莫卧儿政权创造了良机。

1545 年，胡马雍在波斯军队的支持下，从其兄弟手中夺下坎大哈和喀布尔，历时十年巩固了自己在阿富汗的政治地位。趁着苏尔王朝内部因王位继承问题引发混乱之机，胡马雍于 1554 年 11 月进军印度，沿途没有遇到重大抵抗，很快夺取了阿格拉和德里等地。1555 年 7 月，胡马雍重新登上莫卧儿帝国皇帝的宝座，然而 7 个月后他意外失足身亡，重建帝国的重任便落在了其子阿克巴（1542—1605）身上。

## 二、统一次大陆：从阿克巴到奥朗则布

1556 年初，尚不满 14 岁的阿克巴即位，在拜拉姆汗的辅佐下开始了统一次大陆的征程。1556 年 11 月，在第二次帕尼帕特战役中，莫卧儿人击败了印度教王公喜穆率领的阿富汗大军，这也成了莫卧儿帝国的真正开端。1558 年到 1560 年间，莫卧儿人相继征服了瓜廖尔、阿杰米尔和绍纳福尔。1560 年阿克巴大帝亲政后，一面视阿富汗贵族为对手，坚决予以打击；一面与拉其普特王公和亲，吸纳拉其普特王公成为帝国重要支柱。1567 年，梅瓦尔王国的都城被攻陷，许多拉其普特王公选择归顺莫卧儿帝国。1569 年莫卧儿人兼并了卡林贾尔和兰桑波尔之后，于 1572 年征服了处于内乱中的古吉拉特。接着于 1576 年消灭了统治孟加拉的卡卡尼亚王国，将其纳入帝国版图。1585 年至 1592 年间，先后征服喀布尔、克什米尔和奥里萨。在德干诸王国拒绝阿克巴的宗主权要求后，1595 年，莫卧儿人首先进攻内部不睦的艾哈迈德纳加尔王国，迫使其割地并承认帝国宗主权。然而，莫卧儿人离开后，该王国撕毁和约，双方重新开战，1601 年，艾哈迈德纳加尔王国被攻占。在消除了中亚的布哈拉汗国乌兹别克人入侵的忧虑后，1599 年，阿克巴又消灭了坎德什王国，将帝国势力推进到

克里希纳河上游地区。

阿克巴的继承人贾汗吉尔（1569—1627）继续进行征服战争。他的最大成就便是征服了梅瓦尔的拉其普特人。1616年，梅瓦尔王公与贾汗吉尔签订和平条约，正式承认帝国的宗主权。梅瓦尔王公由此成为帝国的重要支柱。在德干地区，贾汗吉尔继续派军队进攻艾哈迈德纳加尔王国，然而，该王国运用游击战术巧妙地化解了莫卧儿人的攻势，加之莫卧儿帝国军队内部不睦，对德干的征服活动没有任何进展。其子沙贾汗（1592—1666）于1628年继位后，利用艾哈迈德纳加尔王国内部的混乱，派兵于1633年吞并了这个王国。此外，莫卧儿人还先后于1629年和1631年分别进攻高康达和比贾普尔，迫使两国于1636年接受莫卧儿帝国的宗主权。

1658年，奥朗则布（1618—1707）从王位争夺战中胜出并加冕为帝，他继续以扩张帝国疆域为己任。在东部地区，先后征服帕拉茅王国和阿洪姆王国；在西北边境地区，通过外交和武力并用的方式，使阿富汗各部族接受莫卧儿帝国的宗主权；稳定西北边疆后，奥朗则布剑指南方，先后消灭比贾普尔和高康达两国。在上述征战历程间，一些部族趁乱兴起。在应对马拉塔人的挑战上，奥朗则布取得了成功。

这样，到了1690年，莫卧儿帝国的势力达到顶峰。奥朗则布成了从喀布尔到吉大港，从克什米尔到高韦里河的至高无上的君主。然而，这也是莫卧儿帝国走向衰落的开始。由于缺乏有效的行政管理制度，整个帝国只依赖皇帝一个人的权威无法进行有效的统治。首先，在奥朗则布统治后期，由于他将主要精力放在德干地区，失去了对北印度广大地区的有效控制，地方官员日益坐大，地方王公也开始藐视帝国的权威。其次，长期战争耗尽了帝国的财富，被拖欠薪饷的士兵不断发生哗变。最后，他的宗教歧视政策导致他失去了印度教王公特别是拉其普特诸王公的支持。在他去世之后，莫卧儿帝国再无一位雄才大略的君主，南亚次大陆各个地方势力再度雄起，尤其马拉塔人在德干的复兴，都加快了莫卧儿帝国的衰落。

### 三、莫卧儿帝国北方战争的失利

莫卧儿诸帝在南亚次大陆争夺霸权的同时，还分别与波斯萨法维王朝和布哈拉汗国乌兹别克人在北方展开霸权争夺，结果均以失败告终。

莫卧儿与波斯帝国之间的冲突主要是围绕商业、战略重镇坎大哈展开的。

坎大哈曾是萨法维王朝的藩属，巴布尔利用波斯在查尔迪朗之役败于奥斯曼帝国之际，于 1517 年夺取了坎大哈。波斯国王塔赫马斯普一世（1513—1576）由于内有政治争斗、外有奥斯曼帝国和布哈拉汗国的强压，一时无暇过问坎大哈事务。胡马雍在流亡波斯寻求支持时，曾承诺夺回印度后，将坎大哈归还波斯。然而，他复国后却背弃承诺，将波斯人从坎大哈逐出，引起波斯人的不满。1558 年，塔赫马斯普一世夺回坎大哈，又引起阿克巴的强烈不满。由于当时阿克巴的首要任务是平息国内各种叛乱，特别是应对拉其普特人和阿富汗人的威胁，坎大哈问题被暂时搁置。阿克巴在占领喀布尔和信德后，重新打开了前往坎大哈的通道。1595 年，驻守坎大哈的波斯王子因忧虑受乌兹别克人攻击时无法得到国内援助而转投莫卧儿，献出坎大哈，阿克巴将其纳入喀布尔省进行管理，此举加深了莫卧儿与波斯之间的矛盾，“17 世纪上半叶莫卧儿与萨法维王朝之间的日益紧张的关系几乎都是由坎大哈争议引起的”①。

贾汗吉尔执政时，波斯阿巴斯一世（1571—1629）多次派人前往莫卧儿宫廷，要求归还坎大哈，但未能成功，便于 1622 年用武力夺取了坎大哈。1638 年，沙贾汗派喀布尔省督劝诱统治坎大哈的波斯省督投降，波斯宫廷的军队被莫卧儿帝国击败，波斯人再次失去坎大哈。此后，阿巴斯二世（1632—1666）又在 1648 年夺取了坎大哈。为了夺回坎大哈，沙贾汗曾于 1649 年、1652 年和 1653 年三次组织反攻，耗费大量人力物力，但是莫卧儿人依然永远失去了这一战略重镇。

莫卧儿人与布哈拉汗国人在中亚的冲突根源，主要是莫卧儿人想维护帝国北方边界的安全并伺机夺回其祖先领地费尔干纳。巴布尔曾是费尔干纳的小王公，但他即位不久便被布哈拉汗国逐出了故土。1586 年，布哈拉汗国国王阿卜杜拉汗（1533—1598）夺取萨法维王朝治下的呼罗珊并威胁莫卧儿人在阿富汗的统治。阿克巴设法让阿卜杜拉汗接受了双方以兴都库什山脉作为两国边界的提议，但这并没有消除双方之间的猜忌。为了夺回费尔干纳，沙贾汗于 17 世纪 40 年代两次派大军进攻布哈拉汗国统治下的巴尔赫和巴达克山地区，最后因乌兹别克人的坚决抵抗而失败，莫卧儿帝国光复祖业的梦想破灭。

### 四、西力东渐与帝国的衰落

在莫卧儿帝国忙于统一次大陆并与中亚和西亚地区的政治势力互争雄长的

---

① Ahmad Hasan Dani ed., *History of Civilizations of Central Asia*, vol. 5, Paris: UNESCO, 2003, p. 332.

同时，西方势力随着新航路的开辟开始侵入次大陆，并最终重塑了次大陆的政治格局。1498 年，葡萄牙人达·伽马率船队来到印度西海岸卡利卡特港，打通了东西方之间的海上通道。葡萄牙人先是在印度西海岸战胜了埃及、奥斯曼帝国和印度当地王公的海军，后又占领马六甲，赶走阿拉伯人，最终垄断了印度洋的贸易。1510 年，他们从印度王公手中夺取了果阿，将其作为东方的殖民总部和贸易中心。接着他们又在印度西海岸和孟加拉等地建立了一系列殖民地。到 16 世纪中叶，葡萄牙人又控制了锡兰岛。葡萄牙人在殖民地内的统治极为残暴，不仅对当地居民征收重税，而且还肆无忌惮地贩卖奴隶，在宗教上更是迫害印度教徒和穆斯林，强迫他们改宗天主教。1580 年，葡萄牙并入西班牙后，其在印度的影响很快走上下坡路。而他们在那里的暴行最终导致莫卧儿皇帝于 1632 年命令孟加拉总督将他们永远逐出印度东部的贸易中心胡格利城。

从 17 世纪起，荷兰、英国、法国殖民势力相继侵入印度。荷兰在尼德兰革命后，为了打破当时西班牙人的贸易禁运，于 1602 年成立联合东印度公司。它与同时代的英国东印度公司（1600 年成立）和法国东印度公司一样，都是获得国家许可的进行殖民活动的组织。荷兰人活动的重心在东南亚，但葡萄牙人在印度的贸易地位也很快被荷兰人取代，仅剩下果阿等少量殖民地。荷兰人将印度的棉花和纺织品运到东南亚换取当地香料再运回欧洲。1658 年，荷兰人又从葡萄牙人手中夺取了锡兰。1690 年以后，荷兰人将尼加帕塔姆变成了他们在印度活动的总部。

总的来说，荷兰人在印度是商业扩张，没有多少殖民地。荷兰在英、法对次大陆的殖民角逐中，与法国站在一起反对英国。随着法国的失败，荷兰也很快失去了在印度的贸易地位。相比之下，英国与法国更深地卷入了次大陆的权力争逐中。1664 年，法王路易十四（1638—1715）批准建立东印度公司。在首次驶往印度的公司船队中还搭载着他向莫卧儿帝国派出的使臣。奥朗则布皇帝满足了法国人的愿望并允许其在苏拉特建立商馆。但法国人不久便寻求在印度建立殖民据点。1673 年，法国东印度公司从比贾普尔苏丹手中获得本地治里，后将其经营为法属印度殖民地的首府。18 世纪初叶，在莫卧儿帝国地方王公之间相互争斗的战争中，法国东印度公司率先放弃了不介入当地政治的做法，转而奉行干预政策，从中渔利。法国人将欧洲最新的军事装备和军事技术引入印度，由法国军官训练印度土兵，建立军队，并使其成为介入当地政治的得力工具。到 18 世纪中叶，法国东印度公司的总督一度成为克里希纳河以南最有权势的人物。

英国东印度公司也迅速效仿法国建立土兵队伍，介入印度地方事务。

与此同时，英、法等国争夺欧陆霸权的战争也蔓延到了印度次大陆。1746年，英、法之间第一次卡尔纳提克战争就是奥地利继承战争的延续，由于欧战结束，这场战争也在胜负未定的情况下于1748年戛然而止。1749年，英、法东印度公司因介入海德拉巴及卡尔纳提克的王位争夺战又爆发第二次卡尔纳提克战争，结果英国支持的一方获胜。1756年欧洲七年战争（1756—1763）爆发后，英、法在印度再度开战，此即第三次卡尔纳提克战争，战争范围不再限于南方，而一直延伸到北方的孟加拉。1760年，法军在马德拉斯附近万达瓦西战役中被英军击败，其在印度的军事力量基本丧失，包括本地治里在内的多个殖民地被英军占领。根据1763年《巴黎和约》，英国将本地治里等五个殖民地归还法国，但法国不得设防。英国成了南亚次大陆最有势力的西方殖民强国。

莫卧儿帝国在1707年奥朗则布死后的历史是一段战乱频发、民不聊生与外敌入侵的历史。各地角逐王权的战争此起彼伏，弑君和权臣专权的事情司空见惯，地方省督拥兵自立。拉其普特人、贾特人、锡克人先后起义，而马拉塔人势力更一度如日中天，大有取代莫卧儿帝国之势。1738年至1739年，波斯国王纳迪尔沙（1736—1747年在位）乘乱大举入侵印度，在坎诺击败了莫卧儿皇帝的军队，不仅将德里洗劫一空，还割占了印度河以西的大片领土。阿富汗杜兰尼帝国（1747—1826）建立后，其君主阿卜达利（1722—1772）在从1747年起的10年内连续12次入侵印度，不仅掳获了大量财富，还侵占了旁遮普、克什米尔和信德等大片领土。为了争夺北印霸权，1761年，阿卜达利与马拉塔联军在帕尼帕特展开决战，马拉塔联军被击败。然而，由于国内局势不稳，阿富汗人也未能在印度站稳脚跟，很快便退出了印度。外部势力的入侵与内部割据势力的纷争，导致莫卧儿帝国日益衰落，为英国征服印度创造了极为有利的条件。

**思考题：**

1. 评述考底利耶的国际关系思想。
2. 简述古代印度与唐朝的交往。
3. 简述德里苏丹国的兴起及其对外关系。
4. 试析莫卧儿帝国衰落的原因。

# 第二编 现代欧洲国家体系的演变

# 第五章　现代欧洲国家体系的形成

本章叙述15世纪中期至1648年约200年间的欧洲事态，其间最主要的进程是现代欧洲国家和国家体系的形成。有几个因素推动了现代欧洲国家在中世纪废墟上建立起来：一是领土主权实体内部王权的不断壮大，二是地理大发现给欧洲国家发展带来的推动力，三是以查理五世帝国为代表的中世纪“普世主义”之没落。

各欧洲领土主权实体首先经历了1494年至1559年的意大利战争，此后又在菲利普二世（1556—1598年在位）时代展开了争霸与反霸的激烈斗争，随后，经过短暂的休整，它们又相继投入三十年战争的巨大旋涡。在这长期的相互征战中，各领土主权实体内的民族认同意识逐渐超越宗教教派意识，构成现代民族国家最重要的生存基础和维系纽带。

摆脱了中世纪基督教会帝国樊笼的各新兴民族国家一方面意识到自身的独立性，另一方面也开始探求开展相互关系的新型模式，15世纪下半叶起，意大利城邦国家的外交实践、马基雅维里的现实主义观念、让·博丹的国家主权理念和雨果·格劳秀斯等人的现代国际法学说为这种新型模式提供了引导。以1648年的《威斯特伐利亚和约》为标志，以主权国家为基础的现代国际体系最终形成。

## 第一节　现代欧洲国家的兴起

### 一、15世纪下半叶的西欧

15世纪中叶的欧洲几乎没有一个国家是统一与安宁的，确切地说，几个主要的国家都只能算是“地理概念”而已。然而，处于西欧基督教世界边缘的伊比利亚半岛开启了追求领土主权统一的时代先风。其时，伊比利亚半岛上存在两个强大的王国，卡斯提尔和阿拉贡。1469年，卡斯提尔的伊莎贝拉公主与阿拉贡的斐迪南王子结为夫妻。1474年，斐迪南王子获取了对卡斯提尔的共同统治权，五年后他又继位为阿拉贡国王，称斐迪南二世。这样，一个庞大的邦联式领土主权实体建立了起来，这个实体涵括了除葡萄牙以外几乎所有的伊比利亚半岛领土以及阿拉贡王室所属的西西里和撒丁等地中海西部诸岛。

法国的政治版图也因王室联姻而变化。法国的布列塔尼地区长期以来一直处于半独立状态，但当1488年布列塔尼公爵弗朗西斯二世死后，法国的实际统治者安妮公主（1461—1522）运用联姻手段一劳永逸地解决了布列塔尼问题：她首先阻止奥地利大公马克西米利安（1459—1519，1508—1519年担任神圣罗马帝国皇帝）迎娶布列塔尼女公爵，排除了哈布斯堡势力突入法国的危险；接着又安排年轻的法王查理八世（1483—1498年在位）与布列塔尼女公爵成婚，甚至作出规定，一旦查理八世无嗣而终，其王后必须嫁给继任的法国国王。这个婚约，使法国完成了自百年战争后孜孜追求的国土统一使命。法国作为一个领土主权实体的新型国家出现在欧洲国际舞台上。

与此同时，英格兰主要以血与火的搏杀实现了内部的安定。三十年之久的玫瑰战争（1455—1485）损耗了英国贵族和骑士的元气，妨碍国家统一的力量急剧衰落，故流亡法国的都铎家族的亨利很轻易地收拾了残局。1485年8月，亨利·都铎率两千余人从诺曼底进发英格兰，一个月内便制服了各派势力，加冕为亨利七世（1485—1509年在位），英格兰再次成为统一的王国。当然，联姻在英国统一中也起了辅助作用，1486年，亨利七世娶约克家族的伊丽莎白为妻，对巩固其王位并维持英国的持久安宁有着不可低估的意义。

另一个规模较小的新型国家是葡萄牙，在这里，王权的伸张和国家的建设借助对摩尔人的“圣战”稳步持续地发展。到15世纪末，葡萄牙王国的封建领主势力已完全衰落，国王的统治十分稳固，而且，葡萄牙在地理大发现和开辟东方贸易方面的领先地位，给王室带来了丰厚的利润，使国王得以从容维持其统治。与葡萄牙相似的小王国还有北欧的丹麦、瑞典和东欧的波兰-立陶宛等，它们在当时欧洲政治舞台上影响不大，但都具有了压倒封建领主势力的王权和比较确定的地域界限。正如恩格斯所说：“在王权尚未削弱的情况下，进入了它的光辉时期。”① 事实上，除了德意志和意大利以外，这类国家在15世纪下半叶的西欧已普遍存在。

意大利正处在文艺复兴时期，它虽然在文化、经济、政治等各方面取得了辉煌成就，但缺少民族统一。15世纪中叶的意大利存在几十个大小不等的城邦，其中有五个力量大致相当、处在相互掣肘格局的“大国”：威尼斯、米兰、

---

① 《马克思恩格斯文集》第4卷，人民出版社2009年版，第224页。

佛罗伦萨、教皇国和那不勒斯。这种状态使意大利本身就构成了一个施展外交活动的舞台，或称“微型国际体系”。意大利城邦国家把相互交往关系当作“一种艺术工作”来做，达到了相当完善的地步。它们纯客观地处理一切对外事务，既不受成见的影响，也没有道德上的顾虑，俨然成为一种新的政治风尚。

意大利对现代外交最主要的贡献是其常驻使节制度。1454 年，威尼斯与米兰缔结《洛迪和约》，结束了两国争夺北意大利领土的长期战争。此后几十年里，意大利基本处于和平状态，各城邦之间很难再通过战场胜负来决定竞争关系，外交使团、谈判和协议等技艺是比军事力量更重要的贯彻国家意志的手段，故意大利城邦相互派遣常驻使节以协调关系的做法应运而生。1494 年，法王查理八世进军意大利，打开了意大利关闭了 300 多年的大门，亚平宁半岛重新成为外国列强争夺的场所，这又为常驻使节制度推广到整个欧洲创造了条件。随着意大利战争的继续，意大利诸国陆续向法国、神圣罗马帝国、西班牙、勃艮第甚至英国的宫廷派驻常驻使节，而这些欧洲大国也争相效仿这种做法。到 16 世纪上半叶，欧洲大多数重要国家都已相互派遣并接纳了常驻使节。常驻使节制度是现代外交最重要的固有特征之一，因此，意大利被普遍认为是现代外交的真正故乡。

## 二、新航路开辟与葡萄牙、西班牙的早期殖民扩张

1500 年前后通常被当作中世纪与现代之间的界限，依据之一是此时发生的地理大发现和新航路开辟促进了全球各地区之间持续的密切交往。对欧洲本身而言，地理大发现和新航路的开辟给它带来了深刻的变化，欧洲从这种变化中获得了巨大活力。

对东方财富的需求、对未知世界的好奇和联合普雷斯特·约翰王①以共同对抗奥斯曼帝国的愿望，推动西欧人探索绕开奥斯曼帝国领土前往东方的海上航线。葡萄牙人在探索新航路的进程中捷足先登。1419 年，葡萄牙的亨利亲王（1394—1460）在葡萄牙西南端的萨格勒斯村建立了一个专门研究航运和航海技术的机构，将一批学究通人招至麾下。亨利亲王凭借这些人的才识和王国提

① 欧洲长期流传一个传说，称在非洲或亚洲的某个地方存在一个非常富有、强大且信奉基督教的王国，首领是普雷斯特·约翰。

供的资金，发起了一项沿非洲西海岸向南的探险事业，到1460年亨利亲王战死沙场时，葡萄牙船队已抵达佛得角和赞比亚等地。至1488年，巴特罗缪·迪亚士率船队抵达了非洲大陆最南端的“好望角”。1498年5月，达·伽马率一支四艘船组成的小船队抵达了印度西南端的港口卡利卡特。

在葡萄牙发现到达印度的新航线期间，西班牙人也加入了探险行列。1492年，西班牙国王夫妇进占摩尔人在伊比利亚半岛的最后一块据点格拉纳达，完成了收复疆土的使命，随即便加入对东方贸易的竞争。伊莎贝拉女王资助热那亚水手克里斯托弗·哥伦布（1450—1506）三艘小船及一应装备费用，让他探索向西航行抵达印度的航路。1492年10月12日，哥伦布船队抵达一块陆地，乃现今西印度群岛的圣萨尔瓦多岛，此后几年中，哥伦布又三度前往，他坚信他所到达的就是印度。另一名意大利水手亚美利哥·维斯普奇从1499年起几次沿哥伦布的航程悉心考察并著书立说，论证哥伦布所发现的是一块从前无人知晓的新大陆。他的学说越来越被世人接受，1507年，一幅德国人绘制的地图中，以维斯普奇的名字亚美利哥命名这块新大陆为“美利坚”。

一位为西班牙效命的葡萄牙航海家斐迪南·麦哲伦（1480—1521）相信，绕过哥伦布所发现的新大陆仍能到达印度。西班牙国王查理一世（即日后的神圣罗马帝国皇帝查理五世）支持他的设想，为他装备了5艘探险船。1519年，麦哲伦率这支280人的船队横穿大西洋，沿南美大陆东岸向南探测，抵达了这块大陆的最南端，再继续向西航行进入太平洋。麦哲伦的船队在太平洋上航行了100多天，抵达了菲律宾群岛。麦哲伦在船队与菲律宾土著人的争斗中被杀，船队剩下的一艘船和115名水手继续向西航行，1522年，幸存下来的18人回到了西班牙。这次传奇式的航行总共花了三年时间，它以铁定的事实证明了“地球是圆的”这一久有假设。

地理大发现与欧洲的向外扩张同时展开。早在1493年，当哥伦布声称他已到达印度之时，西、葡两国就为所发现地区的归属问题发生了争执。两国宫廷吁请罗马教皇亚历山大六世（1431—1503）予以裁决。这位西班牙血统的教皇作出了似乎有利于西班牙的仲裁，他发布划界通谕，宣称在亚速尔群岛和佛得角以西100里格（1里格约合3海里）处划一条界线，线以西所有新发现的领土将归西班牙，线以东的则归葡萄牙。葡萄牙人大为不满，又经过一系列的讨价还价，两国终于在1494年6月签订了《托尔德西里亚斯条约》，将相互瓜分世界的分界线划在佛得角以西370里格处。随着西班牙向西航行抵达东方，西、葡两国势力在现今的印度尼西亚群岛交集，冲突不断，至1529年，两国签订了《萨拉戈萨条约》，约定在太平洋再划一条分界线。

在达·伽马航行之后，葡萄牙人为尽早获取印度的财富，到16世纪中叶，他们已通过占领一系列殖民地成功垄断了欧洲与印度西海岸、锡兰和东印度群岛之间的贸易，尤其是香料贸易。接着，他们又打开了中国和日本的商务门户。在非洲，葡萄牙人建立了一系列沿海商站，用以与土著居民进行贸易。在南美，他们征服了巴西这块殖民地，并一直占领至1822年。

西班牙人奋起直追，他们的扩张重点在新大陆。1513年，彭斯·德·莱昂发现了佛罗里达，同一年，巴尔博亚穿过巴拿马地峡，抵达太平洋海岸。1519年，赫尔南·科尔特斯率500名殖民军征讨墨西哥，几年之内以令人发指的手段残忍摧毁了当地印第安人辉煌的阿兹特克帝国。1531年，弗朗西斯科·皮萨罗率180名殖民军远征秘鲁，他凭借狡诈和背信弃义，征服了另一个印第安人的文明中心——印加帝国。此后不久，德·索托发现了密西西比河，科罗纳德探测了现今美国西南部的大片领土……这些野蛮征战为一个庞大的西班牙殖民帝国奠定了基础，这个帝国包含了现今的美国南部、墨西哥、中美洲、西印度群岛和除巴西以外的所有南美领土。除美洲外，西班牙还在16世纪中叶开始占领太平洋上的菲律宾群岛。

## 三、意大利战争与查理五世帝国

长达65年的“意大利战争”与地理大发现同时进行，这场战争最初由意大利城邦之间微不足道的阴谋引发，逐渐发展成为一场全欧洲的持久战争，这反映出欧洲经过中世纪后期缓慢的转型，已进入一个强权政治的时代：阿尔卑斯山外的那些新兴国家在15、16世纪之交都显得生机勃勃，它们对亚平宁半岛巨大的财富垂涎欲滴，意大利战争为它们提供了一个施展身手的舞台。

发动这场战争的是法国。当1490年查理八世亲政时，法国的军队和财政实力均已达到相当的规模，但没有形成任何固定的对外政策，按历史学家的说法，查理八世发动意大利战争是一个足够强大、必然对外扩张的国家随意选择了一个扩张的方向。① 而意大利战争的另一个主角西班牙之所以投入战争，是

---

① Frank N. Magill ed., *Great Events from History*: *Modern European Series*, vol. I, New Jersey: Salem Press, 1973, p. 24.

因为1492年征服格拉纳达王国后，斐迪南二世决意乘意大利战争之机，恢复阿拉贡王室对那不勒斯王国的直接统治。

谨慎的英格兰国王亨利七世致力于国内重建，使英国远离意大利战争多年，但1509年即位的亨利八世（1509—1547年在位）受其岳父斐迪南二世引诱加入了战争。他不仅希望通过参战掠取意大利财富，也希冀乘机重新占领其祖先在法国的领地波尔多。介入意大利战争的各方中，只有德意志仍像过去一样内部一盘散沙，毫无生气。神圣罗马帝国皇帝马克西米利安一世（1459—1519）建立高效率帝国中央政府的企图屡屡失败，他在未能巩固"后院"时就介入一场列强的搏杀，结果反而加剧了他在"后院"的困境，在他去世前帝国财政彻底破产。

在意大利战争早期阶段（1494—1516），战事基本局限在亚平宁半岛。连续三位法国国王查理八世、路易十二（1498—1515年在位）和弗朗索瓦一世（1515—1547年在位）对意大利进行了四次征讨，却都无法实现征服那不勒斯王国的最初战争目标。西班牙于1500年作为法国的同盟者加入战争，两国最初商定共同瓜分那不勒斯，但当那不勒斯王国被灭后，斐迪南二世愚弄了路易十二，将法军尽数赶走，1504年将整个那不勒斯重新并归阿拉贡王国。此后，法国和西班牙成了战争中的主要对手，其他各方则来回摇摆于这两国之间，结盟关系变化无常。

这一阶段中，法国和西班牙之间未分胜负，意大利各邦却尝尽了引狼入室的苦果，它们中几个国家的独立地位被摧毁了。1516年，法、西签订《努瓦荣和约》，法国放弃了对那不勒斯的权利，承认西班牙对该地的统治，西班牙则承认法国控制米兰（法王弗朗索瓦一世自任米兰公爵），并允诺将纳瓦尔王国的继承权交还法国。在此之前，佛罗伦萨共和国已经被颠覆，美第奇家族复辟，并在1513年从教皇那里正式获取了公爵头衔。威尼斯共和国还保持着独立，却时刻担忧着自己的自由被欧洲列强摧毁。

意大利战争自1521年起进入了新的阶段，战争性质发生了根本变化，因为此时欧洲各国突然要面对一个令人生畏的查理五世帝国（或称哈布斯堡王朝），它们不得不为自己的生存而战，扩张领土和掠夺财富则下降为次要的战争目标。

查理五世帝国是中世纪欧洲联姻政治的典型产物。哈布斯堡家族在10、11世纪之交发源于瑞士北部的阿尔河畔，从1452年该家族的腓特烈三世

(1415—1493) 当选神圣罗马帝国皇帝起，哈布斯堡家族努力确保皇帝头衔留在自己手里，同时借助皇室的声望，通过联姻关系扩展家族领地。至 15 世纪中叶，哈布斯堡已拥有了奥地利、提罗尔等大片南德意志领地。接着，1477 年，马克西米利安一世与勃艮第女公爵玛丽的结合，为哈布斯堡家族带来了尼德兰。

1506 年，马克西米利安一世的孙子、年仅 6 岁的查理继承勃艮第公爵之位；1516 年，查理继承其外祖父斐迪南二世担任阿拉贡国王兼西班牙其他王国的摄政（称查理一世）；三年之后，他继承其祖父马克西米利安一世担任奥地利大公（1521 年他将这个头衔赠给了其胞弟斐迪南），并随后当选为神圣罗马帝国皇帝，称查理五世。此时，这位年轻的哈布斯堡亲王成为欧洲最显赫的君主，奥地利、尼德兰、南意大利、西班牙及其南美和亚洲等诸多海外殖民地都归入他的治下，一个庞大的哈布斯堡王朝出现在欧洲。

哈布斯堡家族此后继续走好运：1526 年，波希米亚和匈牙利国王路易二世（1516—1526 年在位）在与奥斯曼土耳其人的交战中阵亡，奥地利大公斐迪南（1503—1564）以路易二世的妻弟兼妹夫的双重身份继任波希米亚和匈牙利的国王，哈布斯堡家族终于如愿以偿地攫取了对波希米亚和一部分匈牙利的统治权。至此，西欧基督教世界有将近 2/3 的地域名义上都归入了哈布斯堡的版图，只有法国、英国、波兰和北欧还能保持独立。

如此庞大的帝国，对新兴的欧洲国家构成了巨大威胁。查理五世出于其中世纪式的幻想极力追求欧洲的统一。1521 年 1 月，他在乌尔姆神圣罗马帝国议会加冕时狂妄地宣称："没有任何君主能与罗马帝国相匹敌，整个世界都曾服从它，耶稣基督也对它表示尊敬和臣服……我的意愿是，为符合罗马帝国的传统，世界不应有许多主人，而只应有一个主人。"① 他这种建立普世帝国的意愿，令其他欧洲君主忐忑不安，不得不奋起反抗。

在受查理五世帝国威胁的国家中，法国首当其冲。哈布斯堡王朝统治的西班牙、尼德兰、南德意志、那不勒斯和西西里等领地从南面、东北面、东面和东南面对法国形成了包围的态势，法国的瓦洛亚王朝越来越有一种窒息的感觉，1516 年的《努瓦荣和约》造成的意大利局部均势，已不足以保证法国的安全。因此，法王弗朗索瓦一世决意以战争来抗击哈布斯堡帝国。

---

① A. H. Johnson, *Europe in the Sixteenth Century, 1494-1598*, London: Rivingtons, 1914, p. 146.

1524 年 10 月，弗朗索瓦一世亲率一支 3 万人的法国军队进军北意大利，却于 1525 年 1 月在帕维亚战役中全军覆没，弗朗索瓦一世身负重伤并被西班牙军队俘虏，被送往马德里囚禁。1526 年 1 月，囚禁中的弗朗索瓦一世被迫与查理五世签订屈辱的《马德里条约》，宣布法国放弃对勃艮第公国的宗主权，交还一些已占领的尼德兰领地，并放弃对意大利的一切现有或潜在的权利。

幸运的是，反对哈布斯堡王朝霸权的不只是法国。保持势力均衡在当时已成为欧洲国家关系中一个经常被自觉运用的原则，欧洲各国都对西班牙的军事胜利深感忧虑。因此，法国在帕维亚的惨败反而给它带来了许多盟友，它原先的孤立局面得到了扭转。签订《马德里条约》后一个月，获释的弗朗索瓦一世返回法国，立即宣布废除《马德里条约》，重新与查理五世为敌。与此同时，意大利各国也积极策划反抗查理五世。1526 年五六月间，法国与罗马教皇、威尼斯共和国、热那亚、佛罗伦萨和米兰流亡公爵等组成了科涅克同盟，次年，法军再度入侵意大利。原来一直是查理五世坚定盟友的英国，也拉开了与查理五世的距离。至 1527 年 4 月，英、法化敌为友，签订和约，结成反查理五世同盟。

弗朗索瓦一世是对抗查理五世霸权的灵魂人物，与此前两位法国国王相比，他有着不屈不挠的斗志，还拥有非常开阔的眼界。当基督教世界内各国的力量不足以抵制查理五世时，弗朗索瓦一世将目光投向了东方。1526 年，弗朗索瓦一世在缔结科涅克同盟并与英国化敌为友的同时，向奥斯曼帝国派去了西欧国家的第一位常驻大使，不断鼓动土耳其人向神圣罗马帝国发起进攻以牵制查理五世。这样，法国就通过常驻使节机制把信奉伊斯兰教的奥斯曼帝国拉入正在构建的欧洲国际体系，从而为这个体系定下了一个纯粹现实主义的基调。中世纪的西欧世界曾在统一的基督教旗号下同伊斯兰教徒进行了长期搏杀，现在，“最笃信基督”的法国国王居然与基督教“最大的敌人”联合起来，对付另一位虔诚的基督教君主。由此表明，国家的自我利益而非宗教信仰已成为外交决策最根本的指导原则。

## 四、德意志的内乱与《奥格斯堡宗教和约》

德意志诸侯的力量是牵制查理五世势力无限制发展的另一个重要因素。自 1517 年马丁·路德（1483—1546）发动宗教改革以来，德意志诸侯分裂成新教派和天主教派两大阵营。信奉天主教的查理五世力图压服德意志新教诸侯，并由此加强德意志内部的凝聚力。但法国、意大利科涅克同盟国家和奥斯曼帝国等敌对势力的困扰，使他迟迟无法在德意志动手，相反只能对德意志新教诸侯同盟施马卡尔登联盟作出许多让步。1544 年，查理五世再次打败法国，签订了极为有利的《克雷斯皮条约》，随后便开始尝试解决德意志问题。

1546 年 2 月，马丁·路德去世，新教阵营失去了一位维护内部和谐的强势人物，各种潜在的矛盾很快爆发出来。查理五世娴熟地利用了新教诸侯间的矛盾，他以选侯头衔作诱饵，将萨克森公爵莫里斯拉拢过来。莫里斯这位军事天才为了政治利益不惜背叛其新教同道，充当皇帝对施马卡尔登联盟开刀的急先锋。查理五世还从哈布斯堡统辖的西班牙、尼德兰、意大利和匈牙利等领地调来重兵，会同德意志天主教诸侯的武装，对内部已分化的施马卡尔登联盟大打出手。经 1547 年 4 月的米尔堡战役，新教同盟被彻底打垮，两个最积极的新教诸侯萨克森选侯约翰·腓特烈和黑森的菲利普侯爵被皇帝的军队俘获。

但是查理五世的军事胜利无法彻底解决德意志问题，均势的原则同样适用于德意志内部的政治。当神圣罗马帝国皇帝的权势显得威胁到德意志的政治现状时，他就遇到了更大的阻力。施马卡尔登战争结束后，德意志新教诸侯开始暗中酝酿对皇帝新的联合对抗。已获得选侯头衔的萨克森公爵莫里斯迫于其领地内新教臣民的压力，又抛开了查理五世，投归新教阵营；弗朗索瓦一世的继承者、法国国王亨利二世（1547—1559 年在位）不甘于先父的失利，乘机介入德意志事务。1552 年年初，亨利二世与萨克森、黑森、梅克伦堡和勃兰登堡等诸侯达成同盟，法国国王同意向德意志诸侯提供军需和战资，而反帝诸侯则同意让法国占领洛林公国的三个主教区。3 月，法国出兵进攻洛林公国，德意志诸侯纷纷起而响应，公然反叛皇帝。4 月，萨克森选侯莫里斯率新教诸侯军偷袭查理五世的驻地因斯布鲁克，查理五世一路狂奔才免于被俘。

至 1552 年，德意志的局势已发展到难以收拾的地步。神圣罗马帝国皇帝查理五世作为德意志诸侯的名义首领，始终无法理解朝秦暮楚的德意志诸侯，他对一切都感到心灰意冷，于是离开了德意志。他当然还要保持自己的尊严，故拒绝亲自与诸侯谈判，而是授权他的兄弟奥地利大公斐迪南召开并主持全德意志诸侯的会议——1555 年 2 月至 9 月的奥格斯堡宗教和会。这次会议达成了著名的“教随国定”原则，即世俗领主可在路德教和天主教之间作自由选择，而一旦领主作出了选择，他的全体臣民即应信奉他选择的教派。《奥格斯堡宗教和约》是宗教改革运动的一个巨大成果，其重要意义在于它部分解决了世俗权力与基督教会之间的关系问题。

## 第二节 西班牙霸权的盛衰与成长中的民族国家

### 一、菲利普二世称霸欧洲

15 世纪下半叶起出现的诸领土主权实体，还算不上是现代民族国家，因为维持这些国家统一的手段是王朝的正统性而非民族的内聚力。① 但是，随着时间的推移，各领土主权实体内的民众慢慢习惯于接受来自一个中心的统治，内在的民族认同感不断增强。与此同时，各领土主权实体相互间以战争的形式展开激烈竞争，这也促进了各国民族认同感的增强，因为战争是区分这一群人与那一群人的最直接途径。16、17 世纪欧洲国家的这些内外进展，促使最初的领土主权实体逐渐向现代民族国家转变。

查理五世在 1555 年至 1556 年退位，将德意志的统治权让给其弟斐迪南一世，将西班牙、尼德兰、意大利诸领地和海外殖民地交给了其子菲利普二世（1527—1598）。菲利普二世全然没有继承查理五世的“普世主义”思想，他追求的目标始终只是西班牙对其他地区的统治或霸权，而非什么普世帝国。菲利普二世结束与法国战争的方式显示了他的西班牙意识。1559 年 4 月，法、西签订《卡托-堪布累齐和约》，最终结束了长达 60 多年的意大利战争。在和约中，法国再次确认西班牙在意大利的势力范围，并放弃对意大利的一切领土要求；西班牙则承认法国占领德意志的三个主教区并确认法国从英国手中夺取加来。通过条约，菲利普二世以德意志和英国的利益为代价达到了西班牙在意大利建立霸权的长期目标。

菲利普二世又是一个虔诚的天主教徒，他决意充当基督教世界的保护者，将奥斯曼帝国看作不共戴天的死敌。与法国缔结《卡托-堪布累齐和约》后，菲利普二世将矛头转向奥斯曼帝国，1560 年，他纠合威尼斯、热那亚、教皇国、萨伏依等意大利国家和马耳他骑士团成立了神圣联盟，向锋芒逼近地中海

---

① 参见［美］威廉·奥尔森等：《国际关系的理论与实践》，王沿等译，中国社会科学出版社 1987 年版，第 18 页。

中部的奥斯曼帝国势力发起反击。神圣联盟集结了由200艘战船、3万名士兵组成的庞大舰队，试图与土耳其海军决战，却在1560年5月突尼斯近海的杰尔巴海战中大败，损失约2万士兵。但菲利普二世没有气馁，他重整旗鼓，继续与土耳其海军周旋，终于在1571年10月在希腊西海岸的勒班托海战中一举摧毁土耳其主力舰队，几乎全歼了土耳其的200多艘战舰和3.7万名士兵。此后，西班牙牢牢掌握了地中海中部的控制权。

击败土耳其海军后的西班牙盛极一时。有几个因素支撑了菲利普二世的霸权：一是源源不断来自美洲大陆殖民地的金银财宝为菲利普提供了财政基础，使其得以维持庞大的陆海军；二是以卡斯提尔步兵为主体的西班牙军队骁勇善战；三是菲利普二世治下分布在欧洲各处的领地使他得以把军队投送到任何他想部署的地方，对其他国家形成强大的威慑；四是同时期西班牙两个主要的竞争对手法国和英国都陷入内部教派冲突，一段时期内难以有效抗击西班牙的权势。1580年，菲利普二世乘葡萄牙王室断嗣之际派大军入侵葡萄牙，自封为葡萄牙国王菲利普一世，此后，葡萄牙归属西班牙王室统治达60年之久。

## 二、西班牙霸权的衰落

菲利普二世的赫赫权势令其他欧洲国家的统治者忐忑不安，他们不得不寻求一切机会全力抵御西班牙的霸权以确保自身安全。尼德兰逐渐成为欧洲国家反击菲利普二世的一个关键点。菲利普二世在尼德兰犯下了一系列政策错误，其错误根源是他固有的两种意识：一是其狂热的天主教意识，二是其强烈的西班牙意识。出于其天主教意识，他对在尼德兰占多数的新教民众深恶痛绝，在当地推行残酷的宗教审判制度，将许多新教徒处以火刑以示惩戒；出于其西班牙意识，他从未把尼德兰看作需要关怀的领地，而是把这个富庶的地区看作解决西班牙财政困难的一只钱袋，故一改查理五世亲厚宽容的统治方式，取消许多尼德兰城市的自治地位以利于横征暴敛。

菲利普二世对尼德兰民众要求宗教宽容和尊重地方自治的各种呼吁置若罔闻，当尼德兰出现骚乱和零星暴动时，他干脆于1567年派阿尔巴公爵率西班牙大军进驻尼德兰，以铁血手段镇压叛乱。阿尔巴公爵麾下西班牙士兵的种种暴行，促使尼德兰的贵族和平民（无论是天主教徒还是新教徒）逐渐抛弃了对西班牙王室残存的一点效忠感，他们从最初对领主的反抗发展为整个民族的抗争。奥兰治家族的“沉默者”威廉·奥兰治（1533—1584）曾是查理五世和菲利普二世倚重的尼德兰贵族，1565—1566年间，作为一个虔诚的天主教徒和荷兰、西兰与乌得勒支三省总督，威廉曾在叛乱者与菲利普二世之间竭力调停，但他最终也“入草为寇”。从1568年年初起，威廉招募民军与阿尔巴公爵作战，随后又与“森林乞丐”和“海上乞丐”等尼德兰游击队结盟，并努力从法国、英国、德意志诸侯甚至土耳其等西班牙的敌国那里获得援助和承认。沉默者威廉个人的转变，也象征着尼德兰起义之性质的转变，甚至可以被看作现代荷兰民族诞生的标志。

驻尼德兰的西班牙军队虽然极其强大，却难以在一场几乎全民抗击的战争中保持不败。至1574年，尼德兰北部各省基本被民众控制，南部各省的起义也风起云涌。到1580年，菲利普二世依靠拉拢分化策略勉强保住了对南尼德兰的统治，但北部七省旋即在威廉·奥兰治领导下正式宣布独立，成立“联省共和国”，也称荷兰共和国。西班牙与荷兰之间镇压与独立的较量一直持续下去，直到1609年双方签订12年停火协定才告一段落。长期的尼德兰独立战争是西班牙霸权衰落的一个重要因素：曾经是西班牙重要税收来源的尼德兰，反过来成为一个持续消耗西班牙力量的无底洞，几十年里西班牙在尼德兰耗费了其财政总支出的1/4。不仅如此，其他欧洲国家也乘尼德兰战争之际暗中撬动西班牙霸权的基石。

英国人对菲利普二世怀有天生的敌意，他那种不可一世的欧洲霸主姿态和顽固的天主教意识为大多数英国人厌恶甚至憎恨，而且，菲利普二世曾通过与玛丽一世女王（1553—1558年在位）的婚姻左右英国，又曾向继任英国女王的伊丽莎白一世（1558—1603年在位）求婚以图继续控制英国，在求婚被拒后不久就承认法国占领英国在大陆的唯一一块领地加来。伊丽莎白一世娴熟地利用了英国人的这种反西班牙情绪，她在迟迟不与菲利普二世公开为敌的同时，暗中支持尼德兰的叛乱者，还鼓励英国海盗肆意劫掠大西洋上运送美洲财宝的西班牙船队。至1585年，伊丽莎白更派出宠臣莱斯特伯爵率英军开赴荷兰援救岌岌可危的起义者。

面对来自英国的挑衅，菲利普二世加紧策划英国天主教势力颠覆伊丽莎白一世，拥戴苏格兰的玛丽·斯图亚特。这个阴谋在1587年被挫败，菲利普二世遂于第二年派出无敌舰队征讨英国，但这支多达150艘战舰、3万多名士兵的强大舰队却在弱小的英国海军阻击下举止失措，随后又遭遇风暴摧残，只剩下不到50艘战舰狼狈返回西班牙。

法国也是西班牙的天敌，但从 1562 年起，法国陷入了新旧教派之间长达 30 多年的胡格诺战争，新旧教徒之间长期相互残杀。天主教徒和胡格诺教徒为求自保都纷纷在大贵族的带领下裂地而居，各自为政，形成无数个“国中之国”。这种状况使法国在国际斗争中基本上无所作为，听任菲利普二世到处耀武扬威。到 1588 年至 1589 年，形势发生了变化，其间，法国权豪亨利 · 吉斯和法王亨利三世先后被暗杀，仅存的王位竞争者“纳瓦尔的亨利”即位，称亨利四世（1589—1610 年在位），但他无法进入法国的首都。天主教同盟控制着巴黎和法国北部，与这位信奉胡格诺教义的国王对抗。此时，天主教同盟犯了一个错误，他们乞求西班牙国王菲利普二世派兵前来增援，亨利四世被击溃了，但天主教同盟也因勾结外敌而失去了民众的普遍支持。

与英国的情形一样，外来威胁也促进了法兰西民族意识的增强。明智务实的亨利四世充分利用这股民族情绪，他克服教派偏见，于 1593 年果断宣布改信天主教，从而消除了法国内乱的根源。1594 年 3 月，亨利四世在民众的欢呼声中凯旋进入巴黎，一个生机勃勃的现代民族国家诞生了。这个新生的法兰西王国随即为驱逐西班牙入侵者而奋斗，圣女贞德时代的民族热情再现出来。1598 年，亨利四世庄严颁布《南特敕令》，宣布天主教为法国国教，但胡格诺教徒享有与天主教徒同等的权利。实现了全面宗教宽容的法国显得更加不可征服，菲利普二世只得望而却步，与法国签订《韦尔万条约》，将所有占领地交还给了法国。

此时，西班牙的霸权已经像菲利普二世的健康状况一样岌岌可危，几十年间毫无节制的四处征战耗尽了西班牙的财力和军力，荷兰、英国和法国这三个敌国不仅成功抵御了西班牙在欧洲的权势，还准备冲出欧洲，与西班牙和葡萄牙争夺海外贸易和殖民地，彻底动摇西班牙霸权的基础。

### 三、欧洲列国的早期殖民争斗

16 世纪末，葡萄牙和西班牙作为商业和殖民帝国都开始衰弱，荷兰、法国和英国这三个新兴海权国家开始公然否认 100 年前罗马教廷授予西班牙和葡萄牙的对欧洲外世界的垄断权利，强劲挑战已经不断萎缩的西、葡海外势力。

荷兰自 1595 年就派出了第一支商队前往印度，此后六年中又有 14 支荷兰商队开赴远东，但它们遭到已占据众多殖民据点的葡萄牙人的排斥和打击。1602 年，为增强自身在海外贸易中的竞争力和对抗葡萄牙人的能力，14 家主要从事东方贸易的荷兰公司合并成立了荷兰东印度公司，垄断经营西起好望角、东至麦哲伦海峡的贸易。东印度公司不再是纯粹的商业机构，它招募了大批士兵，组成攻击能力极强的舰队为商队保驾护航。“荷兰人将利用这个既从事商业贸易，又有武装力量的工具去摧毁那个在亚洲已有一个世纪历史的葡萄牙人的帝国。”① 荷兰船队精良的装备和娴熟的技术在当时欧洲首屈一指，荷兰人捕获了许多葡萄牙商船，陆续占领了葡萄牙在东南亚一带的商站。到 17 世纪中叶，荷兰已基本获得了对远东贸易的控制权，还一度占领了中国的台湾岛（1624—1662）。

在非洲，1652 年，荷兰东印度公司在好望角建立了一个名叫开普敦的商站以供应该公司的远东船队，不久，开普敦周围发展成一大块殖民地，大批被称作布尔人的荷兰农夫和一些法国胡格诺教徒拥入该地，这块荷兰殖民地直到 19 世纪初才被英国占领。在美洲，荷兰人也进行了有计划的扩张。1609 年，荷兰派亨利·哈得孙前往美洲探险，他发现了哈得孙河和哈得孙湾，荷兰人立即在哈得孙河入海口处的曼哈顿岛建立了一个要塞，以此作为沿哈得孙河与印第安人进行皮毛交易的据点，这块殖民地迅速繁荣扩大，荷兰人称之为新阿姆斯特丹。此外，荷兰在 1655 年还夺取了瑞典人在特拉华河畔的居住地，并在南美大陆和西印度群岛占领了几小块领土。

法国人在 16 世纪上半叶就涉足海外探险，但该世纪下半叶持续的内部动荡妨碍了法国的扩张。亨利四世即位后，法国开始以全新的姿态跻身于海外扩张行列。1608 年，法国在圣劳伦斯河口的魁北克建立了第一块殖民地，以此为基地，法国人不断向南深入北美大陆腹地，在辽阔的密西西比河和圣劳伦斯河流域建立了一系列定居点。法国殖民者的皮毛贸易极为成功，他们与印第安人的关系也较为融洽，不少人甚至与印第安人通婚。法国在东方的扩张同样很成功，1664 年，法国政府授予法国东印度公司对印度贸易的特许权，该公司在印度东南沿海的本地治里设立了一个大本营，并在印度东西沿岸其他地方建立了一系列商站，进而实施大规模的领土扩张政策。

英国的海外探险早于法国，1497 年，英王亨利七世就派热那亚航海家约翰·卡伯特出航，发现了北美大陆。伊丽莎白一世时期英国击退西班牙无敌舰队后，海外扩张的雄心大增，17 世纪初的英国著名探险家瓦尔特·拉利爵士宣

---

① ［英］R. B. 沃纳姆编：《新编剑桥世界近代史》第 3 卷，中国社会科学院世界历史研究所组译，中国社会科学出版社 1999 年版，第 742 页。

称“谁控制海洋就控制了贸易；谁控制了贸易就控制了世界的财富，进而控制世界本身”①，这种信念得到了大多数英国人的赞同。1607年，英国伦敦公司在弗吉尼亚的詹姆斯敦建立了英国的第一个殖民据点；1620年，一批英国新教徒乘坐“五月花号”抵达新英格兰的普利茅斯，随后一批又一批英国移民前往北美大陆沿岸。第一次英荷战争（1652—1654）期间，英国占领了以新阿姆斯特丹为中心的荷兰殖民地新尼德兰，将新阿姆斯特丹更名为纽约。1655年，克伦威尔（1599—1658）当政的英国又派舰队远征西印度群岛，从西班牙手中抢占了牙买加等岛屿，以此作为其非洲黑奴贸易的重要中转站。

### 四、现代国际政治理念的发展

现代民族国家的逐渐成熟、意大利微型国家体系的外交实践及其扩展，为现代国际体系的形成提供了现实基础。与此同时，一些重要的思想家对政治现实进行理论阐述，为现代欧洲国家体系的构建提供了思想指导。

尼科洛·马基雅维里（1469—1527）是意大利城邦政治的实践者，他为佛罗伦萨共和国效力多年，他的代表作《君主论》被后人称作现代强权政治的宣言书。《君主论》抛开基督教教义中将政治和宗教混为一谈的说教，提出人们追求的目的就是“荣耀与财富”“上帝不包办一切”，“他不愿意取消我们的自由意志，不愿意拿走属于我们人的那一份光荣；作为君主，最终的目的就是保持和扩展自己的统治，获取尘世的荣耀”。《君主论》中对政治行为规范进行了全新阐述，在马基雅维里看来，“保持国家的存在”这个目的本身，足以为君主的任何行为作辩解，君主“要保持国家（stato），常常不得不背信弃义，不讲仁慈，悖乎人道，违反神道。……一位君主如果能够征服并且保持那个国家的话，他所采取的手段总是被人们认为是光荣的，并且将受到每一个人的赞扬”②。他由此确立了这样一种政治理念：为了“国家理由”可以不择手段。

马基雅维里并非人类罪恶的教唆者，他只是对政治现实作冷静描述，将现实政治中已存在的行为规范形诸文字并加以倡导。马基雅维里大胆向人们揭示，诸多违反人们习惯尊奉的伦理道德标准的政治行为，有着其自身的合理性和必然性，因此政治行为者完全不必为普遍的道德规范所困，而应自觉地、无

① Daniel A. Baugh, “Great Britain's ‘Blue-Water’ Policy, 1689—1815,” *The International History Review*, vol. 10, no. 1 (February 1988), p. 33.

② ［意］尼科洛·马基雅维里：《君主论》，潘汉典译，商务印书馆1985年版，第85—86页。

所顾忌地遵循政治本身的规范。这种理念顺应欧洲从中世纪基督教世界向领土主权实体分化的时代潮流，将世俗政治从基督教教义范畴内解放出来，从而为国家的现实主义政治作了充分的正名。

法国思想家让·博丹（1530—1596）是第一个明确而又系统论述国家“主权”的欧洲政论家，他出版于1576年的著作《国家论六卷》（又译《主权论》）奠定了现代国家主权的理论基础。在现代国家涌现之时产生的博丹学说，首先是反映现实政治，即欧洲中世纪秩序瓦解的现状。博丹明确反对神圣罗马帝国皇帝是世界君主的标榜，他称这个标榜几乎不值一驳，因为“罗马本身从未统治过超过全世界1/30的地方，而德意志皇帝只统治了罗马帝国的十分之一”①。

《国家论六卷》涉及国家政治的方方面面，如国家的终极目标、国家体制的类型、国家的兴衰等，其最有价值之处是博丹对国家主权的论述。博丹在第1卷第8章声称主权是国家具有的绝对和永久的权力，即最高的控制权力。关于这种权力的“永久性”，博丹进一步明确为一种无期限、无条件的权力，其拥有者必须终身享有并行使之。他还声称，绝对权力意味着它免除一切法律的束缚，拥有主权的君主不受其先王所定法律的限制，也不受他自己颁布法律的限制，即“国王可不服从自己的法律”②。

博丹生活在法国历史上极其混乱的一个时期——胡格诺战争时期，他自然期待法国产生一个摆脱意识形态色彩、消除国家内乱、使国民安居乐业的强有力政府。这种期望，也是欧洲各国民众的一种普遍思潮，因此，《国家论六卷》面世后立即受到欢迎，几乎每年都再版，且很快被翻译成意大利语、西班牙语和德语等各种版本。

与现实主义政治理论和国家主权理论一样，现代国际法学的确立对现代欧洲国际体系的形成也有着不可或缺的意义。16世纪中期，随着中世纪信念的沦丧和欧洲基督教共同体的分崩离析，对新型国际行为规范的需求越来越强烈，大批法学家对国际行为规范作了一系列的阐述，其中，荷兰法学家雨果·格劳秀斯（1583—1645）在1625年出版的《战争与和平法》被视为现代国际法诞生的标志，格劳秀斯则被称为“现代国际法之父”。

格劳秀斯在其《战争与和平法》序论中，通过阐述自然法确立起“国际社

① Jean Bodin, *Six Books of the Commonwealth*, Oxford: Alden Press, 1955, p. 38.

② Jean Bodin, *Six Books of the Commonwealth*, Oxford: Alden Press, 1955, pp. 25-29.

会”概念和国际行为规范的地位，他援用古希腊哲学“人是理性的和社会性的动物”这一古训，声称对社会秩序的维持与人类智力相一致，它是恰当地被称作法律的事物之源泉，这种人类的天性就是自然法，人类无可避免地受这种自然法的约束；自然法是正当理由的命令，它根据任何一个行动是否与合理的自然相符合来表明该行动本质上属于道德沦丧还是属于道德必然。国家与国家之间依据对自然法则的相互共识将产生某种法律，而且很显然，由此产生的法律不只对一些特殊国家有利，而且有利于各国组成的大社会。①

除了确立一套关于国际关系和国际法的理论之外，格劳秀斯的《战争与和平法》对国际法具体法规的编撰和阐述也意义巨大。格劳秀斯是一位知识渊博的法学家，他从能接触到的哲学、神学、法学、文学等各类文献中汲取思想营养来充分论证他所提出的国际法规，同时也对所用的资料作精细的甄别、驳斥或修正，这种方法使他的著作显示出极高的权威性。因此，1625 年，《战争与和平法》在巴黎一面世就引起轰动，连续再版，并由原著的拉丁文译成各种文字。

《战争与和平法》不仅奠定了现代国际法学的基础，也对当时的国际政治产生了相当大的影响，欧洲许多国家的政治家和君主都开始研读并信奉格劳秀斯的这本巨著。由于《战争与和平法》的广泛流传，国际法在欧洲国际关系中占有了重要的地位。正如奥本海所言：“到了十七世纪末，各文明国家②都认为自己受国际法的拘束，而国际法的大部分规则就是格劳秀斯的规则……从格劳秀斯时代到现在，所有国际生活中重要的历史事件和事实，一方面使国际法得以表现它的存在，另一方面又使国际法不断地和逐渐地发展成为一个更完善和更完整的法律规则体系。”③

## 第三节　三十年战争和《威斯特伐利亚和约》

### 一、17 世纪初的欧洲平衡

经过 16 世纪宗教改革和宗教战争的巨大冲击，名义上统一的中世纪基督

---

① Hugo Grotius, *De Jure Belli ac Pacis Libri Tres*, Oxford: The Clarendon Press, 1925, pp. 11-13, 15.

② 指欧洲各国。

③ ［英］劳特派特修订：《奥本海国际法　上卷　平时法》第 1 分册，王铁崖等译，商务印书馆 1981 年版，第 58—59 页。

教世界已支离破碎，以民族国家主权平等为基础的现代欧洲国家体系呼之欲出。17 世纪初的欧洲处在这样一种状态下：一方面，各民族国家的独立性已经确立，“基督教世界”已无可挽回地分裂；另一方面，悠久的欧洲文明依然将各个不同文化和教派信仰的国家维系在一起。[①] 欧洲人此时关心的已不是各个国际行为主体如何进一步分离的问题，而是如何将这些主体构建成一个能被普遍接受的社会。

从 16 世纪下半叶到 17 世纪初，欧洲政治经历了从西班牙帝国称雄到均势恢复的进程。菲利普二世四处树敌的霸权主义政策，消耗了西班牙的实力，进入 17 世纪之后，西班牙的霸权已不复存在，但它仍在欧洲政治中发挥着举足轻重的作用。它所掌握的广阔领地以及它与奥地利之间的哈布斯堡家族纽带，使它得以把力量触角伸展到西欧任何一个地方；它的海上优势还未完全丧失，其舰队规模仍远大于英国、荷兰等国；它的以卡斯提尔步兵为主体的强大陆军依然令人生畏。1598 年菲利普二世去世后，原先对抗西班牙霸权的同盟逐渐瓦解：1603 年，即位的英国斯图亚特王朝国王詹姆斯一世（1603—1625 年在位）开始追求与西班牙的友谊，1604 年，英、西签订和约，结束了由来已久的交战状态，这多少缓解了西班牙的困境。1609 年，西班牙与荷兰签订为期 12 年的停战协定，这虽然标志着它承认在尼德兰长期征讨的失败，却也使西班牙暂时放下了一个沉重的包袱。北欧的新教国家瑞典和丹麦也是哈布斯堡的潜在劲敌，但在 17 世纪初，它们正专注于波罗的海地区的争霸活动，还未把目光放到整个欧洲。

对西班牙的最大威胁来自法国国王亨利四世，他在统一法国国内政治分歧后，集中精力以各种手段削弱哈布斯堡王朝的优势，因为当时的法国仍然受哈布斯堡两大支系合作的巨大威胁，亨利四世的国际处境，比弗朗索瓦一世或亨利二世时好不了多少。亨利四世首先展开积极的外交攻势，从 1602 年到 1609 年间，他相继与瑞士联邦的格里森同盟、威尼斯、萨伏依、荷兰签订了一系列同盟性质的条约，同时大力支持德意志的反帝诸侯——用他自己的话来说就是“用德意志之笛吹出法兰西之音”[②]。

亨利四世的政策，大大抵消了西班牙的优势。不幸的是，他于 1610 年被刺

① Martin Wight, *Systems of States*, Leicester: Leicester University Press, 1977, p. 125.

② David J. Hill, *A History of Diplomacy in the International Development of Europe*, vol. Ⅱ, New York, London and Bombay: Longmans, Green and Co., 1906, p. 549.

身亡，其子路易十三即位，年仅 9 岁，由亨利四世之妻玛丽亚·德·美第奇（1573—1642）摄政。美第奇一心想使当时地位还很低微的波旁王室与显赫的西班牙王室联姻，因此在许多场合不愿开罪西班牙，这损害了法国的反哈布斯堡事业。

## 二、三十年战争的起因

如同政治格局一样，17 世纪初欧洲的宗教格局也呈现出均衡的态势。欧洲从南到北犹如一架天平：在南面，西班牙、意大利、奥地利和南德意志保持着牢固的天主教势力；在北面，新教教义在瑞典、丹麦、英国、荷兰和北德意志取得了彻底的胜利。这架天平的中心在德意志中部地区，而在其西面奉天主教为国教但宽容胡格诺教派的法国，则颇似这架天平的支点。

德意志内部宗教争斗的日趋尖锐，使这种均势状态显得日益不稳定。1555 年的《奥格斯堡宗教和约》无法消除德意志的宗教和政治纠纷，它有两个严重的缺陷：一是它所重申的“基督教权利保留权”，规定任何宗教诸侯在改信新教后其领地必须予以没收；二是它只承认路德教与天主教的平等，却完全忽视了影响日益扩大的加尔文教派的权利。这就注定它难以维持德意志的宗教状况。

新的一轮宗教骚动始于 1606 年，这一年，帝国自由城市多瑙尔佛特的新、旧教派之间发生了激烈冲突。由天主教徒组成的帝国法院授命狂热的反改革分子、巴伐利亚公爵马克西米利安带兵接管这个城市，并取消该城的自由特许状，把它划入了巴伐利亚。马克西米利安旋即在这个原先路德教派占绝对优势的城市实施了天主教化。多瑙尔佛特事件使德意志新教诸侯大惊失色，在法王亨利四世的鼓动下，他们于 1608 年组成了新教同盟，以巴拉丁选侯腓特烈四世（1574—1610）为盟主。次年，巴伐利亚的马克西米利安也发起建立了天主教同盟。德意志又明确地被分为两个敌对阵营。

新、旧教之间的决战，终于在哈布斯堡奥地利王室所属的波希米亚拉开了帷幕。波希米亚人自 1526 年归入哈布斯堡统治后，从未对哈布斯堡统治者产生多少忠诚感，相反却怀有一股强烈的民族主义思潮。在宗教方面，由于波希米亚的基督教是由拜占庭帝国传入，故他们对罗马教廷没有丝毫的认同感，事实上，波希米亚的反天主教运动（胡斯战争）要早于德国宗教改革 100 多年。哈布斯堡皇帝马蒂亚斯（1612—1619 年在位）为迎合德意志内部的天主教势力，采用各种手段压制、限制波希米亚新教徒的权利，尤为严重的是，他于1617年提名哈布斯堡家族的蒂罗尔公爵斐迪南在他之后担任波希米亚国王。斐迪南受过耶稣会士的严格训练，是一位狂热的天主教徒，素有新教徒之死敌的恶名，波希米亚人不免为自己的自由忐忑不安。

波希米亚日趋激烈的反哈布斯堡情绪终于在1618年5月23日爆发为布拉格“掷出窗外事件”。事件的起因是马蒂亚斯皇帝派钦差前来下令关闭两所建在王家领地上的新教教堂，并拒绝波希米亚新教徒的请愿。在图恩伯爵等人的鼓动下，愤怒的波希米亚民众冲进布拉格王宫，把骄横的钦差和他的两名随员从城堡的窗口掷出。“掷出窗外事件”标志着波希米亚起义的开端，也给本来就已剑拔弩张的欧洲火上浇油，从而揭开了三十年战争的序幕。波希米亚国会随后建立了一个“三十人执政委员会”的临时政府，任命图恩伯爵为总司令，组建军队，从波希米亚驱逐皇帝的军队及天主教徒，同时宣布废黜哈布斯堡王室的国王斐迪南，推举巴拉丁选侯腓特烈五世（1596—1632）出任波希米亚国王。

### 三、卷入旋涡的欧洲列国

三十年战争一般可按战争的主要参战方分为四个阶段，即波希米亚阶段（1618—1624）、丹麦阶段（1625—1629）、瑞典阶段（1630—1635）和法国阶段（1636—1648）。

战争的第一阶段是波希米亚阶段。波希米亚人推举腓特烈五世作他们的领袖，是看中他丰富的国际背景。腓特烈五世继他父亲后担任了德意志新教同盟的首领；他既是荷兰开国领袖沉默者威廉的外孙，又是英国国王詹姆斯一世的女婿，故他与德意志新教诸侯和英、荷两国都保持着密切的联系。波希米亚人指望他能为波希米亚带来强大的国际援助。由此，一场原本只是哈布斯堡领地内的叛乱，首先扩展为神圣罗马帝国诸侯与皇帝间的争斗，继而还将突破德意志的范围，扩大为一场全欧性的战争。

波希米亚起义者很不走运。荷兰担心西班牙可能发动新一轮进攻，故不愿分心支持波希米亚起义者。英国正致力于发展与西班牙之间的友谊，英王詹姆斯一世筹划让自己的儿子查理（即后来的英王查理一世）娶西班牙公主玛利亚为妻，因此他不愿为女婿腓特烈五世去公然开罪哈布斯堡王室。至于德国新教诸侯，对巴拉丁选侯凭空获得一顶王冠嫉妒不已，故都作壁上观。波希米亚人唯一的外援是萨伏依公爵查理·埃曼纽尔派来的一支雇佣军。

相比之下，哈布斯堡皇帝和天主教一方的反击却非常有效。西班牙应其奥地利亲戚的请求欣然出兵，积极参与镇压波希米亚起义。德意志天主教同盟首领巴伐利亚公爵马克西米利安一向对巴拉丁选侯抱着嫉妒之情；1619 年，新当选的哈布斯堡皇帝斐迪南二世（1619—1637 年在位）允诺剥夺巴拉丁伯爵的选侯封号，将其转交给巴伐利亚。马克西米利安热情大增，立即策动天主教同盟派军进入波希米亚参战。

1620 年 5 月，斯皮诺拉率西班牙驻尼德兰军队出兵进攻巴拉丁选侯领地，势如破竹。天主教同盟军则由梯里将军率领进攻波希米亚。1620 年 11 月，天主教同盟军在白山战役中大败波希米亚军队，不久便征服了全部的起义地区。只做了一个冬天国王的腓特烈五世不仅丢失了刚到手的波希米亚王冠，还丢失了祖传的巴拉丁领地，只得逃往荷兰避难，被人戏称为“一冬之王”。皇帝斐迪南二世剥夺了波希米亚的自治地位，定天主教为其国教，彻底铲除当地的新教势力，许多参与叛乱的首领被无情处决；至于胆敢犯上作乱的巴拉丁选侯，皇帝斐迪南二世毫不迟疑地剥夺了他的选侯封号，转授给巴伐利亚公爵；皇帝斐迪南二世还声称，腓特烈五世必须真诚地请求宽宥并同意选侯封号的转属，才有可能赎回巴拉丁领地。

哈布斯堡的势力因镇压波希米亚叛乱急剧上升，原先那些置身事外的新教各方开始后悔自己的袖手旁观了。英国民众对大陆新教徒的悲惨遭遇大为同情，群情鼎沸；而哈布斯堡不肯宽宥巴拉丁选侯腓特烈五世，令英国国王詹姆斯一世大丢面子，促使他下决心与哈布斯堡王室决裂，他开始与英国国会商讨干涉德意志事务的计划，同时派使者前往丹麦、瑞典等北欧国家，寻求建立反哈布斯堡帝国的同盟。

北欧国家与一些德意志新教诸侯也有心抵制皇帝和天主教同盟的优势。1625 年年初，英国、荷兰和丹麦在海牙缔结同盟条约，英、荷承诺向丹麦提供战资，随后，丹麦国王克里斯提安四世（1588—1648 年在位）以帝国诸侯荷尔斯泰因-戈托普公爵的身份率军出征德意志，号称要反对皇帝专制，保障帝国宪制。由此开始了三十年战争的第二个阶段，丹麦阶段。

然而，克里斯提安四世很快遭受了厄运。1625 年 3 月，詹姆斯一世去世，继任英国国王查理一世陷入与英国国会的激烈冲突，英国国会为惩治国王，拒绝批准原拟的战争拨款。查理一世与国会之间无休止的争吵，将英国一步步推入内乱的深渊，让远在北德意志征战的丹麦国王陷入了战费窘迫的困境。不仅如此，丹麦军队面临一个极其可怕的对手。1625 年，皇帝斐迪南二世大胆起用了一位毛遂自荐的军事天才——摩拉维亚贵族瓦伦斯坦，他创建了一支战斗力极强的新军，与梯里将军相互配合，所向披靡，几年中横扫北德意志，侵入丹麦本土。克里斯提安四世被迫屈服，1629 年 5 月，与皇帝斐迪南二世签订《吕贝克和约》，保全了他的世袭领地，但宣誓放弃干涉德意志事务的一切权利。

1630 年后，战争进入瑞典阶段。皇帝斐迪南二世被胜利冲昏头脑，他以宗教热情替代政治策略，决心大力打击德意志新教诸侯的势力。1629 年，他颁布了《归还教产敕令》，规定自 1552 年以来被世俗化的天主教财产和领地都必须归还天主教会。这必然要遭到德意志诸侯和其他欧洲国家的普遍对抗。此外，瓦伦斯坦的军事胜利使皇帝斐迪南二世控制了整个北德意志地区，西班牙乘机建议由西班牙、皇帝和波兰建立波罗的海联合舰队以断绝荷兰等国的贸易来源。皇帝斐迪南二世册封瓦伦斯坦为“波罗的海及北海将军”，哈布斯堡向北欧扩张的野心昭然若揭。

1624 年出任法国首相的黎塞留（1585—1642）是法国国王亨利四世事业的真正继承者。他在 1628 年消除了国内胡格诺教徒的叛乱后，重新确立了遏制哈布斯堡霸权的法国传统战略，以积极的外交手段干预三十年战争。瑞典国王古斯塔夫·阿道夫（1594—1632）一向自命为新教教义的保卫者，他既为德意志新教徒的黑暗命运担忧，更强烈反对哈布斯堡的势力突入波罗的海，故法国与瑞典一拍即合。法国首先积极调停瑞典与波兰之间的战争，让瑞典腾出身来对哈布斯堡作战，接着法、瑞两国正式结成联盟，法国承诺每年向瑞典提供 100 万里佛尔的战费。1630 年 7 月，瑞王古斯塔夫亲率一支瑞典精兵进入北德意志对哈布斯堡军队作战，以风卷残云之势席卷北德诸侯领地，接着向南进击，直趋帝国心脏地区，在巴伐利亚击毙帝国军队统帅梯里将军，然后再挥师北上，1632 年 11 月，在吕岑与瓦伦斯坦军队决战，击败了瓦伦斯坦，但身先士卒的古斯塔夫·阿道夫阵亡，瑞军元气大伤。

瑞典军队之所以能在短期内取得赫赫战果，固然是由于其自身的强大，但更重要的是它堂皇的作战理由在德意志诸侯中赢得了极大的共鸣。无论是新教诸侯还是天主教诸侯，都对哈布斯堡皇帝的势力膨胀忧心忡忡，原先在战争中持观望态度的德意志新教诸侯如勃兰登堡选侯、萨克森选侯等，在 1631 年年初站到了瑞典一边与皇帝斐迪南二世为敌，一些原来站在皇帝斐迪南二世一边的天主教诸侯也不愿再为哈布斯堡效力。曾是皇帝斐迪南二世急先锋的巴伐利亚选侯马克西米利安，竟也在1631年与法国签订条约，承诺在哈布斯堡与瑞典之间保持中立。

皇帝斐迪南二世意识到了这一点，他及时调整策略，争取把德意志诸侯对自己的战争转变为整个德国对瑞典的外战。1634年2月，他派人刺杀了野心勃勃且遭德意志诸侯普遍嫉恨的瓦伦斯坦，同年9月，帝国与西班牙联军在诺德林根战役中击败瑞典军队，皇帝斐迪南二世旋即向诸侯们伸出橄榄枝，至1635年5月，皇帝斐迪南二世与各主要诸侯签订《布拉格条约》，宣布废除1629年的《归还教产敕令》，这给德意志带来了普遍和平的曙光。

战争的最后阶段是法国阶段。《布拉格条约》签订前后的欧洲局势对法国极为不利：一个相对团结的德意志加上西班牙及其领地，足以使法国窒息；瑞典军队虽然在首相奥克森斯梯尔纳（1583—1654）率领下继续在德意志中部顽强作战，但如得不到更强力的支持，随时有可能撤离战争。于是，一直居于幕后操纵的黎塞留迫不及待地冲到了前台。1635年2月到10月间，法国先后与荷兰、瑞典、萨伏依、萨克森-魏玛等国订立了同盟条约，是年5月，法国正式对西班牙宣战，三十年战争进入了最后阶段。

法国阶段的战争已没有多少宗教战争的含义，世俗政治的因素大大超越了意识形态因素，敌对阵营很难以宗教教派作为划分标准。以天主教为国教的法国与新教国家瑞典、荷兰等国一起，对同样信奉天主教的西班牙和神圣罗马帝国皇帝开战，纯粹是沿承法国与哈布斯堡王朝争斗的传统。在此期间，黎塞留确立了此后100多年里法国对外政策的基本目标，即在打击哈布斯堡势力的基础上谋求实现法国的“天然疆界”，把法国边界推进到大自然赋予高卢的疆界：比利牛斯山、阿尔卑斯山和莱茵河。

因此，法国军队并未全力投入德意志境内的角逐，而是在北意大利、尼德兰和比利牛斯山麓等法国周边地区寻找机会打击哈布斯堡王朝。当1640年西班牙的加泰罗尼亚爆发反哈布斯堡统治的起义时，黎塞留立即向起义者提供大量援助，并派法军策应，攻占毗邻的西班牙省份罗西荣；同年，被西班牙吞并达60年之久的葡萄牙发起独立战争，黎塞留立即承认了葡萄牙人拥立的茹安四世（1640—1656年在位），并与之签订了同盟条约和商务条约。

1640年以后，反哈布斯堡一方的优势越来越明显，1643年5月，法军在北部边境的罗克鲁瓦大败一向号称“无敌”的西班牙陆军，从此结束了西班牙一个多世纪以来在欧洲的绝对军事优势。在其他战场，瑞典军队和法国军队也都连连获胜，但它们也同敌人一样精疲力竭了。交战双方逐渐认识到，要彻底打垮对方是不现实的，于是，各国开始把更多的注意力放在议和之上。

## 四、《威斯特伐利亚和约》

早在1636年，教皇乌尔班八世（1623—1644年在位）就提议交战各方和谈，但没有得到响应。欧洲国家经过那么长时间的战争，相互间完全缺乏基本的信任；以后还有多次议和提议，也都因这样或那样的原因无果而终。至1642年3月，交战各国才终于就和谈会址达成了共识：交战各方将在威斯特伐利亚两个相距约50公里的小城分别举行谈判，神圣罗马帝国皇帝与法国及各自盟国在明斯特谈判，皇帝一方与瑞典等新教国家间的谈判则在奥斯纳布吕克进行。在1644年10月和会的主角法国和瑞典等方进入谈判之后，与会各方又花费了整整四年的时间才签订最终和约。和谈进程之所以如此冗长，是因为主要的谈判对手总是用眼睛盯着仍在继续进行的战争，并且希望不时借助有利的战局强行提出更高的要求，或至少提出新的要求。

威斯特伐利亚和会是欧洲有史以来第一次大规模的国际会议，除了处在内乱中的英国、遥远的俄罗斯和信奉伊斯兰教的奥斯曼帝国外，所有欧洲国家都派使节出席了和会，据一位参加和会的使节说，将所有使节清点一遍要花上6小时。作为欧洲历史上的第一次国际会议，和会不可避免地在几乎完全无序的状态下进行：整个和会没有主持者，没有书记员，没有咨询委员会，没有建议报告，没有全体会议，没有正常的会期，也没有任何形式的表决。尽管有诸多缺陷，但这个和会把欧洲几乎所有国家聚合到一起，象征了欧洲国家已组成一个虽然粗糙却具有共性的社会。

1648年10月，神圣罗马帝国皇帝、法国、瑞典及其各自的盟友分别签订了《明斯特和约》和《奥斯纳布吕克和约》，这些和约总称为《威斯特伐利亚和约》。在此之前，西班牙与荷兰单独在明斯特签订了和约，这个和约也可算作《威斯特伐利亚和约》的组成部分。各交战国中，只有西班牙与法国之间没有媾和，它们之间的战争持续到了1659年《比利牛斯条约》的签订。

《威斯特伐利亚和约》的条款包括领土安排、德意志政治及宗教事务等各方面。在领土安排方面，瑞典取得北德意志肥沃的西波美拉尼亚、不来梅及费尔登两个主教区和维斯马城；法国除确保了它在1552年就夺取的梅茨、图尔和凡尔登三个主教区外，又获得在阿尔萨斯境内的10个帝国城市；勃兰登堡选侯获得波美拉尼亚和马格德堡、明登、哈尔伯施塔特、卡明等主教区；重申巴伐利亚公爵拥有选侯封号并获得上巴拉丁地区，而失地的巴拉丁公爵则保住了半壁江山——莱茵巴拉丁，并恢复了选侯称号，成为帝国的第八个选侯。

这样的领土安排，对日后的欧洲国际关系进程产生了深刻的影响：第一，瑞典夺得大片北德意志领土，成为波罗的海地区的鼎鼎大国，但它薄弱的基本国力使它难以长享霸主地位，波罗的海终将成为是非之地；第二，法国基本实现了削弱哈布斯堡王朝的战争目标，造成了德意志继续一盘散沙、西班牙力量急剧下跌等有利于法国进一步扩张的欧洲局势，而它在莱茵河右岸获得的一系列占领地，则将成为法国实现其“天然疆界”计划的前哨阵地；第三，勃兰登堡选侯获得大片领土，实力大增，成为力量仅次于奥地利的德意志诸侯，从而埋下了日后奥地利、普鲁士争霸德意志的火种。

《威斯特伐利亚和约》还结束了欧洲长期的宗教冲突。和约重申 1555 年《奥格斯堡宗教和约》新旧教派权利平等的原则，并将这条原则的适用范围扩大到加尔文教派；另外，和约还确定《归还教产敕令》生效的标准年为 1624 年。这些规定基本解决了宗教冲突的根源，故人们也将三十年战争看作结束宗教冲突时代的最后一战。

《威斯特伐利亚和约》作为国际关系史上的一个重要里程碑，其更重要的意义还在于它确立了“国家主权”的地位，从而以法律的形式把百余年来的欧洲国际关系演变的结果固定了下来。和约承认了荷兰和瑞士邦联脱离神圣罗马帝国独立，并确认德意志诸侯也拥有主权地位，这种主权既包括对内行政和宗教事务的最高权力，也包括决定和平与开战、与德意志以外国家自由缔结条约的权力。这些条款不仅对主权的意义作了明确的解释，还使德意志事务完全国际化，这是哈布斯堡王朝统一德意志政治版图的企图彻底失败的标志。

和约中关于保证和约实施的条款，则确立了条约约束的“国际规范”在现代国际体系中的地位。与以往所有国际条约不同，《威斯特伐利亚和约》是一项由交战各方共同签订的多边和约，因此它具有普遍的约束力。《明斯特和约》第 121—124 条宣称“永远不得……以何种借口，何种名义，来反对本公约或其任何条款”，任何违反本和约的人应“作为公共和平的侵犯者加以惩处”；参加协议的所有各方应有义务保卫和保护本和约的每一项条款不受任何人的侵犯；如发生违反和约规定之事，受害人首先诉诸通常的司法程序，如三年内仍无法解决争端，“同本协议有关的每一方都必须站在受害者的一方，向他提供意见和武力，协助他还击侵害者”。[①] 虽然和约没有对所谓的“司法程序”和提供武力的方式作更具体的规定，虽然《威斯特伐利亚和约》的这些条款从来未能生效，但它是现代历史上人类期求通过国际合作来维持和平的第一次尝试。这些条款至少表明了和约缔结者从国际法律规范的角度认真对待国际社会，正是从这个意义上，19 世纪的德国学者特莱奇克称《威斯特伐利亚和约》是国际法的宣言书：“人们开始感到自己是一个有组织的欧洲社会的组成部分，所有主权国家都开始组成一个大家庭。”[②]

总体来说，1648 年《威斯特伐利亚和约》标志着以主权国家为基础的现代欧洲国家体系的形成，具有历史的进步意义。但无论从其形成的过程，还是从之后的实践发展来看，这个体系在本质上所尊奉的是强权政治，它是一个欧洲列强不断扩张和争夺霸权的体系，也是它们在全球范围内进行殖民侵略和维护殖民统治的体系。

**思考题：**

1. 简述 1494—1559 年意大利战争的经过及其结果。
2. 评述 16 世纪下半叶至 17 世纪上半叶西班牙（哈布斯堡王朝）欧洲霸权盛衰的主要过程。
3. 论述马基雅维里、让·博丹和格劳秀斯的历史贡献。
4. 论述《威斯特伐利亚和约》的历史意义。

---

① 《国际条约集（1648—1871）》，世界知识出版社 1984 年版，第 30—31 页。

② R. B. Mowat, *The European States System*, London: Oxford University Press, 1923, p. 31.

# 第六章　欧洲列国的争霸与海外扩张

本章叙述自1648年至法国大革命前夕约一个半世纪欧洲国际关系的发展。在此阶段，主要欧洲国家倾其全力在欧洲本土争夺领土和权势，在海外大肆掠夺殖民地。在几乎不间断的相互争斗中，法、英、奥、普、俄逐步确立了大国的地位，以这五大国为核心的现代欧洲国家体系得到了巩固。

这一时期大致有三条相互联系的主要线索：一是欧洲列强争夺大陆优势的斗争，路易十四法国的兴衰、普奥争霸德意志、俄普奥三国在东欧扩张等均属这一范畴；二是欧洲国家体系从其发源地西欧地区扩展到东欧，其内容包括北方大战和俄罗斯的西化、俄普奥三国对奥斯曼帝国的持续侵袭；三是欧洲列强为增强自身力量在美洲、印度等地进行殖民争斗。七年战争后，欧洲主要国家呈现出两个相对分离的格局：英、法、西、荷等西欧海权国家专注于美洲大陆的争斗，而俄、普、奥三个陆权国家则趁机在东欧大肆扩张。

现代欧洲国家体系形成以来的历史表明，霸权扩张和维持相对均势（所谓“势力均衡”）是欧洲国际关系中一再出现的现象。当某国破坏欧洲的力量平衡而称霸时，其他国家就会联手反对之；可是当它们在自觉或不自觉地以维护均势来反对某国霸权时，却又谋求力量对比朝有利于自己的方向发展，图谋获得自己的霸权。霸权与均势之间的这种矛盾运动成为影响和制约欧洲国际关系演变的一个重要因素，这是现代欧洲国家体系较为独特的一面。

## 第一节　路易十四时代法国的盛衰

### 一、法国优势的兴起

三十年战争结束之时，欧洲大陆各国都精疲力尽，而一直置身于这场战争之外的英国则通过清教革命和内战的洗礼突然崛起。由克伦威尔实际掌控的英吉利共和国四处征讨，统一了全部英伦三岛，并在第一次英荷战争中击败素有“海上马车夫”之称的荷兰共和国，取得了在北海、英吉利海峡乃至整个大西洋上的优势；随后英国又派舰队在1655年夺取了西班牙在加勒比海的重要殖民地牙买加；接着，克伦威尔又积极介入法、西之间的战争，1658年，最终从西班牙手中夺取敦刻尔克要塞。

在这段克伦威尔威震欧洲的时期，法国首相马扎然（1602—1661）努力争取与英国的友善关系，同时继续采取削弱哈布斯堡王朝、集中精力打击西班牙的对外政策，取得了巨大的成功，至 1659 年，战败的西班牙被迫与法国签订《比利牛斯条约》。该条约附款关于法、西两国王室联姻的规定，在哈布斯堡王室两大分支之间插入了一个波旁王朝的楔子，使法国王室第一次享有了对西班牙王位继承的含混权利。

1661 年，路易十四亲政，他马上在法国建立起一套较为完备的君主专制制度。在柯尔培尔等人的协同下，路易十四整顿法国财政、发展商业、充实国库、扩建陆海军。在对外关系上，他不满足马扎然依靠广泛结盟体系建立起来的法国优势地位，而是决意作进一步的扩张。

1665 年 9 月，西班牙国王腓力普四世（1621—1665 年在位）去世，年仅 4 岁、身体孱弱的查理二世（1665—1700 年在位）继位，路易十四找到了直接打击西班牙的借口。他依据西属尼德兰、卢森堡和佛朗斯孔泰等地民事继承法关于原婚所生长女在继承权上优先于再婚所生之子的规定，要求西班牙把上述 3 个领地转让给自己的妻子玛丽亚·特利萨继承，并归法国，称“遗产转让”。在进行了一年多大张旗鼓的国际笔墨官司之后，1667 年 5 月，路易十四亲率大军侵入佛兰德斯，挑起了他亲政之后的第一场对外战争——遗产转让战争。法军在 3 个月内占领了这一地区，次年 1 月，另一支法军也风卷残云般地占领了佛朗斯孔泰。

法国显示出的强大威力震惊了欧洲，荷兰尤为担忧，法军占领南尼德兰将直接威胁荷兰的安全，为此，荷兰在战事顺利的情况下匆匆与英国缔结《布雷达条约》，结束了第二次英荷战争（1665—1667）；随后，荷兰首相德维特（1653—1672 年在位）促使荷兰、英国与瑞典订立三国同盟条约，旨在调停法西战争，遏制法国的扩张，条约的一项秘密条款规定，如法国拒绝调停，三国将共同进行武装干涉，强行恢复法国 1659 年时的疆界。在三国的外交压力之下，路易十四急流勇退，同意议和。1668 年 5 月，法、西签订《亚琛条约》，规定：法国只保留佛兰德斯境内的 12 个城市，将其他占领地都交还给西班牙；西班牙在条约中承认葡萄牙的独立，从而结束了长达 28 年的西葡战争。

在此之前的 1668 年 1 月，路易十四成功地诱使他的连襟、神圣罗马帝国皇帝利奥波德一世（1658—1705 年在位）订立了一项未来瓜分西班牙遗产的密约。这项瓜分密约虽然从未生效，却是哈布斯堡奥地利家族正式承认波旁王室享有对西班牙遗产部分继承权的铁证，从而巩固了法国在《比利牛斯条约》中取得的成果。

## 二、荷兰战争与“属地并归”

《亚琛条约》后路易十四决心狠狠惩罚荷兰这个“忘恩负义”的“奸商共和国”；而力行重商主义政策的柯尔培尔等人也认为，只有从军事上摧毁荷兰，才能保证法国商业的成功。路易十四谨慎地做了四年的军事、外交准备，他拆散了荷、英、瑞典三国同盟，并分别在1670年和1672年将英国和瑞典争取为法国的盟友。同时，他向奥地利和西班牙承诺不把战火烧及它们的领地，两国因而默许采取善意中立。

1672年3月，英国首先发难，向荷兰宣战，挑起第三次英荷战争（1672—1674）。4月，法国向荷兰宣战，路易十四亲率15万法军和闵斯特与科隆的2万军队渡过莱茵河，直扑荷兰。6月，法军占领了荷兰南部数省，兵临阿姆斯特丹。在奥兰治家族年轻的威廉亲王（1650—1702）力主下，荷兰人在阿姆斯特丹附近决堤灌水，迟滞了法国陆军的攻势。与此同时进行的海战中，荷兰海军也挡住了英法联合舰队的进攻。稍后，奥兰治派发动政变，杀死荷兰首相德维特，推举威廉亲王担任荷兰执政。威廉亲王以惊人的意志力挽狂澜，他一面把慌乱的民众重新组织起来，固守半壁河山，一面派使节到欧洲各国呼吁援助。

法国在短短几个月中显示出的强大力量和路易十四灭亡荷兰的野心惊醒了袖手旁观的欧洲各国，各国感觉自身的安全受到威胁，从1672年10月起，奥地利等国纷纷派兵驰援荷兰，至次年8月，奥地利、西班牙和洛林公国与荷兰结成反法同盟，向法国宣战，丹麦、勃兰登堡选侯及一些原来亲法的德意志诸侯也相继加入同盟，荷兰战争转化为一场全欧洲的战争，主要战场也从荷兰转到了南尼德兰和莱茵河地区。威廉亲王向反法同盟国家慷慨提供军费，无形中竟成了反法同盟的首脑。

与荷兰的情形恰恰相反，法国日趋孤立。1674年2月，英国商人集团迫使查理二世（1630—1685）与荷兰媾和，撤出了战争，以图借中立之际扩展贸易，大发战争横财。受反法同盟国不断压迫的闵斯特、科隆也在同年与荷兰议和，法国只剩下瑞典一个盟国，它在1674年依约参战，进攻德意志，但次年6

月在费尔贝林战役中大败于勃兰登堡军队，此后便一蹶不振。

尽管如此，路易十四高效能的集权政府和法国雄厚的国力还是保证了法国军队从容进行对众多敌国的战争，且频频获胜。反法同盟国则不然，它们经受不了持久战争的消耗，逐渐失去了原有的战争热情，相互间的矛盾也随之产生。从1676年9月起，交战双方就在荷兰小镇奈梅根开始了和谈。法国依仗军事胜利，充分利用反法同盟国家间的矛盾，在谈判桌上也取得了优势，至1678年8月，法国以宽大的条件，率先与荷兰签订和约，瓦解了反法同盟。随后，法国与西班牙（1678年9月）、奥地利（1679年2月）及其他参战国缔结了和约，这些和约总称为《奈梅根和约》。

法国通过《奈梅根和约》从西班牙夺取了南尼德兰的几个要塞和整个佛朗斯孔泰，但路易十四的领土征服欲望远未满足，此后几年中，他在“属地归并”① 的旗号下，凭借手中20万强大的常备军，沿法国东界大肆进行领土蚕食，以追求法国的“天然疆界”。忍无可忍的西班牙向法国宣战，但战败求和，1684年8月，奥地利、西班牙与法国签订了《里根斯堡休战协议》。根据这项协议，法国在20年休战期内得以占有通过“属地归并”占领的所有领土。《里根斯堡休战协议》后，出色的法国军事工程师、堡垒战术专家塞巴斯蒂安·沃邦借助新夺取的战略要地，在法国东界构筑了一道坚固的要塞防御体系，被称为“钢铁壁垒”。

### 三、奥格斯堡同盟战争

法国之所以能顺利扩张，一个重要的原因是欧洲国家中没有形成坚固的反法阵营，这种情形在17世纪80年代中期发生了变化。1685年，路易十四犯了一个极大的政治错误，他废除《南特敕令》，结束了对法国新教徒的宽容。大批胡格诺教徒流亡国外，对路易十四的宗教迫害政策口诛笔伐，在国际上掀起了一场反对法国的轩然大波。天主教国家并不因此赞扬路易十四，新教国家却将宗教成分带进了与法国的关系。在荷兰，威廉亲王的反法主张得到民众的一致拥护，他被荷兰议会授权扩建陆海军，加强战备；勃兰登堡选侯在废除《南特敕令》事件后拒绝继续接受路易十四的津贴，转而与荷兰结盟；瑞典在此前

---

① 17世纪80年代初，路易十四建立了几个“属地归并”法庭，利用中世纪欧洲遗留下来的错综复杂的封建权利和宗藩关系，声称莱茵河地区的许多领土是法国通过近期条约（《威斯特伐利亚和约》《亚琛条约》《奈梅根和约》）所得领土的“属地”。

已与法国生隙，1686 年 1 月也加入了与荷兰、勃兰登堡的联盟。

法国的孤立，还与奥地利对奥斯曼帝国战争的胜利联系在一起。1658 年当选为神圣罗马帝国皇帝的奥地利大公利奥波德一世（1640—1705）自视为基督教世界的世俗首领，负有保护基督教世界免受土耳其“异教徒”侵犯的特殊使命。当路易十四在西欧大肆扩张时，利奥波德一世组织东欧各国和德意志诸侯建立“神圣同盟”，投入重兵打击土耳其，1686 年至 1687 年，奥地利军队攻占匈牙利全境，1688 年又攻入塞尔维亚，占领贝尔格莱德。奥地利在巴尔干获胜的意义不仅仅是领土扩展，更重要的是奥地利哈布斯堡王室在德意志和整个欧洲的威望大增，德意志大小诸侯争相与奥地利结交并纷纷派兵参加对土耳其的战争。1686 年，奥地利与勃兰登堡、巴伐利亚、巴拉丁、西班牙、瑞典等订立一项旨在保护西欧现存条约体系、防止法国进一步扩张的同盟条约，建立起所谓的“奥格斯堡同盟”。

接着，1688 年 11 月，英国发生光荣革命，荷兰执政威廉亲王入主英国，称威廉三世，这使法国失去了在西欧的最后一个可靠盟国。光荣革命对国际关系产生了巨大的影响。首先，威廉三世身兼英、荷两国统治者，使这两个海权国家之间近 40 年的矛盾斗争暂告一段落；其次，威廉三世将遏制法国扩张的宏大计划贯彻到英国对外政策之中，使英国成为反法阵营的中坚，加速了法国大陆霸权的崩溃；最后，光荣革命把英国从斯图亚特复辟王朝统治下的法国附庸地位中解脱出来，使深刻存在着的英法矛盾公开化，英、法争夺海上霸权和殖民地的斗争将成为以后一个世纪欧洲国际关系的主题之一。

1688 年，路易十四意识到国际局势对法国越来越不利，决定在奥地利脱身东欧战事之前赶快行动，打一场防御性战争以确保法国东界的安全。1688 年 9 月，法国出兵科隆和巴拉丁，企图控制这块沟通荷兰、西属尼德兰和德意志三方的战略要地，这就挑起了奥格斯堡同盟战争，亦称九年战争（1688—1697）。1689 年年初，荷兰和英国加入奥格斯堡同盟，在威廉三世的竭力鼓动下，奥格斯堡同盟国家（瑞典除外）在维也纳重新订约，把原先的防御性同盟转化为进攻性同盟，宣称将协力把法国的疆界强行恢复至 1659 年《比利牛斯条约》时的状态。次年，萨伏依公国加入同盟并对法宣战，最初在莱茵河地区的战事迅速扩大为一场全欧性战争。

九年战争的主要战场在法国四周边界：南尼德兰、莱茵河两岸、北意大利和比利牛斯山两麓。由于奥格斯堡同盟国家拥有充足的人力和财力，军队战斗力也不断加强，法国便逐渐失去了以往那种绝对的军事优势，整个战争进程显得拖沓不前。只有在战争后期，法国才取得了对西班牙的胜利，法军攻入加泰罗尼亚，1697 年占领巴塞罗那，使战争局势倒向有利于法国的一边。

此时，身无子嗣的西班牙国王查理二世健康每况愈下，西班牙继承问题迫在眉睫，路易十四希望在查理二世死前结束战争以拆散奥格斯堡同盟，为法国争夺西班牙遗产扫除障碍。1696 年 7 月，法国以割让尼斯和皮内鲁卢两地、放弃卡萨尔要塞为代价，与萨伏依公国订立第一个单独和约，动摇了奥格斯堡同盟的军心。接着，路易十四又转向威廉三世，表示愿意承认他在英国的统治并保证荷兰的安全，争取到威廉三世同意议和。1697 年 9 月，法国与英国、荷兰、西班牙订立了《里斯维克条约》，两个月后，奥地利及其他德意志诸侯也加入了条约。路易十四在《里斯维克条约》中作了较大让步：法国承认威廉三世为英国合法国王，保证不再支持斯图亚特王党的复辟活动；除保留阿尔萨斯和斯特拉斯堡外，法国交还自 1679 年起通过“属地归并”和九年战争占领的所有领土。

路易十四成功拆散奥格斯堡同盟令奥地利沮丧，但奥地利很快在东方取得了足以抵销其在西方失利的成果。1697 年 9 月，欧根亲王（1663—1736）统帅的奥军在曾塔战役中大败土耳其军队，结束了奥、土在巴尔干战事中的胶着状态。1699 年 1 月，奥地利等国与土耳其签订历史性的《卡洛维茨条约》，奥斯曼帝国正式承认了奥地利对整个匈牙利和特兰西瓦尼亚的统治权。《卡洛维茨条约》的签订成为奥斯曼帝国持续衰落的开端，而奥地利则通过和约得到大片领土，建立起一个庞大的多瑙河帝国。这个和约也使奥地利最终解除了来自东方的后顾之忧，使它得以把力量集中到西欧方面，与路易十四的法国作最后的决战。

### 四、西班牙王位继承战争和《乌得勒支和约》

九年战争一结束，欧洲国际舞台围绕西班牙继承问题展开了激烈的斗争。当时对西班牙王位享有继承权的有三方：法国国王路易十四的子孙，神圣罗马帝国皇帝、奥地利哈布斯堡王室的利奥波德一世及其子孙，巴伐利亚选侯之子。路易十四对西班牙继承抱着矛盾的心理，他当然希望为波旁王室夺取西班牙王位和遗产，但他又意识到，欧洲国家决不会答应让波旁王室独占西班牙。因此，他又作比较现实的打算，即利用继承权瓜分到西班牙遗产中对法国最为有用的一部分。路易十四瓜分西班牙遗产的主张，得到了威廉三世的赞同，威廉三世关心的是保持欧陆的均势，不让西班牙庞大的遗产完全落入奥地利和法国这两个强国的任何一方之手。1698 年 10 月和 1699 年 2 月，英、荷、法三国先后签订了两项瓜分西班牙遗产的条约。

由三个强国签订的瓜分条约并不能解决西班牙继承问题，因为两个当事国奥地利和西班牙都不准备接受由他国操办的协定。对奥斯曼帝国战争的辉煌胜利使利奥波德一世更加自负，他坚持认为西班牙的全部遗产理所当然要由哈布斯堡的奥地利王室来继承。而西班牙人长久追求的目标是保证庞大的帝国不被瓜分，至于谁来继承王位倒并不重要。1700 年 10 月，行将就木的查理二世在西班牙宫廷内亲法派的怂恿下签署了最后遗诏：指定路易十四的次孙安茹公爵腓力普继承西班牙王位，条件是西班牙所有遗产不得瓜分，也永远不得与法国合并；如法国拒绝接受，利奥波德一世的次子查理大公将作为第二继承人出任西班牙国王，西、奥两国同样永远不得合并。1700 年 11 月，查理二世去世，在迟疑了十多天后，路易十四决定接受西王遗诏，送安茹公爵去马德里登基，称腓力普五世（1700—1746 年在位）。

1701 年春，奥地利毫不犹豫地出兵进攻西班牙的意大利领地，挑起了西班牙王位继承战争。1701 年 9 月，英国、荷兰、奥地利缔结了海牙大同盟，《海牙同盟条约》规定：英、荷两国将在必要时向法国宣战以防止法、西两国的合并；保证西班牙的瓜分——奥地利将得到西班牙的意大利和尼德兰领地，英、荷则可随意夺取西班牙的海外殖民地。1702 年 3 月，威廉三世去世，继位的英国女王安妮（1702—1714 年在位）和荷兰首相海因秀斯（1641—1720）决定执行威廉三世的遗志，5 月，英、荷、奥三国联合对法国宣战。海牙大同盟不断扩大，汉诺威、勃兰登堡-普鲁士和法国原先的盟国萨伏依、葡萄牙相继加入了大同盟，对法国开战；同盟的战争目标也有所扩展，海牙大同盟国家宣称要将腓力普五世逐出西班牙，由奥地利的查理大公继承西班牙王位，并要把法国疆界推回到 1659 年时的情形。

西班牙王位继承战争是西欧列国推翻法国优势、争取达到欧洲均势的最后决战，它本质上是九年战争的继续，只是加进了争夺西班牙遗产的新内容而已。战争前期，法军取得了一些胜利，但 1704 年 8 月，法军在布伦海姆战役中惨遭失败，6 万法国劲旅全部被歼。此后，海牙大同盟军队在欧根亲王和英国的马尔巴勒公爵等优秀将领统帅下，在莱茵河地区、南尼德兰、意大利等各个战场节节胜利，到 1708 年，法军被迫退缩到“钢铁堡垒”以内进行防御性作战，却仍丧师失地。只有在西班牙，民众热情地支持他们自己选择的腓力普五世。1706 年自封为西班牙国王查理六世的查理大公虽有海牙大同盟大军作后盾，却始终征服不了西班牙。

1710 年英国新上台的托利党内阁开始与法国进行秘密接触，在英国看来，打击法国的目的已经达到，彻底征服西班牙似乎不可能，继续进行战争对英国来说已没有多大意义。1711 年 4 月，奥地利的查理大公继承其兄约瑟夫一世（1705—1711 年在位）的王位，当选为神圣罗马帝国皇帝，称查理六世（1711—1740 年在位），这一事件坚定了托利党政府尽早议和的决心。英国当然不愿意再帮助查理六世取得西班牙王位，那将导致查理五世时哈布斯堡帝国的重建。1711 年 10 月，英国单独与法国拟定了达成和平的初步条件，初步条件以 1701 年 9 月《海牙同盟条约》的目标为基础，摒弃了海牙大同盟国家扩大了的战争要求。英国的行动使其他同盟国大为恼火，但没有英国的合作和财政支持，它们难以继续战争。1712 年 1 月，交战各国在荷兰小镇乌特勒支开始了历时一年多的和谈，至 1713 年 4 月，英、法、荷、西、普鲁士、萨伏依、葡萄牙签订了《乌得勒支和约》；奥地利及一些德意志诸侯又进行了一年的战争，但屡遭失利，于 1714 年 3 月与法国签订了《拉施塔得和约》，但奥地利仍坚决拒绝与西班牙媾和。

在《乌得勒支-拉施塔得和约》中，各国（除奥地利）承认了腓力普五世为西班牙国王，但法、西两国永远不得合并。同盟各国都得到了不同程度的领土扩展：奥地利夺取了南尼德兰和米兰、托斯卡纳、撒丁、那不勒斯等意大利领地；荷兰恢复了在南尼德兰诸要塞的驻兵权并从法、西等国获取了一些贸易特惠；萨伏依和普鲁士分别得到了西西里和上格尔德兰，两国统治者还获得了国王的头衔；英国夺取了进出地中海的咽喉要塞直布罗陀、西地中海的米诺加岛及一些法属北美殖民地。

法国无疑是个失败者，除割让一些北美殖民地外，还放弃了对斯图亚特流亡国王的承认和支持。但是，法国本土没有受损，依旧保持了 1697 年时的疆界；路易十四的虚荣心也得到了一定的满足，他的孙子保住了西班牙王位，他仅有的两个盟友巴伐利亚选侯和科隆选侯也恢复了战时被剥夺的领地。只有西班牙是个例外，列强用它的领土满足了各自的野心，这是近百年来西班牙持续衰落的一个必然结局。在瓜分西班牙庞大遗产的基础上，欧洲列国遏制了路易十四法国的霸权，建立起了较为稳定的均势格局，在此之后，英、法、奥、俄和奥地利继承战争后的普鲁士等几个大国并驾齐驱，欧洲更密切地融为一体。值得注意的是，《乌得勒支和约》在历史上第一次把“和平”与“均势”直接联系在一起，宣称将通过力量均衡建立基督教世界的和平与安宁。

## 第二节 北方大战与俄罗斯的崛起

### 一、波罗的海地区的力量格局

17 世纪下半叶东北欧局势的特征是瑞典优势，瑞典早已占领了英格利亚、爱沙尼亚和立窝尼亚（又译“利沃尼亚”），又通过三十年战争夺取了许多北德意志领土，俨然成了波罗的海地区的主宰，并在全欧政治舞台上扮演重要的角色。瑞典优势的支柱是它的军队，其基本国力却很薄弱：它只有 250 万人口，其中只有一半是瑞典族人；它的经济也很落后，以农业为主，除军事工业外几乎没有其他任何工业；虽然波罗的海成了瑞典的“内湖”，但瑞典的商业却不发达，在进出波罗的海的商船中，瑞典商船只占 10%。为应付财政困难，瑞典统治者宁愿频繁地将其军队投入战争，以达到以战养战的目的。

1654 年，俄罗斯为夺取乌克兰地区发动对波兰的战争，瑞典国王卡尔十一世（1660—1697 年在位）希冀趁机掠取波兰领土，于次年 7 月率军侵略波兰，很快占领了大片土地。深恐瑞典过于强大的丹麦、荷兰和奥地利相继对瑞典开战，俄、波两国也暂时停战，共同对付瑞典大军。这场“北方战争”以 1660 年的《哥本哈根条约》和 1661 年的《卡尔迪斯条约》告终，瑞典保住了战前的所有领土，甚至还从丹麦夺得了斯堪尼亚省份；朝秦暮楚的勃兰登堡选侯也如愿以偿，东普鲁士成为独立的领地。

1655 年至 1661 年的北方战争消耗了瑞典本来就很有限的人力物力，瑞典对其他国家的绝对军事优势逐渐丧失了。于是，瑞典国王卡尔十一吸取教训，抛弃侵略扩张政策，把保持东北欧现状作为瑞典的首要目标。他采取灵活的外交手段，努力使瑞典超然于丹麦、吕恩堡、勃兰登堡和荷兰等国之间的矛盾之上，时时扮演一个制衡者的角色；更重要的是他拒绝参与九年战争，并在战争后期充当名义上的调停人，促成 1697 年《里斯维克条约》的缔结，提高了瑞典的国际威望。

卡尔十一靠机智和谨慎保持的瑞典优势，在他死后遭到了严重挑战。1697年，年仅15岁的卡尔十二（1697—1718年在位）继位，不免使瑞典的邻国顿生藐视之心。当西欧国家紧盯着西班牙遗产之时，东北欧国家对它们久久觊觎的瑞典领地也跃跃欲试了。1698年至1699年间，丹麦首先与波兰建立了反瑞典联盟。1697年新当选为波兰国王的萨克森选侯“强者奥古斯特二世”（1670—1733）好大喜功，一心想用他的萨克森军队重振波兰昔日的雄风，同时使他的家族世袭波兰王位，他的第一个步骤就是从瑞典夺回立窝尼亚，以此建立自己在波兰的威望。

一直在争取获得出海口的俄国也被拉入反瑞典阵营。俄国在1655年至1661年的北方战争中失败，西进受挫，此后把注意力转向南方出海口。1697年，沙皇彼得一世（1672—1725）参加著名的“大使团”出访西欧，目的之一就是鼓动奥地利等“神圣同盟”国家继续对奥斯曼帝国作战，但未获成功。彼得一世在归国途中接触到了波罗的海地区正在形成的反瑞典阴谋。1698年8月，彼得一世会见波兰国王奥古斯特二世，两位年轻气盛而又雄心勃勃的君主达成了对瑞典采取共同行动的口头协议。

此次会晤使沙皇暂时改变南下黑海的方针，回到了17世纪中叶以前俄国西进波罗的海的传统政策上，彼得一世希望通过打击瑞典，至少夺回英格利亚和涅瓦河流域的领土，如有可能则囊括波罗的海东岸省份。1699年秋，俄国、丹麦和萨克森在莫斯科正式签订了反瑞典同盟条约，被称为“北方同盟”的反瑞典阵营建立了起来。奥古斯特二世还向盟国承诺他将敦促波兰加入该同盟。此外，普鲁士希望夺取西波美拉尼亚，汉诺威企图占领不来梅和费尔登，它们都是潜在的反瑞典国家。

## 二、北方双雄之争：卡尔十二与彼得一世

北方同盟建立后，对瑞典的战争只是个时间问题了。1700年2月，强者奥古斯特二世率先派萨克森军队进攻瑞典在立窝尼亚的重镇里加港，打响了18世纪欧洲的第一场大战。3月，丹麦出兵进攻瑞典的盟国霍尔斯坦因-哥托普公国。8月，彼得一世也向瑞典宣战，派兵进攻英格利亚和爱沙尼亚。北方同盟国家过高地估计了自己的力量，也低估了瑞典的实力，尤其是轻视了在他们看来“乳臭未干”的卡尔十二。萨克森军队在里加城下受挫，含恨离去。丹麦的命运更惨，卡尔十二亲率瑞典军队进攻丹麦，直捣哥本哈根，丹麦国王腓特烈

四世（1699—1730 年在位）惊惶失措，被迫投降，于 1700 年 8 月签订《特兰文达尔和约》，退出了战争。卡尔十二接着挥戈东进，11 月在英格利亚的纳尔瓦以 8000 精兵大败 2.3 万俄国军队。

卡尔十二震慑了北欧，他一意要扩大战果。1701 年夏，卡尔十二率军入侵波兰，连战皆捷，1702 年占领华沙，压迫波兰议会废黜奥古斯特二世，另立斯坦尼斯拉斯·列琴斯基（1677—1766）为国王。1705 年，卡尔十二又侵入萨克森，次年 9 月，奥古斯特二世战败求和，宣布放弃波兰王位，断绝与俄国的同盟。

卡尔十二的骄人战绩掩盖了他的战略错误，他没有乘胜进击纳尔瓦战役后虚弱不堪的俄国。沙皇彼得一世利用侥幸获得的喘息时机重整旗鼓，他一面大力支持奥古斯特二世在波兰和萨克森抗击瑞军，拖住卡尔十二，一面在芬兰湾地区逐次展开攻势，占领了大部分波罗的海沿岸，并于 1703 年在涅瓦河口建造了圣彼得堡。彼得一世还趁卡尔十二深入萨克森之际派人到波兰扶植列琴斯基的反对派，策划废黜这位傀儡国王。

1708 年，卡尔十二率一支 4 万人的军队从波兰出发，渡过尼曼河取捷径进攻俄国，不幸的是，他的常胜军被彼得一世坚定的焦土战术和 1708 年至 1709 年罕见的严冬酷寒拖垮了。1709 年 6 月，在乌克兰的波尔塔瓦，瑞典军队几乎被全歼，卡尔十二带少数卫队逃入土耳其。

波尔塔瓦战役彻底改变了东北欧局势，俄军乘胜占领了瑞典在波罗的海东岸的全部省份，丹麦、萨克森也重新对瑞典宣战，丹麦军队大举进攻瑞典的德意志领地和斯堪尼亚，萨克森选侯奥古斯特二世则率军进入波兰，逐走列琴斯基和瑞典驻军，再度登上波兰王位。1709 年 10 月，丹麦、萨克森-波兰又同俄国结成同盟，在新的北方同盟中，俄国成为无可争议的盟主。

意志坚强的卡尔十二从土耳其遥控瑞典政府倾聚国力死命抵抗数国军队的进攻，同时积极鼓动奥斯曼帝国对俄国开战以减轻瑞典的压力。1710 年 11 月，奥斯曼帝国苏丹向俄国宣战，1711 年 6 月，土耳其大军将彼得一世亲率的俄国军队围困在普鲁特河畔，俄国只得与土耳其签订和约，交还了 1700 年得到的亚速海沿岸领土。卡尔十二对土耳其养虎成患的行为大失所望，1714 年，他乔装打扮穿越中欧，回到了千疮百孔的故国，领导瑞典军民作困兽之斗。

北方大战在 1713 年前基本上是孤立于西欧进行的，但随着西班牙王位继承战争的结束，这种情形逐渐改变了，从 1714 年起，几乎所有欧洲国家都在不同程度上陆续卷入了北方大战。国际背景的复杂化，使外交活动在北方大战中占据越来越重要的地位。普鲁士、汉诺威在1714年至1715年间先后加入北方同盟对瑞典开战，而由于汉诺威选侯乔治在1714年继承英国王位称乔治一世(1714—1727年在位)，一向对瑞典亲善的英国也为了汉诺威公国的利益站到了瑞典的对立面。1715年，乔治一世以保护英国北方贸易为借口，派英国舰队远征波罗的海，协同北方同盟国家作战。

但是，瑞典的敌国不久就陷入了内讧。彼得一世得陇望蜀，长驱西进，1716年4月，俄军进驻北德意志的梅克伦堡公国并筹划开凿一条从波罗的海经梅克伦堡通向北海的运河，企图将梅克伦堡公国变成俄国卫星国以控制波罗的海进入大西洋的要道。沙皇过于宏大的扩张幻想，遭到了西欧国家的强烈抵制，英国国王乔治一世在1717年建立英、法、荷、奥四国同盟，接着把不满于俄国压制的奥古斯特二世争取过来，成功地策划汉诺威、奥地利与萨克森-波兰在1719年1月缔结了旨在反对俄、普两国的维也纳同盟。在强大的国际压力面前，彼得一世只得放弃了染指北德意志的企图，从梅克伦堡撤出俄军，但俄、英之间的矛盾并未就此了结。

### 三、《尼斯塔得和约》

1718年11月，卡尔十二在远征挪威的战斗中阵亡，其妹妹乌尔莉嘉继承瑞典王位后急于和平，倒向英国一边。1719年至1720年间，在英、法两国的调停下，瑞典相继与汉诺威、普鲁士、波兰、丹麦缔结了和约，瑞典除保留维斯马和一部分西波美拉尼亚外，丧失了其他所有的德意志领地。在缔结这些和约的同时，瑞典幻想依靠英国的力量收复波罗的海东岸的一些省份，故在1720年1月与英国缔结了一项防守同盟条约。彼得一世对瑞典毫不留情，他一面派俄军深入瑞典本土大肆掳掠，一面巧妙地支持瑞典王位的觊觎者荷尔斯泰因-戈托普公爵，双管齐下，终于迫使瑞典政府屈服。1721年8月，俄、瑞签订了《尼斯塔得和约》，瑞典把立窝尼亚、爱沙尼亚、南卡累利亚等波罗的海东岸领土及附近一些岛屿割让给了俄国，历时21年的北方大战至此结束。

北方大战对欧洲的长远影响超过了西班牙王位继承战争。《尼斯塔得和约》使俄国取代瑞典成为东北欧地区的主宰，大大改变了欧洲的国际格局。彼得大帝（1721年10月起称“彼得一世”）成功的内部改革，使拥有众多人口和丰富资源的俄国充分发挥了潜在的实力，俄国的坚实国力足以使它经久不衰而非像瑞典那样昙花一现。夺取波罗的海出海口，实现了从伊凡四世（1530—1584）起俄国一直孜孜追求的目标，俄国历史上一个崭新的时代开始了。北方大战的胜利进一步刺激了俄国统治者的扩张欲望，其“目标从推翻某个既定范围的权力提高到追求无限的权力”①。俄国不断扩张并争夺欧洲乃至世界霸权，这将构成此后近两个世纪国际关系史的重要线索之一。

## 第三节　大陆争雄与殖民竞争

### 一、法国的复元

1716 年，法国摄政奥尔良公爵菲利普（1674—1723）与新入主英国的汉诺威王朝乔治一世订立英法协约，约定共同保证乌特勒支条约体系并协调干预北方大战。对法国来说，英法协约最大的意义在于它帮助法国度过了路易十四时代结束后最困难的一段时期，使虚弱不堪的法国得以在和平的国际环境下休养生息，恢复元气。

至 1726 年 6 月，路易十五（1715—1774 年在位）的私人教师、73 岁高龄的红衣主教弗勒里（1653—1743）出掌法国大权，他力图改变法国受英国外交束缚的状态，开始在欧陆积极进取。波兰王位之争为弗勒里提供了一个扩展法国势力的良好时机。1733 年 2 月，波兰国王奥古斯特二世去世，法国支持路易十五的岳父、曾在瑞典国王卡尔十二扶植下当过波兰国王的斯坦尼斯拉斯·列琴斯基竞选，而奥地利和俄罗斯则联合支持奥古斯特二世之子。1733 年 10 月，俄国出兵华沙，压迫波兰议会废黜刚当选的列琴斯基，另立萨克森选侯为奥古斯特三世（1733—1763 年在位），列琴斯基逃往但泽避难，法国立即向奥地利宣战，挑起了波兰王位继承战争。

弗勒里开战的真实目的是利用波兰王位之争夺取对法国边界安全至关重要的洛林地区。为了避免法国重蹈西班牙王位继承战争中多面受敌的覆辙，弗勒里努力促使英国保持中立，故根本不想全力支持列琴斯基夺回波兰王位，甚至不愿出兵解救被围困在但泽的列琴斯基，以免危及英国的波罗的海贸易利益。在成功争取英国中立的同时，弗勒里将撒丁王国、西班牙拉入对奥地利的战

---

① 《马克思恩格斯全集》第 44 卷，人民出版社 1982 年版，第 320 页。

争，在莱茵河地区和意大利合力打击奥地利军队。由于俄国在1732年至1735年间越来越深地卷入波斯与土耳其的战争，无法给奥地利以有力支持，而一些德意志诸侯也竭力阻止帝国议会对法国宣战，独力对抗法国、撒丁王国和西班牙多国军队的奥地利无望取胜，只得认输。至1735年10月双方签订和约，波兰王位继承战争结束，弗勒里通过一系列令人眼花缭乱的领土交换安排达到了法国的战争目标：撒丁国王获得米兰公国的两小块土地；西班牙王子唐·卡洛斯被承认为两西西里国王，领有原属奥地利的那不勒斯和西西里，但将其领地帕尔马和皮亚琴察割让给奥地利，另将其托斯卡纳公国的继承权转让给洛林公爵弗朗西斯·史蒂芬（1708—1765）；原洛林公爵弗朗西斯·史蒂芬转任托斯卡纳公国，并与奥地利合法女继承人玛丽亚·特蕾莎（1717—1780）公主结婚；列琴斯基放弃对波兰王位的权利，得到洛林公国作为补偿，在他死后洛林公国应并入法国版图。

1766年列琴斯基死后，法国依约吞并了洛林，这是1684年至1791年间法国在欧洲唯一的领土扩展。但波兰王位继承战争的意义不仅是领土扩展，更主要的是弗勒里通过战争恢复了法国在欧陆的支配地位。此后，弗勒里对奥地利改用笼络的手段，巩固法国在欧陆的优势。1736年6月，俄国为夺取在黑海和黑海海峡的自由航运权发起了对土耳其的战争，奥地利决心参战，以期在巴尔干夺取土地来弥补它在意大利的领土损失。但奥军在战争中节节失利，奥地利统治下的匈牙利人也起而反叛。弗勒里看到了拉拢奥地利，离间奥、俄关系的大好机会，遂主动提出在奥、土之间实施调停，令奥地利感激涕零。同时，弗勒里又通过法国驻瑞典大使鼓动瑞典准备对俄国进行复仇战争，1738年10月，缔结法瑞同盟，法国每年向瑞典提供30万瑞典克朗的津贴帮助重建瑞典陆海军。

1739年9月，在法国驻奥斯曼帝国大使维勒纽弗的安排下，奥地利抛开俄国，与奥斯曼帝国签订贝尔格莱德初步条约。俄国虽然在战场上大获全胜，却受迫于来自瑞典的后顾之忧，又被盟国出卖，也只得同意媾和。1739年9月18日，奥、土、俄正式签订《君士坦丁堡和约》：奥地利交还萨瓦河和多瑙河以南的所有领土，俄国除保留亚速夫外归还在战时占领的所有土地。

《君士坦丁堡和约》的签订，是弗勒里的外交杰作。法国以奥地利保护者的面目出现，成功地保住了奥地利的亲近；同时，法国也使土耳其感到，是法国把它从俄国大军的魔掌中拯救了出来；此外，弗勒里虽然未能达到拆散奥俄同盟的目标，却使俄国产生了对法国的敬畏之感，战后俄国也开始追求与法国的友谊；英国由于此前对大陆的消极政策，此时又遭到了西班牙在海外的挑衅，几乎完全丧失了对欧洲事务的发言权。这些事态，连同法国重新获得对瑞典的外交控制，表明“法国的复元”这个18世纪30年代欧洲国际关系的主要进程已经完成。

## 二、奥地利继承战争

在重商主义经济理论的影响下，发展贸易和拓展殖民地成为18世纪几乎所有欧洲君主信奉的政策，在欧洲君主看来，扩展贸易与其说是一种目的，还不如说是增强国力的手段。因此，海外争斗与欧洲力量格局紧密结合在一起，正如当时的一位小册子作者所言：“各国在美洲的贸易平衡与欧洲的力量平衡是一样的，你甚至可以加上一句说，这两种平衡是合二为一的。”①

1739年10月，英国与西班牙在美洲殖民地爆发了被称为“詹金斯耳朵战争”的激烈冲突。复兴的法国已经通过波兰王位继承战争加强了与西班牙之间的合作，它随时准备加入英、西之间的海外角逐。在英、法、西海外殖民争斗激化的同时，崛起中的普鲁士开始挑战奥地利主导下的德意志力量格局，这两对欧洲政治中的主要矛盾很快交织到一起，使欧洲陷入长达20多年的持续动荡。奥地利遗产继承问题，成为这场大动荡的导火索。

1711年，奥地利的约瑟夫一世去世，他只生有两个女儿，分别嫁给了巴伐利亚选侯和巴拉丁选侯。其弟查理六世也终未得子，只有一个女儿玛丽亚·特蕾莎。面对这种困境，查理六世修改了哈布斯堡王室关于女性无继承权的根本继承法。1713年4月，他颁布第一份《国事诏书》，宣布他自己的女儿比其已故兄长约瑟夫一世的女儿们享有更优先的继承权。由于查理六世多年孜孜不倦的外交努力，至1740年，除巴伐利亚选侯和巴拉丁选侯外，所有欧洲国家和德意志诸侯都已先后承认了《国事诏书》，奥地利继承似乎不成为一个问题。然而，在18世纪这个赤裸裸的强权政治时代，一切承诺和协约随时都有可能被抛弃。对玛丽亚·特蕾莎继承权的挑战，来自一个与继承问题毫不相干且一直是奥地利盟友的国家——普鲁士。

---

① M. S. Anderson, *The Rise of Modern Diplomacy, 1450–1919*, London and New York: Longman Pub Group, 1993, p. 172.

1740年5月，腓特烈二世（1712—1786）继任普鲁士国王，他是历史上多才多艺的统治者之一，而他最负“盛名”的还是他那朝秦暮楚、翻云覆雨的外交手腕。腓特烈二世继位后就谋划夺取奥地利的富庶省份西里西亚。1740年10月查理六世去世后不久，他便向玛丽亚·特蕾莎提议，普鲁士将全力保证《国事诏书》的实施，奥地利则割让西里西亚作为报偿，他的建议被玛丽亚·特蕾莎断然拒绝。1740年12月，腓特烈二世亲率普鲁士军队入侵西里西亚，挑起了奥地利继承战争的第一场战事——第一次西里西亚战争。

此后不久，巴伐利亚、萨克森、撒丁王国、西班牙、法国相继加入侵占奥地利领土的行列，玛丽亚·特蕾莎四面楚歌，不仅丢失了许多世袭领地，其丈夫原洛林公爵弗朗西斯·史蒂芬在皇位竞选中也败给了巴伐利亚选侯查理·阿尔伯特（1697—1745）。但玛丽亚·特蕾莎显示出不畏强暴的刚强气概，1741年9月，她怀抱出生不久的长子前往普雷斯堡匈牙利议会，呼吁匈牙利人起来反抗外敌入侵。豪放、勇猛的匈牙利人捐弃与哈布斯堡家族的前嫌，纷纷组建部队开赴德意志为他们敬佩的女王效命。1742年年初，匈牙利骑兵把普鲁士军队赶出摩拉维亚，把法国、巴伐利亚、萨克森联军逐出上奥地利，另一支奥匈联军入侵巴伐利亚，于1742年2月占领了其首府慕尼黑，巴伐利亚选侯查理七世刚得到皇位，就丢失了祖传领地。

在奥地利取得军事胜利的同时，国际形势也出现了有利于玛丽亚·特蕾莎的变化。1742年2月，英国新任内阁将注意力从海外拉回到大陆，积极推行遏制法国在欧陆扩张的方针。在英国的外交压力下，普鲁士和萨克森相继于1742年7月和8月与奥地利媾和，退出了战争。1743年年初，由英国、荷兰、汉诺威和奥地利等国军队组成的“国事军”（即保证《国事诏书》实施的军队）进入德意志西部抗击法军。至1743年9月，英国又促成英国、奥地利、荷兰、撒丁、萨克森签订《乌尔姆条约》，宣称共同保证《国事诏书》。

《乌尔姆条约》引起了法国和西班牙的迅速反应。1743年10月，法国和西班牙签订了《枫丹白露条约》，建立起《第二次波旁家族公约》。《枫丹白露条约》规定，两国相互保证对方现有和未来的领土，并约定对英国和撒丁王国开战，共同夺取英国的海外殖民地，法国帮助西班牙夺取意大利领地并从英国手中夺回直布罗陀。随着《乌尔姆条约》和《枫丹白露条约》的签订，奥地利继承战争进入了一个新的阶段，它已不再只是为了保证《国事诏书》的实现，而是为了保证更广泛的乌特勒支条约体系。

1744年8月，普王腓特烈二世再次加入战争，入侵波希米亚，并随即与法国再度结盟。然而，普、法两国的合作颇为勉强，法国必欲置奥地利和英王领地汉诺威公国于死地而后快，但腓特烈二世则只想保住西里西亚。在法军两次失信于普鲁士后，1745年12月，普鲁士与奥地利缔结《德累斯顿条约》，普鲁士承认了弗朗西斯·史蒂芬的帝国皇帝之位（1745年9月当选，称弗朗西斯一世）。在英、奥一方，合作也很不顺畅。英国关注汉诺威公国和荷兰的安全，希望奥地利能将兵力放到德意志西部抗击法军，而玛丽亚·特蕾莎却决意把西班牙波旁王室的势力从意大利赶走。各盟国之间的战略分歧，使战争后期的战事显得迟疑不决。

奥地利继承战争也波及海外。在殖民地战争中，英、法两国互有胜负，但英国的胜利更为深刻。1745年，英属北美殖民地军队在皇家海军配合下攻克法国殖民据点路易斯堡（今加拿大锡德尼市），此后多次击退法军的反攻。1747年10月，英国海军在纽芬兰附近摧毁一支法国舰队，完全控制了大西洋的制海权。但在东方，法国人稍占上风。1746年，法国海军远征印度，夺取了英国殖民据点马德拉斯，1748年又击败了一支英国海军分舰队。

到1748年年初，英、法两国都看到已没有使对方屈服的希望，双方也都精疲力尽了，于是英、法开始了外交接触。1748年4月，充满阴谋的亚琛和会召开了。10月18日，英、法、荷首先签订了《亚琛和约》，随后西班牙（10月20日）、奥地利（11月8日）和撒丁（11月23日）被迫在和约上签了字。《亚琛和约》再次保证普鲁士对西里西亚的占有，保证撒丁王国在《乌尔姆条约》中的领土获取；缔约各方重申保证《国事诏书》；英、法相互换回战争期间抢占的海外殖民地；法军交还在尼德兰和荷兰的占领地，承认汉诺威王朝在英国的统治。

《亚琛和约》被称为一个典型的"没有胜利的和平"①，除确认战争期间已由诸条约规定的一些领土割让外，和约几乎恢复了战前的一切。但奥地利继承战争却使欧洲政治发生了深刻的变化，最主要的变化是普鲁士的兴起。1748年的普鲁士毫无疑问地从普通的德意志诸侯中脱颖而出，跻身于欧洲大国行列，虽然腓特烈二世在国际舞台上声名狼藉，但没有哪个国家敢于藐视他的王国和

---

① Sir Richard Lodge, *Studies in Eighteenth-Century Diplomacy, 1740-1748*, London: John Murray, 1930, p. 409.

军队。

### 三、1756 年的同盟大改组

奥地利继承战争结束后，欧洲各国间的矛盾非但没有缓解，反而日趋激烈。玛丽亚·特蕾莎念念不忘丢失西里西亚的耻辱。英、法在海外的殖民争斗也更趋尖锐，从 1751 年起，英、法两国殖民者在北美大陆展开了越来越激烈的争斗，冲突很快扩展到海上，相互劫掠对方商船。

上述两对矛盾交织到一起，奥地利继承战争后期已显得很脆弱的大国结盟体系开始瓦解。普鲁士以确保西里西亚为首要目标，根本无意支持法国的海外利益，普法关系更加冷淡。英国希望奥地利协助其保卫汉诺威领地，解除它在海外与法国角逐时的后顾之忧，而奥地利则一心与普鲁士再决高下。随着海外争斗的加剧，英国对奥地利愈益失望，转向俄国寻求支持，1755 年 9 月，英、俄签订一项同盟条约，俄国女皇伊丽莎白·彼得罗夫娜（1741—1762 年在位）为获取战备经费同意出力保卫汉诺威。

在获取俄国支持后，英国又争取普鲁士同意保卫汉诺威，以此作为双保险。普王腓特烈二世欣然允诺，1756 年 1 月 16 日，英、普签订了《威斯敏斯特协议》。缔约双方同意维持德意志的中立（但奥属尼德兰除外），不允许外国军队进入或借道德意志；双方承诺相互不进攻对方的领土，并将尽其所能阻止各自的盟友对彼此采取敌对的行为，这包含着防止法国进攻汉诺威和俄、奥进攻普鲁士（包括西里西亚）的含意。

极端仇视普鲁士国王的俄国女沙皇伊丽莎白·彼得罗夫娜在获悉《威斯敏斯特协议》后立即意识到，英俄合作的政治基础不复存在了，必须联络新的力量来对付普鲁士；奥地利自然不会放弃这个天赐良机，不请自来。1756 年 3 月 25 日，俄、奥订立攻守同盟。据此，俄国答应提供一支 8 万人的军队助奥反普；一旦赢得战争，奥地利将收复西里西亚，俄国则夺取东普鲁士。

1750 年出任驻法大使、1753 年出任首相的奥地利外交家考尼茨（1711—1794）在此前数年内已大大改善了奥法关系，只是由于法国不愿承担支持奥地利对普鲁士复仇的义务，两国达不成同盟关系。1756 年 1 月，普鲁士“背叛”法国与英国缔约，引起了巴黎的极大反感，促使法国下决心加强与奥地利的合作。1756 年 5 月 1 日，法、奥签订《第一次凡尔赛条约》，条约的主要内容有：相互保证不进攻对方领土；双方在对方遭到他国攻击时提供援助（但英、法间的战争除外，奥地利将在英、法间保持中立)；条约所附的一项秘密条款还规定，将邀请西班牙和两西西里王国参加同盟。

《威斯敏斯特协议》和《第一次凡尔赛条约》，使欧洲的同盟格局出现了根本性的逆转，这个事件被称作“同盟大改组”或“外交革命”，其革命性对法、奥来说尤其深刻。自16世纪初起，法国与哈布斯堡王朝一直就是势不两立的死敌，它们已进行了两个半世纪几乎持续不断的争斗，现在居然结成了同盟。但是，无论是《威斯敏斯特协议》还是《第一次凡尔赛条约》，都还只是防御性的军事同盟。因此，至1756年5月，同盟大改组仅仅是初步完成，事态还在继续演变之中，促使改组最终完成的是七年战争的爆发。

## 四、七年战争

1756年5月，英国政府向法国宣战，两国长期的海外冲突公开化。与此同时，业已动员的普、俄军队在边境地区剑拔弩张，大有一触即发之势。腓特烈二世决定先发制人，8月，他亲率普军入侵奥地利的门户萨克森，奥地利很快策动神圣罗马帝国议会向普鲁士宣战，七年战争爆发。

腓特烈二世进攻萨克森，使原本在萨克森争夺影响力的俄国和法国得以化解相互间的矛盾，也使法国最终作出了与普鲁士一刀两断的决定。1757年1月，俄国接受了奥、法的《第一次凡尔赛条约》，同年3月，希图确保西波美拉尼亚的瑞典也加入了奥法同盟，5月，奥、法签署《第二次凡尔赛条约》，将原先的防守同盟转化为进攻同盟，宣称要“将普鲁士国王的力量削减到让他将来不再能够扰乱公共和平的地步”①。《第二次凡尔赛条约》的签订，标志着同盟大改组的最终完成。

1757年，反普国家对普鲁士实施几路围攻：奥地利军队从南、俄军从东、瑞典从北、法军从西合击普鲁士和英王领地汉诺威。面对反普同盟国家气势汹汹的进攻，腓特烈二世集中兵力，实行各个击破战略。11月至12月间，普军先后在罗斯巴赫和洛伊藤战役中击败法国-帝国联军和奥地利军队，收复了普鲁士领土和大部分西里西亚地区，并将瑞典军队逐出波美拉尼亚。腓特烈二世之所以能获胜，除了他个人的军事天才和普鲁士士兵的勇猛顽强，还由于英国的大力支持。1757年6月，重新出任英国国务大臣并执掌英国政府大权的老威

---

① David J. Hill, *A History of Diplomacy in the International Development of Europe*, vol. Ⅲ, New York: Longmans, Green and Co., 1967, p. 546.

廉·庇特（1708—1778）决心尽力支持普鲁士以便将法国的力量拖在大陆，从而达到在海外彻底打垮法国的目的，正如他自称的那样，要在德意志赢得加拿大。在老庇特当政的几年内（1757—1761），英国每年向普鲁士提供67万英镑的津贴，这使腓特烈二世拥有了较充足的财力和作战决心。

在海外，法国连连失利。1758年，英军相继攻克了法国在俄亥俄河流域的几个要塞，至1759年9月，英军占领魁北克，法国在加拿大的统治崩溃在即。在印度，1757年6月，英国殖民军在普拉西战役中打败了受法国支持的土著王公的武装，控制了肥沃的孟加拉地区。法国新任外相尚塞尔决定占领汉诺威并设法进攻英国本土以缓解法国在海外的危机，但尚塞尔的战略失败了，几支准备入侵英国的法国舰队在1759年相继被英国海军摧毁。

但英国在海外的胜利并没有使普鲁士得利。从1759年7月到1760年，普鲁士军队遭到俄奥联军的多次毁灭性打击，普王腓特烈二世差点自杀。不仅如此，英王乔治三世（1760—1820年在位）的宠臣布特侯爵在1761年取代老庇特掌管英国政策，他努力减少英国与大陆之间的纠葛，拒付给普鲁士的战费津贴，这使危机重重的腓特烈二世雪上加霜。1761年下半年，俄、奥调集13万军队准备再度入侵普鲁士，而钱袋空空的腓特烈二世只能调集到5万人。

然而，奇迹发生了。1762年1月，伊丽莎白·彼得罗夫娜女皇去世，极度崇拜腓特烈二世的彼得大公继位，称彼得三世（1728—1762），他迫不及待地救助他心中的偶像，下令俄军回撤，并于1762年5月与普鲁士正式缔结和约，俄国将所有占领地交还给普鲁士。6月，彼得三世进而与腓特烈二世缔结攻守同盟条约，俄国许诺将对奥地利作战。虽然7月彼得三世被推翻，俄普同盟被废除，但普鲁士还是前景光明，它得以用全力对抗此时已孤立无援的奥地利，1762年下半年，普军连连取胜，收复了全部失地。

西班牙和葡萄牙也卷入了七年战争。1761年8月，法、西订立《第三次波旁家族公约》，承诺共同对抗英国。1762年1月，西班牙向英国宣战，随后不久葡萄牙也加入英国一边参战。西班牙的参战没有给法国带来多大好处，反而使英国扩大了掠夺殖民地的范围。英军在加勒比海、北美和东印度发动攻势，相继夺取了法国和西班牙的殖民地马提尼克岛、圣卢西亚、圣文森特、格林纳达、古巴、路易斯安那和马尼拉等地。

到1762年年底，除英国以外，所有交战国都精疲力尽了，而英国在夺取了广大殖民地后也想乘胜即收，于是，各盟国之间曾作过的所有那些不单独媾和的承诺都被抛到脑后了。1762 年 11 月，法国与英国签订了预备和约，奥地利也与普鲁士订立一项停火协定，战争硝烟开始消散了。1763 年 2 月，英、法、西三国订立《巴黎条约》，奥地利、萨克森与普鲁士也签订《胡贝尔图斯堡条约》，七年战争宣告结束。

《巴黎条约》的主要内容有：在北美，法国割让所有的殖民地，加拿大、阿卡迪亚、布雷顿角和密西西比河以东的领土割让给英国，密西西比河以西的领土割让给西班牙，西班牙则把佛罗里达转让给英国；在加勒比海，英国将马提尼克岛、圣卢西亚和瓜德罗普交还给法国，古巴交还给西班牙，其余的殖民地则归英国占有；在印度，法国承认英国占有孟加拉，法国收回 5 个城市，但只准用作商业据点，其余殖民据点则归英国；在远东，英国将马尼拉和菲律宾交还给西班牙；在欧洲，法国和西班牙交还战争期间占领的所有葡萄牙、汉诺威、不伦瑞克领土和米诺加岛，法国承诺拆除敦刻尔克要塞；在西非，英国占有塞内加尔，但将戈雷岛归还法国。

《胡贝尔图斯堡条约》则较为简单，其原则是“恢复战前状态”，玛丽亚·特蕾莎终于承认腓特烈二世占有西里西亚和格拉茨，普鲁士另将萨克森占领地交还其原主奥古斯特选侯，腓特烈二世还在和约中承诺支持玛丽亚·特蕾莎的长子约瑟夫大公竞选神圣罗马帝国皇帝。

七年战争是继三十年战争后规模最大的一次欧洲战争，战争中各国士兵死亡的人数将近 100 万，作为主要战场的德意志遭受了极其严重的破坏。虽然这场残酷的战争在欧洲几乎没有造成任何领土变更，但对欧洲列强各自的地位及相互关系却产生了深远的影响。第一，英国决定性地战胜了其殖民对手法国和西班牙，成为无可争议的海上和殖民地霸主；第二，法国耗费巨资而一无所获，且丧失了大部分殖民地，路易十五的国际国内威信都降到最低点；第三，普鲁士再次确保了对西里西亚的占有，也确保了在德意志和整个欧洲相对的大国地位；第四，俄国虽因提前退出战争而一无所获，但俄国在战争中表现出来的巨大能量使其国际地位大大提高，成为欧洲列强中重要的一员。

## 第四节　东欧的领土掠夺与瓜分外交

### 一、俄国控制下的东欧

七年战争后，威望大跌的法国对欧洲事务的干涉能力锐降，此后它企图联合西班牙和荷兰等国加强与英国的海外对抗，并试图通过支持英属北美殖民地的独立运动来摧毁英国的海外霸权。而法国在大陆影响力的衰减也使英国不再能够利用法国威胁的口实干预大陆事务，加上英国辉格党与托利党内斗不已，政策混乱，七年战争后的英国几乎完全丧失了对大陆国家的影响力，以致奥地利首相考尼茨公然宣称：对付英国“这样一个稀奇古怪的政府，无需小心谨慎”①。

作为七年战争的一大主要结果，俄国提高了国际地位，很快获得对欧洲大陆事务的主导权。惊魂未定的普鲁士国王腓特烈二世声称“敬畏俄国甚于敬畏上帝”②，他在战后竭力追求与俄国结盟以防止奥地利的复仇战争。1764 年 4 月，腓特烈二世巧妙地利用波兰危机成功诱使俄国女皇叶卡捷琳娜二世（1762—1796 年在位）与其缔结了一项同盟，同盟条约除相互保证对方安全外，还约定双方在波兰和瑞典问题上采取一致行动。腓特烈二世不仅达到了自保的目的，还可以进而利用盟约限制俄国在波兰的野心，保障普鲁士的利益。1764 年的俄普同盟对东欧局势产生了巨大影响，它是瓜分波兰的一个重要契机。

奥地利对七年战争的结果大失所望，西里西亚没能夺回，维也纳只得承认普鲁士壮大的现实。1763 年的奥地利比 1756 年时更加虚弱，与法国的战时同盟在德意志内部不得人心，但法奥同盟仍勉强延续着，这主要是因为奥地利别无选择，1764 年的俄普同盟迫使奥地利继续保持与法国的联盟。

在缔结俄普同盟后不久，俄国新外相潘宁开始致力于构建一个与俄国外交传统和现状都相去甚远的模式，即所谓的“北方和谐”（或称“北方体系”）。他建议女皇与英国、普鲁士、丹麦、波兰和瑞典等北方国家建立一个同盟体系反对法国和奥地利。“北方和谐”名义上是此后十多年俄国外交的基础，但实际上收效甚微。第一，叶卡捷琳娜二世对波兰实行高压政策，注定俄波之间不可能有真正的合作；第二，英国无意与俄国建立完全的同盟，以免承担支持俄国对土耳其的进攻等新义务；第三，普鲁士的腓特烈二世满足于俄普间的单独联盟，他毫不支持俄国的北方和谐计划，反而竭力阻挠俄国与其他国家（尤其是英国）的同盟关系；第四，俄国对瑞典的政策彻底失败，叶卡捷琳娜二世希图让瑞典保持像波兰那样的政治衰落，但 1772 年的瑞典政变破灭了

① Arthur Hassall, *The Balance of Power, 1715–1789*, London: Rivingtons, 1925, p. 322.

② Derek McKay and H. M. Scott, *The Rise of the Great Powers, 1648–1815*, London and New York: Longman, 1983, p. 219.

她的一切希望，古斯塔夫三世（1771—1792年在位）统治下的瑞典始终是俄国的后顾之忧。

## 二、俄、普、奥第一次瓜分波兰

1763年10月，波兰国王奥古斯特三世（1696—1763）的去世引发了长达10年的波兰危机。叶卡捷琳娜二世竭力排斥恰尔托雷斯基等坚定的波兰改革派人士，于1764年9月强行把意志薄弱的波尼亚托夫斯基（1732—1798）扶上王位。叶卡捷琳娜二世本想让他对俄国感恩戴德，保持对俄国的从属，但事与愿违，波尼亚托夫斯基即位后即倒向恰尔托雷斯基一边，推行一系列改革，叶卡捷琳娜遂采取高压政策来阻止波兰的改革事业。1766年，俄国大使列普宁公爵胁迫波兰代表团起草了一道宗教宽容敕令（保证东正教徒、新教徒与天主教徒享有同等权利）、一个宪法根本法（保留“自由否决权”制度和国王选举制等古老的贵族特权）和一项与俄国的同盟条约。1768年2月，在俄军重兵围困下的波兰议会被迫批准了这些文件，至此，波兰完全成了俄国的附庸，俄国大使成了波兰真正的统治者。

这些事件最终激起了波兰人的武装抵抗。1768年春，被激怒的波兰贵族在南部边境成立了“巴尔同盟”，对俄国驻军及波兰傀儡政府展开游击战争。土耳其看到俄国对波兰逐渐加强军事控制而大为震惊，1768年10月，受法国鼓动的土耳其以俄军越过波土边界为借口向俄国宣战。俄土战争震动了整个欧洲，普鲁士和奥地利当时都不想参与战争，但面临着被各自的盟友俄国和法国拖入战争的前景。腓特烈二世一面在1769年争取到与俄国续订了1764年的同盟条约，一面又开始主动追求与奥地利的有限亲近，向俄国显示某种力量。

俄土战争初期，土耳其军队稍占上风，但不久就连遭败绩。腓特烈二世不想看到土耳其的毁灭，他担心俄国势力的扩张会降低俄普同盟对俄国的价值，最终损害这一同盟。奥地利更为担心，俄军占领多瑙河两公国直接威胁到哈布斯堡直属领地的安全，俄国煽动巴尔干诸民族起义又将引起奥地利统治下的斯拉夫人的骚动。奥地利首相考尼茨在获悉普鲁士也想限制俄国扩张的微妙立场之后，逐渐采取强硬的态度。1771年7月，奥地利与土耳其订立一项同盟条约，规定一旦俄军越过多瑙河，奥地利即出兵进攻俄军。在此后的几个月中，一场欧洲大战似乎不可避免了。

其实奥地利只是虚张声势，并不想投入对俄国的战争，这就给了普鲁士回旋的余地，腓特烈二世向叶卡捷琳娜二世积极兜售俄、普、奥三国共同瓜分波兰的建议。普鲁士的计划不合俄国的口味，保持波兰的虚弱和从属一直是俄国的既定政策；在把傀儡波尼亚托夫斯基扶上波兰王位后，俄国取得了对波兰近乎吞并的控制权，它没有理由同意瓜分。但是，1771 年的形势对俄国十分不妙，除了对土耳其和波兰的两场战争外，俄国还面临着与奥地利开战的危险，而普鲁士在瓜分建议得不到响应后也越来越成为一个不情愿的同盟者。相反，如果同意让普鲁士和奥地利得到一部分波兰领土，则既能避免与奥地利的战争，也能保持与普鲁士的同盟。当然，叶卡捷琳娜二世的个人心理在其中也产生了一定的作用，作为一个德意志血统的女篡位人，她“只有借巨大的胜利才能感动她的臣民并加强她的统治”①，为俄国夺取波兰领土，成为她急需的花冠，故 1772 年 1 月，叶卡捷琳娜二世原则上同意了普鲁士的建议。

奥地利最初拒绝瓜分波兰，主要是因为瓜分不仅将使俄国得利，还将让普鲁士得益。然而它自己并不缺乏对波兰领土的欲望。1769 年 2 月，奥地利借口保护边境安宁出兵占领了波兰的齐普斯等四块地方，这个行动成为腓特烈二世提出瓜分计划的口实，而此后奥地利抵制瓜分就显得更不明智了。得不到法国有力支持的奥地利根本无力以战争来限制俄军在巴尔干的扩张，它自然不能在俄、普得到大片领土时袖手旁观。这个逻辑终于使考尼茨等人相信，作为不幸中的万幸，奥地利必须参与瓜分，并且应力争取得尽可能大的瓜分份额，1772 年春，奥地利也加入了普、俄的瓜分协议。

经过几个月的讨价还价，8 月 5 日，三国在彼得堡签订了瓜分条约，次年 3 月，波兰议会在三国的联合压迫下批准了这一条约。1772 年的瓜分剥夺了波兰 30%的领土和 35%的人口。俄国夺取了波属立窝尼亚和一大块白俄罗斯土地（面积约 9.2 万平方公里），普鲁士得到了波属普鲁士（佐伦和但泽两城除外，面积约 3.6 万平方公里），奥地利则得到了加利西亚（克拉科夫城除外，面积约 8.3 万平方公里）。普鲁士的获取虽然比俄奥两国少得多，但其战略价值极高，它使普鲁士王国原本割裂的国土基本上连成一片；此外，瓜分本身就是普王腓特烈二世“外交技艺的杰作”②，他诱使俄国和奥地利接受了他的计划，

① ［美］亨利·赫坦巴哈等：《俄罗斯帝国主义——从伊凡大帝到革命前》，吉林师范大学历史系翻译组译，生活·读书·新知三联书店 1978 年版，第 216 页。

② Ludwig Dehio, *The Precarious Balance*: *The Politics of Power in Europe 1494–1945*, London: Chatto & Windus, 1963, p. 126.

避免了一场他所害怕的战争。与普鲁士相比，俄、奥两国在策略上都是失败者，尤其是俄国，可以说犯了一个难以弥补的错误。

第一次瓜分波兰对欧洲国际关系产生了重要的影响。首先，英、法两国不愿意也无能力去阻止东方国家的瓜分暴行，这表明英、法两国几乎完全丧失了对大陆事务的发言权，欧洲被明显划分成两个相对分离的次体系：一个是以海外争夺为主的西欧，包括英国、法国、西班牙、荷兰等海权国家，另一个是以领土扩张为主的东欧和中欧，包括俄国、普鲁士、奥地利等国，而以俄国为首。这种情形大致持续到法国大革命和拿破仑战争。其次，瓜分促成了俄、普、奥三国的短暂合作，也促使了三国关系的重组，奥、俄接近有了可能，以俄普同盟为基础、以集体安全为宗旨的“北方和谐”随时有彻底瓦解的可能。最后，均势原则的罪恶一面，即相互补偿原则，在这次瓜分中得到最充分的运用，这加强了大陆外交中的残酷心理，更刺激列强进一步领土扩张的野心，因此，以后的两次瓜分波兰，实际上是1772年瓜分的必然结果。

## 三、《库楚克-凯纳吉和约》与克里米亚的吞并

奥地利在1772年年初与俄、普达成瓜分波兰的协议后就抛弃了土耳其，拒绝1771年奥土同盟条约的最后换文。俄国在排除了普、奥的干涉后，试图在谈判桌上压迫面临绝境的土耳其屈服，在1772年7月至1773年3月间俄、土断断续续的和谈中，俄国坚持要土耳其让其克里米亚汗国“独立”，致使谈判几度破裂。1773年4月，俄国出兵强行渡过多瑙河，企图逼迫土耳其订立城下之盟，但不久就被逐回多瑙河以北，接着，1773年9月，俄国境内爆发了声势浩大的普加乔夫起义，克里米亚人也乘机起来反抗俄军及俄国的傀儡政府。

俄国的困境本是土耳其争取签订最有利和约的大好时机，但1774年1月继位的土耳其新苏丹阿卜杜拉·哈米德一世（1774—1789年在位）决意继续作战以夺回失地，错过了良机。然而俄国很快摆脱了困境，在挫败普加乔夫起义军之后调集重兵击退土耳其军队的反攻，阿卜杜拉·哈米德只得承认失败的现实，1774年7月16日，土耳其派出使者到俄军大本营库楚克-凯纳吉，至7月21日，俄、土代表签署了和约。

《库楚克-凯纳吉和约》的主要内容有：克里米亚汗国脱离奥斯曼帝国独立；土耳其给俄国赔款450万卢布，割让亚速夫和黑海北岸的大片领土；俄国归还摩尔达维亚和瓦拉几亚两公国，但保留干预两公国事务的权利；俄国商船

取得在黑海自由航行和出入黑海海峡的权利，俄国商人可在土耳其自由经商且享受最惠国待遇；责成土耳其政府改善国内基督教徒的境遇，俄国在君士坦丁堡建立一所教堂，归俄国公使保护，对俄国公使的意见，土耳其政府应予以“适当考虑”。

《库楚克-凯纳吉和约》是俄土关系史上一个重要条约，它使俄国夺得了自17世纪80年代起历代俄国沙皇梦寐以求的南方出海口，并使俄国取得了充当巴尔干基督教徒保护者的暧昧资格，从此，俄国就可以利用条约有关宗教事务的条款随心所欲地干涉奥斯曼帝国内政，甚至挑起对土耳其的战争。

俄国不满足于《库楚克-凯纳吉和约》所取得的领土，进而加紧控制新独立的克里米亚汗国。1776年，叶卡捷琳娜二世派苏沃洛夫将军带兵进入克里米亚，镇压当地人民自1773年以来此起彼伏的反俄运动。1779年3月，奥斯曼帝国被迫与俄国签订《艾纳里-卡法克协定》。此后，格里戈利·波将金等积极鼓动向南扩张的好战分子开始执掌俄国政府的决策大权，推动了俄国战略方向的改变。

1783年4月，俄国宣布克里米亚并入俄国，俄军开始大肆屠杀起而反抗的鞑靼人。一心希望换取俄国支持其德意志图谋的神圣罗马帝国皇帝约瑟夫二世（1765—1790年在位）不仅承认俄国的吞并，还派出一支奥地利军队进驻奥土边界，对土耳其苏丹实行恫吓。英、法等国正在结束北美独立战争的巴黎和谈上斤斤计较，且都在做着借俄、奥之力与敌国在将来再作角逐的美梦，故没有一个欧洲大国敢于站到土耳其一边与俄、奥对抗。1784年1月，俄、土签订《君士坦丁堡协定》，奥斯曼帝国承认了俄国对克里米亚的吞并。

## 四、1787—1792年俄土战争与《雅西和约》

俄国在吞并克里米亚后加快了肢解奥斯曼帝国的步伐，俄国的秘密使者在希腊、摩尔达维亚等奥斯曼帝国属地积极鼓动反土暴动，新任克里米亚总督兼黑海舰队总司令波将金则潜心经营，在短短几年内把克里米亚建成了一座巨大的兵营，军港、要塞、兵工厂等设施完备，黑海舰队迅猛发展，新建的黑海舰队基地塞瓦斯托波尔距君士坦丁堡仅两天的航程。与此同时，俄皇叶卡捷琳娜二世也进一步密切了与奥地利的同盟关系。

1787年春，叶卡捷琳娜二世偕同奥地利的约瑟夫二世及各国公使浩浩荡荡地开始了著名的“克里米亚之行”，特意在塞瓦斯托波尔检阅黑海舰队，向土耳其苏丹炫耀武力，随后，俄国政府又向土耳其宫廷提出一些令其难以接受的要求：将素有巴尔干粮仓之称的比萨拉比亚割让给俄国；将对格鲁吉亚的宗主权让予俄国；在摩尔达维亚和瓦拉几亚建立世袭总督制，接受俄国的保护。俄国的这一系列挑衅行为，终于激怒了土耳其人，1787 年 8 月，土耳其向俄国宣战，次年 2 月，不愿让俄国单独夺取大片领土的奥地利趁火打劫，也向土耳其宣战，试图夺取多瑙河两公国摩尔达维亚和瓦拉几亚。

俄、奥两国对土耳其的联合打击，似乎将一战而把土耳其人赶出欧洲。然而，由于欧洲列国对土耳其战争直接和间接的干预，奥斯曼帝国崩溃的时间向后推延了。首先改变俄土战争进程的是瑞俄战争。1786 年至 1788 年间，瑞典国王古斯塔夫三世面临着与议会争吵、国内饥荒等危机，他企图通过对俄国进行复仇战争来转移臣民的视线，巩固其专制统治。1788 年 8 月，古斯塔夫三世亲率大军自芬兰入侵俄国，直逼圣彼得堡。叶卡捷琳娜二世急调俄军北援并鼓动丹麦进攻瑞典本土，才勉强保住了圣彼得堡未被攻占。

自 1788 年年底起，俄军集中力量对土耳其发起猛攻，12 月，苏沃洛夫指挥俄军冒雪奔袭，终于攻克了久围不下的奥恰科夫要塞，次年，俄军沿黑海海岸不断向南推进。奥地利军队也改变了战争初期屡战屡败的局面，1789 年 10 月，奥军攻占贝尔格莱德，占领了塞尔维亚，接着又攻克布加勒斯特，侵入瓦拉几亚。正当俄、奥在巴尔干全线取胜的时刻，奥地利突然面临内部叛乱的危机。1789 年年底，奥属尼德兰人在法国大革命的鼓励下起而反抗哈布斯堡统治者，1790 年 1 月，起义者发表了比利时联省同盟法，宣布脱离奥地利统治。哈布斯堡的其他领地匈牙利、波希米亚和加利西亚也都处于叛乱的边缘。在这种形势下，奥地利不得不与土耳其议和，于 1791 年 8 月交还了塞尔维亚等所有已占领土。

奥地利撤离战争，并未动摇俄国继续打击土耳其的决心。1790 年 12 月，俄军攻占比萨拉比亚的重镇伊斯梅尔，在北高加索，俄军也大获全胜。俄军的胜利，使一直居于幕后的英国首相小庇特（1759—1806）按捺不住，跳到了前台。1791 年 3 月，英国伙同普鲁士向俄国送呈一份最后通牒，要求俄国立即停止对土耳其的进攻，放弃对奥恰科夫要塞的占有，否则英国海军将会同普鲁士军队进攻俄国的立窝尼亚地区。但由于英国公众不愿得罪俄国这样一个经济上的“天然盟友”，英、俄在东方问题上的第一次公开对垒很快以英国的退让告终。

英国政府反俄政策的失败，使奥斯曼帝国丧失了继续作战的信心，土耳其政府只得屈服。而俄国这时面临着愈益严重的波兰隐患，也愿意结束战争。至1792年1月，俄、土签订了著名的《雅西和约》。和约重申1774年的《库楚克-凯纳吉和约》、1779年的《艾纳里-卡法克协定》和1784年的《君士坦丁堡协定》的各项条款；土耳其割让布格河和德涅斯特河之间的黑海北岸领土（包括奥恰科夫要塞），放弃对格鲁吉亚的权利，保证不在该地区对俄国采取任何敌对行动。

虽然《雅西和约》离叶卡捷琳娜二世肢解奥斯曼帝国的战争目标相去甚远，但俄国的获取仍极为丰盛。俄国确保了克里米亚，把疆界推进到德涅斯特河，扩大了俄国的南方出海口，为进一步入侵巴尔干地区并进而夺取地中海霸权创造了条件。此外，和约关于格鲁吉亚的条款，还为俄国兼并高加索地区并向中亚扩张扫清了道路。

**思考题：**

1. 论析路易十四法国的兴衰过程。
2. 简述北方大战的经过及其历史意义。
3. 试论18世纪50年代欧洲国家“同盟大改组”的主要进程及其影响。
4. 如何认识1772年俄、普、奥第一次瓜分波兰。

# 第七章　维也纳体系和欧洲协调

1789年至1815年间的法国大革命和拿破仑战争给欧洲国际关系带来极大的冲击。英、俄、奥、普等国出于对革命和法国霸权威胁的恐惧，先后多次结成反法联盟与其反复较量，1815年6月，滑铁卢战役的胜利终于使拿破仑帝国归于倾灭。1814年至1815年期间的维也纳会议在重绘欧洲领土版图的基础上恢复了欧洲均势，随之又创立起通过大国“会议外交”来处理国际争端、控制局势的所谓“欧洲协调”。但维也纳体系所维护的是欧洲大陆正统的王朝秩序，违背了当时资产阶级民主革命和民族运动的潮流。在19世纪30年代至40年代欧洲风起云涌的革命风暴中，神圣同盟和作为欧洲旧秩序核心支柱的梅特涅体系遭到瓦解。19世纪50年代，因东方问题而引起的克里米亚战争使英、俄两个欧洲侧翼的优势大国兵戎相见，1856年巴黎和会把土耳其事务正式纳入欧洲协调机制，法国则乘势而起谋求欧洲主导权。其后法、撒丁、奥、普等国围绕意大利和德意志的统一问题展开了激烈而又复杂的争斗，最后普鲁士在1870年普法战争中以色当一役战胜法国定乾坤。德国的统一及其在中部欧洲的崛起，使维也纳体系中最重要的安排为之解体，欧洲形成新的地缘政治格局。

## 第一节　法国大革命与拿破仑帝国

### 一、法国大革命与欧洲国际局势变化

1789年爆发的法国资产阶级革命震撼了欧洲。与以往有影响的资产阶级革命（如尼德兰革命、英国革命、美国革命等）相比，1789年法国大革命更具“革命性”。一个重要的体现就是，这场革命带有一种强烈的自由国际主义色彩，要求超越领土之上的普遍的主权，使“输出革命的义务”，即利用革命国家的资源去促进其他国家类似的革命，成为法国革命政权的一个基本特征。这引发欧洲各封建王朝的恐慌，它们伺机干涉这场革命。法国大革命由此创造了资产阶级的对立面——旨在遏制和镇压这场革命的“反革命”。“反革命”成为一种反对、敌视资产阶级革命的国际行为。这使得法国大革命具有一定的国际影响。正如马克思所指出的，1789年革命并不是法国的革

命，而是欧洲的革命。①

最初，法国大革命的国际影响只是间接的。英国、爱尔兰、莱茵兰、荷兰和日内瓦等地的激进分子试图效仿法国革命，但这些局部的革命很快遭受了失败。欧洲各国政府也没有对法国革命作出激烈的反应。到1791年9月，随着法国革命政府合并教皇领地阿维农并将革命推向激进化，欧洲国家开始采取对抗措施。

1791年秋，根据新宪法选出的法国立法议会的多数派吉伦特派提出了“对茅屋和平、对宫廷战争”的著名口号，希望把革命推向欧洲各地。到1792年春，战争的狂热在巴黎迅速高涨起来。这年2月，普鲁士与奥地利缔结军事同盟，准备联合对付法国。1792年3月，吉伦特派组阁，主持对外事务，要求奥地利解除同普鲁士的同盟，但奥地利予以拒绝。4月，法国正式对奥地利宣战，普鲁士支持奥地利。一场由革命引发的对外战争从此拉开序幕。

战争一开始法军即节节败退。普奥联军很快进入法国境内。1792年5月，10万普奥联军从三个方向往巴黎进发。吉伦特派宣布“祖国处于危险之中”，实际上失去了对局势的控制能力。8月，激进派在巴黎掌握政权，并组成国民自卫队，奋起保卫祖国。9月，法国军队与普奥联军在瓦尔密展开了一场炮战。普奥联军被击败，随即停战并撤出了法国。法国革命者与欧洲反革命的初次较量以法国的胜利而告结束。

随着瓦尔密战役的胜利，新选出的国民议会正式宣布法国为共和国，即法兰西第一共和国。法国对外战争从民族防御转向革命性征服。在随后3个月时间内，法国军队相继攻占了德意志莱茵兰的美因茨、科莱恩、施佩耶尔、沃尔姆斯、法兰克福、巴塞尔等地，并兼并了意大利的萨伏依、尼斯和比利时。11月，法国国民议会宣布法国为各地自由人民的“保护者”。

### 二、法国对外扩张与英法《亚眠和约》

瓦尔密战役后，随着法国的对外扩张，欧洲反法阵营迅速扩大。最重要的是，英国作为当时世界上主要的强国，因法国占领比利时并威胁到其盟国荷兰而开始成为反法阵营的核心领导力量。1792年秋，英国开始组织和领导反法联盟，并相继与俄国、普鲁士、撒丁、那不勒斯等国签订了共同对付法国的同盟

① 参见《马克思恩格斯文集》第2卷，人民出版社2009年版，第74页。

条约或协定。1793 年 2 月，法国对英国宣战。3 月，第一次反法联盟形成。加入其中的还有西班牙、荷兰、奥地利、葡萄牙、托斯卡纳等国及德意志各小邦。此前，1792 年，俄、普为防止法国大革命蔓延、压制波兰争取独立的革新运动，接连出兵波兰。1793 年 1 月，俄、普两国在彼得堡缔结了第二次瓜分波兰的协定，割走了波兰大部分领土。这些事件进一步强化了反法联盟。

1793 年 3 月底，在不利形势下，法军退出比利时。不久，法军在莱茵河西岸又被联军击溃。4 月初，联军进入法国境内。在紧急关头，激进的雅各宾派执政。法国迅速形成一种“全民皆兵”、一致抗敌的狂热局面。1793 年年底，法国肃清了境内所有的外国部队，并把战场转移到境外。1794 年 6 月，法军在弗勒吕斯战役中取得决定性胜利。7 月，法军攻入布鲁塞尔，并占领了安特卫普和列日。1794 年冬，法军占领了整个荷兰。

战争期间，俄、普、奥三国继续瓜分波兰。1794 年 3 月，波兰发生起义，俄国派兵镇压。普、奥一方面与俄国联手支持镇压波兰起义，另一方面互相为瓜分地盘而勾心斗角。俄、普两国答应支持奥地利夺取比利时。1795 年 10 月，俄、普、奥三国签订第三次瓜分波兰条约，又割走波兰其余的领土。至此波兰被彻底瓜分。但反法联盟在战场上的颓势并未挽回。

1794 年 7 月，法国热月党人政变上台，大资产阶级掌权。法国革命的高潮结束，政局相对稳定。1795 年 4 月，反法联盟被法国打开缺口。普鲁士率先退出，并与法国签订《巴塞尔和约》。随后，荷兰也退出反法联盟，并与法国签订《海牙和约》，荷兰成为法国的附庸国，改称巴达维亚共和国。7 月，法国与西班牙亦签订《巴塞尔和约》，西班牙退出战争，承认法国占领比利时，并将西属圣多明各割让给法国。10 月，法国正式将比利时和莱茵河西岸并入法国。法国在比利时和莱茵河地区的胜利，是法国在欧洲近 20 年军事优势的开始。

1795 年 10 月，法国督政府成立。从此，法国进入全面的对外扩张时期。1796 年春，法军兵分三路向奥地利发起进攻。由拿破仑 · 波拿巴（1769—1821）率领的意大利方面军经过一年的苦战，迫使撒丁王国求和，并承认法国对萨伏依和尼斯的吞并。在意大利半岛，法国的统治取代了奥地利的优势。随后，法军攻入奥地利本土。奥地利被迫停战求和。1797 年 10 月，双方签订《坎波福米奥和约》，奥地利退出反法联盟。根据该和约，奥地利承认割让比利时、卢森堡、伦巴底和莱茵河西岸给法国，并承认在法国影响下成立的意大利北部的内阿尔卑斯共和国和利古里亚共和国；作为补偿，奥地利获得威尼斯、伊斯特拉和达尔马提亚。《坎波福米奥和约》的签订标志着第一次反法联盟瓦解。

但是，英国拒绝言和。督政府决定征讨英国。拿破仑·波拿巴被任命为远征军总司令。考虑到横渡英吉利海峡太为冒险，他决定远征埃及，以切断英国与印度的通道。1798 年 6 月，他率 3 万法军顺利在亚历山大港登陆，并很快进入开罗。然而，8 月初，他的舰队在尼罗河河口阿布基尔湾战役中被英国海军摧毁。1799 年 3—5 月，拿破仑转而进攻叙利亚，又遭到重创，被迫退回开罗。

1798 年 12 月，英国在获得俄国的支持后组建起第二次反法联盟，奥地利、西班牙、那不勒斯和土耳其加入进来。1799 年 3 月，双方在德意志西南部、瑞士、意大利北部和荷兰展开军事行动。结果是，法国不断在各地遭到失败。到 8 月份，法国几乎丢失了督政府时期占领的全部领土。1799 年 11 月，从埃及回到法国的拿破仑·波拿巴发动雾月政变，推翻了失去信任的督政府，成立了以自己为第一执政的临时政府。

拿破仑·波拿巴上台后对反法联盟发动新的攻势。1800 年 5 月，他率领法军出其不意地越过阿尔卑斯山的山口进入意大利，从后方突袭奥军。6 月，法军取得了马伦哥战役的胜利。12 月，法军在巴伐利亚打败奥军，12 月底，奥地利被迫再次议和。1801 年 2 月，双方签订了《吕内维尔和约》。与此同时，拿破仑·波拿巴利用俄国与英、奥关系中的裂痕，成功地实现了法、俄修好。1801 年 10 月，双方签订了《巴黎和约》。法国还与西班牙、葡萄牙和奥斯曼帝国签订了和约。第二次反法联盟瓦解。

在欧洲大陆形势日益有利于法国的情况下，不断陷入孤立的英国不得不决定与法国议和。1801 年 10 月，双方在伦敦签订了停战的初步协定。次年 3 月，双方正式签订《亚眠和约》。该和约规定，英国应归还战争期间所占领的法国及其盟国的殖民地（特立尼达和锡兰除外），并从它占领的地中海及亚得里亚海上的各港口和岛屿撤走；英国将其占领的马耳他岛还给圣约翰骑士团，马耳他永久中立；奥斯曼帝国和葡萄牙属地及其权利应予尊重；法国应从那不勒斯、罗马和厄尔巴岛撤退。《亚眠和约》使法国在欧陆拥有的优势得到承认。

然而《亚眠和约》实际上只是一种休战协定。不久，规模和目标都更为宏大的拿破仑战争开始了。

### 三、拿破仑战争和帝国体系建立

1801 年至 1802 年，拿破仑·波拿巴给法国带来的胜利与和平已使他俨然成为一位了不起的民族英雄。他利用这一良机，对内加强自己对法兰西政权的控制力，对外继续扩张。1804 年 11 月，他正式称帝，史称拿破仑一世（1804—1814、1815 年在位）。法兰西帝国取代法兰西共和国，史称法兰西第一帝国。1805 年 5 月，拿破仑在米兰加冕为意大利国王。为了与法国争霸，英国与俄、奥等国组成第三次反法联盟。

1805 年 10 月，大规模的战事同时在海上和陆上展开。当月，法军和奥军主力在乌尔姆进行了一场战斗，奥军战败投降。但在特拉法加海战中，法国海军遭遇英国海军致命的打击。特拉法加海战迫使拿破仑把全部精力用于欧洲大陆。随后，他亲率法军从多瑙河右岸直奔维也纳。11 月，法军未经抵抗便进入维也纳。12 月 2 日，在维也纳以北 120 公里的奥斯特利茨附近，拿破仑率领的 7.3 万法军与俄国沙皇亚历山大一世（1777—1825）和奥皇弗朗茨一世（1768—1835）率领的 8.7 万联军展开了一场激战。结果俄奥联军溃败，第三次反法联盟宣告瓦解。

奥斯特利茨战役是拿破仑战争的一个转折点，也是拿破仑帝国的一个转折点。此后，拿破仑开始建立庞大的帝国体系。12 月中旬，他分别与巴伐利亚、符腾堡、巴登签订了联盟协议，给予巴伐利亚和符腾堡以王国、巴登以大公国地位，并与普鲁士在兴勃隆签订条约，建立了攻守联盟。拿破仑还命令法军占领了那不勒斯。1805 年 12 月 26 日，法国与奥地利签署《普莱斯堡和约》，规定奥地利承认拿破仑占领意大利并为意大利国王；奥地利割让整个威尼斯、弗里乌利、伊斯特里亚、达尔马提亚给意大利王国，将提罗耳、拿骚、奥格斯堡等地给巴伐利亚，将其占领的南德意志几个分散的地区给符腾堡和巴登。《普莱斯堡和约》结束了奥地利在意大利的统治和在德意志的优势地位。

1806 年 7 月，16 位德意志王侯根据拿破仑的旨意，宣布脱离神圣罗马帝国，组成了一个莱茵邦联。参加这一邦联的有巴伐利亚、符腾堡、巴登、拉蒂斯邦、贝格、黑森-达姆斯塔特、拿骚（由两侯国合并）和另外 8 个德意志小公国。莱茵邦联选举拿破仑为保护人，并与法国结为同盟。8 月，在拿破仑宣布不再承认神圣罗马帝国后，弗朗茨一世放弃了形同虚设的神圣罗马帝国皇帝的称号，只保留奥地利皇帝。拿破仑的这些举措促使他的敌国继续作战。英、俄、普、瑞典等国于同年 9 月组成第四次反法联盟。10 月，拿破仑在耶拿战役和奥尔施泰特战役中击败普军主力，攻占柏林。随后，拿破仑决定从经济上封锁英国，从军事上打击俄国，以进一步建立和巩固法兰西帝国霸权。11 月，他发布《柏林敕令》，宣布不列颠诸岛处于封锁状态，凡与不列颠诸岛的一切通商和一切通信均予以禁止。同时，他对中立国也采取了一些限制措施。《柏林敕令》为拿破仑的“大陆体系”（又称“大陆封锁体系”）奠定了基础。

宣布“大陆封锁”后，拿破仑挥师渡过维斯杜拉河。11 月，法军进入华沙。1807 年 1 月和 6 月，拿破仑率领法军在艾劳和弗里德兰两度大败俄军。亚历山大一世被迫签订停战协定。7 月，双方签订《提尔西特和约》。和约主要规定，普鲁士易北河以西的大部分领土划归威斯特伐利亚公国；普鲁士的别洛斯托克划归俄国；在普鲁士原来占领的波兰华沙省和波兹南省建立一个与萨克森王国合并的华沙大公国，由萨克森国王兼任该公国国王；宣布但泽为受普鲁士和萨克森保护的自由市；维斯瓦河航行自由；承认拿破仑的哥哥约瑟夫为那不勒斯国王，弟弟路易·拿破仑和杰罗姆分别为荷兰和威斯特伐利亚国王。双方约定，建立法俄攻守同盟，即在任何战争中双方应协同一致行动。俄国同意加入“大陆封锁体系”。《提尔西特和约》的签订标志着第四次反法联盟的崩溃。1807 年 7 月 9 日，法国与普鲁士也签订了《提尔西特和约》。普鲁士也被迫加入“大陆封锁体系”。此后，威斯特伐利亚公国、华沙大公国和其他近 20 个德意志邦加入莱茵邦联；但泽名为自由市，实归法国将军拉普占有。这样，拿破仑暂时控制了整个普鲁士。

《提尔西特和约》签订后，拿破仑加快建立“大陆体系”的步伐。1807 年冬至 1808 年春，拿破仑派兵占领西、葡两国。1807 年 11 月和 12 月，他先后颁布两个《米兰敕令》，对《柏林敕令》进行了补充。随后，丹麦、葡萄牙、西班牙、土耳其相继加入了“大陆体系”。1809 年春，英、奥等国组成第五次反法联盟。5 月，法国占领维也纳。1809 年 7 月，拿破仑在瓦格拉姆战役中打败了奥军主力，并迫使奥地利于 10 月签订了《维也纳和约》。奥地利加入“大陆体系”，第五次反法联盟瓦解。1810 年 1 月，瑞典与法国签订了和约，正式加入“大陆体系”。1810 年 10 月，拿破仑又颁布了《枫丹白露敕令》，从立法上强化了“大陆封锁”。至此，欧洲大陆所有的国家都已加入了“大陆体系”，拿破仑帝国达到了鼎盛时期。

### 四、欧洲反法联盟与拿破仑帝国崩解

拿破仑帝国最坚实的支撑就是在战争中不断取得胜利，而这种支撑随着法俄战争的爆发开始发生致命性的动摇。从 1809 年开始，因拿破仑支持建立附属

于法国的华沙大公国并阻止俄吞并摩尔达维亚和瓦拉几亚，两国关系就日趋恶化。1810 年年底，俄国因大陆封锁令影响其农产品出口而予以废止。这进一步恶化了两国关系，并导致《提尔西特和约》形同虚设。这促使拿破仑决定远征俄国。

1812 年 6 月，拿破仑率 42 万大军未经宣战向俄国发起进攻。法军虽以优势兵力长驱直入俄国，并不战而进入莫斯科。然而，正是在莫斯科，拿破仑的厄运开始了。俄军老将库图佐夫采取坚壁清野、化整为零的战术，他不但率俄军主动放弃了莫斯科，还下令焚烧掉所有战争可用的物资，莫斯科成了一座死城。这样，拿破仑在这里滞留了一个多月，一无所获。10 月，拿破仑不得不下令撤离莫斯科，此时他的部队已减少到 11.5 万人了。至 12 月末，溃败的法军撤出俄国时只剩下 2 万多人。拿破仑对俄战争遭到惨败。

此后，拿破仑的敌对力量急剧增长。1813 年 1 月，俄国与普鲁士在卡利什缔结了同盟条约。普鲁士参加对法作战。3 月至 6 月，英国相继与瑞典、普鲁士、俄国签订条约。瑞典加入反法联盟。8 月，奥地利因拿破仑拒绝其调停条件而对法宣战。9 月，奥又与俄、普在特普利茨签订同盟条约。实际上，英、奥、普等国均想通过联合俄国击败法国而恢复在拿破仑战争中失去的各种权益。至此，第六次反法联盟形成。这意味着拿破仑开始首次同时与欧洲其他的四个大国作战。

1813 年 10 月，反法联军与法军在莱比锡附近平原上决战。这是此前欧洲历史上尚未出现过的最大规模的单一战役。约有 32 万盟军和 16 万法军参加了战斗。结果，双方都遭到了严重的损失。法军被迫撤退。但由于起关键作用的萨克森军队阵前倒戈，法军的撤退变成一场溃败。11 月，拿破仑率残部在美因茨退过莱茵河。

莱比锡战役后，拿破仑帝国体系迅速崩溃。1814 年 1 月初，盟军分三路攻入法国，在 1 个月时间内便占领了 1/3 的法国领土。3 月，英、俄、奥、普四国在法国东部城市肖蒙缔结了为期 20 年的同盟条约，即《肖蒙条约》。条约规定，缔约各国必须各提供 15 万军队对法作战；英国 1814 年起每年提供补贴 500 万英镑；各国不得与法国单独和谈，并把对法作战进行到底。随后，盟军继续扩大战果。3 月 30 日，巴黎守军投降。次日，亚历山大一世和普王腓特烈・威廉三世（1770—1840）率盟军进入巴黎。4 月，拿破仑被迫在枫丹白露发布诏书，宣布正式退位。之后，他被流放到厄尔巴岛，法国波旁王朝复辟。

1814年5月30日，法国与英、俄、奥、普、瑞典等国签订了《巴黎和约》，即《第一次巴黎和约》。该和约规定，法国保持1792年1月的疆界；比利时、德意志和意大利地区恢复1792年1月前的旧疆界；独立的瑞士自行管理；英国保留马耳他岛；撒丁收回除萨伏依以外的领土；挪威归并于瑞典；莱茵河航行自由等。

然而，拿破仑帝国并没有就此结束。1815年2月，拿破仑率千余名官兵逃离厄尔巴岛，并于3月20日顺利地重返巴黎，建立了他的“百日政权”。其时，讨论欧洲战后事宜的维也纳会议已经召开。面对这突如其来的变故，新的反法联盟迅速聚集起来，英、俄、奥、普四大国共同组成了70万大军联合征讨拿破仑。6月，拿破仑率26万法军与英普联军在布鲁塞尔以南约18公里的滑铁卢展开一场激战。最后，法军在滑铁卢战役中遭遇失败。拿破仑再次退位，并被流放到大西洋上的圣赫勒拿岛。11月，英、俄、奥、普四国分别与法国签订了内容相同的《巴黎和约》，即《第二次巴黎和约》。该条约比《第一次巴黎和约》苛刻了不少。它规定，法国回到1790年的疆界；盟国在法国北部和东部175个要塞驻军15万左右，期限3—5年，占领军的给养由法国提供；法国向盟国赔偿7亿法郎，5年内偿清。《第二次巴黎和约》既标志着拿破仑帝国体系的终结，也标志着长达二十余年的法国和反法联盟国家战争的最后结束。

拿破仑所进行的对外战争具有两重性。它既有革命和进步的一面，保卫了法国革命的成果，沉重打击了欧洲封建势力，传播了法国革命的思想和精神，推动欧洲各地实行资本主义性质的改革，这一面在前期占有主导地位；又有侵略和争霸的一面，它侵犯欧洲民族国家的主权，给欧洲和世界一些地区的人民造成了苦难和空前的浩劫，这一面在1804年拿破仑称帝后逐步转化成主导方面。他与英国争夺殖民地、世界市场和海上霸权，与俄国签订《提尔西特和约》共同瓜分领土和势力范围而后又入侵俄国等，都充分体现了其争夺欧洲和世界霸权的野心。拿破仑战争及其帝国以失败而告终，但它对欧洲政治产生了巨大影响。一方面，欧洲大国权力结构由此发生新的变化。拿破仑战争摧毁了奥地利帝国原有的优势；兴起中的普鲁士的力量也遭到有力的遏制；失去欧陆霸权地位的法国基本维持了过去的实力。相反，英国和俄国这两个欧洲“侧翼大国”在欧洲的力量和影响大大增强。另一方面，欧洲国内社会问题和矛盾开始突显。这个时期所传播的民族主义、自由主义等新的观念，导致那些恢复统治地位的旧有王朝管理国家的权威和能力明显不如从前，革命及其跨边界扩散成为影响欧洲政治进程的重要因素。

## 第二节　维也纳会议和欧洲协调的开始

### 一、维也纳会议及《最后议定书》

维也纳会议于1814年9月至1815年6月间举行。会议盛况空前，欧洲几乎所有国家都参加了，其中最为显眼的人物有：俄国沙皇亚历山大一世、奥地利外相梅特涅（1773—1859）、英国外交大臣卡斯尔雷（1769—1822），还有普鲁士首相哈登堡（1750—1822）、法国复辟王朝外交部长塔列朗（1754—1838）等。梅特涅担任大会主席。会议前夕，俄、英、奥、普四大国的大臣们就确定了“大国决策权”的原则。为此，设立了一个“四国委员会”，作为会议的核心决策机构。后来在塔列朗的强烈要求下，会议又引入正统主义原则，以从形式上保证欧洲各王朝在会议中的代表性和合法性。为此，法国获得“大国决策权”，形成“五国委员会”。大会还成立了一个“八国指导委员会”，作为召集全体代表大会的合法机构。然而，由于全体代表大会始终没有举行，维也纳会议真正的事务由“五大国”举行的非正式会议来完成。所以，“五国委员会”的会议才是真正的维也纳会议。

大会的主要任务是确认《巴黎和约》，弥合现存分歧，并将零碎的战后解决办法系统地联结起来，以保证拿破仑战争结束后重新恢复欧洲均势和王朝秩序。会议中，“五大国”各有自己的利益诉求。奥地利既要防止法国东山再起，又要遏制俄国和普鲁士的力量，同时保持自己在德意志地区的领导地位，以维护中欧的政治稳定。俄国谋图对波兰的控制权，进一步扩大自己的版图。英国强调自己的海上权益，又谋求建立欧陆大国间的均势，以保证欧洲的和平。普鲁士希望恢复战前领土，并得到更多的领土补偿。法国支持王朝的正统性，以改善自身在战后的不利处境。这使得会议中矛盾重重，争论不断。

争论最为激烈的是波兰-萨克森问题。1815年2月，经过5个多月的讨价还价，各方终于达成最后的解决办法。在波兰，奥地利保留加里西亚和塔尔诺波尔；普鲁士保留波兹南地区、托恩和但泽市；克拉科夫被定为自由市；俄国拥有了原华沙大公国的大部分，建立了俄国控制的波兰王国，并给予波兰一部带有自由色彩的宪法。在德意志，普鲁士获得了萨克森领土的2/5、瑞典的波美拉尼亚、莱茵河左岸的大部分和威斯特伐利亚公国；奥地利取得达尔马提亚、拉洛，在意大利得到了威尼斯、伦巴底，并在帕尔马和托斯卡纳建立独立的王朝，从而取得了在整个意大利的优势地位。这是各方妥协的结果。俄、普、奥三国瓜分波兰的原则得以重建；萨克森王朝得以保存下来；俄国满足了在波兰的大部分愿望。

德意志问题是维也纳会议的另一个重要议题。1815 年 5 月至 6 月，由奥地利提议，普、奥、巴伐利亚、符腾堡、汉诺威、巴伐利亚、黑森、巴登以及其他自由市的代表召开会议，最后决定成立一个由 39 个独立邦国和 4 个自由市组成的德意志邦联，其职能是维护德意志地区的和平。会议还草成一部宪法大纲，设置一个邦联议会，作为德意志各邦国的核心机构；奥地利代表任邦联议会主席，地点设在法兰克福；开会时按各邦国的面积决定表决的票数。德意志邦联的成立使德意志民族主义和自由派统一德国的梦想受挫。德意志问题的解决虽使奥地利成为该地区的领导者，但普鲁士的地位也得到了加强，德意志世界形成了奥、普两强并存，数十个邦国林立的局面。

其他一些领土调整问题也得到了解决。在北欧，挪威自丹麦分出，后合并于瑞典；丹麦取得石勒苏益格和荷尔斯泰因；承认俄国合并芬兰。在西南欧，西班牙、葡萄牙恢复了原有疆界。在西欧和中欧，比利时让予荷兰，由奥兰治王朝成立荷兰联合王国；承认瑞士联邦并由各国保障其为永久中立国。在意大利，撒丁王国兼并了热那亚，从法国手中得到萨伏依和尼斯；那不勒斯王国恢复了在西西里的统治；教皇国得以恢复；英国占有地中海中的马耳他岛。在东南欧，承认俄国和英国分别从土耳其手中得到了比萨拉比亚和伊奥尼亚群岛。

除了领土调整外，会议还就禁止奴隶贸易、国际河流管理和外交人员位次的规定等一般性问题进行了讨论。1815 年 3 月，拿破仑发动“百日政变”后，英、俄、奥、普四强一方面组织反法大联合，宣布拿破仑为欧洲公敌加以征讨，一方面从速完成会议的各项工作。1815 年 6 月 9 日，与会全权代表签署《最后议定书》，共 121 条并有 17 个附件。维也纳会议正式结束。

维也纳会议是国际关系史上一次重要的国际会议。它通过奉行正统原则、补偿原则和均势原则完成了预期的目标，重划拿破仑战争后欧洲各国的领土版图，恢复欧洲各地王权统治的旧秩序，实现了欧洲的和平与均势。此次会议是一次反对法国革命以及拿破仑帝国的胜利庆典，它的结果是战胜国为了分赃既争夺又妥协的产物。正如恩格斯指出的，这些大大小小的帝王们“在维也纳开了一次大会，以便分配赃物和奖金，并商讨能把革命前的形势恢复到什么程度。民族被买进和卖出，被分割和合并，只要完全符合统治者的利益和愿望就行”①。从根本上说，这次会议压制了欧洲当时方兴未艾的民主和民族运动，但也为此后欧洲的民族运动和政治动荡埋下了种子。此外，这次会议取缔黑奴买卖具有进步意义，它对于国际河流管理原则和外交代表等级的规定，也一直作为国际规范为后世所沿用。

## 二、神圣同盟、四国同盟和维也纳体系确立

维也纳会议确定了重新调整后的各国领土边界，后经《第二次巴黎和约》稍许修改，最终形成战后欧洲领土安排框架。维也纳体系由此开始形成。然而，维也纳体系最后确立的标志则是以神圣同盟和四国同盟为核心的联盟体系以及以此为基础的欧洲协调的建立。

1815 年 9 月，俄、奥、普正式签署《神圣同盟法案》，成立神圣同盟。该法案包括三条内容：（1）三国君主将一致以一种真诚的与不可分的手足之情互相联系，彼此视为一国同胞，互相救援，并各自以同一博爱精神领导他们的臣民和士兵去保卫宗教、和平与正义；（2）三国政府及其臣民应为彼此服务，以永不变更的善良愿望来考验他们应有的相爱，人人都把自己视为同一基督国度里的国民；（3）凡愿意承认本盟约所规定的原则的国家均可被接受参加这一神圣同盟。该法案强调，成立神圣同盟的根本目的是通过遵行“正义、慈悲、和平”的“神圣宗教的格言”来维护三国的统治及其与其他各国的政治关系。由此，《神圣同盟法案》作为欧洲外交史上未见先例的条约，首次将基督教原则引入外交文件之中。

神圣同盟是亚历山大一世所崇尚的基督教原则与政治理想的一种混合。他亲自草拟了神圣同盟协定的大纲。之后，梅特涅对之进行了一些修改。它试图将具有天主教、东正教、新教等不同宗教信仰的欧洲各国君主团结在统一的基督教名下。因此，除了信奉伊斯兰教的土耳其之外的欧洲国家都被邀请参加进来。这一邀请被符腾堡、萨克森、撒丁、法国、荷兰、黑森、西班牙、瑞士等国所接受，它们在俄、奥、普之后参加了神圣同盟。实际上，三国谋图凭借神圣同盟这一集体工具来维持其保守统治和维也纳体系的稳定。

---

① 《马克思恩格斯全集》第 2 卷，人民出版社 1957 年版，第 641 页。

1815年11月，英、俄、奥、普正式签署《四国同盟条约》。与神圣同盟抽象的原则相比，《四国同盟条约》的内容更加具体化。它主要规定：（1）重申和确认永久剥夺拿破仑及其家族在法国的统治，必要时不惜使用武力；（2）在法国划出一条军事分界线，由盟国军队占领，若遇法国的进攻或受到此种威胁，各缔约国应即时采取军事援助行动；（3）保留在一致同意的基础上，签订足以保证欧洲不再出现类似灾难的和平条约的权利；（4）第六条特别规定，为促进和保证本条约的履行，亦为加强四国君主间团结无间以谋求举世康乐之相互联系，缔约国同意定期举行会议。会议或由四国君主亲自主持，或由各自的大臣任主席，以便磋商其共同利益，并考虑各个特定时期可被认为最有益的措施，以利于各国的安宁、繁荣以及欧洲和平的维护。四国同盟有效期20年。

四国同盟主要是在英国卡斯尔雷的运作下成立的，是对亚历山大一世主持组建神圣同盟的一种外交反应。在卡斯尔雷看来，神圣同盟的成立实际上使俄国的关注点从支持更正式的条约保证中移开了。因此，卡斯尔雷力主恢复1814年3月签订《肖蒙条约》中的四国联合。他将这一联盟视作战后欧洲秩序建设与保持的不可分割的一部分。他认为，四国同盟既是保持大国之间协调的体系上的一种保证，又是对所有小国（尤其是莱茵地区）的一种庇护，由此可以成为欧洲各国合作遏制战争威胁的“永久性制度设计”①。事实上，四国同盟成为管理战后政治秩序的一种重要工具。

更重要的是，四国同盟与神圣同盟得以相互补充，形成了欧洲协调机制。在实践中，欧洲协调是英、俄、奥、普、法“五大国”按照协商一致的原则通过召开多边会议展开的，故称之为会议外交。欧洲协调本质上是一种具有排他性的“大国寡头政治”。此后将近一百年间，欧洲协调时断时续、时强时弱，成为维持欧洲总体和平的一种多边机制。

## 三、“会议外交”与欧洲协调启动

维也纳会议以后，欧洲进入“恢复时期”。这一时期，各国共同的任务是监督维也纳解决办法的落实。在国内政治中，对欧洲事务具有较大影响的梅特涅依照王朝间的联盟、压制性审查制度与对自由运动和革命的镇压来维护奥地

① Harold Nicolson, *The Congress of Vienna: A Study in Allied Unity, 1812-1822*, New York: Harcourt, Brace and Company, 1946, p. 242.

利的主权完整性以及王朝统治的稳定性。这种主要着眼于国家内部管理的、保守的统治方式也为欧洲大陆其他王朝所采用，从而成为维也纳体系的一个重要组成部分。故此种统治体制称为“梅特涅体系”①。就国际而言，各大国推行温和的对外政策，对外扩张的野心收敛了，它们更愿意通过欧洲协调下的会议外交解决共同面临的问题。1818 年至 1822 年间，欧洲协调五大国相继召开了亚琛会议、特洛波会议、莱巴赫会议和维罗纳会议等重要的国际会议。由于这一时期的欧洲会议成效显著，被称为欧洲协调的“黄金时期”。

1818 年 9 月至 11 月在普鲁士召开的亚琛会议是维也纳会议后的首次欧洲会议，又称爱克斯-拉-察贝勒会议。亚琛会议主要是解决 1815 年维也纳会议遗留的与法国关系问题。会议很快就法国撤军和赔偿问题达成一致。英、俄、奥、普四国决定，1818 年 11 月驻法盟军全部撤退。法国答应于 1820 年 11 月偿清尚欠 2.65 亿法郎的赔款。11 月，四国还与法国就今后关系的定位达成一致，即法国因合法君主和宪政权力的恢复而与其他国家联袂并进，自此以后允诺维护、保障欧洲和平的秩序。这意味着法国终于以平等的地位加入欧洲协调之中。四国同盟也由此变为五国同盟。

1820 年 10 月 29 日召开的特洛波会议旨在解决那不勒斯问题。1820 年 7 月，那不勒斯发生了军事叛乱，国王费迪南一世（1759—1825）被胁迫颁布了一部类似 1812 年西班牙宪法的新宪法。由于那不勒斯是奥地利的卫星国，它又是意大利半岛最大的王国，如果其革命成功，必将波及半岛上的其他国家，乃至奥地利。所以会议讨论的焦点是奥地利以何名义对那不勒斯进行干涉。会上，俄、奥、普三国签订了一个初步议定书，即《特洛波议定书》。其中规定，凡因革命而更迭政府的国家即被终止欧洲联合的成员资格；如果此种事态的现实性危险威胁到他国，缔约国必要时可动用武力迫使犯错的国家回到伟大的欧洲联合的怀抱。由此，《特洛波议定书》赋予俄、奥、普等欧洲大国干涉别国革命性变化的合法地位。

由于法、英两国没有签字，《特洛波议定书》没有马上公布。奥地利也没有在那不勒斯采取具体行动。根据梅特涅的建议，1821 年 1 月至 3 月间，五大国在奥属斯洛文尼亚的莱巴赫继续集会。会上，意大利诸国君主一致同意奥地

① Paul W. Schroeder, *The Transformation of European Politics, 1763-1848*, Oxford: Clarendon Press, 1994, p. 666.

利武装干涉那不勒斯革命。这样，1821 年 3 月，奥军进入意大利，镇压了那不勒斯革命，费迪南一世旧日的王权得以恢复。

莱巴赫会议之后，日趋严重的西班牙局势吸引了欧洲大国的注意力。1822 年 1 月，西班牙国王费迪南七世（1784—1833）在自由主义分子的压力下，被迫接受限制王权、扩大国会立法权和行政权的宪法，但他心有不甘，便邀请欧洲大国干预。就此，西班牙问题成为维罗纳会议的核心议题。1822 年 10 月，维罗纳会议揭幕。12 月，英国因担心干涉西班牙内政会影响到其在拉美地区的殖民利益而退出会议；其他四大国决定同时向西班牙发出一个抗议照会，并与之断绝外交关系。俄、奥、普保证，如果西班牙武装进攻法国领土，或西班牙王位被推翻，再或西班牙王室受到侵害，它们将支持法国的军事行动。然而，1823 年 1 月，法国决定单边干预。1823 年 5 月，法军进入马德里。9 月中旬，西班牙自由政府的军队宣布投降。11 月，费迪南七世终获完整王权。

维罗纳会议结束了关于是否应干涉他国内政的长期争论，保持了欧洲表面的联合，但它已显示出，面对欧洲日趋激烈的内部变革和各国之间利益的冲突，大国保持完全一致已变得愈来愈艰难。事实上，维罗纳会议成为这个时期最后一次由所有欧洲五大国首脑参加的欧洲大会。此后，大规模的欧洲大会为部分国家或主要由各国大使参加的小型国际会议所取代，欧洲协调在挑战中进入一个新的阶段。

## 四、希腊独立与欧洲大国干涉

由于欧洲大国关注的重心是如何维护维也纳体系的稳定，起初，不在维也纳解决办法之内的巴尔干地区并没引起它们的注意。从 1823 年年初开始，随着希腊反对土耳其的独立运动的深入发展，巴尔干局势开始成为欧洲大国关注的焦点。起初，英国因自由通商需要而对希腊独立予以同情乃至支持。俄国试图借此恢复对巴尔干的影响而反对奥斯曼帝国干涉希腊独立。奥地利、法国不予支持。到 1825 年下半年，大国在希腊问题上的合作出现重大转机。

1825 年 8 月，法国表示愿意支持欧洲的集体干预，并给予希腊某种形式的自治。普鲁士、英国和俄国先后表示支持。1826 年 4 月，英、俄达成一个非正式协定，即《彼得堡议定书》。双方同意，在希腊请求的情况下，英国应该在双方之间进行调停，目标是使希腊成为拥有自治权的土耳其附属国；在希腊统治者的任命上，土耳其苏丹享有“特定的发言权”，但对两者边界未作说明；

土耳其从希腊撤军，希腊通过购买土地获得在该地区的财产；英、俄双方都不对希腊谋求领土、商业和其他排他性优势。该议定书第三条规定，即使俄国与奥斯曼帝国开战，该协定仍然有效；如果形势需要，英、俄两国可对土耳其和希腊进行“共同的或单独的”干涉。该议定书还邀请法、奥、普三国政府保证希腊问题的最后解决办法。

《彼得堡议定书》很快送交欧洲各大国。土耳其虽反对英俄协定，但同意与俄国谈判。1826 年 10 月，双方签订《阿克尔曼协定》。土耳其接受俄国在摩尔达维亚和瓦拉几亚多瑙河两公国以及塞尔维亚的要求。1827 年 7 月，经过长时间的谈判，法、俄、英三国签订了《伦敦条约》，决定共同实现《彼得堡议定书》确定的目标。在秘密条款中，三国同意，开放与希腊临时政府的商业和领事关系，并表示，如果土耳其不同意与希腊停战，或者希腊拒绝接受，三国将联合强制实现停战。① 8 月开始，三国连续对土发出两次最后通牒，但土对此不予理睬。9 月，希腊宣布接受《伦敦条约》。随后，三国出兵封锁了希腊沿海岛屿。10 月，三国联合舰队在纳瓦里诺海战中大败土耳其与埃及的联合舰队。土随即宣布废除《阿克尔曼协定》，并于 12 月断绝了与三国的外交关系。1828 年 4 月，俄国对土耳其宣战。俄土战争爆发。

在俄土战争期间，欧洲大国继续为近东危机和希腊问题展开协调。1828 年 12 月，英、法、俄三国代表在君士坦丁堡就希腊的边界达成一致，并于次年 3 月签署《伦敦议定书》。三国同意，希腊在奥斯曼帝国之下实行自治，选基督教徒为其世袭君主；其边界应是希腊西海岸的阿尔塔-伏洛线以南地区。1829 年 9 月 14 日，土耳其与俄国签订和约，即《阿德里安堡条约》。据之，土接受了《伦敦议定书》，并将之列入《阿德里安堡条约》的第十款。年底，土耳其与希腊达成协议，同意撤军停战。

战争结束以后，希腊真正的独立提上日程。1830 年 2 月，英、法、俄三国再次签订《伦敦议定书》，宣布废除土耳其对希腊的宗主权，让希腊成为在三国共同保护下的独立国家。1832 年 5 月，三国与巴伐利亚签订协定，宣布将希腊建成为由巴伐利亚国王之子奥托统治的独立王国。7 月，土耳其苏丹接受了该协定。1833 年 2 月 6 日，奥托（1815—1867）正式就任希腊国王。独立的希

---

① M. S. Anderson, *The Eastern Question, 1774-1923: A Study in International Relations*, New York: St. Martins Press, 1974, pp. 65-67.

腊历史正式揭幕。

希腊的独立具有重要的国际意义。它既是奥斯曼帝国内部第一个通过民族反抗斗争获得独立的国家，也是1815年维也纳会议以来欧洲第一个新独立的国家。所以，它对以后的民族解放运动起了一定的示范作用。

## 第三节 1848年欧洲革命与梅特涅体系的终结

### 一、19世纪30年代欧洲的革命、战争与协调

1848年欧洲革命发源于19世纪30年代的革命。30年代革命作为欧洲各国自由主义和民族主义者试图摆脱保守的王朝统治或获取民族独立的革命运动，在欧洲国际关系的发展中起着承上启下的作用。它发轫于法国。1830年7月，巴黎爆发了革命，奥尔良公爵路易·菲利普（1773—1850）成为法国新国王，波旁王朝被七月王朝所取代。1830年10月，比利时宣布独立，脱离荷兰；1831年1月，波兰宣布脱离俄国统治；2月，中部意大利发生了烧炭党人领导的民族革命。1830年至1833年，德意志地区发生了自由主义政治运动或工农起义。1828年至1833年，葡萄牙和西班牙相继发生了争夺王位的战争。

与此同时，普鲁士领导了一场自由主义的经济革命——建立统一的德意志关税联盟。1834年年初，德意志地区原有的普鲁士、巴伐利亚和符腾堡三个关税联盟合而为一，组成了一个统一的经济区。它对内建立统一的销售市场，对外实行温和的自由贸易，几乎免征了所有进口货物的关税。德意志关税联盟就此形成。德意志地区重要的国家中，只有奥地利、汉诺威、汉堡等没有参加。德意志关税联盟在政治上将德意志邦联分成两个实体。由于奥地利的保守和自我孤立，该地区两雄相争的局面在经济上消除了。所以，德意志关税联盟的成立被认为是“19世纪30年代最重要的国际发展”。恩格斯指出：“德国中央集权所达到的最高点，是关税同盟的成立。”①

在革命、战争不断在全欧蔓延并严重威胁到各王朝统治的情况下，欧洲大国开始借助欧洲协调予以应对并率先在比利时独立问题上取得进展。1830年11月，五大国在伦敦召开大使级会议讨论比利时问题。1831年1月，会议达成一项协

① 《马克思恩格斯文集》第2卷，人民出版社2009年版，第359页。

议，允许比利时独立，并由五大国保证其中立。10 月，五大国提出关于荷、比关系安排的“二十四条”，决定卢森堡的 3/5 归荷兰，林登一分为二。1832 年 11 月，英、法军事介入，荷兰被迫接受协议。1838 年 3 月，荷兰正式宣布接受“二十四条”，并于次年 4 月与比利时缔结正式的和平，承认比利时独立。

然而，波兰、意大利和德意志等其他地区的革命没有比利时独立这么幸运。在这些地方，欧洲协调仅仅发挥了部分作用：它维护了大国之间的关系，却听任了俄、奥对革命的军事镇压。在波兰，1830 年 6 月，在革命者的请求下，法国曾提议欧洲大国共同斡旋来解决问题，但遭到俄、英、奥的拒绝。这样，1831 年 2 月，俄军大举进入波兰，对革命残酷镇压。在意大利，在教皇的吁请下，奥军介入，武力镇压。3 月 21 日，意大利革命遭受失败。在德意志，普王腓特烈·威廉三世与梅特涅采取一致行动，他们恢复了中央调查委员会的活动，加强对自由主义运动的控制。

在处理国内战争问题上，欧洲大国通过协调取得一些重要的成果。在葡萄牙和西班牙争夺王位战争中，英、法积极介入。英国新任外交大臣帕麦斯顿（1784—1865）采用外交手段促成双方停火，在他的建议下，英、葡、西于 1834 年 1 月缔结了三国同盟条约。后法国加入。在葡萄牙，迫于英、法的压力，1834 年 5 月，此前自称国王的米格尔宣布放弃王位。在西班牙，1839 年年底，英、法支持的拥护伊萨贝尔为国王的克里斯蒂娜派获胜。伊比利亚半岛上的王位争夺战就此结束。

## 二、1848 年欧洲革命爆发与神圣同盟瓦解

1848 年欧洲革命是一场更大规模的摆脱王朝统治的资产阶级革命和民族独立运动。它始于意大利。1848 年 1 月，那不勒斯王国西西里岛首府巴勒莫爆发武装起义，迫使国王费迪南二世（1810—1859）颁布新宪法。托斯卡纳大公也仿效此做法，颁布新宪法。2 月初，撒丁王国的都灵发生动乱，国王查理·阿尔伯特（1798—1849）效仿英、法式的君主立宪，实行新的宪法。2 月 22 日，巴黎爆发了工人和学生组织的示威运动，国民自卫军加入。路易·菲力普逃亡英国，法兰西第二共和国临时政府成立，建立起“资产阶级的统治”。法国的革命很快蔓延到整个欧洲。由此，1848 年革命演变为一场真正的全欧性革命。

1848 年 3 月，维也纳发生革命。革命者要求获取政治自由并实施责任内阁制。梅特涅力主强力制止，但皇室和内阁其他委员不予支持，他们一致要求梅

特涅辞职。梅特涅陷入完全孤立，被迫同意辞职。梅特涅政府的倒台标志着梅特涅体系的终结。与此同时，匈牙利革命者举行起义，通过了实行自由主义的“十二条”。柏林也爆发革命。国王腓特烈·威廉四世（1795—1861）被迫向起义者让步。他颁令许诺出版自由、撤出军队、制定宪法，并同意实行代议制，以进行邦联改革。这样，这场革命“要在思想上确立立宪君主制，在事实上确立资产阶级统治”①。

1848年3月17日至23日，意大利的伦巴底、威尼斯等地爆发了武装起义。在米兰，起义者赶走了驻扎在这里的奥军。威尼斯起义者亦迫使奥军撤出，并成立了马可共和国。威尼斯和伦巴底起义的胜利大大鼓舞了意大利的民族情绪。他们强烈要求对奥宣战。撒丁王国国王查理·阿尔伯特适应这种形势，承担起领导者的责任。3月22日，他宣布对奥战争开始。初期，撒丁颇有收获，它的军队很快占领了比斯克尔，宣布阿尔伯特为意大利国王。但从6月份开始，奥地利在军事上逐渐占据上风。1848年8月，撒丁被迫与奥签订和约。

随后，罗马发生了革命。1849年2月，罗马革命者推翻教皇政权，宣布成立罗马共和国。这引起了支持教皇国的法国的不满。4月，法国派军介入，于7月占领了罗马。教皇恢复了政权。匈牙利和威尼斯的革命亦遭遇挫折。1849年4月，匈牙利宣布脱离奥地利，建立共和国，并在战场上击败奥军主力。这引起俄国的不安。沙皇尼古拉一世（1796—1855）既担心奥地利帝国崩溃后普鲁士会领导德意志走向统一，又害怕匈牙利革命的胜利引发波兰民族运动的高涨。这样，5月，在奥地利的请求下，沙皇尼古拉一世下令14万俄军分两路进攻匈牙利。8月，在俄奥联军的夹击下，匈牙利革命军队最终战败投降。这时，威尼斯革命者宣布脱离撒丁王国，并恢复威尼斯共和国。但奥地利派重兵围攻威尼斯。8月下旬，威尼斯被迫投降。1848年意大利统一与独立运动也就此终结。

虽然如此，经过这些轰轰烈烈的欧洲革命，欧洲大国再也难以通过神圣同盟对外开展干涉行动了。作为欧洲大国对外干涉工具的神圣同盟事实上已经瓦解。

### 三、德意志统一运动与欧洲大国关系

德意志统一运动是1848年革命纵深发展的重要组成部分。由于梅特涅的

① 《马克思恩格斯文集》第2卷，人民出版社2009年版，第74页。

倒台和维也纳及柏林革命的胜利，决定权完全操纵在德意志民众手中。奥地利三月革命后，温和的自由派决定召开国民议会制定德意志帝国宪法。1848 年 5 月，国民议会在法兰克福的圣保罗教堂隆重举行。他们宣布设立一个临时中央政权，选举奥地利自由派大公约翰为帝国摄政王，由他组建了一个帝国政府。

随后，德意志国民议会着手制定一部帝国宪法。1849 年 3 月，帝国宪法正式签署。在德意志，包括人身自由、法律平等、经济生活自由、迁徙自由、不受任意逮捕、出版自由、宗教信仰自由、结社和集会的权利以及选择职业自由的权利等基本原则第一次被写进宪法。这次国民议会还以绝对多数通过了解决德意志民族问题和联邦国家问题的“小德意志”计划，即在普鲁士领导下建立一个以普王为世袭皇帝的较小的联邦。

帝国宪法通过后，国民议会选举普鲁士国王腓特烈・威廉四世为德意志皇帝。但威廉四世拒绝接受。他企图通过“自上而下”的方式，即由德意志各邦君主参加，来实现“小德意志”计划。1849 年 5 月，他在柏林召开全德各邦国君主会议，与萨克森、汉诺威国王签署了三王同盟，并起草了一个与法兰克福议会类似的联盟宪法。宪法规定，普鲁士国王为帝国的全权代理人，组成上、下两院议会，所有德意志各邦都参加这一联盟。在普鲁士的压力下，不伦瑞克、图林根、黑森、巴登等 8 个公国加入。到 8 月份，已有 28 个德意志邦国加入三王同盟。1850 年 3 月，腓特烈・威廉四世在爱尔福特召开大会，通过了新的宪法。

普鲁士的统一计划遭到奥地利的强烈反对。1849 年 12 月，奥地利邀请萨克森、汉诺威、符腾堡和巴伐利亚的国王召开会议，并起草改革德意志邦联的新宪法。1850 年 9 月，奥地利与其他德意志邦国在法兰克福开会，并宣布恢复德意志邦联议会。奥、普两国在德意志统一问题上形成正面的冲突。恰在这时，黑森-卡塞尔爆发了危机，黑森亲王向德意志邦联求助。德意志邦联决定派巴伐利亚军队前往相助；奥地利军队紧随其后。普鲁士则下令举兵占领卡塞尔。奥、普间的政治冲突有演变为军事冲突的危险。

这时，俄、英、法等国开始介入。俄国表现得最为积极。9 月下旬，尼古拉一世采取了支持奥地利的立场，主张保持德意志邦联，奥、普两国在其中享有同等的地位。实质上，这是一种反对德意志统一的维持现状的政策。英、法两国明确表示，德意志的任何重组都必须依照 1815 年达成的维也纳解决办法。

与俄国的政策一样，他们担心德意志的重组“将实质性影响欧洲的均势”①。

面对这种外交上的孤立，普鲁士只得让步。1850 年年底，威廉四世不但屈服于奥地利的最后通牒，命令军队撤出了黑森-卡塞尔，而且派新任首相曼陀菲尔与奥地利首相史瓦森堡在奥尔米茨展开谈判。普鲁士最终放弃了它的联邦计划，而承认了德意志邦联议会，并同意与奥地利召开德意志各国代表会议，讨论邦联的改组。1850 年 12 月至 1851 年 5 月，全德会议在德累斯顿召开。会议恢复 1815 年德意志邦联。5 月 16 日，普、奥双方缔结了一个为期三年的防御联盟。至此，这场德意志统一运动以失败而结束，1848 年欧洲革命亦走完最后一段路程。

## 四、1848 年革命与欧洲政治新变化

1848 年革命失败后，欧洲各国恢复了保守主义，国家间的边界没有变化，1815 年的条约得到了遵守，维也纳体系得以继续下去。然而，这场革命使欧洲国际体系的内部结构发生了重大变化。第一个重大变化就是梅特涅体系的崩溃。从此，这一体系作为一种动员国际行动镇压意大利、德意志和欧洲其他地区革命的工具不复存在了。在 1848 年欧洲革命中，旧的专制主义和保守主义政权几乎不战而溃，并很快被自由主义和民族主义所取代。革命所产生的政治与社会冲突、不确定性和暴力事件比 1789 年及之后的任何一次革命都更加广泛。在法国、德意志、意大利、奥地利和巴尔干地区，重大的内战和国际争斗都发生了。一些重要国家，如奥地利、普鲁士、俄国、撒丁等，都卷入了由此引发的国际冲突之中。这表明，引发革命的主导性因素并不是国际问题，而是经济、社会、文化-意识形态和国内政治因素。但 1848 年革命并没有解决这些问题。马克思指出：“在 1848—1851 年间，只有旧革命的幽灵在游荡。”其结果“不是社会本身获得了新的内容，而只是国家回到了最古的形态，回到了宝剑和袈裟的极端原始的统治”。② 而梅特涅体系的终结使这些内部因素更难以控制，它们势必更深刻地侵蚀维也纳体系稳定的根基。

第二个重要的变化是欧洲大国权力关系的重新调整。首先是俄国和法国势力的抬头。在 1848 年革命中，俄国俨然成为“欧洲的仲裁者”，使它在西欧和

---

① William E. Echard, *Napoleon Ⅲ and the Concert of Europe*, Baton Rouge: Louisiana State University Press, 1983, pp. 22-23.

② 《马克思恩格斯文集》第 2 卷，人民出版社 2009 年版，第 472、474 页。

巴尔干地区的影响进一步拓展。从七月王朝开始，法国已开始在西欧和巴尔干发挥重要作用。1848 年 12 月路易・波拿巴（1808—1873）上台后更是积极在欧洲扩大影响。从意大利到德意志，再到丹麦，每一个重大的欧洲问题都会有法国的积极参加。其次是普、奥在德意志内部的权力地位发生了重大变化。1848 年之前，不管是在德意志地区还是在整个欧洲，普鲁士总是紧跟奥地利。但在 1848 年德意志统一运动中，普鲁士开始单独行动，并日益发展为德意志地区至少可以与奥地利平起平坐的大国。在德意志地区经济融合方面，普鲁士通过建立和扩大德意志关税联盟成为名副其实的领导者。1848 年革命中，普鲁士追求政治统一的"小德意志"计划尽管夭折了，但德意志关税联盟却成功地将奥地利排除在外。1851 年，奥地利要求加入德意志关税联盟。同年 9 月，奥地利邀请德意志各邦国到维也纳开会，讨论在奥地利与德意志关税联盟之间组织商业联盟的可能性。但这一动议在普鲁士的坚决反对下未能成行。实质上，从 1848 年欧洲革命开始，普鲁士与奥地利在德意志统一问题上已经分道扬镳了。

第三个重大变化是欧洲大国普遍转向更看重自我利益的现实主义政策。1848 年欧洲革命之前，欧洲大国普遍推行温和的外交政策，注重共同的协调和自我克制的普遍原则。而此后，欧洲大国，从法国、俄国、英国到奥地利、普鲁士，通通转向更看重自我利益的现实主义。由此，1848 年欧洲革命既终结了"梅特涅时代"，又成为现实政治的转折点，从而使得欧洲大国难以在共同的欧洲问题上采取协调一致的行动。

## 第四节　东方问题与克里米亚战争

### 一、"东方问题"凸显与两次土埃战争

"东方问题"，又称近东问题。它源于奥斯曼帝国的衰落，1774 年俄国与土耳其签订《库楚克-凯纳吉和约》后其衰落更加快了。但"东方问题"发展为欧洲国际关系中的主要问题是在 1822 年维罗纳会议之后。尤其是希腊独立问题使"东方问题"进入欧洲协调的框架之后，近东成为欧洲大国权力斗争的一个主要地区。

1831 年 11 月，受希腊独立的刺激，埃及总督穆罕默德・阿里（1805—1849 年在位）命令其子易卜拉欣率 3 万军队攻入巴勒斯坦，引发了土埃战争。

战争中，埃军很快攻下耶路撒冷和大马士革，进抵小亚细亚地区。次年 12 月，埃军向博斯普鲁斯海峡推进，严重威胁君士坦丁堡。与此同时，奥斯曼帝国各地纷纷起义。近东局势陷入危机之中。由此，“东方问题”日益凸显。

起初，欧洲大国对土埃战争的反应基本上是单方面的。在土耳其的一再求助下，俄国最早做出实质性行动。1833 年 2 月，俄国军舰开进博斯普鲁斯海峡一带。随即，法、英两国作出反应。它们的驻土大使分别要求苏丹责令俄舰队撤走，还要求本国政府派舰队前往亚历山大港，迫使埃及让步。同时，英、法、奥向土耳其施压，促使其满足埃及的要求。1833 年 4 月，埃、土签订《库塔亚条约》，埃及获得整个叙利亚。随后，埃军撤退。在英、法的压力下，俄国亦撤兵。但是，埃、土之间的矛盾非但没有消除，反而日趋激化。1839 年 4 月，土耳其苏丹率先发难，派水陆两军同时进攻叙利亚。土埃战争再次爆发。

在此情况下，欧洲协调再次启动。1839 年 5 月，梅特涅建议召开英、法、俄、奥、普五大国会议，协商由欧洲五大国共同保障土耳其的安全与利益。7 月，在梅特涅的斡旋下，五大国共同向苏丹发出一个照会，要求其在欧洲的支持下与穆罕默德·阿里缔结和平。1840 年 1 月和 7 月，五大国大使在伦敦两次开会，主要讨论了土、埃之间的领土争端和关于海峡的全欧性安排。最终，四大国与土一起撇开法国签署了《伦敦条约》。根据该协定，土耳其同意阿里在埃及有世袭权，在南部叙利亚和阿卡地区有终身领有权，但仍臣服于土耳其。苏丹同意保留海峡在和平时期对任何军舰关闭的古老原则。

但阿里拒绝接受《伦敦条约》。这样，英、奥联合舰队于 9 月初封锁了叙利亚海岸，随后占领了叙利亚沿海各岛屿。土耳其军队则乘机占领了贝鲁特和阿卡等地。11 月 3 日，英国舰队围攻亚历山大港。阿里无力再战，只得向四大国屈服，同意接受《伦敦条约》。在欧洲大国的调停下，1841 年 6 月，奥斯曼帝国苏丹与阿里达成一致：阿里家族作为苏丹臣属可对埃及进行世袭统治；埃及每年向苏丹纳贡。至此，土埃战争最终结束。

阿里臣服后，五大国与土耳其于 1841 年 7 月签署了一个关于封闭达达尼尔海峡和博斯普鲁斯海峡的公约，即《伦敦海峡公约》，或称《1841 年海峡公约》。根据该公约，土耳其承诺，在自身处于和平状态时，将维持奥斯曼帝国的古老规则，“不准许任何外国军舰进入上述海峡”。该条约实际上将海峡通行规则置于大国的国际共管之下。土埃战争的最后和平解决和《伦敦海峡公约》

的签署使“东方问题”告一段落。

## 二、圣地保护权问题与克里米亚战争的爆发

进入19世纪50年代，欧洲在1848年革命后经历了短暂的“和平”，随着圣地保护权问题（简称“圣地问题”）再次引爆“东方问题”，新的国际危机便产生了。

“圣地问题”已有很长的历史。耶路撒冷和伯利恒自古以来都是宗教圣地。犹太教、天主教、东正教、伊斯兰教都一直把它们作为朝觐的中心。18世纪中后期，随着奥斯曼帝国的衰落，其境内本就复杂的宗教之间开始出现激烈的斗争，欧洲大国乘机纷纷介入。1740年，法国与土耳其签订条约，获取对土耳其境内天主教会的保护权。而此时天主教会实际上拥有对圣地的优势地位。1774年俄国与土耳其签署的《库楚克-凯纳吉和约》将土耳其境内东正教置于俄国的保护之下。此后，土耳其境内的居民信奉东正教的越来越多，东正教逐渐在圣地占了上风，并拿到了圣地教堂的钥匙，获取了对圣地的实际控制权。

路易·波拿巴当上法兰西第二帝国皇帝并被称为拿破仑三世（1852—1870年在位）后，为博取天主教的支持，他在圣地问题上推行更强硬的政策。早在1850年5月，他要求政府根据1740年条约恢复并加强对土境内天主教会特定的保护权。1851年12月，他又要求土耳其准予圣地所有建筑物由天主教徒和东正教徒共同拥有。这一建议遭到沙皇尼古拉一世的坚决反对。1852年2月8日，在法国的压力下，苏丹阿卜杜勒·迈吉德一世（1823—1861）发布一道公开敕令，将两把伯利恒教堂的钥匙交给天主教士，并给予一种御赐护照。实际上，在“圣地问题”上，法国取得了胜利。

圣地事件对法、俄关系带来了严重的负面影响。在尼古拉一世看来，法国的这次胜利不仅是对俄国宗教声誉的挑战，而且威胁到俄国对土耳其政策的基础。于是，他决定采取单方面行动：一方面派军向多瑙河两公国摩尔达维亚和瓦拉几亚集结；另一方面遣缅什可夫为特使前往君士坦丁堡与土耳其交涉。

1853年2月，缅什可夫到达君士坦丁堡。对土耳其，他采取了非常强硬的态度。5月5日，他向苏丹发出最后通牒，要求土耳其就圣地和教权问题作出正式的条约保证。但苏丹拒绝了缅什可夫的要求。5月下旬，缅什可夫再次发出最后通牒，要求土耳其签订俄土条约，并重申其极端必要性。苏丹仍然予以拒绝。此后，缅什可夫愤然离开君士坦丁堡。俄土关系就此破裂。

尼古拉一世对土耳其的做法非常恼怒。5 月 31 日，他以最后通牒形式向土表示，如不接受俄国要求，俄军将占领多瑙河两公国。在英、法两国的支持下，苏丹再次拒绝了俄国的强硬要求。这样，俄军于7 月进占两公国。而此时，英、法两国迅速靠拢，并组成了联合舰队。近东危机急转而下。土耳其御前会议则决定对俄开战。1853 年 10 月 4 日，苏丹下诏对俄国宣战。次日，土军向俄军发出最后通牒，限其 18 日内撤出两公国。俄国置之不理。10 月 23 日，土军在多瑙河和高加索地区对俄军发起进攻。11 月 1 日，俄对土宣战。俄土战争爆发。

1854 年 1 月，英法联合舰队进入黑海。英、法向俄国发出警告，俄军舰如冒险出港，即被视为敌对行为。2 月，英、法向俄国发出最后通牒，俄军必须限期撤出所占两公国。英、法两国分别将最后期限定为 4 月 15 日和 4 月 30 日。同时，英、法与土耳其缔结军事同盟，两国承诺以武力保护奥斯曼帝国和苏丹权利不受侵犯。3 月，俄国拒绝了英、法的最后通牒。不久，4. 5 万俄军越过多瑙河。法国和英国随即相继对俄宣战。

这样，因“圣地问题”再起的“东方问题”最终演变为一场欧洲大国之间的战争——克里米亚战争。

## 三、克里米亚战争期间的大国外交

克里米亚战争由两场局部战争和五个战场构成：一场是俄国与土耳其之间的俄土战争，主要在多瑙河两公国和高加索地区展开；另一场是英、法等国与俄国之间的战争，主要战场是黑海沿岸与克里米亚半岛，在波罗的海、北冰洋和太平洋地区还发生了一些小规模的战斗。

战争一开始，俄国便陷入被动。最早的压力来自俄土战场。1854 年 4 月，在奥地利的运作下，奥、普、英、法四国签订一项议定书，支持维持奥斯曼帝国的领土完整，并要求俄从两公国撤军。当月，奥、普两国又缔结联盟协定，两国联合起来保护两国整个领土和德意志的利益不受侵犯。随后，巴伐利亚、萨克森、符腾堡等其他德意志邦国也加入进来。6 月，奥地利正式要求俄国停止在多瑙河南岸的军事行动，并早日撤出多瑙河两公国。同月，奥地利又与土耳其达成联合占领两公国的协议。面对这种形势，俄国被迫同意从两公国撤军。7 月，俄军开始从两公国撤军。不久，奥、土两国军队进入两公国。

在波罗的海战场，8 月，英法联合舰队一万余人向固守在阿兰群岛的2000

名俄军发起进攻。一周之后，俄守军投降。在黑海战场，9 月 7 日，联合舰队向克里米亚进发并很快完成了在克里米亚半岛的登陆行动。随后，联军与俄军在阿尔克附近展开了一场激战。俄军战败，并退守塞瓦斯托波尔。9 月 25 日，联军进抵塞瓦斯托波尔城下。11 月，联军在英克尔曼战役中再次重创俄军。

在此背景下，大国外交开始活跃起来。1854 年 8 月初，英、法、奥三国会谈后达成所谓“四点意见”，作为与俄和谈的条件。这些“条件”包括：（1）俄国放弃对塞尔维亚和多瑙河两公国的领土要求，这些地区将由欧洲大国和奥斯曼帝国政府共同保护；（2）多瑙河对所有商业航行开放；（3）以保障欧洲的均势为目标，修改 1841 年《伦敦海峡公约》；（4）俄国放弃对奥斯曼帝国境内东正教徒的保护权，其境内所有基督徒的安全将由欧洲大国会同帝国政府一起给以集体保证。① 但“四点意见”遭到俄国的拒绝。

12 月，英、法、奥三国签订了同盟条约，同意与俄国展开和平谈判，但俄国须无条件接受“四点意见”作为谈判的基础。在奥地利的压力下，俄国表示接受。盟国同意在维也纳举行正式的和平会议。与此同时，英、法将撒丁王国纳入自己的同盟。1855 年 1 月，在英国的要求和撒丁首相加富尔（1810—1861）的努力下，撒丁王国正式加入英法联盟。撒丁与两国签订军事协定，加入对俄战争，而英、法则答应保证撒丁的领土完整。3 月，撒丁正式对俄宣战。

1855 年春，双方的和谈正式启动。3 月，英、法、奥和俄国四国代表在维也纳举行会谈。会议很快就“四点意见”中的“第一点”和“第二点”达成协定，但在“第三点”的谈判上陷入僵局，俄国拒绝接受可能侵犯其主权和威胁其战略利益的任何限制。英、法代表又联合提出“黑海中立化”的主张，俄国没有同意。维也纳的会谈无果而终。

英、法决定在战场上给俄国更沉重的打击。从 1854 年 9 月起，俄军在其黑海舰队基地塞瓦斯托波尔一直坚持防御战。1855 年 6 月，联军与俄军在塞瓦斯托波尔展开决战。三天之间，联军向这里倾泻了约 10 万发炮弹，俄军的防御工事遭到了严重的破坏，并遭受了约 7500 人的伤亡，整个城市仅有 14 座房屋未受损坏。9 月初，俄军被迫撤退。联军未遭抵抗占领塞瓦斯托波尔。塞瓦斯托

---

① 参见［英］奥兰多·费吉斯：《克里米亚战争：被遗忘的帝国博弈》，吕品、朱珠译，南京大学出版社 2018 年版，第 236 页。

波尔战役的胜利是克里米亚战争的转折点。随后，和谈再次占据上风。

### 四、《巴黎和约》和克里米亚战争的影响

塞瓦斯托波尔战役后，实质性的和谈首先在法国和奥地利之间展开。1855年9月，法国驻奥大使布尔科尼与奥外相布奥尔开始秘密会谈。11月，双方起草了一个关于召开和平会议的预备方案，即《布奥尔-布尔科尼备忘录》。其主要内容有：在两公国，用欧洲保护取代俄国；多瑙河自由航行；黑海中立化；俄国放弃对奥斯曼帝国境内东正教徒的保护，并交还部分比萨拉比亚；允许盟国在和平谈判中依据欧洲利益增加特定的条件。1月，法国政府将此方案送交英国，英国予以接受。12月，奥驻俄大使将此方案以“最后通牒”形式送交俄国。1856年1月，俄国正式通知奥地利，在表示接受的同时提出通过召开一次欧洲大会来决定现有的安排。

1856年2月1日，除撒丁外的交战各国在维也纳签署了关于和平的预备协议。随后，在拿破仑三世的强烈要求下，各方同意在巴黎召开欧洲大会，就和平问题作出最后的安排。2日，巴黎和会正式拉开帷幕。法国、英国、奥地利、撒丁、土耳其、俄国等国的代表及各国驻巴黎大使们参加了会议。普鲁士作为1841年《伦敦海峡公约》的签字国，后来亦被允许参加相关议题的讨论。

1856年3月，与会各方达成和平条约——《法国、奥地利、英国、普鲁士、俄国、撒丁和土耳其和平友好总条约》，简称《巴黎和约》。其主要内容有：各国保证尊重奥斯曼帝国的独立与领土完整，共同担保严格遵守此项保证；黑海中立化，正式并永久地禁止沿岸或任何其他国家的军舰通行；俄、土保证不在黑海沿岸设立或保留任何陆海军军火库；俄同意归还所割占的多瑙河两公国的领土，将之置于奥斯曼帝国宗主权之下，并继续享有原有的特权和豁免权；商船在多瑙河航行自由。会议还专门签订专约，规定各大国尊重奥斯曼帝国的“古老原则”：只要土耳其处于和平时期，就不准任何外国军舰进入两海峡。《巴黎和约》的签订标志着克里米亚战争正式结束。

此后，巴黎会议继续进行，就其他一些各国共同关心的议题进行了讨论。1856年4月，会议通过《海上若干原则的宣言》，宣布：（1）禁止私掠船只；（2）不得没收中立国船只上的敌国物资（用于战争的物品除外）；（3）不得没收敌国商船装载的中立国货物（战时禁运品除外）；（4）封锁必须是有效的，即只有在被封锁的港口实际由海军封闭的情况下才承认是封锁。该宣言在某种

程度上标志着国际法发展迈出了重大一步。

另外，为防止俄国破坏已达成的有关协定，在英、奥的建议下，1856 年 4 月 15 日，法、英、奥在巴黎签订了一个《保证奥斯曼帝国独立和完整公约》，规定缔约各方一致担保 1856 年 3 月《巴黎和约》所确认的奥斯曼帝国的独立与完整；各签字国认为对上述条款的任何违犯即构成开战的理由，签字国将与奥斯曼帝国政府商议必须采取的措施。《巴黎和约》与这个三国保证同盟公约确立了此后一个时期处理近东事务的所谓“克里米亚保护体制”，以保证把在土耳其维持现状置于欧洲几大国的监管之下。

克里米亚战争以及巴黎会议的成果对有关各国乃至整个欧洲国际体系的影响是深远的。对俄国而言，其在近东地区的势力受到极大的削弱，从此一直致力于修正《巴黎和约》包括有关黑海中立化条款等在内的对自己不利的规定。对英国而言，它在该地区追求的权力平衡得以恢复，保持了对奥斯曼帝国的影响。对奥地利而言，其战时协调外交得罪了所有的大国，致使其陷入严重的孤立。对奥斯曼帝国而言，近东“维持现状”使它消除了来自俄国的长期威胁，但自此正式被纳入欧洲协调，它的外交独立受到欧洲大国的制约，它对其附属国的控制再次遭到削弱。此外，法国、撒丁、普鲁士都有所得。对撒丁而言，通过与欧洲大国并肩作战并首次参加由大国主导的欧洲大会，大大提高了本国的国际地位，为其日后的民族统一运动奠定了重要基础。普鲁士因战时中立态度，不但赢得了与俄国的友好关系，而且赢得了德意志诸中小邦国的好感乃至依赖，从而加强了它在德意志邦联中的地位。当然，最大的赢家还是拿破仑三世和他的法兰西帝国。克里米亚战争和巴黎和会满足了拿破仑三世对威望的追求，巩固了他在国内外的地位与声望，使法国俨然成为欧洲新的主宰。这种新的形势终于使拿破仑三世有机会推行他心仪已久的“重组欧洲”的外交政策。

克里米亚战争后大国政策和欧洲国际关系的这些新变化致使由 1815 年条约所维系的欧洲国家体系出现“裂痕”。从这个意义上讲，克里米亚战争是个重要的分水岭。

## 第五节　德意志、意大利统一与中欧秩序的重建

### 一、法国、撒丁对奥地利战争与意大利王国建立

19 世纪 50 年代末，在克里米亚战争创造的有利的国际环境中，在加富尔

的积极运筹下，撒丁王国再次承担起意大利统一的责任。与1848年革命中国王查理·阿尔伯特领导的“意大利自己干”的统一运动不同，加富尔寻求与欧洲大国的联合，靠国际力量来推动意大利的统一进程。因为他深知不把强大的奥地利逐出意大利，这一统一进程就不可能实现。而处于权力巅峰的拿破仑三世最有希望在意大利统一运动中发挥决定性的影响力。

1858年7月，拿破仑三世与加富尔秘密在法国境内的普隆比埃会晤。两人就对奥战争、国际形势、战后安排等问题进行了周密的商谈，并达成了一个“君子协定”。主要内容有：法、撒缔结反奥盟约；未来意大利分为四个邦，即由撒丁王国领导下的北意大利王国，由托斯卡纳、帕尔马合并成的中意大利王国，缩小的教皇国和保留的那不勒斯王国；四国组成由教皇领导的邦联；萨伏依和尼斯给予法国等。拿破仑三世希望以民族主义原则重组意大利的同时，重新调整欧洲疆界以对法国更为有利。1859年1月，法国与撒丁正式签订了秘密的联盟条约。此后，撒丁和法国开始积极备战。

恰在这时，奥地利对撒丁采取了强硬的立场。1859年4月，奥地利向撒丁发出一个要求其裁军的最后通牒，这给加富尔和拿破仑三世提供了战争的借口。4月，加富尔正式拒绝了奥地利的最后通牒。奥地利军队越过了撒丁边界。5月，拿破仑三世宣布向撒丁提供军事援助。法、撒对奥战争正式爆发。在法国的帮助下，加富尔领导的意大利统一进程正式启动。

战争伊始，国际形势对法、撒非常有利。英、俄相继表示中立；普鲁士对奥地利的行动表示遗憾。奥地利在外交上陷入严重孤立的境地。战事上，法、撒军队连连告捷。然而，突如其来的国际时局变化使拿破仑三世的战争脚步戛然而止。一是意大利局势的演变远超于他原先的计划；二是普鲁士认为法国的胜利对其构成威胁而改变了原有立场，并于6月宣布战争动员。6月28日，德意志邦联议会也下令各邦实施动员。这种转变对法国构成强大的压力。于是，他撇开撒丁与奥地利单方面和谈。7月，法、奥双方在维拉弗兰卡签署了预备和约。面对此种形势，撒丁王国只得接受该和约。11月，法、奥、撒签署《苏黎世和约》。该和约主要规定，奥地利保有威尼西亚，伦巴底由法国转给撒丁王国。但和约未对中部意大利作出任何安排。

1860年年初，民族主义者加里波第（1807—1882）等人在意大利中部和南部相继发动革命。加富尔利用这种形势重新组阁。他开始大胆推动帕尔马、摩德纳、托斯卡纳和罗曼纳等中部意大利四邦与撒丁合并。拿破仑三世予以支持，但作为一种补偿，他要求法国应该得到萨伏依和尼斯。3 月中旬，在法国政府的默认和撒丁的积极支持下，中部意大利四邦举行公民投票，以压倒多数赞成与撒丁合并。3 月 24 日，法、撒两国签订《都灵条约》，撒丁同意萨伏依和尼斯并入法国。

与此同时，加里波第领导的民族革命蓬勃发展起来。1860 年 5 月和 9 月，他率领“红衫军”先后占领西西里首府和那不勒斯城。面对此种形势，加富尔决定在南意大利采取积极行动。9 月，罗曼纳正式并入撒丁王国。而此时加里波第在与撒丁国王维克托·伊曼纽尔二世（1820—1878）会晤后决定将一切权力交给这位“意大利国王”。10 月，撒丁政府决定以公民投票的形式合并中意大利和南意大利的全部省份。11 月，撒丁军队进入那不勒斯城。

1861 年 3 月，第一次全意大利议会在都灵召开，并正式宣布建立意大利王国，维克托·伊曼纽尔二世任国王，加富尔任首相。意大利王国将首都从都灵迁至佛罗伦萨。至此，除了威尼西亚和罗马外，意大利的其余地区都已统一在意大利王国的版图之内。从此，意大利以一种新的秩序进入欧洲国家体系。

## 二、波兰危机与拿破仑三世的霸权图谋

19 世纪 60 年代，正值意大利统一运动风起云涌之时，波兰再次爆发了民族独立革命。1861 年秋，波兰各地纷纷成立秘密革命组织，一个具有民主主义倾向的政治团体“红党”在华沙成立。随后，他们建立了“中央民族委员会”并于 1863 年 1 月发动起义，宣布波兰民族独立，并成立了临时政府。不久，起义席卷全国。尽管这次起义仅限于俄属波兰，但得到了普、奥所属波兰人的诸多支持。

波兰危机引发了欧洲大国之间新一轮的外交斗争。在这方面，法国最为积极。拿破仑三世提出召开一次关于波兰事务的欧洲大会的动议。早在 1863 年 5 月初，拿破仑三世已经勾勒出这次欧洲大会的轮廓：与会的国家应包括 1815 年条约签字国在内的几乎所有国家，即增加荷兰、丹麦、土耳其、意大利和德意志邦联，只有比利时和瑞士因是中立国被排除在外，教皇是否参加由他自行定夺；大会的议题不仅限于波兰问题，还包括“欧洲总体的政治形势”。对此，俄国表示谨慎的赞成，但其他大国对法国的建议提出异议。奥地利反对召开这样的会议，它担心议题的扩大会转移对波兰的注意力。英国不予支持。普鲁士犹豫不决。

但拿破仑三世并没有就此放弃。1863 年 11 月初，他正式提出召开这个欧洲大会来建构欧洲新秩序。11 月 4 日，他向各国政府递交了一份外交公函。与

会国不仅限于大国，而是包括“欧洲所有的君主和政府”，在德意志地区，除了奥地利、普鲁士和德意志邦联外，还应有汉诺威、巴伐利亚、萨克森和符腾堡。除了波兰问题，大会讨论的问题还包括易北河两公国、多瑙河公国、罗马、军备控制、奥地利与意大利之间的对抗等困扰欧洲的问题。会议的主要目的就是对 1815 年的条约逐条审查，剔除所有需要剔除的，并将剩余部分重建为“1863—1864 年条约”。

然而，除了中、小国家很快接受了大会的邀请，欧洲大国并未作出积极回应。实际上，这些大国对拿破仑三世都怀有强烈的不信任感。它们普遍担心，拿破仑三世一旦坐到会议桌上野心就会急剧膨胀。各大国的消极态度使拿破仑三世召开欧洲大会的计划流产。最终，沙皇政府派重兵对波兰起义军进行残酷镇压。1864 年秋，波兰起义最终被镇压下去。1863 年的波兰危机的结果意味着拿破仑三世通过欧洲协调方式重组欧洲以获取法国霸权的谋图失败。

### 三、丹麦战争、普奥战争与北德意志联邦建立

意大利统一运动，尤其是意大利王国的建立使一度被压抑的德意志民族统一意识再次爆发出来。这种意识因为意大利战争期间普、奥的不和与德意志邦联的软弱表现而变得更加强烈。俾斯麦（1815—1898）出任首相后，他开始领导普鲁士依靠王朝实力通过“铁血政策”统一德意志。

这一统一进程从战争解决易北河两公国问题开始。易北河两公国石勒苏益格和荷尔斯泰因一直属于丹麦国王，但荷尔斯泰因居民全为德意志人，并参加了德意志邦联；石勒苏益格北部为丹麦人，南部为德意志人，故未参加德意志邦联。1863 年 11 月，丹麦议会通过了一部适用于全国各州的新宪法，称《十一月宪章》。根据新宪法，石勒苏益格将并入丹麦，使之与荷尔斯泰因分离。新继位的克里斯蒂安九世签署了新宪法。

这给俾斯麦推行自己的计划提供了良机，他指责丹麦国王无权这样做。俾斯麦促成普鲁士与奥地利的联盟，开始对丹麦采取共同行动。1864 年 2 月，普奥联军越过艾德河，向石勒苏益格发动进攻，丹麦战争爆发。在战场上，丹麦军队节节败退。普奥联军占领了石勒苏益格后越过丹麦边界，很快控制了日德兰半岛的大部分，并向丹麦本土纵深推进。7 月，丹麦被迫与普、奥停战议和。10 月，三国签订《维也纳和约》。根据该和约，石勒苏益格和荷尔斯泰因成为普、奥两国的共同领地。1865 年 8 月，奥地利因国内出现危机而作出让步，与普鲁士签订

《加施泰因条约》，改为奥地利拥有荷尔斯泰因的行政管理权，普鲁士拥有石勒苏益格和基尔港的行政管理权，但两公国的领土所有权仍归两国共享。

接着，俾斯麦着手排挤奥地利以夺取普鲁士在德意志地区的领导地位，并为对奥战争做准备。俾斯麦一方面以口惠争取法国拿破仑三世在普奥相争中保持中立，一方面转向寻求与意大利结盟。1866 年 4 月，普鲁士与意大利签署了同盟条约。普鲁士同意对奥地利开战后，意大利将取得威尼西亚；意大利承诺普、奥开战后参加对奥作战。与此同时，普、奥矛盾进入白热化阶段。4 月底，奥地利率先进行战争动员。5 月初开始，普鲁士进行了同样的动员。5 月，奥地利正式要求由德意志邦联来处理两公国问题。

1866 年 6 月初，俾斯麦借口奥地利违背《加施泰因条约》进兵荷尔斯泰因。奥地利遂将此事提交到邦联议会。随即，6 月 17 日奥地利对普鲁士宣战。6 月 18 日普鲁士向奥地利宣战。意大利亦随之向奥地利宣战。7 月，普、奥军队在波希米亚的萨多瓦展开一场决战，奥军被击溃。1866 年 8 月 23 日，普、奥签订了《布拉格条约》，条约规定，奥地利将它在石勒苏益格和荷尔斯泰因的权益让给普鲁士，并同意普鲁士吞并汉诺威、黑森、拿骚和法兰克福自由市等；普鲁士承认巴登、符腾堡和巴伐利亚等邦国在国际上享有独立地位。10 月 3 日，意、奥缔结《维也纳和约》。根据该和约，意大利得到威尼西亚。至此，对意大利而言，只有罗马教皇领地尚处于意大利王国之外。

普奥战争及其后果明显地改变了中欧的政治格局。意大利王国因合并威尼西亚而使自己进一步扩大。奥地利虽仍保持为一个欧洲大国，但其在中欧的影响力大为削弱，而普鲁士确立了在北德的领导地位。1866 年 8 月，北德 21 个邦和 3 个自由市缔结了同盟条约。据此，美因河以北各邦将建立一个联邦制国家，通过普遍、平等和直接选举产生议会，并制定一个统一的联邦宪法。1867 年 2 月，由普选产生的北德意志联邦议会正式启动。4 月，该议会讨论通过了俾斯麦口授的《北德意志联邦宪法》草案，并于 7 月正式生效。北德意志联邦的成立，标志着德意志在统一进程中迈出了最重要的一步。

## 四、普法战争与德意志、意大利统一

普奥战争结束后，普、法、意等国的民族主义情绪日益高昂。在普鲁士看来，法国已成为实现德意志最后统一的主要障碍。在法国，越来越多的人感觉到来自普鲁士的威胁。普奥战争之后，拿破仑三世的对外政策发生了实质性转向，即“从誓言的1815年条约的敌人转向1866年条约神圣性的保护者”①，亦即他从欧洲秩序的修正主义者转向现状的维护者。在中欧，其具体的方案是，按照《布拉格条约》中的有关条款在北石勒苏益格举行公民投票；南德邦国有权组成一个邦联，并决定其在与普属德意志关系中的地位；将普鲁士活动限制于《布拉格条约》所决定的边界之内。这当然与俾斯麦坚定不移地推行德意志统一的计划是绝对不能相容的。

实际上，在俾斯麦的战略性政策中，法国早已是其现实性的敌人了。1866年8月，他已经成功地推动普鲁士先后与南德的符腾堡、巴登和巴伐利亚等邦国签订了秘密的攻守同盟条约。1867年6月，他又对德意志关税联盟进行了重组，通过承认南德各邦代表进入北德议会，而向一种政治联盟靠近。1868年4月，首届德意志关税联盟议会成功召开。北德与南德政治上走上统一已是大势所趋。

1867年至1870年间，法普关系的恶化已无可扭转。1870年7月15日，在法国激进分子不断要求下，法国议会一致通过对普战争的决定。7月19日，法国正式对普鲁士宣战，普法战争爆发。9月1日，双方在色当展开一场决战，仅仅一天时间法军即全线告溃。驻守在那里的拿破仑三世和麦克马洪元帅等39名将军和数万名法军成了普军的俘虏。

色当战役后，法国的情况急转而下。9月4日，巴黎发生革命，法兰西第二帝国被推翻。这时，普军开始围攻巴黎。巴黎军民尽管进行了奋勇抵抗，仍难挽败局。1871年1月28日，巴黎失陷。法国国防政府接受和谈。这导致巴黎工人于3月18日举行起义，并建立了“工人阶级的政府”——巴黎公社。至5月28日，法国政府军和入侵的普鲁士军队相勾结，巴黎公社被镇压了下去。巴黎公社是人类历史上第一次无产阶级政权的伟大尝试。马克思指出，巴黎公社“是使工人阶级作为唯一具有社会首创能力的阶级得到公开承认的第一次革命”，具有“十足国际的性质”。②

1871年5月10日，法德双方在法兰克福正式签订和约，即《法兰克福和约》。该和约重划了法、德两国的疆界，将阿尔萨斯和洛林割给德国；并规定法国向德国赔款50亿法郎，三年内结清；在赔款付清前，普军对法国1/3领土实行占领，法国负责供给占领军给养；法国给予德国在贸易和航运方面最惠国

---

① William E. Echard, *Napoleon Ⅲ and the Concert of Europe*, Baton Rouge: Louisiana State University Press, 1983, pp. 278-279.

② 《马克思恩格斯文集》第3卷，人民出版社2009年版，第160—162页。

待遇。普法战争就此结束。

普法战争在欧洲国际关系中的影响是巨大的。首先，对于法国而言，《法兰克福和约》是一个非常苛刻的条约，也是1815年维也纳会议以来欧洲国际关系中罕见的苛刻条约。以后的事实表明，阿尔萨斯、洛林的割让给德国及其政策背上了一个难以卸除的负担，并且给自己招来了法国无法调和的仇恨。这为法、德之间持久的冲突埋下了祸根。

其次，它分别使意大利和德国完成了最后统一。普法战争爆发后，法军为驰援本土的战事，从罗马撤出了军队。1870年9月，随着法军在战争中的败北，意大利乘机发兵攻占罗马，教皇庇护九世退居梵蒂冈。1871年1月，意大利王国首都由佛罗伦萨迁至罗马。同月18日，德皇威廉一世（1797—1888）在法国巴黎近郊凡尔赛宫镜厅，举行加冕典礼，宣告统一的德意志帝国成立。4月18日，帝国政府宣布《北德意志联邦宪法》适用于整个德意志帝国，史称《德意志帝国宪法》。德意志和意大利统一的完成标志着1815年维也纳解决办法的核心部分——关于中欧的安排正式解体。

最后，它导致克里米亚保护体制的终结。1870年10月31日，俄国利用普法战争时机宣称废除1856年《巴黎和约》中有关黑海中立化的条款。1871年1月17日，在俾斯麦的调解和建议下，英、普、俄、法、奥匈①、土、意等国在伦敦举行会议。3月13日，伦敦会议接受俄国的提议，并签订了关于黑海海峡的新的《伦敦海峡公约》，正式取消了“黑海中立化”的规定；作为补偿，会议允许土耳其苏丹有权在和平时期对友好国家和结盟国家的军舰开放海峡。伦敦会议虽然表面上贯彻了欧洲协调的原则，但不过是承认了俄国单方面改变巴黎和会规定的现实，表明了原有克里米亚保护体制的解体。

德国、意大利的统一，法国霸权的丧失和克里米亚体制的解体，深刻地改变了欧洲的均势体系。它带来的一个直接后果就是欧洲国际关系中力量对比的变化，从而对未来的欧洲国家体系的演变产生了决定性的影响。

## 思考题：

1. 如何评价拿破仑所进行的战争？

---

① 1867年经奥地利、匈牙利统治者协议，在奥地利帝国基础上成立奥匈帝国，简称“奥匈”或“奥”。

2. 试述维也纳会议的主要内容及其历史地位。

3. 试析克里米亚战争爆发的原因、主要进程及其影响。

4. 简述德意志、意大利统一的进程及其对欧洲国际关系的影响。

# 第三编 全球性国际体系的形成

# 第八章　从俾斯麦的欧洲秩序到欧洲两大集团的形成

1871 年普法战争结束以后，维也纳体系的权力政治版图已经改变，取而代之的是俾斯麦的欧洲保守秩序。德国外交的基本目标是联合奥匈帝国和俄国以孤立法国。由于 19 世纪 70 年代中期近东危机对欧洲政治影响的结果，德国在 1878 年柏林会议后走上在和平时期正式结盟的道路，组建起了一个复杂的包括奥匈、俄、意等国在内的同盟体系。19 世纪 80 年代中后期俾斯麦对其体系的调整使他的“五球不落”的外交达到了峰巅。然而，俾斯麦的欧洲秩序随着他 1890 年下台而迅速瓦解。一方面，法国争取盟国的持续努力通过 1894 年法俄同盟的缔结取得了初步成效；另一方面，德国统治集团也不满于俾斯麦“大陆外交”的保守性，开始走向“世界政策”。19 世纪 90 年代中期以后，随着帝国主义经济政治发展不平衡的加剧，欧洲大国阵线变化与欧洲外的殖民争夺相互交织，开始了欧洲国家重新组合的过程。这个过程表明，欧洲局势与世界各地事务之间的相互联系和影响，在帝国主义时代较之以往更为广泛和深刻，它也是这个时期全球性国际关系体系形成的一个真实体现。在此过程中，英国外交的重点经历了从海外帝国向欧洲的转移，而面对与德国矛盾的不断上升，英国放弃了长期奉行的“光辉孤立”的对欧政策，先后在 1904 年和 1907 年分别与法国、俄国结成协约。自此，欧洲形成了英法俄协约国集团和德奥为首的同盟国集团相对峙的格局。它们争夺欧洲霸权和瓜分世界的斗争在 7 年后导致第一次世界大战。

## 第一节　近东危机和柏林会议

### 一、普法战争后的欧洲局势和法德关系

经过 1870 年至 1871 年的普法战争，欧洲国际局势发生了很大变化。法国失去了克里米亚战争之后争霸欧洲的优势，维也纳体系关于中欧的权力结构安排也已不复存在。过去德意志世界由于奥普并立、邦国纷争而在欧洲政治中起着某种“缓冲”作用，现在随着统一的德意志帝国的崛起，情形全然不同。德国这个带着普鲁士军国主义印记的帝国，在人口资源、军事能力和工业发展潜

力上都在欧洲占据相对优势，足以威胁邻国乃至欧洲的和平。在此背景下，欧洲国家普遍对德国的政策趋向及其目标心存疑虑和警觉，并竞相努力在外交领域为自己谋取安全保证。欧洲准备接受普法战争后的新现实，但与此同时，“法兰克福和约”式的胜利已达到欧洲所能接受的极限。

战后法德矛盾成为欧洲政治的一个焦点。德国对法和约比1866年时的对奥和约要苛刻许多，宰相俾斯麦的意图是在削弱法国的复仇能力，可是这种包括兼并领土在内的做法却使法德关系处于一个难以调和的基础之上。法国不甘心接受《法兰克福和约》，而它要推翻这个屈辱的条约，必须争取到其他大国的支持。法国战后力量羸弱，不具备结盟条件，但日后利用欧洲均势局面伺机结交盟国的可能性是存在的，这成了法国外交的一项长期的基本目标。马克思和恩格斯曾深刻指出，兼并阿尔萨斯和洛林是德国军事专制制度得以永世长存的最好办法，同时也给法国统治集团提供了培育沙文主义的温床。① 因此，德国在其崛起的同时造就了一个与生俱来的对立面法国，在此后欧洲大国阵线的错综变化中，法国将是德国任何异己势力的盟友。

德国战后面临的主要任务是融入欧洲国际体系，并建立起保证其大陆强国地位的欧洲秩序。德国对外政策在俾斯麦的掌控下趋向于保守和维持欧洲的和平。以往的战争政策显然不再可取，那样不仅会损害战后既成之局，还可能促成在德国周围出现敌对的同盟，即俾斯麦所称的“结盟的噩梦”。德国外交的基本路线是孤立法国，防止其他欧洲大国与之结盟。当时英国对欧陆事务基本上持孤立主义态度，因而在俾斯麦看来，通过君主纽带将俄国和奥匈帝国团结到自己周围，是使共和制法国在大陆上陷于孤立的最有利的办法。但是，俄奥之间因彼此在巴尔干的利益对峙而长期不和，不论是两国发生冲突或者是德国在它们之中作出选择，都可能促使其中的一方找到法国做盟友。俾斯麦无意与俄、奥任何一国缔结正式的同盟，然而他所设想的欧洲君主大国的亲善联合，一定程度上取决于俄奥关系的状况。

随着普法战争的结束，俄奥关系出现了转机。奥匈帝国在法国惨败和南德诸国被归并的情势下，已放弃在德意志世界的抗争而转向谋求与德国和解，并在1871年8月恢复了两国皇帝的会晤。奥匈想通过与德国的联合来推进其在巴尔干的利益并抑制俄国的野心，但又担心强势的德国有朝一日会觊觎其日耳曼

① 参见《马克思恩格斯选集》第2卷，人民出版社1972年版，第317—318页。

人省份或者德、俄结成联合。由于奥匈二元帝国本身的弱点，加之无法做到使德、俄分离，它把直接与俄国达成维持巴尔干现状的谅解作为可能采取的防患手段。在俄国方面，虽然利用普法战争机会取消了限制其主权的黑海中立化条款，但战后它再也无法像过去那样对德意志事务施加影响了。德国力量的提升，法国的虚弱以及德、奥的接近，使俄国在欧洲权势较量中倍感失落。德、俄传统友谊仍有实际价值，在近东和波兰等问题上德国的支持不可或缺，但为了改善自己在欧洲的地位并保护在近东的利益，俄国此时开始考虑要适时地调整对奥匈政策，希望通过与奥匈达成某种妥协以缓和双方关系，进而牵制其倒向德国以及俄国在近东主要对手英国的步伐。

1872 年 9 月，德、奥、俄三国皇帝在柏林聚会。这次会晤除了一致表示反对国际工人的革命运动之外，三方没有签订任何共同的协议。俾斯麦本想借此表明王朝欧洲的团结和法国的孤立，但俄国方面却声称欧洲和平需要一个强大而谨慎的法国。不无意义的是，奥匈、俄双方与会大臣就维持巴尔干半岛现状达成了口头谅解。其后到 1873 年 6 月，在俄国皇帝访问奥匈帝国期间，奥匈、俄两国在维也纳近郊兴勃隆签订了一项正式的政治协定，史称《兴勃隆协定》。双方约定在任何特殊问题上出现分歧或在遇有第三大国之侵略危及欧洲和平时，要相互协商采取共同行动的方针。这是奥匈、俄两国为在欧洲或近东出现事端时保障自身安全利益、相互约束和进行协调的一种安排。1873 年 10 月，德国皇帝访问维也纳时，德国签署文本加入该协定，三皇联盟因此而诞生。俾斯麦之所以乘势加入，是因为这符合他建立欧洲君主秩序、孤立法国的设想，并且有利于他对奥俄关系的控制。三皇联盟不具有“同盟”性质，各方动机很不相同，奥匈与俄保持合作是它的基础。这个保守的君主联合结构，其实是普法战争后欧洲大国关系处于相互牵制状态的一种反映。

1873 年 5 月，法国保皇派上台后与德国关系出现持续紧张，两边舆论躁动不安，至 1875 年春酿成了所谓的德法战争危机。俾斯麦一直猜疑法国作为天主教大国在从事国际教权派联合反德的活动，法国经济复兴和军事改革的势头以及各地天主教会的反德言论，加深了他对法国在做复仇准备的担心。他并不赞成德国军方内部所谓趁法国未完全恢复前进行“预防性战争”的主张，然而当 1875 年年初传出法国购买军马和扩充军队编制的消息后，俾斯麦采取了战争恫吓的办法，目的是阻遏法国制造复仇情绪和重新武装。法国已于 1873 年提前偿清赔款从而使德军撤离了法国领土，虽有经济和军事上的部分复兴，但其实力无法与德国抗衡。在与德国紧张对峙的整个过程中，法国的策略是极力营造它又将遭受德国欺凌的印象，力图利用欧洲的同情来防止德国发动战争的危险和保障法国的安全。

1875 年 4 月 8 日，德国御用媒体柏林《邮报》刊出题为《战争在望?》的社论，肯定战争爆发已“不可避免”，认为当时国际上存在利用天主教展开的反德阴谋，并指认法国就是主谋，正在准备复仇战争。此举拉响了轰动一时的“战争警报”。欧洲其他国家普遍不认为法国有发动战争的可能，因而怀疑这是德国要对法国进行预防性战争的信号。而法国外长德卡兹则以巧妙的伎俩进行反击。正好这期间俾斯麦亲信拉多维兹在一次英国使馆晚餐微醺后，不慎发表了一通为预防性战争正当性辩护的言论。德卡兹立即将其制成副本分送俄、英等国，以此坐实德国正在谋求侵略法国，促使欧洲其他国家对时局表明态度。欧洲没有大国愿意看到德国继续扩张。1874 年上台的英国迪斯累里（1804—1881）政府欲改变以往回避欧洲事务的形象，随即照会各国，主张用外交手段平息危机。奥匈则与俄国协调，请俄国出面规劝德国。1875 年 5 月 10 日，俄国沙皇和宰相哥尔恰可夫（1798—1883）到访柏林，会见中要求德国澄清战争鼓噪。俾斯麦迅即把责任推诿于法国及其舆论的错误宣传，否认德国有任何战争意图。俄国宰相离开柏林时致电文给其驻欧洲各国使馆，意思是俄国已索取到了德国的和平保证。

1875 年的这次危机过去了。这是一次反映了法德关系愈益尖锐化的政治危机，实际上并无真正的战争危险存在。这次危机的结束表明，欧洲其他大国不愿法、德力量对比继续向对德国有利的方向转化，它们力图维持《法兰克福和约》之后的欧洲现状。

## 二、近东危机的发生与大国外交

自 18 世纪晚期以来，因奥斯曼帝国的衰落而在外交上衍生出来的“东方问题”，对欧洲政治有着重要影响。马克思、恩格斯曾指出，东方问题就是“对土耳其怎么办?”的问题。[①] 在一次次由这个帝国及其臣民的命运所引发的国际纷争中，欧洲列强经常打着在土耳其当局和争取民族解放的属地人民之间“调停”的旗号，乘机为自己攫取政治、经济和战略的利益乃至领土。由于列

① 参见《马克思恩格斯全集》第 12 卷，人民出版社 1998 年版，第 6 页。

强在这个帝国的利益和野心不能相容，它们的争夺不断地制造出国际局势的动荡与危机，而“东方问题”也始终没有找到真正的解决办法。1875 年至 1878 年的近东危机，使“东方问题”又开始了一个新的阶段。

1875 年七八月间，奥斯曼帝国黑塞哥维那和波斯尼亚两省发生了基督徒农民的起义，反抗伊斯兰教地主的政治歧视和经济压迫。巴尔干半岛的斯拉夫人一直期盼着摆脱土耳其的专制统治，建立斯拉夫人自己的民族国家，因而立即对起义给予热烈的同情和支持。在邻近两个具有自治地位的小国塞尔维亚和门的内哥罗，人们更是纷纷捐助经费、物资，志愿人员跨过边界参加起义者的斗争。土耳其当局的反应是对起义进行残酷镇压，而塞、门两国则出现了对土耳其宣战的可能。

列强中奥匈帝国和俄国对巴尔干局势有着特殊的利害关系。奥匈希望维持奥斯曼帝国对巴尔干属地的统治，防止出现一个俄国支持的大斯拉夫国家，否则就会堵塞自己向东南方向进行政治和经济渗透的道路。俄国支持巴尔干斯拉夫人从土耳其获得自治和独立。推进其在巴尔干的优势与控制黑海海峡向来是俄国近东政策的两大目标，但要防止像克里米亚战争时期那样出现大国的敌对联合。波、黑起义发生后，奥匈、俄虽然对巴尔干斯拉夫人的态度截然不同，但它们根据《兴勃隆协定》的精神保持了在三皇联盟框架下的合作。起初奥匈、俄建议由 1856 年《巴黎和约》六国的领事在起义者和土耳其之间进行就地调停，继而 1875 年 12 月奥匈外交大臣安德拉西经与俄国协商后提出照会，要求土耳其在波、黑实行宗教自由，放松税收等改革。在两次努力无果后，1876 年 5 月 13 日，奥匈、俄、德三国大臣在柏林会商又拟定出了一个《柏林备忘录》，主要是重申安德拉西照会的改革方案并敦促冲突双方停火，因俄国的坚持，该备忘录中还添加了如果未能收到预期效果则要采取进一步措施的内容。奥俄之间的这些合作都得到了德国俾斯麦的支持。德国在近东没有直接利益，“东方问题”的再起可以使欧洲各国视线从阿尔萨斯-洛林问题上移开，但必须防止奥匈与俄发生冲突，因此他乐于赞成奥俄之间达成的任何意见。然而，《柏林备忘录》因遭到英国的反对而未能成为欧洲大国的联合行动。英国作为近东利益大国，一直把奥斯曼帝国视为抵挡俄国势力南下、向西亚或巴尔干侵入的屏障，因而传统上支持土耳其、反对其他列强对它进行干涉。迪斯累里政府更是不愿让三皇联盟支配近东事务，指责这个备忘录所谓采取进一步措施的内容损害了局势和平化前景，无正当理由要求土耳其接受。

1876年夏，巴尔干局势日趋严重。保加利亚发生了土耳其雇佣军血腥镇压当地人民起义的暴行，上万居民惨遭杀害，大片村庄被夷为平地。这个被称为“保加利亚恐怖”的事件激起了斯拉夫世界的义愤，同时也使欧洲舆论感到土耳其统治的不可救药。1876年6月30日，塞、门两国正式宣布对土作战，塞土战争爆发。为应对时局，奥匈、俄两国皇帝偕大臣于7月8日在波希米亚的赖希斯塔特就战争的前景及势力范围的划分达成一项秘密协定。双方都同意不介入塞土战争，如塞、门一方战胜则不得建立一个大斯拉夫国家，如果土耳其战胜则应予恢复塞、门两国战前的领土现状和在波、黑两省推行改革。在奥匈和俄双方取得补偿方面，由于各自记录文本的不同，后来引起不少歧义和争执，原则上是同意在巴尔干现状遭到破坏时奥匈可获一部分波斯尼亚领土，俄国可收复比萨拉比亚南部。

这年秋天，随着塞尔维亚在对土战争中的接连失败，俄国国内的斯拉夫舆论空前高涨，沙皇政府此时对巴尔干的政策转向强硬。事关在巴尔干势力的盛衰，俄国开始军事动员，准备出兵遏制土耳其的胜利和军事占领保加利亚。在此期间，列强一方面斡旋塞土停火，一方面围绕可能出现的俄土战争前景展开了频繁的外交活动。俄国的外交活动，目的是避免重蹈克里米亚战争的覆辙，关键仍在维持三皇合作。当俄国在试探中被俾斯麦告知德国的利益不能容许俄与奥匈发生冲突后，俄国便着手试图与奥匈达成新的安排。奥匈在与俄国的交涉中则表示将不阻扰俄国的对土战争，但期待谈判一项新约以保护奥匈在巴尔干的利益。英国在得悉俄国有军事占领保加利亚的计划后，即成为这次近东危机中与俄国对抗的主要对手。英国怀疑俄国的占领是要觊觎近在咫尺的君士坦丁堡和控制海峡，这将直接威胁到英国的整个近东利益以及经埃及通往印度的海上生命线。英国在对俄保持强硬态度的同时，力求通过外交安排来制止俄国对土战争的步伐，迪斯累里甚至向俾斯麦建议订立英德同盟共同维持土耳其现状。然而，在这一时期中，俾斯麦对俄国要求联德制约奥匈、奥匈要求联德抗衡俄国、英国要求联德以维持现状的建议，都采取了保留的态度。俾斯麦此时认为，近东危机的解决要靠有利益冲突的欧洲各大国作出让步，途径是瓜分奥斯曼帝国。在俄、奥匈、英都已卷入危机的情况下，德国宁愿让它所不便反对的俄国对土战争来廓清混乱的形势。

土耳其在俄国10月31日最后通牒的压力下被迫接受停火。其后经英国提议，欧洲各大国于1876年12月至1877年1月间在君士坦丁堡举行会议，寻求解决危机的出路。在预备会议阶段，欧洲列强就保加利亚采用双省制，波、黑、保等地实行自治，土耳其立即和塞、门缔结和约等问题达成协议。作为主要对手的英、俄之所以在此阶段能够取得妥协，是因为英国代表索尔兹伯里的意图是在以此阻止俄国的对土战争，而俄国方面的策略是如果土耳其拒绝这个最低要求的方案，俄国就在事实上获得了对土事务的主导权。然而，在12月23日正式会议开幕当天，奥斯曼帝国突然宣布改变政体，它的改革将根据颁布的新宪法由立宪议会决定，列强的方案被拒绝。继而由于列强在如何对土实行强制性措施上无法达成一致，君士坦丁堡会议无果而终。

俄国继续为对土战争作外交准备。俄国在1877年1月至3月与奥匈进行秘密谈判，缔结了《布达佩斯条约》。其中规定，奥匈承诺在俄国单独对土行动时保持善意中立，有权在必要时获得波、黑两省作为补偿，俄国承诺军事行动的范围将限制在巴尔干东部，重申不建立大斯拉夫国家。与此同时，俄国又通过驻伦敦大使舒瓦洛夫与英国谈判达成了一项安排，这就是接着由英国外交大臣德比与其他五大国大使在1877年3月31日签订的所谓《伦敦议定书》，其内容笼统，仅声明列强对改善基督徒命运有共同利益，要求土耳其与塞、门缔和，并进行必要的改革。4月9日，土耳其仍然用与君士坦丁堡会议时相同的理由拒绝了《伦敦议定书》。4月24日，俄国对土耳其宣战。

### 三、俄土战争和《圣斯蒂法诺条约》

1877年4月俄土战争爆发后的头三个月，俄军进展顺利。除了在高加索方面很快掠取了阿尔达汉等地外，俄军于6月下旬强渡多瑙河成功，继而向南挺进巴尔干山脉诸要塞，7月中旬攻占希普卡隘口。随后战争便进入相持阶段。土耳其军队在战略重镇普列夫那殊死奋战，坚守4个月之久，拖住了俄军向君士坦丁堡进军的速度。普列夫那守卫战是土耳其战争史上引以为荣的一页，它阻止了奥斯曼帝国的崩溃。

俄土战争开始后，英、俄对抗的程度加深。国际环境对俄国而言是有利的，挑战主要来自英国。英国谴责俄国的行动背离了1856年《巴黎和约》以及欧洲协调的原则，对改善土耳其境内基督徒的境遇造成了困难。1877年5月6日，英国在照会中对俄国亮出底线，警告俄军事行动不得影响到埃及、苏伊士运河和波斯湾的通航，不得改变君士坦丁堡和海峡的现有地位，否则英国将不能保持有条件的中立。① 俄国外交当局在战争初期企图与英国达成在俄军越过巴尔干山脊之前土耳其接受以保加利亚实行自治和塞、门增加领土为基础的所谓“小和平”的方案，但因俄国军方的反对，又撤回了这项提议。这种变动更激起英国对俄国战争目的的怀疑。迪斯累里政府虽然有内阁中鸽派的牵制，但仍在 1877 年 7 月决定，如俄国占领君士坦丁堡，英国将不惜对俄作战。英国的地中海舰队受命开往比斯开湾，并加强了马耳他岛驻地军队的部署。

俄土战争期间，英国试图与奥匈建立起对抗俄国的联盟。英国的设想是英国舰队占领加利波利（毗邻达达尼尔海峡口），奥匈出兵罗马尼亚和塞尔维亚，共同应对俄土战争可能造成的形势变化。可是，奥匈的态度是：愿与英国在将来就谋求近东事务的安排方面取得谅解，但不反对俄国用武力解决它与土耳其的争端。奥匈之所以没有与英国达成联盟，原因是奥匈已与俄国订有《布达佩斯条约》，同时也不愿冒与俄国发生战争冲突的风险。

1877 年 12 月起，俄土战场形势发生急剧变化。土耳其军队在 12 月 10 日普列夫那失守之后全线崩溃，俄军翻越巴尔干山脉向土耳其首都逼近。土耳其要求列强斡旋停火，而俄国拒绝了由英国出面调停的提议。俄国要土耳其直接向俄军统帅部请求停火，并把土耳其接受俄国的议和方案作为停止军事行动的条件。1878 年 1 月 20 日，俄军进入阿德里安堡，1 月 31 日，土耳其在那里与俄国签了停战协定。之后俄国借协定中停火线的规定，将军队推进到离君士坦丁堡只有十余公里的圣斯蒂法诺小镇。

战争的胜利刺激了俄国的野心，军方和泛斯拉夫势力对决策的影响大大增强。在阿德里安堡签的停战协定已包括建立大保加利亚和保障俄国在海峡权益的内容。尽管俄国面对着来自英、奥匈方面的巨大压力，但仍不想失去这个重新改造奥斯曼帝国的机会。为了尽快将其变为既成事实，俄国谈判代表、驻土大使伊格纳切夫于 1878 年 3 月 3 日迫使土耳其签订了俄土和约，史称《圣斯蒂法诺条约》。该条约主要内容是：建立自治的大保加利亚公国，其南部边界扩及爱琴海，由俄国 5 万军队占领 2 年；塞尔维亚、门的内哥罗和罗马尼亚取得独立，塞、门增加领土，罗马尼亚获得多布罗加作为俄国取得比萨拉比亚南部的补偿；波斯尼亚和黑塞哥维那两省实行改革；土耳其赔款 14.1 亿卢布，实际

---

① Kenneth Bourne and D. Cameron Watt eds., *British Documents on Foreign Affairs: Reports and Papers from the Foreign Office Confidential Print*, Part 1, Series B, David Gillard ed., *The Near and Middle East*, vol. 3, Bethesda, Maryland: University Publications of America, 1984, pp. 262-263.

赔款3.1亿，其余的大部分以割让领土方式偿付俄国；俄国获得阿尔达汉、卡尔斯、巴统等土耳其亚洲领土；博斯普鲁斯、达达尼尔海峡对往来于俄国的商船予以开放。

《圣斯蒂法诺条约》遭到英、奥匈两国的坚决反对。奥匈完全不能接受俄土缔和条约中关于建立大保加利亚的内容和对巴尔干西部的处理方案，而这一切被俄国说成是“战争产生的权利和必要性”。俄国罔顾此前所订协议的行为被视为背信弃义，奥俄协调开始破裂。奥匈决意通过它于2月即已建议召开的欧洲会议来解决问题。英国从1月起已在考虑对俄战争的可能性，在海峡地区与俄国对峙的形势不断升级，2月间英国舰队进入达达尼尔海峡，泊于距土耳其首都十多公里的穆达尼亚湾，3月又决定派遣远征军占领地中海东部据点以控制海域。3月底索尔兹伯里出任英国外交大臣，随即发表公告，谴责《圣斯蒂法诺条约》将土耳其的独立压迫到了“完全屈从的地步”而代之以俄国在近东的独家控制，坚持将由欧洲会议来审查该约，否则就将是战争。俾斯麦此时已敏锐觉察到近东权力出现了重新分配的情况，他适时地自诩为“诚实的掮客”，表示将在大国中起调解作用。尽管这项工作可能使德国吃力不讨好，但以牺牲土耳其利益进行谈判毕竟有助于避免大国战争的发生。俄国实际上已无力再战，亦无舰队守卫黑海，只好同意把《圣斯蒂法诺条约》递交拟在柏林举行的欧洲国际会议讨论。

## 四、1878年柏林会议

柏林会议前夕，英、俄、奥匈三国继续围绕修改《圣斯蒂法诺条约》展开密集的双边谈判，以保障各自在近东事务最后安排中的地位。奥匈与俄谈判始终无果，英、俄谈判则于1878年5月31日获致成功，双方就划分大保加利亚和俄国保留在亚洲兼并的领土等问题达成原则性妥协。为平衡俄国在亚洲的收获，英国在6月4日以保护亚洲土耳其的安全为理由，迫使土耳其签订了《塞浦路斯条约》，同意把该岛让给英国占领和管理。英国与奥匈的谈判于6月6日达成协议，奥匈同意以巴尔干山脉为界划分保加利亚，英国答应在欧洲会议上支持奥匈关于波黑地区的建议。这些谈判外交博弈的结果，为柏林会议奠定了基础。

1878年6月13日至7月13日，欧洲列强在柏林举行国际会议，讨论解决近东危机和《圣斯蒂法诺条约》引起的问题。这个条约之被部分否定，事实上在会议之前已成定局。德国宰相俾斯麦担任大会主席，他的主要目的是促使有关大国达成全面妥协和维护三皇联盟的存在。英国首相迪斯累里和外交大臣索尔兹伯里同时出席，迪斯累里不循国际会议使用法语的惯例而用英语发言，表现了一种不妥协的姿态，英国的目标是要扩大会前英俄协议的成果。俄国宰相哥尔恰可夫抱疾与会，想为俄国赢得体面的和平，其目的是尽可能保留《圣斯蒂法诺条约》所得到的东西。奥匈参加会议的是外交大臣安德拉西，他的意图是设法让欧洲会议授权奥匈占领波黑地区。法国和意大利均由其外交部长出席，它们保持了自危机发生以来较为中立的态度。除了上述欧洲六大国外，土耳其也作为正式代表参加了会议，但它在会议上是受列强宰割的对象。一些小国派往会议的代表则完全没有发言权。在会议的谈判过程中，英国的索尔兹伯里和俄国的第二代表舒瓦洛夫发挥了重要的作用。经过列强一个月紧张、激烈的讨价还价，结果产生了一个重绘近东政治地图的《柏林条约》。

会议讨论的问题主要集中在三个方面。一是关于《圣斯蒂法诺条约》的大保加利亚问题。会前英、俄已达成妥协，以巴尔干山脉为界划分保加利亚，会上英、奥匈与俄国的争执焦点是关于这条边界的走向和土耳其在南部的控制权问题。最后达成的安排是该地区一分为三：包括索非亚在内的保加利亚为自治公国；巴尔干山脉以南建行政自治的东鲁米利亚省，土耳其在其边界有驻军权；马其顿则仍归属奥斯曼土耳其直接统治。二是关于巴尔干其他地区的问题。奥匈占领波、黑两省的要求得到英、德的支持，俄国难以抵制，而土耳其的反对则被俾斯麦驳回。奥匈还得到了在新帕扎尔这个重要商业通道的驻军权利。会议决定塞尔维亚、门的内哥罗、罗马尼亚独立，塞、门增加若干领土，罗马尼亚得到多布罗加但要把比萨拉比亚南部交给俄国。三是关于《圣斯蒂法诺条约》亚洲条款和海峡的问题。会上主要是英俄之间就巴统归属和海峡体制展开了激烈争论，俾斯麦站在俄国方面进行调停。结果是俄国保留了对卡尔斯、阿尔达汉和巴统等地的兼并，但巴统宣布为商业自由港；海峡体制仍旧照以前条约的旧制，英、俄对于海峡问题的不同立场则被记录在会议的议定书中，没有进入条约。

柏林会议在欧洲协调的名义下结束了持续三年的近东危机，近东大国势力的变化暂时达到了一种新的平衡。会议避免了大国战争冲突的危险，代表了强权政治时代的一次外交成就，其实质是欧洲列强在瓜分土耳其势力范围和牺牲小国利益基础上的一次权力再分配。塞尔维亚、门的内哥罗、罗马尼亚的独立以及保加利亚的自治虽然得到了会议的承认，可是对于列强来说，它们不过是大国棋局中的筹码和大国均势的干扰者。此外，近东危机的和平解决并没有使“东方问题”消失，柏林会议的安排不仅给列强之间播下了新的矛盾的种子，而且使巴尔干的民族和宗教问题更加复杂化，这些都为下一轮冲突和危机的酝酿准备了条件。

## 第二节　俾斯麦的欧洲结盟体系

### 一、柏林会议后的德俄关系与德奥同盟建立

1878年柏林会议在欧洲国际关系的发展中是一个重要转折点。继奥俄协调因近东危机而破裂，柏林会议后德俄关系又出现恶化，普法战争后维系欧洲秩序的三皇联盟已名存实亡。为了取得对欧洲局势的控制，俾斯麦领导的德意志帝国开始走上正式结盟的道路，从而使欧洲进入了在和平时期缔结秘密同盟条约的时代。1879年的德奥同盟便是俾斯麦组建以德国为中心的欧洲结盟体系的肇始。

柏林会议后德俄关系的恶化有一定的经济背景。受当时世界经济形势影响，两国为保护本国市场展开了关税战，尤其1879年德国禁止俄国牲畜进口和对进口谷物征税，对俄国农业伤害巨大，使两国关系雪上加霜。但德俄矛盾尖锐化的主要原因在国际政治方面，突出的表现是因柏林会议而引起的所谓“两宰相之战”和两国舆论的对立。俄国宰相哥尔恰可夫把柏林会议外交受挫的责任归咎于俾斯麦的欺骗和背叛，并声称三皇联盟因德、奥牺牲俄国的利益已失去价值。沙皇亚历山大二世（1818—1881）也在其影响下谴责柏林会议是“一次欧洲在俾斯麦领导下的大联合”。俾斯麦自1875年后一直把哥尔恰可夫视为改善德俄关系的障碍，俄国的责难使他相信哥尔恰可夫掩盖了会议真相并且同仇视德、奥的泛斯拉夫势力合流，对德国联合奥、俄孤立法国的欧洲政策构成了严重威胁。从1878年9月起，他亲自发动了旨在摧毁俄国宰相地位的报刊战，1879年3月甚至派外交代表直接面告沙皇，哥尔恰可夫如果不下台，德俄关系无从好转。俾斯麦心目中的候选人是一贯对德友好并支持三皇合作路线的俄驻英大使舒瓦洛夫。正如马克思当年所敏锐观察到的：俾斯麦的最大特征是

“陷入对俄对抗的方式”[1]，他愿意哥尔恰可夫免职，舒瓦洛夫继任。但沙皇政府在1879年5月免去了舒瓦洛夫的职务。俾斯麦接着改变德国在落实《柏林条约》的欧洲巴尔干委员会中的调停立场，转而支持奥匈、英的观点。于是，沙皇8月15日给他的舅父德国皇帝威廉一世写了一封愤怒的亲笔信，指责俾斯麦因其个人与哥尔恰可夫的恩怨而在把德俄关系引向灾难。

1879年八九月间，俾斯麦决定以德奥结成同盟的方式来应付德俄关系恶化的问题。三皇联盟的瓦解使欧洲出现了极不确定的形势：无论俄国还是奥匈都有可能寻求新的盟国，脱离俾斯麦所能控制的轨道。在俄国敌意加深以及其政策趋向愈益无法把握的情形下，稳固与奥匈的关系在俾斯麦看来是保证德国欧洲地位所必须采取的办法。就恢复对局势的控制而言，德奥结盟不仅能使奥匈进一步向德国靠拢，同时也将是迫使俄国统治集团“在极端孤立的情况下放弃哥尔恰可夫的敌对路线”回到三皇合作道路上来的有力武器。[2] 8月底，俾斯麦与即将卸任的奥匈外交大臣安德拉西在加施泰因会晤，奥匈确认了对德政策将保持连续性，双方决定开始磋商一项同盟条约。然而，德国皇帝极力反对俾斯麦结盟奥匈的计划，认为有违德俄亲善的传统。他在9月初与亚历山大二世在俄国边境城市的会晤气氛融洽，根本不相信俾斯麦所渲染的存在着俄国攻德的危险。俾斯麦则以内阁总理辞职相逼，迫使德皇作出让步。

9月下旬，俾斯麦到维也纳与安德拉西举行正式谈判。俾斯麦开始是建议缔结一个既反对俄国也包括反对法国在内的普遍性的防卫同盟，但安德拉西认为这将损害奥匈与英、法方面的友好关系，坚持条约需明确指明俄国为假想敌。条约最后采纳了奥匈的意见，但应俾斯麦要求，两国在一份备忘录中申明，将本着和谐精神与俄国解决《柏林条约》执行中遗留的问题。1879年10月7日，德奥同盟条约由安德拉西和德国驻奥大使在维也纳签订。其内容规定：缔约国一方如遭到俄国的进攻，两缔约国应以全部军事力量实行互助；缔约国一方如遭到除俄国外的其他国家进攻，缔约国另一方应对盟国保持善意中立，但若是该进攻国家得到俄国的支持，两缔约国须协同作战直至共同议和；条约内容保密，有效期5年，经协商可予续约和修订。

---

① 参见《马克思恩格斯通信集》第四卷，李季译，生活·读书·新知三联书店1958年版，第571页。

② Bruce Waller, *Bismarck at the Crossroads: The Reorientation of German Foreign Policy after the Congress of Berlin 1878–1880*, London: The Athlone Press, 1974, pp. 194–195.

1879 年德奥同盟是一个针对俄国的防御性军事同盟，两国加强了抗衡俄国的地位。对于俾斯麦来说，它的现实意义是使德国恢复了对奥俄关系的牵制力。德奥同盟是俾斯麦重新获得对局势控制的工具，并在 19 世纪 80 年代成为他所建立的欧洲结盟体系的有机组成部分，但实际上它的存在使德俄关系的根本改善变得非常困难。后来随着国际形势的变化，这个同盟越来越被德国统治集团当作德国对外政策的基石，是促使法俄同盟形成以及导致欧洲划分为两大对立集团的一个重要原因。

### 二、俾斯麦结盟体系的形成

俾斯麦与奥匈结盟并非是为了放弃俄国，他的真正目标是要保证一个在德国支配下的以联合奥匈、俄为基础的欧洲保守秩序。不久局势中便出现了俾斯麦所期望的转机。就当时俄国在国际上的孤立地位和国内糟糕的经济情况而言，它不可能支撑一项与德国对抗的政策。1879 年至 1880 年秋冬之际，沙皇政府对其外交政策重新进行了评估，决定采取与德国修好的方针，并向德国表示希望签订一个双边协定加以保障。俾斯麦立即抓住机会，一方面说德奥结盟是“在奥匈与西方大国之间挖了一道鸿沟”以平息俄国的不安（俄国不知条款内容），另一方面则强调达成一个德、俄、奥匈的三方协定的重要性，它将是“欧洲和平和稳定的最高标志”。俄国的主要危险来自英国。为了保障在近东的主要利益和避免孤立，俄国同意了俾斯麦关于谈判一项包括奥匈在内的三方协定的意见。在此后关于三皇同盟的谈判中，俾斯麦对俄国的新任驻德大使萨布洛夫阐述了他对欧洲政治的思考：欧洲所有内阁，尤其是德国内阁不可变更的目标是不使自己在欧洲棋局上处于少数，“一切政治都将归结为一个公式：只要这个世界依然是一个被五强不稳定的均衡所统治的世界，那就谁都想成为三方一边的成员”①。

三皇同盟谈判的阻力主要来自奥匈方面。与德国把德奥同盟看作通向三皇同盟的步骤相反，奥匈力图把它扩展为一个反对俄国的德、奥匈、英的同盟。虽然俾斯麦一再向奥匈表明，德奥同盟的防御性质不允许去为英国利益火中取栗，但奥匈仍坚持认为，只要和英国在近东存在着紧密相连的平行利益，放弃

---

① J. Y. Simpson, *The Saburov Memoirs or Bismarck and Russia*, Cambridge: Cambridge University Press, 1929, p. 111.

英国就是不明智的。1880 年 4 月，英国格拉斯顿（1809—1898）自由党内阁上台，开始实施他的自由主义纲领和反对土耳其的政策，奥匈逐渐意识到英国政策靠不住。而在俾斯麦方面，格拉斯顿上台后所倡导的一系列“欧洲协调”行动被视为欧洲外交中新的危险因素，对他追求缔结欧洲君主大国保守同盟的现实目标构成了严重挑战，因此加紧对奥匈施压。奥匈方面始终担心签订三方协定可能会削弱德奥同盟，为了打消奥匈的疑虑，俾斯麦在 1881 年春给出特别保证，德奥同盟将继续存在。1881 年 6 月 18 日，俾斯麦终于在柏林与俄、奥匈两国大使签订了三皇同盟条约。其主要内容是：缔约国之一同第四国交战时，其余两缔约国应对盟国保持善意中立，此规定同样适用于与土耳其之间的战争；尊重奥匈据《柏林条约》获得的新地位，并在附加议定书中载明，奥匈有权在适当时机兼并波黑地区，保加利亚与东鲁米利亚则可在“情势所迫”时最终合并；封闭博斯普鲁斯、达达尼尔两海峡是一个具有普遍约束性的欧洲原则，土耳其如果违反将被视为与受害国处于交战状态。这个条约为期 3 年，1884 年续订了一次，具体条款一直到第一次世界大战后方见诸于世。

三皇同盟是这个时期俾斯麦所构建的欧洲结盟体系的主架，德国通过三个帝国的重新联合保证了在欧洲政治中的主导地位。与 19 世纪 70 年代三皇联盟的协商性质相比，它具有两个基本特点。一是缔约国相互之间存在着恪守中立的固定条约义务。德国在法德交战时可排除俄法结盟和两线作战的危险；俄国在英俄交战时可保证德奥的善意，并能获得它们对封闭海峡原则的支持；奥匈在与意大利交战时则不必担心俄国的夹击。二是缔约国在秘密修改《柏林条约》有关条款的基础上，对俄、奥匈两国在巴尔干势力范围作出了一些明确的安排，主要体现在对波黑地区和保加利亚地区的处理上。三皇同盟一定意义上反映了三帝国利益调和的一面，但并没有消除内部存在的深刻矛盾，俄与奥匈在巴尔干利益的根本对立是俾斯麦结盟体系的一个致命弱点。需要提及的是，10 天之后奥匈即与塞尔维亚订立同盟，将其置于保护之下，作为对自己在三皇同盟中地位的一种补充。

1881 年 10 月，意大利王国向德国和奥匈提出结盟要求，从而将缔结三国同盟的问题提上日程。意大利的实力不如欧洲其他五强，力图在地中海与北非一带扩张势力。意大利因奥匈境内操意语地区的归属而与奥匈帝国存在着矛盾，近东危机后奥匈在巴尔干方面扩大了地盘，意大利却没有获得任何补偿，于是一心把目标定在攫取突尼斯这个具有重要商业和战略利益的殖民地上。但是在柏林会议期间，英、德方面为安抚法国对英国取得塞浦路斯的不满，早就暗中许诺法国可以向突尼斯发展。1881 年 5 月，法国占领突尼斯，给意大利以沉重打击，使其痛感外交孤立。1881 年 7 月，意大利国内发生了共和分子反对罗马教皇的大动乱，共和势力的迅猛高涨蕴含着起事的危险并可能得到法国的支持，而奥匈和德国当时也都有可能以替教皇出面的名义进行干预。突尼斯事件所显示的国际孤立，罗马教皇问题所引起的内忧外患，终于使意大利发现了君主主义原则的价值，决定寻求与中欧君主大国结盟。

俾斯麦向来轻视意大利这个带着共和色彩的欧洲君主国的力量，但把它推向法国绝不可取，因而采取了稳住意大利但不急于结盟的策略，他告知意大利通往柏林的道路要经过维也纳。及至 1882 年 2 月底，俾斯麦突然催促奥匈加快对意大利的谈判速度。这个态度的转变与当时俄国出现的动向有关。这年冬天，由于奥匈对波斯尼亚发生的起义进行镇压，俄国泛斯拉夫舆论重又高涨，俄土战争时的名将斯柯别列夫将军到巴黎鼓吹法俄友谊，声称条顿民族与斯拉夫民族的冲突不可避免。斯柯别列夫事件虽然不是俄国官方所为，但沙皇政府怯于舆论迟迟没有将其召回，这使俾斯麦明显意识到三皇同盟的局限性。俾斯麦决定把意大利纳入他的结盟体系。1882 年 5 月 20 日，奥匈外交大臣与德、意两国大使在维也纳签订了三国同盟条约。该条约为期 5 年，可以续订。其中规定，维护欧洲“君主制原则”和缔约国现有政治社会秩序；缔约国相互保证友好并不参加敌对同盟；意大利如遭法国无端进攻，德、奥匈应全力援助，德国如遭法国无端进攻，意大利需履行同样义务；缔约国成员如遭到两个以上国家无端进攻，所有缔约国应协同作战；如遭一个国家无端进攻，其余缔约国应对盟国善意中立。此外，应意大利要求，条约加了一个所有条款均不针对英国的附加声明。

1882 年三国同盟是一个针对法、俄的防御性军事同盟，其要旨在剥夺了法国一个可能的盟国，同时增强了德、奥匈方面在出现俄国威胁时的应付能力以及保证了“意大利的中立”。意大利通过与德、奥匈结盟摆脱了危险的孤立并提高了大国身份。虽然意大利对地中海和北非的扩张利益在条约中没有得到体现，但 1885 年它在英国支持下占领了红海附近的马萨瓦。

继德、奥、意的三国同盟订立之后，俾斯麦又把罗马尼亚纳入他的结盟体系。1883 年俄国的军备活动再度引起俾斯麦不安。在他的怂恿和斡旋下，奥匈与罗马尼亚于 1883 年 10 月 30 日在维也纳签订了为期 5 年的条约，双方承诺在对方遭到无端侵犯时履行援助义务，并将就作战行动和彼此过境问题达成特别协议。德国于同一天声明加入。这个德、奥、罗的同盟是一个针对俄国的防御性军事同盟，它表明罗马尼亚被划入了奥匈帝国的势力范围。

19 世纪七八十年代是欧洲列强竞相对欧洲以外地区进行帝国主义殖民扩张的时期，德国在 1884 年至 1885 年间出现了一次夺取殖民地的浪潮。就俾斯麦而言，这既是为了满足利益集团的要求从而确保对国内政治的控制，也有获取尽可能多的殖民地以利于德国经济渗透的考量。但俾斯麦从来没有把殖民事业放在第一等重要的位置，他相信德国的命运取决于欧洲大陆的状况。实际上他经常利用列强间殖民争夺的矛盾，以谋取德国在欧洲地位的增强。俾斯麦经常讲，他的"非洲地图"是在欧洲，这边是法国，那边是俄国，德国被夹在中间。1878 年柏林会议后的 5 年时间里，俾斯麦先后把奥匈、俄国、意大利和罗马尼亚等国纳入他的结盟体系，加上 1882 年英国占领埃及事件造成英、法两国的对立，欧洲国际政治事实上形成了一种为俾斯麦结盟体系所支配的局面。

### 三、俾斯麦结盟体系的调整

1885 年至 1887 年，欧洲接连发生保加利亚危机和法德关系危机，给俾斯麦的结盟体系带来巨大的冲击。面对国际形势错综复杂的变化，俾斯麦为了保持对欧洲局势的控制，对他的结盟体系进行重新擘画和调整。

1885 年 9 月 18 日，东鲁米利亚爆发起义驱逐了土耳其行政长官，宣布与保加利亚公国合并，亚历山大大公（1857—1893）被拥立为这个统一国家的君主。这个事件引发了列强为争夺保加利亚控制权而持续两年多的危机。俄国一直以来把保加利亚公国视为自己在巴尔干的一块主要阵地，但此时的俄保关系却因为亚历山大大公不愿成为俄国的傀儡而日益恶化。俄国极不想看到保加利亚统一落到一个不听命于己的大公之手，严厉谴责亚历山大大公撕毁了《柏林条约》，要求欧洲大国施加压力迫使他解散合并。三皇同盟国家在危机初始阶段保持了一致，可是俄国的要求遭到英国的抵制，此时已上台的索尔兹伯里（1830—1903）政府相信，亚历山大大公领导下的统一保加利亚将是遏制俄国势力通向君士坦丁堡的一道屏障。1885 年 11 月，塞尔维亚为了获取补偿，借口维持巴尔干均势向保加利亚开战，结果保军在反击中大获全胜，奥匈作为塞尔维亚的盟国进行了强硬干预，战事才告结束。

保加利亚在塞保战争中的胜利加强了大公的地位，英国得以促使土耳其接受保加利亚合并的现实。1886 年 2 月，土、保达成协议，东鲁米利亚仍是土耳其省份，苏丹则任命亚历山大大公为该省总督。该协议遭到俄国的反对，最终列强于 1886 年 4 月在君士坦丁堡的大使会议上达成妥协，即保加利亚大公任东鲁米利亚总督，但避免提亚历山大的名字。此后，俄国便策划了废黜大公的阴谋。1886 年 8 月 21 日，亚历山大大公被一批亲俄军官绑架遣送出境。虽然大公的拥护者随即发动反政变又将他请回，但沙皇断然告知大公：鉴于他对保加利亚造成的深重灾难，俄国不能允其回国。9 月 7 日，亚历山大大公被迫宣布退位并离开了保加利亚。俄国接着派考尔巴斯将军到索非亚实行高压统治，力图全面控制保加利亚。考尔巴斯使命激起了奥匈、英等国的强烈反对，同时保加利亚摄政当局和人民也给以坚决抵制和反抗，俄国不得不于 11 月下旬将其撤回，并宣布与保断交，威胁要占领保加利亚。

保加利亚危机的直接后果是俄奥关系急剧恶化。奥匈帝国实际上从来没有真正接受俾斯麦关于奥俄在巴尔干划分势力范围的思想，投资修建由维也纳经索非亚到君士坦丁堡的东方铁路便是其向巴尔干西部经济渗透的一项举措。随着保加利亚危机的发展和俄国单方面干预的升级，奥匈公开否认俄国在保有特殊利益，声称如果俄国占领保加利亚，它将不惜与之一战。俾斯麦把危机的发生看作“多瑙河牧羊人”对欧洲和平的干扰，危机期间他一方面采取了支持俄国的立场，以保证德俄友谊不受影响，另一方面要求奥匈保持克制，避免与俄国发生冲突，鼓励它寻求英国遏制俄国。他提醒奥匈，如果奥匈因保加利亚问题而同俄国作战，根据德奥同盟条约，德国没有援助义务。然而，及至 1886 年 8 月以后，作为三皇同盟基础的奥俄合作已经不复存在，三皇同盟瓦解了。1887 年三皇同盟到期后再也没有续订。

与保加利亚危机同时，法德关系随着法国布朗热运动的出现而重趋紧张。1885 年，法国费里（1832—1893）殖民内阁倒台后，法国国内的民族复仇思潮抬头。1886 年，政治野心家布朗热进入内阁担任陆军部长。他大肆鼓吹对德复仇，实行军事改革，扩充军队和武器装备，这俨然成了法国“军事复兴”的象征。俾斯麦则采取包括增强军事力量在内的威胁手段予以反制，以迫使法国意识到布朗热运动的危险性。同时他也需要利用法德紧张关系进行军事准备和外交上的调整。1887 年 1 月，他在国会极力渲染法德边境的紧张态势，指明法国为德国的主要敌人，如果它敢于来犯，则要使其沉默 30 年。3 月，德国国会通过了“七年期”军事法案。法国政府并不赞成布朗热的冒险主义做法。5 月，布朗热被解职，法德之间的紧张关系逐渐转缓。

两场危机所显现的法、俄政策的不确定性，促使俾斯麦决定利用续订加强与意大利的联系，稳固三国同盟。意大利方面一直觉得这个同盟收获不大，此时利用德、奥匈对法、俄的担心抬高了续订的条件。俾斯麦对意大利的要求几乎全盘照收，1887 年 2 月 20 日，在柏林签订了三国同盟续约，为期 5 年。其中的“奥意协定”规定双方尽可能维持近东现状，如果巴尔干地区或亚得里亚海和爱琴海奥斯曼海岸与岛屿的现状不能维持时，双方将按相互补偿原则取得协议后占领。“德意协定”规定如果法国侵占的黎波里或摩洛哥，意大利需要采取军事行动时德国应给予军事援助。如果两国共同对法作战，意大利为安全需要而提出对法领土要求时，德国不得阻拦。此外还规定了双方维持近东现状的范围，其中不包括巴尔干地区，并声明不适用于埃及。1887 年的这次续订使意大利获得了对巴尔干事务的发言权并满足了其在北非的扩张愿望，但因含有侵略性要求而使三国同盟具有了进攻性军事同盟的性质。对于俾斯麦来说，这是在三皇同盟瓦解的情势下对他的结盟体系进行调整的重要环节。

在俾斯麦的筹算中，加强三国同盟不只是为了拴住意大利，他还力图通过意大利的“桥梁”作用建立起三国同盟国家与英国的协约关系，促使在近东和地中海地区形成足以对付法、俄的联合力量。就英国而言，由于与法国和俄国有着深刻的利益冲突，也倾向于同三国同盟国家合作，但它不想因此而失去自己的行动自由。1887 年 2 月 12 日，英、意互换照会，3 月 24 日，奥匈以照会形式加入，第一次《地中海协定》由此订立。根据其内容，英、意承允共同维持地中海及至黑海的现状，相互支持英国在埃及和意大利在的黎波里与昔兰尼加的活动。英国照会中指出“合作的性质”将视具体情况而定，奥匈照会则强调英奥在“东方问题”上具有需要维持现状和抵制任何一国扩张的共同利益。第一次《地中海协定》主要针对法国也针对俄国，英、意、奥匈三国在维持地中海现状的基础上建立了遏制法、俄的协约性联合。俾斯麦在其中起了重要的促进作用，但德国以“需要在大陆看住法国”为理由并没有参加这个协定，这使俾斯麦能够继续同俄国拉拢关系。

在两场危机交织之际，为了防止法、俄的接近，俾斯麦在保加利亚问题上不断地向俄国释放善意。面对保加利亚的困境，1887 年 4 月，沙皇政府停止犹豫，决定在与奥匈关系破裂之后继续采取联德的方针。1887 年 6 月 18 日，经俾斯麦与俄国驻德大使的谈判，签订了秘密的所谓《再保险条约》，为期 3 年。

主要规定，缔约国一方如与第三大国交战时，另一方应保持善意中立，但此条款不适用于缔约国一方对奥匈或者对法国进攻的情况；德国承认俄国在巴尔干的历史性权利，特别在保加利亚享有优势的合法性；封闭海峡是一个欧洲原则，禁止土耳其将该地区交外国使用。另附补充议定书含有德国支持俄国在保加利亚重建“合法政府”等内容。该条约的中立条款表明，德国不允俄国侵犯奥匈，俄国同样也不接受德国侵犯法国。但这个条约使俾斯麦在三皇同盟瓦解后仍能保持与俄国的结盟联系，从而束缚它不和法国建立反德联合。由于德奥同盟保证了奥匈在法国对德战争时的中立，现在这个条约又保证了俄国在同样情况下的中立，因此在历史上被称为《再保险条约》。

1887 年夏秋期间，由于保加利亚选立大公的事件和有关埃及的英国“撤军方案”所引起的问题，英、奥匈、意和俄、法之间又起争端。这就把扩大地中海协约的内容提上日程。俾斯麦极力鼓动英、奥匈、意达成新的协定，可是英国怀疑德国想推卸在巴尔干援助奥匈的责任，俾斯麦则出示德奥同盟文本，表明德国早有义务在先。1887 年 12 月中旬，英、奥匈、意三国互换照会，达成第二次《地中海协定》。根据协定，三国同意共同维护近东现状和保护海峡，确认土耳其对保加利亚的宗主权，但如果土耳其纵容其他国家在上述地区的“非法举动”，三国将有理由临时占领它的一些领土。第二次《地中海协定》把三国协约的范围扩大到了巴尔干和对土耳其的控制，是一个主要针对俄国的关于近东问题的协定。就英国方面来说，两次《地中海协定》使它介入了俾斯麦结盟体系并在与法、俄的争斗中有了三国同盟国家的支持，但它与意、奥匈的联合并不具有同盟的性质，英国仍然保持着外交上的灵活性。

《再保险条约》和两次《地中海协定》是俾斯麦结盟体系调整中的重要举措，他的总目标是一方面促使英、奥匈、意和法、俄在近东与地中海地区形成相互牵制状态，另一方面又不使法、俄结合，从而保证德国在欧洲大陆的地位。法国依然是孤立的，因为欧洲其他大国都需要德国的友谊。然而，俾斯麦外交所促成的对德有利的均衡局面在本质上是脆弱的，欧洲国际政治中的基本矛盾如法德矛盾、奥俄矛盾、英俄矛盾等一个都没有得到真正缓和，而他的结盟体系又存在极大复杂性与内在的冲突，这样的“维持现状”是无法长久持续的。此外，他抱着所谓“外交和经济是平行跑道”的观念，无视经济力量对国家间关系的影响，其实大谬。19 世纪 80 年代晚期，德、俄激烈的关税战以及 1887 年 11 月德意志帝国银行禁止接受俄国证券，使《再保险条约》后的德俄关系受到重创，俄国把目光投向法国，1888 年起即连续从法国得到大笔贷款，成为后来法、俄结合的一个经济基础。1890 年 3 月 18 日，俾斯麦因与德国新皇帝威廉二世（1859—1941）的政见分歧而辞职，随着其后继者对外政策的改变，俾斯麦的结盟体系走向瓦解。

## 四、法俄同盟的建立

俾斯麦下台后德国对外政策发生重大转折。与俾斯麦谋求在大国间保持制约与平衡的外交不同，卡普里维内阁推行所谓“新路线”，其假设是，基于俄国敌意和法、俄可能结盟的现实，德国必须全力推进与英国及德国盟国的联合，从而在大陆上确立起足以压倒法俄集团的优势。新内阁采取的第一个重大外交决策，便是根据外交部高级官员霍尔施泰因的意见不再延长即将到期的德俄《再保险条约》，他们认为用这个条约拴住俄国不仅是一种危险的幻想，而且它会使德国陷入与英国及自己盟国的冲突。1890 年 3 月 28 日，俄国被告知此条约不再续订。此时俄德关系虽每况愈下，但俄国外交当局仍想维持一个哪怕形式上的书面协定，然而还是遭到拒绝。这使俄国感到德国联俄的政策已被改变。

废除了《再保险条约》之后，德国外交便展开了一系列拉拢英国和巩固三国同盟的行动，其中两件事尤引人瞩目。一是 1890 年 7 月与英国签订《赫尔果兰条约》，把德属东非一片土地让给英国以换取北海的赫尔果兰岛。这个谈判拖延已久，在当时被认为是德国为了达到结盟英国的目的而作出的重大让步。二是 1891 年 5 月高调续订德奥意三国同盟，条约中除继续保证给意大利在北非的利益扩张以支持外，还载明寻求英国加入。英国为表示对三国同盟国家的友好，同年 7 月间，派军舰访问意大利和奥匈的港口，与此同时德皇威廉二世访问英国。但是，德国“新路线”外交所追求的与英国结盟的这个目标始终没有实现。事实上，英国对德的外交地位因德俄关系的削弱而增强了，它拒绝对三国同盟国家承诺任何受约束的条约义务，甚至对 1887 年的《地中海协定》都抱着保留态度。在这样的情况下，德国为了保住奥匈和意大利两个盟友，又不得不承担起较之俾斯麦时期更多的支持它们的义务。及至 1894 年，德国重新发现了德俄友谊对于维系德国地位的好处，力图通过与俄国订立通商条约来恢复两国合作，所谓的“新路线”实际上已告破产。而从欧洲国际政治层面来看，德国“新路线”外交的严重后果是直接促成了 1891 年至 1893 年间法俄的结盟。

法俄之间并不存在重大的利益冲突，尽管它们的政体与意识形态不同，但在对抗英国和三国同盟方面有着共同需要，而法国更是把俄国看作打破孤立和从东部对德国进行战略牵制的最理想的可能盟国。由于被俾斯麦的外交布局所困，法国在尝试与俄国结盟问题上一向谨慎以免招致德国的打击，可它也始终在精心地培育着与俄国的友好关系。俾斯麦下台后德俄关系的变故终于给法国带来了良机。1891 年三国同盟公开续订及英国可能与其联盟的征兆，促使俄国作出了与法国联合应对时艰的决定，否则它将孤立地面对一个敌对性的大国集团。1891 年七八月间，法国舰队受邀访问俄国军港喀琅施塔得，沙皇登上军舰在《马赛曲》的军乐声中脱帽致敬。正是在这种亲善的气氛中，两国外交当局于 8 月 27 日通过互换信函的方式，订立了法俄政治协定。内容为：两国承诺将对任何具有威胁普遍和平性质的问题进行协商；如果和平真正遭到威胁或者两国之一有被侵略的危险，法、俄将就立即和同时采取的措施达成谅解。沙皇俄国和法国资产阶级共和国的携手，表明普法战争以来的欧洲格局出现了变化。

法国希望及早与俄国订立一个军事协定，但是这个协定的谈判拖了一年才实现，原因主要在俄国方面，俄国外交大臣吉尔斯对再订一个军事协定的必要性持怀疑态度，担心法国利用这个条约使俄国卷入对德国的复仇战争。军事协定谈判是在两国军方之间进行的，1892 年 8 月 14 日，法国副总参谋长布瓦代弗尔和俄国总参谋长奥勃鲁切夫在圣彼得堡草签了军事协定。沙皇亚历山大三世（1845—1894）表示“原则上同意”，但还需要做必要的准备并经两国政府批准。该协定规定“有效期与三国同盟相同”，严守秘密。主要内容有三方面。第一，如果法国遭到德国或在德国支持下的意大利的进攻，俄国应调动其所有能使用的军队进攻德国；如果俄国遭到德国或德国支持下的奥匈的进攻，法国应调动其所有能使用的军队进攻德国。第二，如果三国同盟或者其中任何一国进行军队动员，法国和俄国一经得知，无须任何事前协议就应“立即和同时”动员军队，并将其调到边界。第三，法国用于对付德国的军队为 130 万人，俄国用于对付德国的军队应为 70 万～80 万人，这些军队应全力参加战斗，使德国不得不在东西两线同时作战。从总体上看，这项协定因具有明显的反德色彩而使法国感到满意，同时也顾及了俄国的利益关注，协定中俄国用于对德作战的军队少于法国便考虑到了它在巴尔干方面对付奥匈的需要，而且保证在俄与奥匈交战时法国将全力牵制德国。这个防御性军事联合是法、俄双方妥协的产物。但是，这个协定存在着一个“致命的隐患”：其有关“动员”条文的规定使得一国的军事动员或任何相关的局部性冲突，都可能引爆一场全欧性的战争。①

这项军事协定的批准过程延宕了较长的时间。1893 年德国又对俄国掀起激烈的关税战。7 月，德国以为两线战争做准备为由，在国会通过加强陆军实力的军事法案。这对拖延已久的法俄结盟问题起了推动作用。10 月，俄国军舰经沙皇批准前往法国军港访问，受到法国社会各界的热烈欢迎，盛况空前。1893 年 12 月 27 日和 1894 年 1 月 4 日，俄国外交大臣和法国驻俄大使互换信函，确认 1892 年 8 月的军事协定从此生效。法俄同盟正式成立。

马克思早在 20 多年前普法战争结束时就预见了法、俄两国的结盟。法俄同盟的出现是普法战争后欧洲国际局势发展的一个合乎逻辑的结果。俾斯麦结盟体系一统欧洲的时代结束了。正如恩格斯指出的，欧洲大陆上出现了“相互威胁的两大军事阵营：一方是俄国和法国，另一方是德国和奥地利”②。欧洲国际格局进入了新的转变时期。

## 第三节 欧洲国家的重组与两大集团的形成

### 一、19、20 世纪之交的英国和德国

19 世纪 90 年代中期，英国置身于法、俄与德、奥匈、意两个集团之外保持着“光辉孤立”，欧洲实际上已形成三大势力并存的格局，大国关系呈现出一种不稳定的均衡局面。与此同时，欧洲列强在全球争夺殖民地和势力范围的斗争空前激烈，这使它们在欧洲的关系变得更加复杂。在此后欧洲大国关系和列强重新组合的演变过程中，英、德两国的政策及其关系的变化，是影响局势演变的一个根本性因素。

英国在 19 世纪大部分时间里凭借其经济力量和海上优势，一直奉行“光辉孤立”的对外政策，即在和平时期不与欧洲国家缔结同盟条约。这种不受事

---

① George F. Kennan, *The Fateful Alliance: France, Russia, and the Coming of the First World War*, New York: Pantheon Books, 1984, pp. 250-251.

② 《马克思恩格斯文集》第 4 卷，人民出版社 2009 年版，第 385 页。

前盟约束缚的自由，使它一方面能够在维持欧陆均势方面充当“制衡者”角色，另一方面便于利用列强矛盾增进其遍及世界各地的殖民帝国的利益。但是到19、20世纪之交，帝国主义之间力量对比发生了对英国不利的变化，英国在殖民地、海外贸易以及海军力量等各方面都遭到了严重的挑战，特别是大英帝国的边疆在新老列强重新瓜分世界的狂潮中危机频发，甚至经常不得不面对法、俄、德等其他欧洲大国的联合。孤立已不再“光辉”，英国开始调整政策，谋求通过与其他大国的妥协或联合来捍卫其重要的帝国利益，并防止出现敌对性的反英联合。英国在美洲方面实行战略收缩，以与美国建立起持久谅解。在亚洲方面，英国最大的竞争对手是俄国。1898年1月，英国向俄国提出了一项非同寻常的建议：两国在土耳其和中国划分势力范围。而俄国已于1887年5月与奥匈帝国达成近东协议“冻结”巴尔干现状，此时它在东亚大举扩张的势头正劲，根本无意受与英国订约的束缚。为了阻遏俄国势力的推进，英国便试图与德国联手。

德国在1897年威廉二世改组内阁后，转向实行意在取得世界一流强国地位的“世界政策”。其主要表现是发展大海军和争夺殖民地与势力范围。海军大臣蒂尔皮茨在给威廉二世关于发展海军计划的报告中明确把英国看作假想敌。1898年和1900年德国接连通过了两个海军法案。外交大臣比洛（1849—1929）在外交上采取了所谓保持“行动自由”的政策，目的一是给实现大海军计划保驾护航，使德国能够在与英国“非敌非友”的情况下，顺利通过舰队建设所需要的时间“危险区”，以便建立起足以与英国匹敌的海上力量。[①] 二是基于相信英国与俄、法之间的矛盾无法克服，在它们之间保持平衡可使德国占据一种优越的仲裁者地位，利于索取包括殖民地在内的各种让步，最终英国将因困于与俄、法的竞争而不得不为投入三国同盟付出高昂的代价。

1898年3月，经由英国殖民大臣约瑟夫·张伯伦倡议，英德之间展开了关于缔结同盟的谈判，时断时续进行了三次，到1901年结束。谈判中，英国的意图是要建立一个在东亚遏制俄国的地区性同盟。但德国认为这样的同盟势必导致它与俄法集团的冲突并危及其在欧洲的地位，而德国的利益是在维护好与俄国的关系，并且乐见俄国势力陷于亚洲与英国对抗，因此根本无意接受这个在

---

① Paul M. Kennedy, *The Rise of the Anglo-German Antagonism, 1860-1914*, London: George Allen & Unwin, 1982, pp. 225-226.

东亚对抗俄国的地区同盟。德国提出的要求是建立一个英国与三国同盟之间的全面同盟。但英国担心这将使德国获得对欧陆事务的主宰权从而进一步推进它的世界政策，而英国还要去负担保卫德国及其盟友欧洲利益的任务，英国首相索尔兹伯里认为这是“最不合算的交易”。在谈判的三年中，英、德另订立有三个协定。其中 1898 年 8 月关于瓜分葡萄牙殖民地和 1899 年 11 月关于重新瓜分萨摩亚群岛的两个协定，都是德国趁英国在非洲相关争端中需要它保持中立而加以勒索的结果。1900 年 10 月，英、德关于所谓“维持中国领土”现状及门户开放的协定则与同盟谈判的议题最为相关，英国原以为这将为抵制俄国当时在中国东北的控制、结成地区同盟带来契机，然而 1901 年 3 月，此时的德国宰相比洛在国会公开声明英德协定不涉及中国东北事务，这使英国的希望化为泡影。1901 年 12 月，英国方面正式拒绝了德国关于建立全面同盟的要求。翌月，英国便与日本结成了在东亚的反俄同盟。从英德谈判的整个过程看，英德之间在结盟的问题上不具有共同利益，两国都存在严重的战略误判并都企图索求对方在其核心利益的问题上作出让步。英德同盟谈判的失败，并非两国失去了一次合作的机会，而是那个时代一个老牌大国和一个崛起大国对抗性矛盾难以调和的反映。正如 1907 年英国外交部官员克劳在其那份著名的备忘录中分析英德关系时所说，对立的矛盾是根深蒂固地存在于两个国家相对的地位之中。

英德同盟谈判破裂后，两国舆论自英布战争以来的对立情绪更趋严重，经常爆发报刊战，双方的怀疑和敌意日益加深。在海军竞赛方面，英国 1889 年确立“双强标准”时主要是针对法、俄舰队的，而到 1902 年，英国海军部已明确意识到德国发展大海军的目标是针对英国，因而 1903 年决定在东海岸设立海军基地和组建北海舰队，1904 年制订出针对德国海军的作战计划，防备德国舰队对英国近海的威胁。及至 1905 年，英国开始建造“无畏舰”级的新式装甲舰，德国也在 1906 年通过新法案，今后一律建造“无畏舰”级的新主力舰。英、德围绕巴格达铁路而展开的斗争也十分激烈。自 19 世纪 90 年代以来，德国势力不断渗入土耳其，“世界政策”实施后更获得了新的动力。1903 年，德国从土耳其取得巴格达铁路（从柏林经由博斯普鲁斯海峡贯穿小亚细亚抵巴格达）以及延伸到波斯湾的正式租让权，由德意志银行筹措建设铁路的外国资金。为阻挡德国势力进入波斯湾威胁到自身在中亚乃至印度的利益，英国在与德方谈判中要求取得这条铁路在波斯湾一段的建筑权，但德国坚决不让步。此事在英国国内引起强烈的反德声浪，谈判也因英国拒绝参加修建铁路工程而破裂。1903 年 5 月，英国发表关于波斯湾的声明，表示将采取一切所拥有的手段，对抗任何强国在波斯湾建立海军基地或设防港口。总之，英德同盟谈判失败之后，两国矛盾急剧发展了。

## 二、英法协约的形成

经历了 1898 年与英国在法绍达对峙的危机以后，法国开始调整外交政策。在 1903 年英法协约谈判的时机成熟之前，法国的外交努力主要是调整与俄国以及意大利的关系。这些措施一定程度上改善了法国的国际处境以及其后与英国的谈判地位。

法俄同盟是法国外交政策的基石，但由于俄国力量投入亚洲的角逐，而且德国支持俄国力量东倾，这个同盟原来的意义受到削弱。为了加强法俄同盟，1899 年 8 月，法国外交部长德尔卡塞访问圣彼得堡，与俄方以换文方式达成协议，对原来条约内容做了两项重要变动：一是把原约有效期与三国同盟相同改为无限期，二是把同盟的目标由原来的"维持和平"改为"维持欧洲均势"。这种变动意在针对德国"世界政策"可能给欧洲以及地中海均势带来的霸权威胁。在这次访俄期间，德尔卡塞还说动俄国修建从奥伦堡到塔什干的中亚铁路线（1900 年春开建，1904 年 10 月建成）并提供法国贷款，以增加俄国在中亚对英国的压力。之后在 1901 年 4 月，法、俄又将双方军事义务的范围扩大到针对与英国发生战争的情况，这意味着，法俄同盟在对付英国方面的合作也得到了增强。

法国对意大利外交的目标是通过经济和政治的利诱手段，促使其脱离三国同盟轨道和建立法意友好关系。两国 1898 年 11 月签订的商务条约缓和了意大利财政困顿状况，1900 年 12 月，双方达成协定，承认法国在摩洛哥和意大利在的黎波里与昔兰尼加各有行动自由，此举支持了意大利在经历 1896 年入侵埃塞俄比亚受阻之后在北非的殖民野心。1902 年 11 月，法、意订立中立协定，承诺缔约国一方在遭受外来攻击或受到直接挑衅而被迫宣战时，另一方需保持中立。此协定使三国同盟受到削弱，意大利虽然仍留在三国同盟中却与法国保持友谊，这成为直到第一次世界大战前欧洲国际关系变化中的一个常态。对于法国来说，法意友好的确立不仅使法国东南边界的安全有了保障，而且结束了两国长期以来在北非、地中海地区的对抗格局，并保证了意大利对法国在摩洛哥利益的支持。1902 年，法国还与西班牙就两国在摩洛哥划分势力范围进行谈判，但因西班牙坚持要有英国参加而搁置。

在此之后，法国走上了谋求与英国和解的协约之路。在促成法国外交这一重大调整的多方面的原因中，有两个基本因素始终起着重要的作用。一是法国在19世纪末20世纪初海外拓殖中的首要目标是确保法国将来有一个与其欧洲地位相称的，并与其北非帝国相连接的地中海大国地位，为此它最想做的是把摩洛哥纳入自己的势力范围，以便与法占阿尔及利亚和突尼斯连成一片。在"结束英国对埃及控制"变得越来越不现实的情况下，同英国就摩洛哥和埃及问题达成各自承认对方利益的交易，是一种有利的解决办法。而如果继续在那个地区与有着最强大海上力量的英国处于敌对状态，法国就无望实现它的目标。二是法德矛盾的深刻性以及德国"世界政策"对法国大国地位的潜在威胁。德国势力在"世界政策"的推动下正在大举渗入巴尔干地区和土耳其，由于奥匈帝国因民族冲突引起的政局动荡随时可能出现导致瓦解的情形，法国深恐德国会乘机攫取奥匈大片领土并进入亚得里亚海沿岸，那样法国不仅在欧洲而且在地中海将面临一个更可怕的局面。[①] 法国几乎不可能与德国取得根本性的和解，倘使能与英国化敌为友，加上自己与俄国的同盟，法国在欧洲及地中海的地位就有了保障，这种考虑使得谋求与英国的和解增加了动力。其实在1902年，法国驻英大使康邦已开始在不断地与英国外交当局接触，探寻解决包括摩洛哥问题在内的两国殖民纠纷的可能途径。

从1903年起，英国决定把目光转向与法国解决它们之间的殖民争端。一系列事态的发展影响了英国外交的这种转向。英德关系在同盟谈判失败后不断下滑，英布战争后英国财政和军事资源耗损严重，英日同盟签订使与俄国对立程度加深，尤其严重的是，俄国势力在中亚推进中占据优势，使英属印度西北边界作为英帝国防卫最薄弱的环节受到巨大的压力，英国必须防止在此与俄国发生战争。由于直接与俄国达成和解存在困难，与俄国的盟友法国达成和解成为唯一可能的选择，这不仅能缓解与法国在世界各地的殖民纠纷，而且进而可作为寻求与俄国达成谅解的基石。而随着日、俄在东亚紧张对峙的发展，英国也需要与法国达成友好作为牵制，以避免自己被卷入日、俄可能爆发的战争中。从总体上看，英国是无法同时与欧洲三大国德、俄、法对抗的，"放弃"对欧

---

① Christopher Andrew, *Théophilé Delcassé and the Making of the Entente Cordiale*, New York: St. Martins' Press, 1968, pp. 126–128.

洲大国保持“光辉孤立”的传统政策已“不可避免”了。[①] 此外，当时摩洛哥的形势也促使英法把协约谈判提上日程，1902 年年底，摩洛哥发生内乱，极易引发外来干涉，英、法不愿看到德国插手搅局，一致同意将摩洛哥问题控制在英、法和西班牙之间来解决。1903 年 5 月，英王爱德华七世（1841—1910）访问法国，7 月，法国总统卢贝（1838—1929）回访英国，两国之间气氛因此热烈而友好。正是在这年 7 月的访英期间，法国外交部长德尔卡塞和英国外交大臣兰斯多恩正式启动了协约谈判。之后谈判由法国驻英大使康邦和英国外交大臣兰斯多恩在伦敦继续进行。双方经过讨价还价，于 1904 年 4 月 8 日，即日俄战争爆发 2 个月后，在伦敦签订了解决两国殖民争端的协定，英法协约成立。

《英法协定》包括三个文件。在《关于纽芬兰和西非及中非的专约》中，法国放弃纽芬兰的捕鱼权，英国让与非洲一些土地作为对法国的补偿。在《关于暹罗、马达加斯加和新赫布里底群岛的声明》中，英、法在暹罗以湄公河为界划分势力范围，以东为法国势力范围，以西为英国势力范围，并协调双方在马达加斯加和新赫布里底（今瓦努阿图）群岛的相关纠纷。最重要的是《关于埃及和摩洛哥的声明》及所附的秘密条款。两国均声明无意改变埃及和摩洛哥的政治地位。法国承诺将不妨碍英国在埃及的活动，英国承认法国有在摩洛哥维持秩序并协助进行政治、经济、财政和军事改革的权利。双方确认在靠近直布罗陀海峡的摩洛哥沿岸一些地区不得设防，以保证通航自由。为使该声明能够实现，两国还同意彼此给予外交支持。在秘密条款中，另规定如一方为情势所迫，可以改变埃及或摩洛哥的政治地位，但必须保证另一方的商业等相关利益以及苏伊士运河的航行。如摩洛哥苏丹停止行使权力，两国同意将摩洛哥一部分沿岸地区划入西班牙的势力范围。《英法协定》签订后，法国于 1904 年 10 月又与西班牙就在摩洛哥划分势力范围问题达成协议。

1904 年《英法协定》是一个帝国主义瓜分殖民地性质的协定，主要是为了保证彼此在殖民扩张和帝国安全方面的利益。与此同时，在欧洲方面它也具有防范德国威胁的含义。英法协约并非正式同盟，但随着斗争形势的发展，它很快演变成一种真正意义上反对德国的外交联盟。英法协约的形成，是欧洲国家

---

① George Monger, *The End of Isolation: British Foreign Policy, 1900–1907*, London, London: Thomas Nelson and Sons Ltd, 1963, pp. 114–115.

重组过程中的重要一步。

## 三、德国的大陆同盟计划和第一次摩洛哥危机

英法关系的改善对于力图称霸欧洲的德国来说是一个重大打击。德国从两个方面进行反击。一是改变在英俄之间搞平衡的政策，极力诱使俄国结盟，进而把法俄同盟与三国同盟拉到一起，建立反英的大陆同盟；二是利用摩洛哥问题制造危机，压迫法国屈服以拆散英法协约。

日俄战争为德国实现大陆同盟计划提供了机会。1904 年 10 月 21 日，俄国波罗的海舰队在前往远东途中经北海多格滩附近时炮击了误以为是日本舰只的英国渔船，英俄关系顿时紧张起来。德国立即趁机以英国有意阻拦德国为俄军舰提供燃料为由拉拢俄国，10 月 27 日，威廉二世致电沙皇尼古拉二世(1868—1918)，提议德、俄两国应联合法国组成抗击英国的强大联盟。接着两国皇帝以通信方式商议订立一项德俄同盟条约。德方草案中提出，两帝国之一在遭到某一欧洲大国攻击时，另一缔约国将以全部陆海军力量给予支持，必要时应提醒法国履行法俄同盟条约的义务。俄国外交当局在对条约草案做了研究后认为，这需要先征得法国同意，但是德国不愿意这样做。德国是想造成一个德俄同盟的既成事实，然后逼使法国进入大陆同盟。而俄国则怀疑德国的态度中含有离间法俄同盟的祸心，虽然俄国在日俄战争中需要德国支持，但德国友谊并不能代替法俄同盟。这样，由于两国因法国问题而在欧洲利益上产生的分歧，这次德俄同盟谈判搁浅了。与此同时，经法国极力斡旋，英俄之间由多格滩事件引起的紧张关系也趋于平息。

法国在与英、西达成协议后，加紧了在摩洛哥的扩张步伐。1905 年 2 月，法国向摩洛哥苏丹提出方案，要求在法国监督下进行全面“改革”，实际上是想使摩洛哥“突尼斯化”。为了阻拦法国计划的实施，德国决定发动攻势。1905 年 3 月 31 日，威廉二世访问丹吉尔，发表公开向法国示威的演说，第一次摩洛哥危机爆发。4 月初，德国倡议召开由 1880 年《马德里公约》签字国参加的国际会议来讨论摩洛哥问题。法国外长德尔卡塞不肯让步，形成僵局。于是德国以战争威胁相逼，并警告巴黎：如果德尔卡塞不去职，德法之间的分歧永远不可能解决。法国内阁不敢冒与德国爆发战争的风险，6 月 6 日持强硬立场的德尔卡塞被迫辞职。此后，法国以为可通过与德国谈判一个双边协定来缓解摩洛哥纠纷，但德国政策仍按既定方针走，它不只是想为自己捞取在摩洛哥

相关的殖民利益，更重要的是要摧毁英法协约。7 月 8 日法国在德国压力下同意召开国际会议，不过条件是会议将按法国要求的议程进行；同时这也使法国重新认识到，与英、俄的亲密合作维系着自身安全。英国方面则一直密切注意着德国在摩洛哥的挑衅。英国担心法国让步，感到只有全力支持才能稳住法国的阵脚，否则不仅英国在地中海西部战略利益得不到保障，而且德国又将使英国处于与法、俄相恶的地位，从而“主宰欧陆”①。因此，英国在摩洛哥问题上的这场斗争成了支持法国和捍卫英法协约的象征。

德国利用法国在摩洛哥问题上立场软化之际，再次推动大陆同盟计划。其时，俄国因对日战争失败以及国内革命运动高涨而处境困难。1905 年 7 月 23 日至 24 日，德皇和沙皇在芬兰湾比约克岛附近的舰艇上会晤，威廉二世说动沙皇签订了一项德俄同盟条约，内容与 1904 年秋天讨论过的那份草约相似，此举被德皇称为“欧洲历史的转折点”，沙皇答应将劝说法国参加。但是俄国大臣在看到条约文本后极力反对，认为《比约克条约》与法俄同盟相抵触，而且法国也不会参加这个反英同盟。俄国在 1905 年 9 月与日本签订和约后对德依赖性减少，而为了使俄国摆脱德国政策的轨道，法国和英国开始联合筹措给俄国提供贷款。10 月沙皇致函德皇，婉称条约需征求法国意见后才能生效，11 月 23 日又告知德皇，法国难以被说服参加。大陆同盟计划破产。

1906 年 1 月 16 日，讨论摩洛哥问题的国际会议在西班牙的阿尔赫西拉斯举行，参加的有摩、德、法、英、美、西等 13 个国家。德国因大陆同盟计划未成，对法国态度又趋严厉，会议实际上成了法德之间的一场对决。会上主要争论的是摩洛哥的警察权和银行问题。由于与会大多数国家，不仅英、俄，而且包括意大利和美国在内都站在法国一边，讨论结果对法国有利。与原来的设想相反，德国在会上发觉除了奥匈帝国的支持外自己完全孤立，只得对会议结果抱妥协态度。4 月 7 日会议结束，签订了公约。根据公约的规定，摩洛哥仍为主权独立国家，实行门户开放以保证各国享有商业上的平等待遇；法国和西班牙获得控制警察与一些边界海关的权利；法国在摩洛哥国家银行占有优势，该行受法国相关法律的指导。这次会议实际上承认了法国在摩洛哥的“特殊利益”。

第一次摩洛哥危机不只与殖民争端有关，更是欧洲大国之间围绕着结盟而

---

① C. J. Lowe and M. L. Dockrill, *The Mirage of Power*, vol. 1, London and Boston: Rouledge and Kegan Paul, 1972, p. 25.

展开的激烈较量，目的都是壮大自己的营垒，破坏对手的阵营。正如列宁（1870—1924）在《帝国主义是资本主义的最高阶段》一书中分析帝国主义争霸斗争的特点时所指出的，是“为了削弱对方，破坏对方的霸权”①。在这一过程中，英法协约得到了加强，法俄同盟经受了考验，而德国的大陆同盟计划和粉碎英法协约的图谋都未能实现。

## 四、1907 年英俄协约的建立

到 1906 年，英国已将德国视为主要敌人。英国从第一次摩洛哥危机当中感到，德国的霸权野心是对欧洲均势的严重威胁，英国外交的重心开始从海外帝国转向欧洲。1906 年 1 月，阿尔赫西拉斯会议召开之际，英、法两国军事当局进行了非正式渠道的磋商，英国设想必要时在 15 天内动员 10 万人的军队支援法国。虽然没有作出固定条约义务的承诺，但军事会谈足以表明英国维护英法协约对抗德国的决心以及在情况需要时军事介入大陆的可能性。与此同时，英国把支持俄国恢复在欧洲的大国地位，加强协约以遏制德国作为对外政策的重要目标，其基本考虑一是要使俄、德分离，防止德国重演《比约克条约》式的故伎，引诱俄国进入它的营垒，二是英俄协约是英法协约的自然延伸，英、法、俄之间协约关系是安全的保证，得以在必要时制止德国。因此，就英国而言，解决与俄国的殖民争端已是遏制德国霸权威胁、维持欧洲均势战略的需要了。英俄矛盾较之英法矛盾更为深刻，长期以来两国的角逐主要集中在东亚、近东和中亚。此时东亚和近东这两处的矛盾相对缓和下来，唯有中亚依然处在对峙状态，而这个问题的解决不仅将减轻多年来印度西北边界防务的重负，而且是英国转向欧洲实现其遏制德国战略的关键一步。1906 年 6 月，英国新任驻俄大使尼科尔森在圣彼得堡与俄方开始了关于中亚问题的谈判。

日俄战争结束之后，俄国的对外政策方向也发生改变。它在远东与日本达成分享殖民扩张利益的妥协的同时，准备重返欧洲和近东。在那里，俄国的主要障碍是德国可能的霸权优势，而且德国的势力已经进入巴尔干和土耳其，造成了一种潜在的威胁。俄国并不想导致与德国及其盟国奥匈的冲突，但继续加强法俄同盟以及与英国建立友好关系，对于俄国恢复欧洲大国地位和抵消德国优势有着重要的战略意义。1906 年 4 月，法、俄两国参谋长会谈时进一步达成

① 《列宁专题文集 论资本主义》，人民出版社 2009 年版，第 178 页。

共识，只要德国实行军事动员，法、俄自动实行军事动员，同时取消了1901年针对英国的规定。除了出于外交和战略方面的原因应与英国实现和解外，战后俄国的经济恢复也需要英国这个商业大国的支持以及贷款。此外，波斯的情况也促使俄国要与英国尽早就两国的殖民利益达成协议，由于德国金融资本和商业势力已在波斯活动，俄、英都担心波斯可能会变为“第二个摩洛哥”。在这样的背景下，俄国走上了与英国谈判解决中亚争端的和解之路。

《英俄协定》谈判主要在尼科尔森和俄国外交大臣伊兹沃尔斯基之间进行，持续了一年多。英、俄一方面要为达成关于大半个世纪以来中亚殖民收益的交易而进行讨价还价，另一方面要对德国保持着高度的警惕。两国都明白谈判对欧洲政治可能带来的含义，为使谈判能顺利达到各自预期的目标，双方都挂出了“免战牌”，英俄谈判意在解决两国在中亚的分歧，不涉及第三国利益。后来《英俄协定》的文件虽只涉及两国在中亚的问题，但在谈判过程中双方还是存在着其他的秘密谅解。如在1907年4月，英、俄达成关于英国准备改变海峡政策的谅解：倘使两国亚洲协定谈判有圆满结果，英国将促进在海峡问题上与俄国的合作，即“原则上将不反对在别国海军不能进入海峡的情况下，俄国舰艇有进出海峡的权利”①。尽管英国的承诺仍然是有保留的，但在当时对推动谈判进程起到了一定作用。

1907年8月31日，《英俄协定》在圣彼得堡签订，包括涉及波斯、阿富汗和中国西藏的三个文件。关于波斯的协定主要是划分势力范围，北部连同德黑兰在内的大片地区为俄国势力范围，东南部一带为英国势力范围，面积虽比俄国的小，但保证了防卫印度边界的需要。剩下的为中立区，双方都有获得租让权的权利。关于阿富汗的协定，俄国放弃与阿富汗的直接外交关系，承认英国在阿富汗已获得的利益，但英国不得改变阿富汗的政治现状和采取“威胁俄国的措施”。阿富汗实际上处于英、俄两股殖民势力之间的缓冲国地位。关于西藏的协定，规定双方不干涉西藏内政，不破坏其领土完整，只通过拥有宗主权的中国与它发生关系。这里必须指出，西藏自古以来是中国的神圣领土，中国对西藏具有完全的主权，英、俄背着中国政府虚构所谓的“宗主权”，是对中国主权的粗暴侵犯。《英俄协定》是它们维持大国均势和争霸需要的产物，也

---

① G. P. Gooch and Harold Temperly eds., *British Documents on the Origins of the War, 1898-1914*, vol. 4, London: His Majesty's Stationery Office, 1929, pp. 281-282, 287-288.

是一件集帝国主义殖民侵略各种形式之大成的代表作。列宁在《关于帝国主义的笔记》中是这样记录的："1907：俄英条约（8 月 31 日）：瓜分波斯、阿富汗、西藏（准备同德国作战）。"①

随着 1907 年英俄协约的建立，19 世纪末以来欧洲国家的重组过程基本完成。在世纪之交的这近十年时间里，由于帝国主义政治、经济不平衡的发展与力量对比的变化，欧洲国际局势与欧洲以外殖民争端紧密交织，列强关系发生错综复杂的嬗变。它们围绕着是英德结盟以制俄，抑或德国组织大陆同盟以反英，抑或英、法、俄捐弃前嫌联合抗德，展开了外交博弈。在此过程中，英德矛盾的不断上升，德国与英法协约之间对抗的加深，法俄同盟与德国霸权的不能并立以及俄国与日本在东亚较量的结果，这些因素对最终的结局都起了十分重要的作用。1907 年英俄关于中亚问题谈判获致成功之后，欧洲形成了英、法、俄协约国和以德国为首的同盟国两个集团相对峙的局面。与此同时，欧洲列强之间争夺的焦点收缩到欧洲及其侧翼地区，两极的集团化趋势日益严重，直到第一次世界大战爆发。

**思考题：**

1. 试述 19 世纪 70 年代近东危机对欧洲政治的影响。
2. 简析德国俾斯麦结盟体系的形成和调整过程及其特点。
3. 评述 19、20 世纪之交英德矛盾的发展及其性质。
4. 为什么 1907 年英、俄关于中亚的协定订立后欧洲形成了两大帝国主义集团？

---

① 《列宁全集》第 54 卷，人民出版社 1990 年版，第 776 页。

# 第九章　美洲与世界

15世纪末新航路开辟后，美洲从隔绝、孤立状态逐渐成为欧洲主导的国际体系的一部分。通过血腥的殖民征服和向美洲移民、拓殖等手段，西班牙、葡萄牙、法国和英国到17世纪都已确立起在美洲的殖民统治。18世纪后期至19世纪前期的美国独立革命和拉丁美洲独立革命是美洲国际关系发展进程中的重要转折，新大陆推翻欧洲旧大陆的殖民统治，基本实现了独立。19世纪上半叶起，美国致力于大陆扩张，渐而成为北美大陆的首要大国，奠定了日后崛起为世界大国的基础。与此同时，美国开始逐步排挤西欧大国在拉丁美洲的势力，把拉丁美洲纳入它的势力范围，从19世纪20年代“门罗主义”的提出到20世纪初“罗斯福推论”的发布都贯穿着这一战略意图。美西战争的胜利以及对开凿巴拿马运河的实际控制，标志着美国在西半球政治、经济主导地位的确立。拉丁美洲国家的发展自19世纪以来在国内政治动荡与来自英、法、美等大国的外来干涉之下始终举步维艰，最终在美国主导的美洲体系中沦为附属地位。在19、20世纪之交，美国还吞并夏威夷，把菲律宾变成其殖民地，将势力扩张到了太平洋和东亚地区，美国由此从地区性大国向世界大国迈进，并成为影响全球格局的重要力量。

## 第一节　美洲革命与欧洲列强

### 一、美洲被纳入西欧主导的世界

距今约1.5万年前或更早，印第安人祖先从西伯利亚东北部经现在的白令海峡到达阿拉斯加，成为美洲大陆的最早居民。那时候，亚洲大陆和北美大陆间尚有陆桥相连，早期的移民可以很轻松地跨越天堑，到达北美。此后，冰雪融化，海平面上升，白令海峡把两块大陆分开，但移民仍然能够乘小船渡过狭窄的海峡。在寻找新的狩猎场和逃避更为凶悍的部落追逼的驱使下，进入北美大陆的移民从阿拉斯加经冰雪连天的育空高原中部陆续来到北美大平原，并在约1万年前散布到整个美洲大陆。

印第安人在美洲创造了灿烂的文化，为世界文明作出了巨大贡献。但是，自哥伦布1492年发现“新大陆”后仅仅半个世纪的时间，创造了辉煌的印第安文明的美洲大陆几乎全部被西方殖民者征服。伊比利亚半岛的两个最早的航海国家葡萄牙、西班牙成为美洲殖民征服的先锋。1494年，这两个殖民帝国签订了《托尔德西里亚斯条约》，大约以西经46°37′作为两个帝国瓜分所谓“新大陆”的分界线，以西属西班牙，以东属葡萄牙。葡萄牙殖民帝国经营的重点在东方，从非洲西海岸的几内亚、刚果、安哥拉到东非的莫桑比克等地，再横跨印度洋到印度的果阿、孟买，还在苏门答腊、爪哇、加里曼丹及马鲁古群岛建立商站。它还在中国占据澳门，作为经营东亚贸易的中心。而在新大陆，葡萄牙自1500年开始占领巴西，并将之发展成葡萄牙最大的海外领地。

西班牙是新大陆的主要征服者。赫尔南·科尔特斯和弗朗西斯科·皮萨罗是两个典型的殖民分子。1519年，西班牙贵族出身的科尔特斯率领一支队伍从已经被征服的古巴出发，携带少数小型炮及13支步枪、16匹马去远征北美大陆上的印第安人阿兹特克帝国，开始了对美洲大陆的殖民征服。在与印第安人进行一些战斗后，科尔特斯摸清了印第安人各部落间的关系，于是他先和与阿兹特克帝国为敌的印第安人部落达成协议，得到他们的种种帮助，如供应粮食和人力等。然后，他诱使阿兹特克的皇帝接待他进入帝国首都。乘这位皇帝不备之际，科尔特斯将其掳为人质，就这样，他轻而易举地征服了这个帝国。1531年，弗朗西斯科·皮萨罗和他的四个兄弟一道率领远征军入侵印加帝国。当时他的队伍只有约180人，大炮2门，马匹数十。1532年11月15日，他的队伍到达卡贾马卡城，第二天印加的统治者阿塔华尔巴应邀前来赴会，皮萨罗却将这位手无寸铁的皇帝抓获。在打败抵抗的印第安人后，皮萨罗率军进入首都库斯科城，进行疯狂的抢劫。科尔特斯和皮萨罗惯用的欺骗、背信弃义、阴谋、暴行等手段成为西班牙在新大陆殖民征服通常的模式，到1550年为止，西班牙已征服葡属巴西以外的整个南美、中美及一部分北美土地。1565年，西班牙又征服了佛罗里达，在北美建立了第一个殖民地。

为什么一小撮西班牙征服者可以如此轻而易举地摧毁具有古老文明的印第安社会呢？首先，印第安社会与西方征服者相比，无论是在制度上还是技术上都处于绝对的落后状态。部落制度与过度中央集权的结合使得这两个印第安帝国——阿兹特克和印加在外力冲击下十分脆弱。科尔特斯和皮萨罗利用帝国的这种脆弱性，首先控制了其君主，使帝国陷入群龙无首的境地，然后利用部落间的矛盾完成征服。其他处于部落时代的印第安人虽然可以在西班牙人的进攻面前暂时躲过一劫，但势单力薄，只不过延缓了被征服的进程而已，落后的部落制度显然无法战胜已经迈入资本主义门槛的殖民者。从技术上来说，16 世纪美洲印第安人的技术水平比西欧整整落后了近三千年，只能制作石器、木器和骨器，不能熔炼矿石，完全无法与西班牙人的现代火器抗衡。此外，印第安社会根本无力应对外来传染病带来的灾难。印第安人在欧洲人带来的天花、麻疹、斑疹伤寒等致命疾病面前毫无免疫力，死亡率较高的墨西哥印第安人甚至只得将房子推倒来掩盖尸体。

到 16 世纪中后期，西班牙人和葡萄牙人几乎将墨西哥以南的整个美洲大陆纳入其殖民帝国。由于西班牙语、葡萄牙语均属拉丁语系，受其语言文化影响的美洲地区就被称为拉丁美洲。英国和法国是新大陆的后来者。从 17 世纪初起，英国移民陆续抵达北美，到 1733 年已经建立了 13 个殖民地。17 世纪，法国在北美洲建立了加拿大和路易斯安那两个殖民地。经过 17 世纪英、法之间的争霸战争，英国夺取了法国在北美的整个圣劳伦斯流域、密西西比河以东的广大土地以及格林纳达岛，说英语的盎格鲁-撒克逊人在整个墨西哥以北的北美洲大陆居于主导地位。

新大陆由此被分成两个相对独立的部分，即盎格鲁美洲与拉丁美洲。在征服时代，富裕的拉丁美洲可以说是殖民征服的样板，武装起来的冒险家们蜂拥而至，回报他们的是成堆的金银财宝、蕴藏丰富的矿山和高产的种植园。而盎格鲁美洲还不时处于饥饿之中，殖民者是征服者更是开拓者，这里没有类似于阿兹特克帝国那样庞大的印第安土著人口，更多的是大片荒凉的土地。但正是北美在两个世纪后成为世界权力的中心，而拉丁美洲经历短暂的殖民征服繁荣后一直在世界体系中处于从属地位。

## 二、美国独立战争与法美同盟

殖民地时期的新大陆政治经济的发展也孕育着推翻殖民统治的力量。宗主国与殖民地的政治经济利益冲突越来越尖锐，殖民地的居民发展出自身的语言、文化特点并逐渐形成独立的民族意识。伴随着宗主国统治的危机，独立革命的时机到来了。

英国和法国于 17 世纪初开始了在美洲的殖民冒险。作为当时欧洲两个强国，英、法争夺世界霸权的一大表现便是双方争夺殖民地霸权，北美洲是最重要的战场之一。英国取得七年战争的胜利，奠定了全球殖民霸权的基础。

七年战争之后，英帝国势力独步海外，最大的竞争对手法国势力也几乎被排除在北美之外，于是英国转而对北美殖民地采用高压政策。政治上压缩殖民地的立法权，扩大其总督的权力。经济上一方面加强控制，将殖民地经济纳入帝国经济的轨道即成为本国工业的原料产地和商品市场；另一方面加强掠夺，贴补因战争造成的巨额财政亏空。英国从政治、经济上强化控制的高压政策沉重打击了北美殖民地的工商业，各阶层的利益均受到不同程度损害，矛盾日益激化。北美殖民地人民开始联合起来反抗严酷的殖民压榨，1774 年 9 月 5 日到 10 月 26 日，史称为“第一届大陆会议”的殖民地联合会议在费城召开。1775 年 4 月 19 日，北美英军总司令托马斯·盖奇从波士顿派遣英军士兵前往康科德搜查殖民地民兵的军需仓库，与马萨诸塞民兵在莱克星顿相遇，双方冲突开始，这就是“莱克星顿的枪声”。莱克星顿的枪声打响了北美独立战争（又称“美国独立战争”）的第一枪，揭开了北美人民独立战争的序幕。5 月，第二届大陆会议在费城召开。北美独立的先驱们非常敏锐地察觉到当时的国际格局为北美独立提供的机遇。11 月 29 日，大陆会议成立“秘密通信委员会”，负责独立战争的对外事务，委员会由本杰明·富兰克林、约翰·杰伊等人组成。这是北美大陆独立外交活动的开始。1776 年 7 月 4 日，会议通过并且发布了《独立宣言》，正式宣布北美 13 个殖民地断绝与英国的隶属关系，成立“美利坚合众国”。

从当时的国际格局来看，虽然英国是头号的强国和最大的殖民帝国，并且在七年战争中大获全胜，但是，欧洲诸强法国、西班牙、荷兰等国依然具备挑战英国地位的实力和意愿，他们既看到了北美独立战争带来的挑战，又看到了其带来的机会。挑战在于殖民地独立战争毕竟是对殖民帝国合法性的否定，同为殖民地宗主国的法国、西班牙、荷兰在这一点上显然与英国具有共同利益。但由于法国在北美的角逐中大败给英国，它此后的外交政策很难脱离报仇雪恨的轨道，因此，英国殖民地的动乱对法国来说显然正当其时。法国外交大臣维尔仁伯爵的策略是“要么现在，要么永不”，显然，他认为北美的起义为法国提供了一个削弱英国的千载难逢的机会。1776 年 5 月，巴黎就采取了断然行动，法国财政部秘密地将 100 万里弗尔的资金转移到戏剧家卡隆·德·博马舍为援助北美独立战争而开设的贸易公司，随后，将用这笔资金购买的滑膛枪、大炮、帐篷和衣服运往大西洋彼岸。但是，法国对美国的支持，主要基于自身削弱英国以恢复其昔日殖民帝国的考虑，并不想过早直接介入战争。

1777年10月，美国军民在萨拉托加战役中取得胜利，表明了美国人具有击败英国人的能力。萨拉托加战役是北美独立战争的转折点，同时也促使大国态度发生变化。一方面，法国国内主张与美国结盟的呼声高涨；另一方面，英国也期望与北美达成和解，以最大限度的让步换取北美继续效忠英王。维尔仁最担心英国与北美殖民地和解，那样削弱英帝国的目标将成泡影，于是法国终于确立了与北美结盟的决心。1778年2月，富兰克林与维尔仁签订了友好通商条约和同盟条约，法国答应给予北美一切必要的援助，北美则同意法国在西印度群岛夺取领土。双方还约定不与英国单独媾和，只有北美的独立得到保证，方能放下武器。1778年6月法国参战。北美独立战争扩大为国际战争。这是富兰克林外交的胜利，也是美国赢得独立战争的关键，"没有法国的帮助，美国不可能赢得独立"①。

## 三、独立战争中的同盟外交与《巴黎和约》

西班牙与英国有更深的宿怨，1704年英国夺取了直布罗陀，1763年又将西属佛罗里达占为己有，因此，西班牙和法国一样都期望北美的起义可以削弱英国，并伺机收复失地。但同时，西班牙在美洲拥有庞大的殖民地，北美殖民地起义的胜利会开创一个"不祥的先例"，而如果与"叛乱者"为伍反对英国必将削弱其殖民统治的合法性。因此，西班牙拒绝了维尔仁的要求，不愿与法国一起同美利坚签订条约并承认其独立，即使在其波旁家族盟友法国与美利坚结盟后依然我行我素，只愿意秘密向北美提供军用物资。西班牙有自己的如意算盘，马德里期望在英、法间充当调解人，通过外交而不是战争获取利益。如果英国答应归还直布罗陀，西班牙就将帮助英国继续保有对北美的殖民统治。这样西班牙不费一兵一弹就可收回直布罗陀，同时维持自己在美洲的殖民体系。这个一石二鸟之计显然过于一厢情愿了，伦敦拒绝了调解建议。西班牙于是转而与法国采取一致行动，1779年4月，西、法两国秘密签订《阿兰惠斯条约》，双方各自提出了从英国手中收复失地的要求，特别是对于西班牙念念不忘的直布罗陀，双方约定要战斗到西班牙收回直布罗陀为止。维尔仁虽然没有公布法

① Thomas G. Paterson, J. Garry Clifford and Kenneth J. Hagan, *American Foreign Relations: A History to 1920*, vol. I, Boston and New York: Houghton Mifflin Company, 2000, p. 6.

西密约的内容，但北美的独立就如同“被欧洲外交用锁链拴在了直布罗陀岩石上”①。1779 年 6 月 21 日，西班牙对英宣战，加入北美独立战争，但是仍然拒绝承认美利坚的独立地位，因为西班牙参战是为了收复失地，而不是削弱美洲的殖民体系。但是，西班牙参战使英国在欧洲更加孤立，其在直布罗陀和佛罗里达的军事行动给英军构成了强大的压力，法西联合舰队也在海上限制了英国舰队的行动，这些都在客观上有利于北美独立战争的胜利。

英国决定通过海上封锁政策，拦截中立国商船，从而挫败法西联盟。但是英国的海上封锁政策直接触犯了俄国等中立国的权益。俄国女皇叶卡捷琳娜二世曾许诺在英国与北美殖民地发生战争时援助英国，但她在 1778 年至 1779 年多次回绝英国的结盟请求，同时，俄国也不愿参加旨在针对英国的行动。俄国的这一中立态度一方面是内政的需要，俄罗斯帝国寻求国内稳定的需要使俄国宫廷对于革命与起义持天然的反对立场，不愿意支持北美的独立战争。同时，作为七年战争后欧洲大陆最强大的君主，叶卡捷琳娜二世力图进一步巩固、提高俄罗斯在欧洲的地位，为英国的殖民利益而战也不符合俄国的利益。1780 年 3 月，叶卡捷琳娜二世联合丹麦、瑞典等国发布《武装中立宣言》，宣布以武力保护中立国贸易，此即“武装中立同盟”。在英国海上封锁严重破坏中立国贸易的情况下，俄国此举一方面可以维护自身与北美的贸易权益，另一方面又可以加强其国际地位。随后，荷兰、普鲁士、奥地利、葡萄牙及两西西里王国等主要欧洲国家相继加入同盟。“武装中立同盟”使英国在外交上处于更加孤立的地位，也使英国的海上霸权遭遇挑战。美利坚在独立战争中处于更加有利的地位。

作为代议制国家的荷兰本来被认为是最有可能率先承认美利坚独立的。但是由于 1678 年的英荷盟约，荷兰有义务帮助英国镇压北美殖民地的革命，因此，荷兰最初并不打算承认美利坚的独立。可是由于英国在第三次英荷战争时从荷兰手中夺走了北美殖民地新尼德兰，这笔宿怨使荷兰也不愿在北美殖民地问题上帮助英国，于是利用中立国地位大发战争财。荷兰加入“武装中立同盟”并派遣军舰为其商船队护航。英国于 1780 年 12 月 20 日对荷兰宣战，这样欧洲正式的反英同盟扩大到法、西、荷三国，战争已从北美反抗英国殖民统治

① Samuel Flagg Bemis, *A Diplomatic History of the United States*, New York: Holt, Rinehart and Winston, 1965, p. 34.

的独立战争发展为欧洲列强争夺商业和殖民利益的国际战争。

“武装中立同盟”也使大陆会议看到了机会：同联盟建立联系可以争取俄国及其他欧洲大国承认美利坚的独立地位。大陆会议派遣弗朗西斯·丹纳于1781年8月出使彼得堡，争取以独立国家的身份加入“武装中立同盟”，但是俄罗斯等欧洲大国并不愿意在北美殖民地问题上进一步与英国为敌，拒绝了美利坚入盟的请求，也不打算承认其独立。尽管如此，到1781年年底，国际局势已经非常有利于北美独立战争了。

1781年10月，美法联军取得约克敦大捷，英军将领康华里率部向美法联军投降，这标志着北美战场军事行动的结束。1782年4月，主要参战国美、法、西、英的外交人员在巴黎开始议和。1783年9月3日，美、英双方在凡尔赛正式签订《巴黎和约》，英国承认美利坚合众国的独立，北美大陆由英国、西班牙、美国三国分占。18世纪欧洲错综复杂的大国关系为美国独立战争提供了有利条件，美国的开国先驱们审时度势，非常务实地利用这一有利条件以弥补自身实力的不足，这是独立战争成功的重要原因。美国独立也对国际关系产生了深远影响，首先，美国独立使欧洲之外第一次出现了一个与欧洲列强打交道的资产阶级共和制国家；其次，美国独立战争所宣扬的民族主义、民主主义思想促进了欧洲大陆的反封建运动和资本主义民主改革运动；最后，美国独立战争是殖民地民族独立运动的首次成功尝试，突破了美洲殖民体系，直接推动了拉丁美洲反对西班牙、葡萄牙殖民统治的民族主义运动。

## 四、拉丁美洲殖民统治的危机与拉美独立革命

拉丁美洲殖民地与英属北美殖民地有很大的差异。英属北美殖民地是移民殖民地。殖民地社会主要是由移民建立起来的，原有的居民印第安人被屠杀，或被驱赶到偏僻的居留地。早期的移民大多来自英国，他们不但把英国的经济制度带到北美，而且也带去了议会制度。拉丁美洲殖民地的社会情况则比较复杂。拉丁美洲殖民地的两个主要宗主国是西班牙和葡萄牙，根据1494年两国签订的《托尔德西里亚斯条约》，除葡萄牙占有巴西外，其余拉美地区几乎都成为西班牙的殖民地，两国在殖民地上实行专制统治。随着拉美地区社会经济的发展和演变，西班牙、葡萄牙掠夺式的殖民统治日益引起殖民地社会各阶层、各种族的严重不满。到18世纪末19世纪初，拉丁美洲的近2000万居民中已经汇成了一股强大的争取独立的潮流。

西班牙、葡萄牙国际地位的下降也使其维持在拉美的殖民统治变得困难。从 17 世纪起，西班牙和葡萄牙的殖民强国地位为荷兰、法国和英国所代替。到 18 世纪，依靠殖民掠夺盛极一时的西班牙资本主义经济发展缓慢，基本上还是一个农业国，同时封建专制统治不仅导致其政治腐败，也阻碍着社会的创新和发展。从绝对的经济数据来看，到 1790 年，西班牙的商船和军舰已不及英国的 1/10 和荷兰的 1/8，西班牙已经沦为欧洲的二流国家。而伊比利亚半岛的葡萄牙因小国寡民，本来就很难维持大国地位，此时衰弱得比西班牙更为明显。18 世纪末 19 世纪初，英、法通过经济渗透与武力干涉相结合的方式加紧了对拉美事务的干预。法国大革命期间，英、法在欧洲的角逐也延伸到拉丁美洲，1796 年，西班牙与法国签订同盟条约，加入对英国的战争。由于英国海军的封锁，西班牙商业贸易陷入困境，而其舰队在 1805 年法、西联合对英的特拉法加海战中被英国海军歼灭，从而加速了帝国的衰落。1807 年，葡萄牙和西班牙被迫加入拿破仑的“大陆封锁体系”，英国更加强了对两国海岸的控制，西班牙、葡萄牙与其殖民地的交通联系被切断。随后，两国本土也被法国侵占。西、葡两国在欧洲遭受的严重挫败不仅使其继续维持对拉丁美洲的殖民统治变得困难，也极大地削弱了宗主国在殖民地的威信。

美洲的独立运动发生在 1775 年至 1826 年，这半个世纪是美国革命与法国大革命风云激荡的时代，也是欧洲保守势力极力维持其统治的时代。北美独立战争的胜利在拉丁美洲激起极大的反响，1781 年，在西属拉美的新格拉纳达发生了反对苛税、要求改革的起义，在秘鲁发生了印第安人的起义，这两次起义都是对美国革命的响应，是拉美最早的独立起义。

大规模的独立运动发生在 18 世纪末，最早沦为殖民地的海地开启了拉丁美洲独立革命的浪潮。1790 年 10 月，文森特·奥热领导混血种人和黑人爆发了反抗法国殖民统治的武装起义，但很快被法国殖民军镇压。1791 年 8 月，又爆发了以黑人奴隶为主力的起义，在黑人领袖杜桑-卢维杜尔的领导下，海地独立运动走向高潮。1802 年，拿破仑派出了 2 万余人的强大远征军去海地，起义军顽强抗击。杜桑虽然被法军诱捕并死于狱中，但海地人民最终战胜了法军，并于 1803 年 11 月 29 日通过《海地独立宣言》，1804 年元旦，海地正式成为拉美的第一个独立国家。

随着欧洲拿破仑战争的深入，西班牙、葡萄牙先后被法国占领，这为拉美独立革命创造了有利的局势。西属拉丁美洲的独立战争在 1810 年后进入高潮，在 1810 年至 1815 年这一时期，除秘鲁、古巴外，西属拉丁美洲的大部分地区都爆发了武装革命并建立了独立政权，获得独立战争的初步胜利。1815 年拿破仑失败后，斐迪南七世（1784—1833）恢复了西班牙王位，并对拉美独立政权发起军事进攻，摧毁了大部分独立政权，拉美独立革命进入低潮。但是，随着 1820 年西班牙国内爆发革命，克里奥尔人①主导的拉美独立领导层通过解放奴隶、均分土地等方式极大地扩充了独立运动的群众基础，更多的印第安人、黑人加入独立战争中。经过艰苦的军事斗争，1826 年最终迫使西班牙殖民军投降，赢得了独立战争的胜利，结束了西班牙对拉丁美洲的殖民统治。

葡属巴西的独立没有经历西属拉丁美洲的武装斗争。1807 年，拿破仑的军队侵入葡萄牙。1808 年 3 月，葡萄牙摄政王带领王室和大批贵族官僚，连同国库财产，在英国舰队的护送下逃到巴西。从此，葡萄牙王室直接统治巴西，巴西成了葡萄牙帝国的中心。1816 年，摄政王若奥六世任葡萄牙、巴西和加尔弗王国国王。葡萄牙王室的统治强化了对巴西的殖民剥削。巴西人民的不满情绪迅速高涨，不断掀起反抗葡萄牙殖民者的斗争。1820 年，葡萄牙发生资产阶级革命。1821 年 4 月，若奥六世回国，他的儿子佩德罗继续留在巴西执政。1822 年 10 月 12 日，佩德罗在巴西种植园主和大地主的拥护下，被尊为皇帝，称佩德罗一世（1798—1834），别称“解放者”。12 月 1 日，他举行了加冕典礼，宣告巴西独立。1825 年 8 月，葡萄牙承认巴西独立。

从 1790 年海地起义到 1826 年西班牙在最后一个殖民据点——秘鲁的卡亚俄港投降，拉丁美洲殖民地人民经过了 36 年的艰苦斗争，最终摆脱了法国、西班牙、葡萄牙 300 多年的殖民统治，赢得了政治独立，在原西班牙、葡萄牙和法国的殖民地上，先后建立了 17 个独立国家，奠定了今天拉丁美洲政治版图的基本格局。

### 五、列强与拉美独立革命

拉丁美洲独立革命的发生给欧洲大国关系带来了冲击。西、葡的衰落导致其对殖民地统治能力下降，也为大国的干预提供了条件。1810 年西属拉丁美洲大规模的独立战争开始前，当时的两个大国英、法都加强了对拉美的经济渗透和政治军事干预。英国对拉美的出口额从 1805 年的 30 万英镑增加到 1809 年的

① 出生在拉丁美洲的白人或其与印第安人所生的混血子女。

630 万英镑，拉美已是英国重要的产品销售市场和原料产地。此外，英国武力夺取了巴哈马群岛和牙买加，从而在西印度群岛拥有了殖民地。英国还试图支持流亡英国的法国奥尔良公爵路易·菲利普夺取西属美洲的王位，充当英国代理人，直到 1808 年 5 月西班牙爆发反拿破仑占领的起义后，英国才放弃了派遣远征军帮助路易·菲利普夺取西属美洲王位的企图。法国大革命期间，法国也准备取代西班牙在拉美的地位，1792 年上台的吉伦特派还拟订了以圣多明各为基地夺取西属美洲的计划。拿破仑执政后，继续推行以圣多明各为基地建立法属美洲帝国的政策，但是海地革命的胜利使拿破仑的计划破产。此后，拿破仑虽然忙于欧洲战事，但并未放弃对西属美洲的争夺。

随着西属拉丁美洲独立革命爆发，英、美与法、俄等国在干涉拉丁美洲问题上形成两种截然不同的政策。英国政府的考虑是利用这一时机取代西班牙、葡萄牙的地位，谋求在拉美利益的扩大。英国在政治上支持拉美独立战争，通过扩大贷款、增加直接投资额、扩大贸易并获取贸易特权等方式加紧经济渗透。但在 1808 年至 1814 年间，英国在欧洲大陆需要西班牙、葡萄牙的援助，以应对拿破仑的威胁，因此并没有采取承认拉美独立政权以支持独立运动的政策。1820 年前后，拉丁美洲独立运动重新兴起，英国便开始支持拉美独立运动，数千英国志愿兵加入独立运动领导人玻利瓦尔（1783—1830）的军队，直接投入反对西班牙殖民当局的战争，并向独立力量提供军火和金钱。

作为美洲最早独立的国家，美国对拉美的独立运动持同情和支持的立场，并且西班牙、葡萄牙的殖民统治也阻碍美国拓展在拉美的权益，因此，美国自 1810 年开始支援拉美独立运动。美国接纳拉美独立运动组织的外交代表，允许他们在美国购置军火，与争取独立的地区通商，美国人民还组织志愿军援助拉美独立战争。

欧洲的神圣同盟是旧秩序的维护者，自然对拉丁美洲独立革命持敌视态度，认为这将危及欧洲体系的稳定。因此，神圣同盟竭力支持西班牙派军队镇压拉美独立运动，以恢复西班牙在拉美的殖民统治。1820 年，西班牙和葡萄牙均爆发革命，拉美独立运动再度掀起高潮，西班牙的殖民统治面临全面崩溃，神圣同盟从幕后走向前台试图直接干预。1822 年 10 月，维罗纳会议召开，俄、普、奥三国达成协定，同意授权法国以神圣同盟的名义派兵镇压西班牙革命，并准备出兵干涉西属拉美殖民地的独立运动。拿破仑战争之后，法国在拉美的商业利益越来越大，但是与英国相比还处于弱势地位，法国的政策是试图通过扶植西班牙的殖民帝国，从而确立法国在拉美的影响力。1823 年秋冬，法国出台一系列武力和政治阴谋相结合的干涉方案，得到俄、普、奥的支持。

但是，英国在维罗纳会议上拒绝了俄、普、奥三国协定，因为西班牙在拉美的殖民统治阻碍了英国工商业和金融资产阶级在拉美利益的拓展，同时，拉丁美洲独立力量中的亲英势力比较强大，从政治上来说，独立力量的成功也意味着英国在拉美影响力的扩大。1822 年 12 月，英国代表威灵顿公爵退出维罗纳会议，英国政府还多次发表声明，坚决反对神圣同盟试图干涉拉美的任何行动和政策，并表示要用海军力量“保卫”拉丁美洲。在拉美问题上，英国毅然放弃了“欧洲协调”原则，采取了与俄、普、奥针锋相对的立场。当然，英国对拉美独立的支持依然是有限的，英国满足于西班牙默认其与拉美新独立诸国的通商关系，在美国承认拉美新独立诸国前一直回避正式承认的问题，从而避免与西班牙可能产生的正面冲突。直到 1826 年拉美独立运动已经尘埃落定之后，英国才相继承认了哥伦比亚、阿根廷、墨西哥、巴西等国的独立。

围绕着拉美独立运动，欧美大国形成了两种截然不同的政策，虽然英、美主要出于自身利益采取了对拉美独立运动同情、支持的政策，但无疑客观上成为拉美独立革命获得成功的重要外部条件，英、美的政策使神圣同盟对拉美独立运动的干涉无法进行。

## 六、美国的孤立主义与门罗宣言

独立后的美国充满生机，美国人迫切期望的扩大对外贸易的目标稳步发展，对外贸易额迅速增长，例如美国烟草大批出口欧洲，18 世纪 80 年代，由于烟草出口使得对法贸易每年出超达 100 万美元以上。除主要的贸易对象欧洲外，美国开始拓展东方贸易，1784 年 8 月，“中国皇后号”经过 6 个月航行后从纽约到达广州，这是中、美两国直接交往的开始。1789 年 4 月，美国联邦政府成立，乔治 · 华盛顿（1732—1799）担任首任总统，主管外交的国务院也随即成立，杰斐逊（1743—1826）任国务卿。法国大革命爆发后，1793 年 2 月，英国对法宣战并组成反法联盟，欧洲进入 20 余年的战乱时期。欧洲的战乱为美国外交增加了极大的活动空间，这也意味着美国外交面临抉择，特别是当法国根据美法同盟要求美国给予军事援助时，美国外交处于十字路口。华盛顿政府选择了中立，1793 年 4 月 22 日，华盛顿总统代表美国政府发布中立宣言，声称美国不介入欧洲战争，美国公民也不得参加任何一方的军事行动，禁止同交战国进行走私贸易。由于当时美国力量有限，中立政策实则是被动选择，但这同时也可以使美国避免卷入欧洲的战争，并利用此机会推动中立贸易，促进美国商业资本的发展。

中立政策是美国的孤立主义外交理念的首次重大实践。1796 年 9 月 17 日，即将卸任的开国总统华盛顿发表告别演说，较为系统地阐述了孤立主义思想。他指出："我们与外国发展关系的重大行为准则是，在发展商业关系的时候，尽可能避免同他们发生政治上的牵连。迄今为止我们承担的义务应当忠实地履行。"这一政策便是"避免同任何外国订立永久性同盟……（但是）为应付特别的紧急情况，我们可以很安全地相信暂时性同盟"①。华盛顿提出了孤立主义的一般原则，即利用美国因大洋阻隔远离欧亚权力中心这一得天独厚的地理优势，超然于欧洲权力斗争之外，同时积极拓展美国的国家利益（特别是商业利益）。当然，孤立主义是相对于强势的欧洲政治而言，并不限制美国在美洲大陆和海外的扩张。

美国对拉美独立运动的政策经历了一个变化过程。1815 年，拉美独立运动陷入低潮后，独立运动的前景不明朗，支持拉美独立运动可能导致与西班牙的正面冲突，因此，美国政府对拉美独立运动的态度逐渐趋向中立。1815 年，麦迪逊总统（1751—1836）发表了中立宣言，禁止美国公民参加拉美的军事活动。此后，美国还通过了限制向拉美输出武器和船只的条例。美国小心翼翼地避免承认拉美新独立的共和国，从而促成了与西班牙谈判缔结 1819 年的《横贯大陆条约》，使美国获得了梦寐以求的佛罗里达和路易斯安那。19 世纪 20 年代初，拉丁美洲独立运动已经取得决定性胜利，美国政府开始重新考虑承认问题，此时，西班牙军队已经基本被逐出了拉美地区，美国与拉美的贸易急剧增长，同时，随着英国在拉美影响力的不断扩大，美国担心拉美会再度成为欧洲列强的禁脔。因此，美国决心抢先承认拉美独立的事实，1822 年 3 月 8 日，詹姆斯·门罗（1758—1831）总统向国会提交咨文，宣布承认智利、阿根廷、秘鲁、哥伦比亚、墨西哥为独立国家。美国成为率先承认拉美独立政权的国家，这对于拉美独立运动的最后胜利起到了极大的促进作用。

但是，欧洲列强觊觎美洲的企图与美国在美洲的扩张政策不可避免会发生

① Dennis Merrill and Thomas G Paterson, eds., *Major Problems in American Foreign Relations*, vol. I, Boston and New York: Houghton Mifflin Company, 2000, pp. 75-76.

冲突。沙皇俄国很早以来一直试图从俄属阿拉斯加向南扩张，此即俄国在美洲的南下政策。1821 年 9 月，沙皇亚历山大一世颁布了《白令海航行敕令》，将北纬 51 度作为俄属阿拉斯加的南部边界，不仅将英、美共管的俄勒冈北部地区包括了进去，更重要的是形成了南下的态势。美国与英国当即向俄国提出抗议，但是俄国不但丝毫没有退让的意思，反而加大了干预美洲的力度，除了积极推动以神圣同盟的名义干预拉美独立运动之外，还于 1823 年 10 月两度通过正式外交渠道向美国表达俄国反对拉美独立运动、敌视共和主义的立场。此时，美国又面临英国政策的挑战，虽然英、美在支持拉美独立，反对神圣同盟对拉美的干涉问题上有共同利益，但是美国对英国在拉美的意图一直疑虑重重。1823 年 8 月，英国外交大臣乔治·坎宁约见美国驻伦敦公使理查德·拉什，坎宁提出要英国和美国发表联合声明表达对于欧洲干涉美洲的严重关切。美国国务卿约翰·昆西·亚当斯等政治家清醒意识到："坎宁的目的似乎是寻求美国政府的公开保证，表面上反对神圣同盟对西班牙与南美间关系的强行干预，但实际上或者说特别的是反对美国自身获取西属美洲的任何部分。"① 因此，英美合作不但会加大英国在美洲事务的发言权，而且会使较弱的美国"充当英国军舰后面的一只小艇"②。最终美国政府决定采纳亚当斯的建议，由美国单方面发表对外政策宣言。门罗总统于 1823 年 12 月 2 日向国会发表国情咨文，阐述了美国对拉美的政策，加上年底对俄、英关系的一系列外交函件，构成了被称为"门罗主义"的美国对外政策原则。

门罗主义主要包括三个方面。第一是"美洲体系原则"，认为美洲与欧洲存在着根本差异，"（神圣）同盟各国的政治制度……与美洲根本不同，这种不同源自其各自不同的政体"。此即"美洲是美洲人的美洲"原则，其战略含义在于美洲是攸关美国安全的核心区域，列强的势力将被排除在外。第二是"互不干涉原则"，咨文宣称，"对于那些已经宣布并维持了其独立地位并且我们基于伟大动机和正义原则承认了其独立的国家，任何欧洲国家为压迫它们或以任何其他方式控制它们命运的任何干涉，我们将不得不视为对美国不友好的表现"。第三是"不准殖民原则"，咨文宣称，"美洲大陆，由于其已经获得并保

---

① Dennis Merrill and Thomas G Paterson, eds., *Major Problems in American Foreign Relations*, vol. I, Boston and New York: Houghton Mifflin Company, 2000, p. 169.

② ［美］孔华润（沃伦·I. 科恩）主编：《剑桥美国对外关系史》，王琛等译，新华出版社 2004 年版，第 168 页。

持的自由与独立状态，此后不能被任何欧洲国家作为将来殖民化的地方”。[①] 这主要针对英、俄在美洲的殖民活动，并将之作为一条反对欧洲殖民政策的依据。门罗主义的三条原则互相关联、相辅相成，其企图是建立一个与欧洲体系平行的美洲体系，客观上对美洲独立运动取得胜利起到了一定的推动作用。同时，它也是对孤立主义原则的重新阐发，在拉美获得独立的情况下，孤立主义不仅是美国不卷入欧洲事务，还包括不允许欧洲干预美洲。门罗宣言首次明确阐明了美国的对外战略意图，为美国确立了此后相当长时期的对外政策方向，其影响持久而深远。

到19世纪20年代，美洲基本上实现了政治独立。在此后的近一个世纪中，欧洲对全球的影响力依然是决定性的，欧洲列强特别是英国和法国在拉丁美洲还有着巨大的影响力。但是，美洲独立国家作为主权实体进入由欧洲大国主导的国际体系中，在根本上改变了此前新大陆在这一体系中的殖民地附属地位。

## 第二节 美国的扩张与拉美的动荡

### 一、1812—1814年美英战争

拿破仑战争造成欧洲持续的战乱，也使美国的中立政策陷入困境，法国的大陆封锁体系与英国的反封锁打击了美国的贸易地位。18世纪的最后几年，美国为维护其中立地位，与英、法关系都处于紧张状态。19世纪初英国实行的反封锁使美国与欧洲的贸易实际为英国所控制并须向英国缴税，英国还大肆掳掠美国商船、强征美国水手为其服役。1807年6月22日，发生英舰“豹号”炮击美国商船“切萨皮克号”事件，美国水手死伤多人并被捕走三人。该事件进一步激发了美国人对英国的仇恨，要求对英宣战的呼声高涨。杰斐逊总统在7月份写道：“自从莱克星顿战斗以来，我还从未见过我国处于现在这种被激怒的状态。”[②] 但是，杰斐逊意识到美国军事力量的羸弱，因此寻求用经济手段反击英国。1807年12月，美国国会通过禁运法，实际上禁止任何地方的货物出

① Dennis Merrill and Thomas G Paterson, eds., *Major Problems in American Foreign Relations*, vol. I, Boston and New York: Houghton Mifflin Company, 2000, pp. 170-171.

② Thomas G. Paterson, J. Garry Clifford and Kenneth J. Hagan, *American Foreign Relations: A History to 1920*, vol. I, Boston and New York: Houghton Mifflin Company, 2000, p. 69.

口。然而禁运不仅使美国农产品的出口被迫停顿，造成西部农业危机，并且将西属美洲的市场拱手让与英国。禁运虽然刺激了本国制造业的发展，但总体上得不偿失。禁运法的失败导致英美矛盾更趋尖锐，美国国内主张通过战争击败英国并为美国向西部扩张扫清道路的“战争鹰派”占据了上风。1812 年 6 月 18 日，美国对英宣战，美国率先攻击英国北美殖民地加拿大各省，美英战争爆发，又称第二次独立战争。国际局势对美国非常有利，欧洲反法联盟的对法战争面临决定胜负的关键时刻，英国在欧洲大陆投入了主要力量，不得不尽量缩小对美战争的规模，这大大减轻了美国的军事压力。但英军在拿破仑战争结束后增援北美，甚至在 1814 年一度占领首都华盛顿，烧毁了白宫和国会大厦。美国并没有在战场上取得优势。战争开始后，美国曾寻求外交途径解决纠纷。国务卿门罗授权驻伦敦的美国代办乔纳森·拉塞尔与英国和谈，前提是谋求英国取消限制中立贸易的枢密院令和强征美国水手服役，但双方在强征水手问题上互不妥协，外交解决的希望破灭。沙俄不愿反法盟友英国的实力消耗在美洲战场上，也不愿影响与美国的贸易关系，因此试图调停英美战争。1813 年，美国接受调停建议，但是英国人并不愿意俄国人插手，也担心俄国为维护与美国的贸易关系而在海上中立权问题上偏袒美国，因此拒绝了俄国盟友的调停。

然而英、美双方都无法承受久拖不决的战争。英国在击败拿破仑以后本可以腾出手来对付美国，但不稳定的欧洲局势又使它不可能在美洲孤注一掷，同时连年战争使英国政府面临非常严峻的经济困难。而军事上处于劣势的美国自然也将谈判视为更好的选择。1814 年 8 月，双方在根特举行和谈，并于 1814 年圣诞节前一天签订《根特和约》。条约规定双方交还战时占领的对方领土，将遗留问题交给四个联合委员会去处理，因此条约只是恢复了战前状态，但双方都赢得了和平。在英国政府看来，美国发动战争的两个目标，即废止强征美国水手和领土扩张，都没有实现，因此足以证明英国的胜利。而美国以弱小的军事力量赢得了英国的妥协，再一次挫败了英国的武力征服企图，新生共和国的独立得以巩固。同时，自独立以来与英国的紧张关系得以缓解，与英国的和平共处局面得以形成。战争还进一步唤醒了美国的民族意识，有利于美国国内政治经济的发展，也有利于美国此后几十年的大陆扩张。此外，战争中美国以西班牙在欧洲同英国并肩作战为借口，实际上占领了西属佛罗里达，并在新奥尔良三次击溃英军，形成了美国向佛罗里达乃至整个北美大陆扩张的态势。

## 二、大陆扩张：美国成为地区大国

独立之初，美国联邦 13 州全部位于阿巴拉契亚山脉以东，面积仅 90 万平方公里左右，独立战争的胜利使其领土面积扩大到 230 余万平方公里。但是，美国依然是一个新生的相对弱的国家，虽然远离欧洲，可是英国、法国、西班牙、俄罗斯等欧洲大国都在北美拥有广袤的领地，并对美国形成包围之势。在这样的困境之下，“有什么比扩张自己的领土并使英、法、西班牙和俄国（以及墨西哥和本地的土著的美洲人）远离东海岸，最好是远离北美大陆和西半球，从而能保护自己免受潜在的敌对邻国之害的更好办法吗？有什么比取得更多的能进行生产的土地，以便建设强大的经济的更好办法吗？”① 因此，在北美大陆的扩张成为美国到 19 世纪中期对外政策的主要方向。在美国早期的扩张中，它善于利用欧洲大国间的矛盾谋取在北美的领土利益。

美国的大陆扩张在 19 世纪 40 年代达到高潮，这是历史、经济、人口、思想以及战略等因素综合作用的结果。19 世纪 40 年代至 50 年代是美国资本主义经济高速增长时期，东北部的工业革命深入发展，已经开始了工业化进程。南部种植园经济也急剧膨胀，南部奴隶主阶级成为政治舞台上举足轻重的力量，并成为大陆扩张高潮的主导力量。1844 年大选中，民主党的候选人詹姆斯·波尔克（1795—1849）获胜，他是鼓吹将美国领土扩张到极限的狂热扩张主义者。担任总统后，波尔克在任内基本完成了美国的大陆扩张。

“天定命运”论的提出，表明扩张主义者的理论自觉使美国的扩张合理化、合法化。1839 年，民主党人、扩张主义者约翰·奥萨利文就撰文写道：“长远无限的未来将是美国伟大的时代。在其时间和空间的宏大领域里，这个多民族的国家被注定要向人类展现天命原则的美德……它将以半球为地板，布满星辰的天空是其屋顶。”② 1845 年夏，奥萨利文进一步将这种扩张主义命名为“天定命运”，他认为“美国有向大陆扩张的天定命运，这片大陆是上帝分配给我

---

① ［美］杰里尔·A. 罗赛蒂：《美国对外政策的政治学》，周启朋等译，世界知识出版社 2005 年版，第 12 页。

② Dennis Merrill and Thomas G Paterson, eds. , *Major Problems in American Foreign Relations*, vol. I, Boston and New York: Houghton Mifflin Company, 2000, p. 231.

们每年增长的数百万人并让他们自由发展的"①。于是，这一富有宗教意味的命题就为美国的扩张主义涂上了一层神圣的光环，美国人无论是出于获取更多土地的经济动机还是出于宗教情感都乐于接受，美国的扩张被神圣化了，这实际上也构成了大陆扩张的理论基础。

与英国瓜分俄勒冈是大陆扩张的重要一步。俄勒冈是位于落基山与太平洋之间包括今天美国西北部几个州及加拿大部分地区的广阔土地，美、英两国对俄勒冈的争夺由来已久，但两国此前从未划定明确的边界线。19 世纪 40 年代，美国中西部掀起移居俄勒冈的高潮，到 1846 年已有 7000 名美国人居住在俄勒冈，约十倍于该地的英国移民，美、英的争夺也随之激化。在 1844 年总统选举中，俄勒冈问题成为一项重大的政治议题，波尔克的当选很大程度上得益于他力主美国吞并俄勒冈和得克萨斯，从而获得中西部各州的支持。波尔克就职时就声称美国对俄勒冈拥有"明确而不可置疑的"主权，1845 年 8 月又重申极端分子提出的北纬 54°40′以南的领土要求，12 月又援引门罗主义，声称反对欧洲国家在美洲建立殖民地，并暗示用武力解决俄勒冈问题。虽然英国显然不愿意为俄勒冈而战，但也难以接受美国的立场。然而此后美国与墨西哥的战争已经迫在眉睫，波尔克便软化了美国的立场；恰逢其时，气候条件更为优越的澳大利亚和新西兰已经取代俄勒冈成为英国拓殖对象，英国也适时采取灵活妥协的政策。1846 年 6 月，英国外交大臣阿伯丁提出条约草案，以北纬 49°为基本的分界线，满足了美国人的最低要求，6 月 15 日，双方正式签约。多年来困扰美英关系的俄勒冈争端得以解决。美国不仅获得了 70 余万平方公里的土地，而且它的版图抵达太平洋，这是美国一次重大的外交胜利。

得克萨斯是美国首要的兼并对象，自 1821 年墨西哥独立以来，大批美国移民越过美墨边境进入墨西哥最北部的得克萨斯地区，与墨西哥政府不断发生摩擦和冲突。1835 年 12 月 20 日，得克萨斯的美国移民在戈里亚得签署了第一份独立声明，1836 年 3 月 2 日，得克萨斯正式宣布独立，建立了得克萨斯共和国。1844 年 4 月，美国与得克萨斯签订合并条约。波尔克总统上台后不久就于 1845 年 7 月正式宣布对得克萨斯的兼并。但是，波尔克并不满足于此，而是将扩张目标转向了新墨西哥和加利福尼亚地区。12 月，美国要求墨西哥承认以格

① Thomas G. Paterson, J. Garry Clifford and Kenneth J. Hagan, *American Foreign Relations: A History to 1920*, vol. I, Boston and New York: Houghton Mifflin Company, 2000, p. 92.

兰德河为两国边界，欲以1500万—4000万美元“购买”新墨西哥和加利福尼亚，遭到墨西哥政府断然拒绝。1846年5月13日，美国政府向墨西哥宣战，美墨战争正式爆发，但美军的军事行动在此之前早已进行了4个多月。1847年9月，美军占领墨西哥城，获得战争的最后胜利。1848年2月2日，美墨双方签订了《瓜达卢普-伊达尔戈条约》。美国攫取了墨西哥近一半的领土，这就是今天美国的加利福尼亚州、内华达州、犹他州、亚利桑那州和新墨西哥州的大部，以及科罗拉多州和怀俄明州的一部分。美国仅仅付给墨西哥1500万美元作为补偿。1853年，美国又以1000万美元的代价从墨西哥购买了亚利桑那南部希拉河流域4.5万平方公里的一块土地，至此美国大陆扩张基本结束。

美国在大陆扩张中获得了320多万平方公里的土地，这些土地既有重大的经济价值，又富有战略意义。美国由此而成为地跨太平洋和大西洋的大国，这为后来美国成为世界强国奠定了最根本的物质基础——广阔富饶的国土。

## 三、跨越大洋：美国与亚洲

大陆扩张的完成使美国成为太平洋国家，伴随这一进程，在19世纪四五十年代，美国也掀起了一股向太平洋拓展“海洋边疆”的浪潮。它着眼于太平洋和亚洲的贸易，力图建立以太平洋为中心的世界性商业帝国。

鸦片战争后，中国紧闭的大门被英国打开，中国成为西方大国争夺殖民利益的竞技场。美国自然不甘落后，但此时的美国主要通过外交手段增进、扩展其在华利益。1844年2月，美国政府特使顾盛率军舰抵达澳门，向清政府施加压力，要求订约。同年7月，在澳门附近的望厦村签订了《望厦条约》，美国取得了中英《南京条约》中除割地赔款外的包括五口通商和最惠国待遇在内的特权，为发展对华贸易创造了条件。1856年至1860年第二次鸦片战争期间，美国名义上保持中立，但积极介入战争期间的外交活动，1858年6月，英、法进攻天津，美国趁机迫使清政府签订中美《天津条约》，规定美国将享有其他国家从中国获得的条约特权，美国享有优惠关税。随后中英、中法《天津条约》签订，美国同样获得了条约规定的增开内地口岸、使节驻京的权利。1860年10月的中英、中法《北京条约》规定的开放天津为商埠、准许招募华工出国等权利也为美国所享有。美国在中立的外衣下，以利益均沾为目标，以外交为手段实现了其在华利益，是侵华列强中的重要一员。

美国在19世纪中期对亚洲外交的另一重大事件是迫使日本“开国”。日本是美国实现其太平洋大国梦想的重要环节。但自 17 世纪起日本一直实行锁国政策，19 世纪上半期西方列强数次向日本提出通商、建交建议，要求“开国”，均遭拒绝。1852 年，美国政府授命马修·佩里准将率舰队远征日本。1853 年 7 月，佩里率领的四艘战舰出现在东京湾，要求日本高级官员接受美国总统的信件。四艘战舰中的两艘蒸汽铁甲舰冒着浓浓的黑烟，让日本人既惊且怕，接受了信件，佩里约定来年春天再到日本听取答复后，率舰撤离。此即所谓的“黑船事件”。1854 年 2 月，佩里率领更大规模的舰队重返日本，3 月迫使日本政府签订日美《神奈川条约》，规定日本开放下田、函馆为美国船只的停泊地，日本应对美国海上失事船只和船员提供救助，日本给予美国最惠国待遇等。佩里远征打开了日本的国门，在美国国内引起了很大反响。国会通过决议授予他两万美元奖金，纽约商会为他举行盛大的宴会，波士顿商人授予他奖章，这充分表明了美国人向东方扩张的欲望，佩里本人更是将此次日本远征视为建立美国太平洋大国的一个步骤。这位准将预言：“美国人将以各种方式扩大其领土和实力，直到他们控制了太平洋诸岛，使撒克逊种族在亚洲东岸繁衍生息。”①

美国向太平洋扩张的进程为其内战所打断。南北战争（1861—1865）结束后，美国太平洋大国的设计师威廉·西沃德在其国务卿任内（1861—1869）实现了美国扩张的又一重大步骤——购买阿拉斯加。阿拉斯加原属俄国的俄美公司，该公司经营不善、财政拮据，以至于无力支付阿拉斯加的管理费用，在俄国看来，作为殖民地的阿拉斯加无利可图。而随着与英国争夺亚洲的矛盾日益尖锐，俄国担心英国随时会从英属加拿大占领阿拉斯加。同时，自门罗宣言之后，俄美之间很少发生直接的利害冲突，俄国也认为美国在美洲大陆的扩张是不可避免的，因此出售阿拉斯加给美国既可以赢得美国的友谊，又避免了诸多财政、外交上的麻烦。西沃德抓住了这样一个机会，双方于 1867 年 3 月 30 日签订条约，美国以 720 万美元的价格购买了这块两倍于得克萨斯的广袤土地。购买阿拉斯加是建立美国太平洋大国的重要步骤，在美国国内支持者看来，购买阿拉斯加为美国提供了太平洋贸易的优势，将给美国对中国和日本的贸易带来光辉灿烂的前景。

## 四、墨西哥内战与大国干涉

美国的扩张战争不仅使墨西哥丧失了 230 万平方公里的土地，也加剧了其

① Thomas G. Paterson, J. Garry Clifford and Kenneth J. Hagan, *American Foreign Relations: A History to 1920*, vol. I, Boston and New York: Houghton Mifflin Company, 2000, p. 132.

国内政治危机。1855 年，胡安·阿尔瓦雷斯（1790—1867）领导具有新兴资产阶级思想的自由派人士推翻了保守党人的军事独裁统治。新政府立即着手制定新宪法，进行民主改革。但是，民主改革招致保守派的联合反对，1857 年 12 月，保守派武装占领了墨西哥城，强行解散议会，自由派政府总统流亡美国，保守派军官费利克斯·苏洛亚自立为总统，重建了保守派政府。自由派政府司法部长本尼托·胡亚雷斯（1806—1872）率部转移到墨西哥的重要港口韦拉克鲁斯建立根据地，与保守派展开了长达三年的内战，史称墨西哥改革战争。在内战中，保守派得到英、法等欧洲列强的支持，而美国则向自由派提供军事和经济等方面的援助。1861 年，自由派获得战争胜利，3 月，胡亚雷斯当选总统。但是，保守派势力依然强大，国内局势继续处于动荡之中。7 月，新政府宣布暂停两年偿付外债，这为一直试图直接干预墨西哥内战的英国、法国和西班牙等欧洲大国提供了借口。同时，美国内战 4 月爆发，无暇顾及墨西哥事务。10 月，英、法、西三国签订《伦敦协定》，决定以索债为名联合出兵干涉墨西哥，继续维持旧大陆对拉丁美洲的控制。马克思指出，这“是国际史上最凶恶的勾当之一”①。12 月，西班牙军队从古巴出发在韦拉克鲁斯登陆，1862 年 1 月，英法军队也抵达，并接管了墨西哥的海关，2 月，胡亚雷斯政府同干涉军谈判，决定不久将恢复偿付外债，但是法国突然提出了巨额赔款，财政拮据的墨西哥政府根本无法支付，因此，法国的要求无异于宣战。而此时英国和西班牙不愿被绑上法国的战车，于 4 月撤军。

法国当政者拿破仑三世野心勃勃，墨西哥的动荡为法国在拉丁美洲重建其殖民帝国提供了机遇。1862 年 4 月，法国对墨西哥宣战，5 月，法军占领墨西哥城，胡亚雷斯被迫率部转战边远地区，坚持抗法斗争。随后，法军总司令弗朗索瓦·巴赞在拿破仑三世授意下拼凑了一个由教会上层人士和保守派组成的“名流议会”，并于 1863 年 7 月上演了一出选举皇帝的滑稽剧，被拿破仑三世选定的哈布斯堡家族成员、奥地利皇帝的兄弟马西米连诺（1832—1867）成为墨西哥君主。1864 年 4 月，马西米连诺一世与拿破仑三世签订《米拉马协议》，协议规定法军驻留墨西哥直到 1867 年年底以支持马西米连诺政府，而马西米连诺则承诺归还所欠英、法、西三国的债务，并须承担法军占领费用。墨西哥实际上沦为法国的附属国。马西米连诺虽然具有治理好墨西哥的意愿，却志大才

---

① 《马克思恩格斯全集》第 15 卷，人民出版社 1963 年版，第 386 页。

疏，缺乏治国安邦的政治才能。同时，与法国的协议也几乎使财政空虚的墨西哥陷入破产的窘境。马西米连诺的统治得不到趾高气扬的法国占领军的配合，也得不到教会上层和保守派的支持，胡亚雷斯领导的自由派游击队控制着广阔的农村地区，马西米连诺的统治很快陷入困境。

法国对墨西哥的干预完全与美国的原则相违背，从一开始美国就坚决不承认马西米连诺政府，但是内战期间，美国政府担心法国与南方分裂势力结盟直接干预内战，因此，除了召回驻墨西哥大使外无法采取进一步行动。1865 年 4 月，南北战争结束，美国朝野立即将视线转向墨西哥。国务卿西沃德确立了采用温和手段迫使法国撤军的策略。一方面，美国逐步升级其反对法军存在的调门，1866 年 2 月，西沃德再次要求法军停止在墨西哥的军事行动并定出了明确的撤军时间表。另一方面，美国开始向胡亚雷斯政府提供军火和物资援助，一些美国志愿者也加入抵抗法国占领军的战斗中。因此，法国在墨西哥的军事存在遭到了墨西哥自由派武装更为有力的反抗，其试图军事解决墨西哥问题的梦想落空。同时，法国在欧洲大陆正遭遇迅速崛起的普鲁士的挑战。1864 年，普鲁士击败丹麦，1866 年 7 月，普鲁士又取得对奥地利战争的胜利，这使欧洲的均势向不利于法国的方向转变，因此，法国的海外收缩成为必然。由于久拖未决的对墨西哥军事干涉造成了法国沉重的负担，法国朝野反对继续在墨西哥冒险的呼声日益强烈。1866 年，法国被迫从墨西哥撤军，至 1867 年 3 月法军完全撤出。法军撤离后，马西米连诺一世的统治已经危如累卵，在强大的自由派武装打击下，1867 年 5 月 15 日，马西米连诺一世被迫投降，经军事法庭审判，6 月 19 日，马西米连诺一世被处决。胡亚雷斯政府于 7 月迁回墨西哥城，墨西哥取得反抗法国武装干涉的胜利。

法国的撤军结束了法国恢复其美洲帝国的企图，墨西哥的胜利终结了欧洲大国对拉丁美洲事务的大规模武装干预，这是拉美摆脱欧洲列强政治控制的重要标志。此后，独立的美洲国家的对外政策开始显示出日益增长的鼓励移民、外国投资与国家发展的局面。美国无疑对结束法国干预和马西米连诺的统治发挥了重要作用，但同时美国也是得益最大的国家，一方面维护了门罗主义，另一方面缓解了美墨战争以来墨西哥人民的反美情绪，一定程度上改善了美墨关系，也确立了美国作为美洲大国的国际形象。

### 五、巴拉圭战争和南美太平洋战争

在向现代民族国家演进的过程中，独立后的拉美各国在反对欧洲大国干预的同时，也面临着它们相互间的一些纷争，有的甚至兵戎相见。巴拉圭战争（1864—1870）和南美太平洋战争（1879—1883）是其中最为重要的两场战争。

阿根廷和巴西是南美东半部靠大西洋一侧的两个主要地区大国，它们两国间的竞争和对抗通常也会将介于两国之间的乌拉圭和巴拉圭卷入其中，这构成了该区域国际关系的基本格局。巴拉圭于1811年独立，它与其强大的邻国存在领土争端，同时一直实行保护主义政策，严格控制通往外部世界的巴拉圭河和巴拉那河。英国是19世纪在该地区拥有最大影响力的大国，它和巴西都希望巴拉圭更为开放，并获得在巴拉圭河的航行自由，但巴拉圭不为所动。1864年，巴西向乌拉圭科罗拉多党提供军事和经济援助，驱逐了其对手布兰科党。巴拉圭独裁者弗朗西斯科·索拉诺·洛佩兹（1827—1870）认为巴西的干预破坏了地区均势，威胁了自身安全。他自恃有拉丁美洲最为精良的5万人的军队，遂于1864年11月12日对巴西宣战，并向布兰科党提供军事援助。阿根廷总统巴托罗缪·迈特尔（1821—1906）看到了机会，他领导阿根廷政府，在英国支持下与巴西和乌拉圭科罗拉多党政府组成三国联盟，并于1865年5月1日共同对巴拉圭宣战，这完全背离了阿根廷在地区外交事务上与巴西政策相左的传统。战争开始后，强大的巴拉圭军队一度攻入巴西，但是由于巨大的后勤补给困难和三国联盟军队的迅速扩充，战争很快就被引向巴拉圭国内。巴拉圭人狂热地效忠于洛佩兹，勇猛善战的巴拉圭军队顽强抵抗盟军的推进，洛佩兹几乎将巴拉圭这个内陆小国所有的人力和物质资源都投入战争中，从9岁儿童到白发老翁都被征召入伍。1868年12月，巴拉圭军队被击溃，洛佩兹率残部继续坚持游击战，1870年3月1日被杀，巴拉圭战争才告结束。战胜国本来打算瓜分巴拉圭，但是阿根廷和巴西在领土问题上分歧很大，甚至差点动武，最后，根据此后签订的一系列条约，巴拉圭保住了国家的独立地位，但向巴西和阿根廷割让了几乎占其领土面积一半的土地，并支付巨额赔款，向外国商业和金融集团开放市场。巴拉圭战争是美洲历史上规模最大，也是最为惨烈的战争，交战双方都付出了异常惨重的人员伤亡和经济损失，特别是巴拉圭人口从战前的52.5万人骤减至22万人，其中男性人口仅2.8万人，可以说战争结束时的巴拉圭已经临近崩溃。该区域最后一个商业保护主义的国家被击败，它的全面开放无疑促进了英国的商业扩张和影响力扩大。

在南美大陆西半部靠太平洋一侧的是智利、玻利维亚和秘鲁三个地区强国的角逐。该区域国家间的地理分界线长期以来并没有做明确的划分，19世纪中期，随着硝石生产成为南美太平洋沿岸最为重要的产业，蕴藏着世界上最为丰富的硝石矿等资源的阿塔卡马沙漠就成为三国领土争执的焦点。在第一次世界大战之前，天然硝石是制造火药和炸药的原料硝酸钠的唯一来源，因此，这个地区的领土争执也为欧美列强所关注。阿塔卡马沙漠位于三国交界处，独立后，秘鲁拥有沙漠北部塔拉帕卡地区，玻利维亚拥有沙漠中部安托法加斯塔地区，智利则拥有沙漠南部地区。三国中，智利政治比较稳定，经济发展状况良好，而玻利维亚和秘鲁独立后政局经常处于动荡状态，经济发展也举步维艰。

1866 年，玻利维亚和智利达成协议，两国以南纬 24 度为界，玻利维亚将本国南纬 23 度至 24 度间的领土的矿产开采权租让给智利。但是很快玻利维亚就对与智利共享出口关税感到不满，并且担心智利夺取其沿海地区，而这是玻利维亚唯一的出海口。秘鲁传统上一直与智利争夺太平洋沿岸的霸权，由于秘鲁政府垄断的海鸟粪开采以及兴旺的硝石矿工业与玻利维亚海岸的开采业关系密切，两国于 1873 年签订秘密协定，规定双方相互保证其领土完整和独立。1878 年 2 月，玻利维亚通过了法案，增加对智利安托法加斯塔硝石公司的关税，这遭到智利政府的反对。在玻利维亚威胁征收该公司财产后，智利军队于 1879 年 2 月 14 日占领安托法加斯塔，玻利维亚对智利宣战，秘鲁也依约出兵援玻，南美太平洋战争（也称硝石战争）爆发。

智利的军事和经济力量都比对手强大，并且智利的硝石和铜矿产业大多是英国资本，安托法加斯塔硝石公司也是英国与智利的合资公司，因此，智利得到英国的支持。智利军队很轻松地占领了玻利维亚海岸地区，并且通过 1879 年的两场海战控制了秘鲁沿海。随后智利军队侵入秘鲁。1880 年 10 月，美国试图调停，但智利的停战条件让玻、秘两国无法接受，调停失败。1881 年 1 月，秘鲁首都利马陷落，秘鲁军民在美国支持下继续进行了三年的游击战，但是仍无法挽回败局。1883 年 10 月 20 日，秘鲁与智利签订《安孔条约》，秘鲁将塔拉帕卡割让给智利，并将塔克纳和阿里卡两地交给智利管辖，10 年后通过公民投票决定归属。1884 年玻利维亚和智利签订《瓦尔帕莱索协定》，玻利维亚将全部沿海地区即安托法加斯塔地区连同其硝石、铜矿等所有矿产开采权割让给智利，智利则保证玻利维亚通过智利领土的出海权。1904 年双方又签订协定使这一安排永久化。

南美太平洋战争对拉美国家关系的影响深远。秘鲁在战争中付出了沉重代价，包括数千人死亡和巨大的财产损失，战争结束后，国内爆发长达 7 个月的内战，战争还使秘鲁经济在数十年内处于停滞状态。秘鲁和智利间关于塔克纳和阿里卡两地的争执一直久拖不决，成为南美太平洋地区的外交难题。两国直到 1929 年在美国调停下才达成协议，智利获得了阿里卡，秘鲁收回了塔克纳以及 600 万美元的补偿及其他让步。战争使玻利维亚成为内陆国，损失尤其巨大，此后玻利维亚试图突破其内陆国的窘境，希望通过拉普拉塔河水系获得通向大西洋的出海权，最终导致 1932 年至 1935 年与巴拉圭的查科战争。

## 第三节 19、20 世纪之交美国在美洲的崛起

### 一、美国在拉丁美洲的经济扩张

南北战争后美国经济获得了空前发展，美国工业革命在 19 世纪 80 年代即告完成。奴隶制的废除使美国形成了统一的国内大市场，铁路、电话、电报的出现及其发展使这个统一大市场的联系日益紧密。到 19 世纪末，美国已经成为与英国、德国比肩的经济巨人。1870 年，美国在世界制成品中所占的比重为 23. 3%，低于英国的 31. 8%，居第二位，到 1896 年至 1900 年，已经以 30. 1%的比例超越英国的 19. 5%跃居世界第一位。对外贸易对于美国的经济增长非常重要，“美国的出口额从 1865 年的 2. 34 亿美元增长到 1900 年的 15 亿美元。大部分美国货物销往欧洲、英国和加拿大，但在 19 世纪末已经稍稍转向亚洲和拉丁美洲”①。为了将美国庞大的生产能力转化成利润，积极开拓海外市场特别是潜力巨大的亚洲和拉美市场，就成为美国对外政策的重要目标。

而拉丁美洲国家虽然在美国革命半个世纪后相继获得政治独立，但盛行以暴力夺取政权、维持统治的独裁制度，即所谓的“考迪罗主义”，社会结构也未发生根本变化，它依然是等级分明的社会，也未能结束经济上的欠发达状态。因此，拉丁美洲注定成为大国利益的竞技场。自独立以来，美国在拉美的最大对手是英国，美国在拉美的扩张总是伴随着激烈的美、英竞争与冲突。英国是拉美独立最大的获益者，到 19 世纪 60 年代，英国通过投资、贷款、贸易等方式向拉美进行经济渗透，逐渐确立了在拉美的贸易霸权和部分政治霸权。

---

① Thomas G. Paterson, J. Garry Clifford and Kenneth J. Hagan, *American Foreign Relations: A History to 1920*, vol. I, Boston and New York: Houghton Mifflin Company, 2000, p. 170.

19 世纪末，美国成为世界第一位的工业强国，地缘接近的拉丁美洲成为美国的首要扩张区域。美国在拉美通过扩大经济联系、增加投资、干涉拉美国家内部事务、炫耀武力等方式向拉美国家施加影响，并在中美洲寻求开凿运河的主导权。这一时期美国对拉美的政治军事干预和经济渗透的力度和强度都超过了其他地区，毕竟只有经济力量的美国还不能在西半球以外有更大的作为。

美国在拉丁美洲的经济扩张是根据地理位置的远近自北向南推进。中美洲和加勒比地区是美国经济扩张的第一站，这也是因为英国在拉美的投资主要集中在南美。在 19、20 世纪之交，美国大大扩张了在拉美的经济存在，1897 年，美国在拉美的投资尚不足 3 亿美元，1913 年已达 15 亿美元。其中，在古巴和西印度群岛的投资从 0. 5 亿美元增加到 3. 36 亿美元，增长了 572%，在中美洲的投资从 0. 21 亿美元增加到 0. 93 亿美元，增长了 442%。1914 年，美国在拉丁美洲的投资额已达英国在拉丁美洲投资额的 45%，而在中美洲和加勒比地区的投资和英国已不相上下。美国的投资都是集中于当地支柱性的经济部门，如在古巴投资蔗糖业和矿山，在墨西哥投资矿山和铁路，其中矿业投资占对墨西哥投资的 43%，铁路占 13%，在墨西哥的总投资已超过 10 亿美元，实际上使墨西哥沦为美国的经济卫星国。在贸易方面，美国更是于 1913 年在总量上超过了英国。1913 年，美国同拉丁美洲的贸易额达 7. 43 亿美元，分别占拉丁美洲进口额的 25%和出口额的 30. 8%，而英国分别占 24. 4%和 21. 2%。① 但是，美国的优势主要体现在中美洲和加勒比地区，南美依然是英国居于首要地位。总之，在第一次世界大战前，美国在拉美的经济势力有了巨大增长，已经形成了取代英国成为拉美经济霸主的态势。第一次世界大战的爆发加速了这一进程。

## 二、泛美主义与美洲国家会议

泛美主义思想最早可以追溯到拉美独立运动时期，独立运动的领导人弗朗西斯科·米兰达、西蒙·玻利瓦尔、何塞·圣马丁等人提出了拉丁美洲国家联合起来的思想，目的是为了实现、巩固拉美的独立，抵抗外来侵略。在玻利瓦尔的推动下，1826 年 6 月至 7 月，召开了由大哥伦比亚（包括委内瑞拉、哥伦比亚和厄瓜多尔）、秘鲁（包括玻利维亚）、墨西哥和中美洲共和国联盟（包括

---

① 参见徐世澄主编：《美国和拉丁美洲关系史》，社会科学文献出版社 2007 年版，第 84—85 页。

危地马拉、尼加拉瓜、洪都拉斯、哥斯达黎加和萨尔瓦多）参加的巴拿马会议，英国、荷兰派观察员列席了会议。大会签署了《团结、联盟和永久联合条约》，就建立拉美国家联盟以维护联盟各国的主权与独立，通过仲裁解决彼此争端、减少关税壁垒以及建立统一军队等问题基本达成了共识。虽然会后只有大哥伦比亚批准了条约，但这是泛美主义思想的一次重要实践。此后几十年间，拉美国家还召开过三次类似的区域性的国际会议，体现了泛美主义思想的影响力，也体现了独立后的拉美国家团结、联合抵御外来干涉的愿望。

美国的泛美主义思想是希望建立一个以美国为中心的美洲体系，这在1823年门罗总统向国会提交的被称为“门罗主义”的咨文中就得以体现。19世纪80年代，美国试图在泛美主义的旗帜下通过建立美洲国家多边组织将拉丁美洲纳入华盛顿主导的美洲体系中。其代表人物是詹姆斯·加菲尔德总统（1831—1881）任内的国务卿詹姆斯·布莱恩。1881年11月，布莱恩根据国会的建议，邀请美洲国家出席次年在华盛顿召开的美洲国家会议。尽管一些国家已经接受了邀请，但秘鲁和智利正在进行南美太平洋战争，致使会议无法举行。但在加菲尔德总统遇刺身亡后，继任的切斯特·阿瑟（1829—1886）总统任命弗雷德里克·弗里林海森为国务卿，后者对泛美主义并不热衷，收回了此项邀请，会议遂被搁置。1885年就任的克利夫兰总统（1837—1908）对美洲国家会议的主张相当有兴趣，1888年5月，他指示国务卿托马斯·巴亚德重新向拉美独立国家发出邀请信，通知美洲独立国家参加次年10月在华盛顿召开的美洲国家会议即泛美会议。1889年年初，本杰明·哈里森（1833—1901）就任美国总统，布莱恩再次出任国务卿，作为泛美会议的推动者布莱恩以东道主身份主持了10月2日在华盛顿开幕的第一次美洲国家会议。除美国外，17个拉美独立国家参加了会议，只有多米尼加共和国因不满美国未批准1884年的互惠条约而拒绝与会。会议直到次年4月19日才宣告闭幕。然而，这次泛美会议的成果有限，美国提出的建立关税同盟和强制性仲裁体制的建议因遭到反对而未能通过，拉美代表意识到强制仲裁会损害弱国的国家主权，关税同盟则会使美国资本、商品更多地进入拉丁美洲，从而控制拉美诸国的经济命脉。主要的具体成果是一致同意建立一个总部设在华盛顿的美洲共和国国际联盟，即后来的“美洲国家组织”的前身。通过这次会议，美国成功地获得了泛美运动的主导权，从而大大削弱了英国在美洲的政治影响力。此后，美洲国家会议每四年召开一次，第一次世界大战前分别在墨西哥城、里约热内卢、布宜诺斯艾利斯举行了第二、

三、四次美洲国家会议，美洲共和国国际联盟成为该地区最为重要的国际机构。

### 三、委内瑞拉危机和中美洲运河开凿权之争：美国确立在拉美的优势

虽然门罗总统在 1823 年就宣布了美国在拉丁美洲排斥欧洲列强的意愿，但是美国在整个美洲的政治优势地位是南北战争后逐渐确立的。

美国在美洲扩大政治影响力的进程也是英、法等欧洲强国在美洲收缩与撤退的过程，这主要表现在美国与欧洲列强，特别是美、英之间在整个美洲影响力的消长。第一个重大事件是“阿拉巴马”赔偿事件。内战后，美国寻求清算内战期间偏袒南方的英国给美国造成的损失。在内战期间，英国名义上中立，却为南部联盟建造、装配“阿拉巴马号”铁甲舰，给北方联盟带来巨大损失，美国就此向英国提出赔偿要求。在美国咄咄逼人的外交攻势下，英国担心美国以“阿拉巴马”事件为借口兼并加拿大，只得在赔偿问题上做出让步，美、英双方于 1871 年 5 月签订《华盛顿条约》，1872 年 9 月，根据该条约成立的仲裁委员会判定英国赔偿 1550 万美元。条约的签订体现了美国在内战结束后已经开始成长为一个大国，英国不得不在该地区事务上更多地考虑美国的利益，如果说 1814 年的《根特和约》表明英国已经无法通过武力迫使美国屈服，那么这一次的《华盛顿条约》则表明英国已经在美国的政治压力前屈服，这是英国在美洲的政治优势地位逐渐丧失的标志。

第二个重大事件是关于英国与委内瑞拉的边界之争引发的委内瑞拉危机。自殖民时期，委内瑞拉就与英属圭亚那之间存在领土争端。从 1850 年开始，英国人将英属圭亚那与委内瑞拉间有争议的边界往西推进，从而引发边界之争。在 19 世纪 80 年代，双方控制的境内都发现了金矿，为双方的边界之争增添了新的诱因。19 世纪 90 年代之后，双方的争执更为激烈，大规模的冲突有一触即发之势。国力弱小的委内瑞拉难以对抗大英帝国，只得向美国寻求援助。美国担心英国占领委内瑞拉领土的行为不仅会使英国继续用类似的手段扩大在拉丁美洲的影响，而且会使法国、德国等列强争相效仿，从而使门罗主义名存实亡。1895 年，争端进一步激化，美国克利夫兰总统决定出面干预委内瑞拉与英属圭亚那的边界争端。一方面，英国此时不仅面临国力下降的困扰，而且不得不集中力量应对欧洲大陆变化不定的局势以及法、德、俄三大国在殖民地争夺中给英国造成的强大压力，其海上优势也开始遭到挑战。另一方面，除了英属

圭亚那之外，英、美之间并没有根本的利益冲突，为此轻启战事显然是不智之举。因此，英国立场开始软化。美国国务卿理查德·奥尔尼展现了出色的外交技巧，于1897年1月与英国驻美国大使朱利安·庞斯福特签订了《奥尔尼-庞斯福特协议》，同意将整个有争议的地区交付仲裁。英美联合组成的仲裁委员会于1899年10月做出裁决，确定英属圭亚那和委内瑞拉的边界在埃塞奎博河与奥里诺科河之间，这几乎是以当时英属圭亚那向西推进到的界线为基准，因此实际承认了英国扩张的既得利益，但是另一方面也制止了英国进一步扩张的步伐。仲裁协定的通过表明英帝国已准备承认与接受美国在拉美的政治优势地位，“世界舆论认为，从那以后，英国‘狮子’就把在美洲的首席地位让给了美国‘老鹰’”①。

在中美洲运河开凿权问题上英、美的角逐更为直接地体现了两国在拉丁美洲地位的变化。开凿中美洲运河可以说是整个美洲的梦想，它将打通太平洋和大西洋的通航障碍，极大地便利美洲两岸以及美洲与隔洋相望的欧洲和亚洲的联系。它所蕴含的经济价值与战略价值不言而喻。对于中美洲国家而言，独立开凿运河不仅存在财政、技术的巨大障碍，而且政治上的弱势地位也使它们不得不屈服于西方列强的压力。各个大国无不以单独控制运河开凿权作为其目标，因此，运河开凿权的争夺成为19世纪后半期英、美在中美洲角逐的主题之一。

19世纪40年代以后，美国成为两洋国家，极力想取得该运河的开凿权。但是当时的美国还很难与英国抗衡，其目标定为阻止英国单独获得运河开凿权，1850年，英、美签订的《克莱顿-布尔沃条约》达成了双方共管中美洲运河的协定，这在当时无疑是美国不得已的选择。内战后，美国在中美洲运河问题上一直寻求废除该条约的限制。外交方面，1881年，美国国务卿詹姆斯·布莱恩就公开要求废除该条约。1884年，美国违反该条约与尼加拉瓜签订了一项运河条约，但在英国的强烈反对下被迫取消。军事方面，1873年和1885年，美国军队两度登陆巴拿马保护受到内战威胁的美国财产。1886年，危地马拉对萨尔瓦多的侵略造成了对美国财产的威胁，美国为此派遣军舰向危地马拉显示力量。在拉美频频使用武力维护美国利益而并未遭受其他大国的反对，美国在拉美的优势地位已经开始显露出来。1898年，美国在美西战争中获胜，而英国

---

① ［委］D. 博埃斯内尔：《拉丁美洲国际关系简史》，殷恒民译，商务印书馆1990年版，第155页。

此时正忙于准备对布尔人的战争，美国再次提出修改条约的要求。这一次美国是志在必得，因为这一时期美国对外政策的基本关切是巩固在加勒比和中美洲刚刚确立的地位，更为确切地说，决策者要为开凿和控制运河做一些必要的外交努力以保证对美国东西海岸通道的保护，总之，美国的运河政策的战略意图非常明显。英、美双方经过激烈的讨价还价最终达成协议，于1901年11月签署了《海约翰-庞斯福特条约》，英国退出运河修建问题的争夺，美国如愿获得在巴拿马主持修建和管理中美洲运河的特权。

## 四、美西战争和美菲战争

古巴是西班牙在美洲最早的殖民地，西班牙殖民统治无疑是美国谋求在加勒比地区主导权的障碍。此外，在太平洋西部地区，美国还想从西班牙手中夺取菲律宾，使美国在亚太地区获得新的立足点。1895年年初，古巴爆发大规模的独立起义，到1898年，起义军解放了全国近2/3的土地，控制了广大农村和交通要道，并包围了哈瓦那。西班牙的殖民统治已经日暮途穷，濒临绝境。虽然古巴是西班牙的殖民地，但是美国与古巴维持着密切的经济联系，古巴的种植园、糖厂、矿山都有美国的投资。古巴革命为美国提供了干预的机会，随着美国与西班牙矛盾的尖锐化，战争手段被美国提上议事日程。从军事上来说，击败衰落的西班牙，将其势力逐出美洲对于美国并不困难，但是美国敢于发动战争还得益于19世纪末有利的国际局势。欧洲已经出现两个对立的集团，很难在美洲有所作为；英国已经将美洲优势地位让与美国，自然不会对美国的行动不利；俄国也希望保持与美国的良好关系；唯有可能干预的是德国，但是德国正专注于与英国的竞争，不太可能在美洲开启事端。

1898年，美国派往哈瓦那保护侨民的美舰“缅因号”于2月15日在该港爆炸沉没，200余名美国官兵丧生，这一事件成为美西战争的导火索。4月，战争正式爆发，美国强大的海军力量使西班牙只有招架之功，无还手之力，古巴起义军也节节胜利，西班牙被迫于8月12日签订停火协议。次日，美军又在西班牙在亚洲的殖民地菲律宾马尼拉登陆。经过两个月的谈判，双方于12月10日签订《巴黎和约》。美国从西班牙手中取得波多黎各和关岛等殖民地，还以2000万美元的代价，取得菲律宾宗主权；西班牙承认古巴独立，在古巴政府建立前由美国占领。但战后美国并不撤军，美国参议院外交委员会主席普拉特提出了关于古巴宪法问题的修正案。该修正案规定美国有权对古巴进行干涉；

古巴应提供美国煤站和海军基地所需要的土地；未经美国同意，古巴不得与任何外国签订条约，不得把领土转让给其他任何国家等。在美国的压力下，古巴制宪议会被迫接受这一修正案作为古巴宪法的附件。1902 年 5 月，美军撤出古巴，古巴取得“独立”，实际上成为美国的保护国。美西战争进行期间，美国乘机兼并夏威夷群岛，并占领具有军事价值的威克岛。

美西战争结束后，美国力图将菲律宾变为自己的殖民地。1898 年巴黎和会上，西班牙把菲律宾宗主权“转让”给美国。1899 年 1 月 4 日，美国发表在菲律宾领有主权的《开明同化宣言》。菲律宾革命政府于 1 月 5 日和 8 日先后两次发表宣言，强烈抗议美国粗暴践踏菲律宾主权。1899 年 2 月 4 日，美菲战争爆发。2 月 5 日，菲律宾共和国正式向美国侵略军宣战。美国以优势兵力，先后占领菲律宾南部岛屿。3 月 31 日，攻陷菲律宾共和国首都马洛洛，后又占领共和国政府迁驻地圣费尔南多。至 1899 年 11 月，美国侵略军已增加到 7 万人，在菲律宾群岛展开全面的军事行动。11 月 22 日，菲律宾政府宣布转入游击战争。美国侵略军进行血腥的屠杀和镇压。同时，发动“和平运动”攻势，进一步收买菲律宾地主资产阶级。1901 年 3 月 23 日，菲律宾共和国总统阿奎纳多（1869—1964）被美军俘获后，公开宣誓效忠美国，4 月 19 日，又发表宣言，劝告菲律宾人民停止对美军的抵抗。菲律宾共和国最终瓦解。在美菲战争中，美国动用了 12.5 万军队镇压菲律宾人民起义，有 5000 余美国人和 20 万菲律宾人丧生，这场战争也被称为美国历史上最肮脏的战争之一。

1902 年 7 月，美国国会通过了《菲律宾法案》，宣布菲律宾的行政、立法、司法大权均由美国掌握，由美国总统任命的总督对菲律宾进行直接统治，菲律宾成为美国的殖民地。美国对菲律宾的统治既不同于古巴（拥有名义上的独立地位），也不同于对夏威夷等太平洋岛屿的直接兼并，而是将菲律宾变成了美国的海外殖民地。美国吞并菲律宾还因为它具有“邻近中国”的重要性，有利于美国占领中国市场。

### 五、美国外交的新原则

在 19、20 世纪之交，随着中国陷入内忧外患的空前危机，美国国务卿海约翰更积极地推进美国在华的工商业利益。从 1899 年 9 月起，他训令驻英、俄、德、法、意、日等六国大使，陆续向各驻在国政府递交一项照会（即第一次关于中国的门户开放照会）。尽管这些照会的行文略有不同，但基本内容是一致的，它要求六国政府承认以下三项原则：第一，对于在中国的势力范围内或租借地内的任何口岸或任何既得利益，一概不加干涉；第二，中国现行税则适用于所有势力范围内一切口岸（自由港除外）所装卸的货物，而不问其国籍，此种税款由中国政府征收；第三，在各自势力范围的任何口岸，对他国入港船舶不得征收高于本国船只的入港费，在各自势力范围的铁路上，对他国臣民运输的货物不实行不同的运费标准。

海约翰的照会并没有触动列强在华的根本利益，但是将自己独占的利益为别国所享有又是列强不愿看到的，因此各国的答复内容很含混，只有意大利表示无条件接受，因为意大利在中国没有租借地和势力范围，美国提出的要求对它有利无害。英、法、德、日都不同程度地表示接受，但都声明以有关国家接受这项原则为条件。俄国基本上没有接受美国的建议，但在文字上仍表示拥护门户开放。1900年3月20日，海约翰向各国宣布，他收到了有关各国的答复，门户开放政策得到各国的拥护。随后中国义和团运动达到高潮，西方列强组织八国联军侵华。美国一方面派遣军队参加八国联军镇压义和团，另一方面又害怕中国的均势被打破并出现被列强瓜分的局面，于是海约翰7月3日向各国发出了第二次门户开放照会，重申门户开放原则，声称美国政府致力于寻求这样一种解决办法，以给中国带来永久的安全与和平，保持中国的领土和行政实体，保护各友邦受条约和国际法所保障的一切权利。这一次照会不要求列强作出答复，但列强也都没有公开反对这次照会提出的原则。

两次门户开放照会是美国对华政策的一个里程碑式的事件，它标志着美国开始成为亚洲外交舞台的重要成员，自此美国作为一个大国，有了独立的对华政策，而不再追随、附和其他列强，充当次要的角色。门户开放政策是美国继门罗主义之后又一次重要的外交战略筹划，它所包含的“机会均等”“利益均沾”“保全中国”的原则，是20世纪30年代日本发动全面侵华战争前美国对华外交和东亚政策的基本指导思想，也是美国试图谋求东亚主导权的工具。

通过美西战争、美菲战争等一系列兼并活动，美国的政治、军事影响力已经扩展到拉丁美洲以外的重要地区。门户开放政策的提出又使美国成为东亚外交的主角之一。美国的商人、官员、士兵出现在拉丁美洲和亚洲的广阔土地上，美国成为一个世界性的强国。

在拉丁美洲，20世纪初美国两任总统西奥多·罗斯福（1901—1909年在任）和威廉·塔夫脱（1909—1913年在任）的政策体现了这个时期美国以帝国主义方式干预其他国家和地区事务的典型特征。

西奥多·罗斯福比他的前任们更加强硬地干预拉丁美洲事务。他具有强烈的种族优越感并信奉“适者生存”与“自然选择”等社会达尔文主义的信条，他认为美国在拉美事务中应该采取积极的以力量为基础的政策，也就是“说话温和，同时携带一根大棒”①，当然后者才是关键，此即所谓的“大棒政策”。1902年至1903年的委内瑞拉债务危机为美国推行“大棒政策”提供了机遇。委内瑞拉连年内战，经济凋敝，债台高筑，在国内民族主义的推动下，委内瑞拉政府拒绝了英国、德国等欧洲列强提出的关于取消委内瑞拉债务的条件，并于1902年3月宣布暂停偿付债务。债权国决定武装干预，12月，英、德、意军舰联合封锁并炮击委内瑞拉港口，西奥多·罗斯福担心事态扩大，提出调停要求，英国表示接受，但是德国在1903年1月再次炮击委内瑞拉港口，造成了破坏和人员伤亡。西奥多·罗斯福表示了极大不满，以强硬姿态重提门罗主义并向德国施加压力，迫使三国于2月解除了封锁，并同意将债务问题提交海牙国际法庭仲裁。美国掌握了委内瑞拉问题的主导权。这一场危机是“欧洲列强对新世界共和国的最后一次大规模的武力炫耀，但其结果是对美国在西半球权力和利益的默认”②。

1903年11月，美国在巴拿马策划了一场政变，并派遣军舰进行军事干涉，最终促使巴拿马脱离哥伦比亚获得独立。11月18日，美国与巴拿马签订了一项条约，美国保证并维护巴拿马独立，获得一条16.1公里宽的地带作为运河区，由美国永久占领、使用和控制管理权。巴拿马运河于1904年开始建造，1914年通航，成为沟通大西洋和太平洋的便捷通道，它不仅确保了美国对拉丁美洲实质上的霸权，而且对于美国的全球战略具有重要意义。实际上，“罗斯福自己将它（获得运河区）同路易斯安那购买和取得得克萨斯相提并论”③。

1903年以来，多米尼加债务危机不断恶化，英、德进行武力干涉的传闻愈演愈烈。西奥多·罗斯福决定采取强有力的措施制止外来干预，1904年大选的胜利，使他的态度更为坚定。12月6日，在向国会的国情咨文中，西奥多·罗斯福宣称：“在美洲如同在世界其他地方一样，导致文明社会纽带普遍松弛的

---

① Thomas G. Paterson, J. Garry Clifford and Kenneth J. Hagan, *American Foreign Relations: A History to 1920*, vol. I, Boston and New York: Houghton Mifflin Company, 2000, p. 238.

② Harold Eugene Davis, John J. Finan and F. Taylor Peck, *Latin American Diplomatic History: An Introduction*, Baton Rouge: Louisiana State University Press, 1977, p. 148.

③ Thomas G. Paterson, J. Garry Clifford and Kenneth J. Hagan, *American Foreign Relations: A History to 1920*, vol. I, Boston and New York: Houghton Mifflin Company, 2000, p. 237.

长期的胡作非为或者无效治理，最终都需要一些文明国家的干预，如果美国在西半球遇到这种明目张胆的胡作非为或者无效治理的情形，为了恪守门罗主义，尽管也不情愿，美国仍将不得不行使国际警察的权力。”① 罗斯福对门罗主义的这一引申，将本意为禁止欧洲列强干预美洲的门罗主义转变为美国对管理美洲事务的承诺，对门罗主义作了最具干涉意义的解释，此即所谓的“罗斯福推论”。1905 年 2 月，美国与多米尼加签订条约，迫使多米尼加将海关收入交给美国管理，美国将把 45%的海关收入交给多米尼加，其余 55%用来偿还外债，美国成为多米尼加的财政保护国。“罗斯福推论”为“大棒政策”提供了合理的借口，美国对拉美国家的干预频率和力度都大大加强，罗斯福任内就多次对多米尼加、巴拿马、古巴、尼加拉瓜等国进行武装干涉。

继任的塔夫脱总统担任过西奥多·罗斯福政府的陆军部长，1906 年，塔夫脱受西奥多·罗斯福总统之命干涉古巴事务，并短暂担任古巴临时总督，他是罗斯福政策的追随者。他在 1912 年 12 月的国情咨文中正式提出了“以美元代替枪弹的政策”。这就是所谓的“金元外交”，希望通过促进投资与贸易，在经济不发达、容易发生动乱的国家，特别是中美洲和加勒比国家建立秩序，同时为美国谋求经济利益。这一公开的政策宣示有利于整合民间力量充当美国对外政策的工具。从 1900 年至 1914 年，美国出口货物价值从 15 亿美元增加到 25 亿美元，对拉丁美洲的出口从 1. 32 亿美元增加到 3. 09 亿美元，美国的投资集中于美洲的运输、制糖、银行业，到 1914 年，美国控制了加拿大的镍矿和古巴的制糖业，对外总投资达 35 亿美元。美国在与英、法、德等欧洲大国在拉美的经济竞争中已经形成赶超的态势。与“大棒政策”相比较，“金元外交”有更强的地域适用性，亚洲作为新世纪美国的另一个重要的外交区域也成为“金元外交”的实验场。除了促进美国商品对华出口外，美国政府极力支持美国资本对中国铁路的投资，1911 年 5 月，由英、法、德、美组成的四国银行团获得湖广铁路借款权，是美国作为后来者争夺在中国权益的一大进展。

## 思考题：

1. 法美同盟对美国赢得独立战争的胜利起到了什么样的作用？

---

① Dennis Merrill and Thomas Paterson, eds. , *Major Problems in American Foreign Relations*, vol. I, Boston and New York: Houghton Mifflin Company, 2000, p. 466.

2. 分析美国、英国对待拉美独立运动态度的异同。

3. 分析门罗主义的战略内涵及其演变。

4. 评述19世纪后期到20世纪初期英、美在拉美权势转换的表现。

# 第十章　帝国主义在非洲：欧洲列强的殖民争夺和瓜分

自 15 世纪起，欧洲殖民国家就对富饶而广阔的非洲大陆开始了长达几个世纪的侵略与掠夺，从黑奴贸易一直到领土占领。19 世纪后叶至 20 世纪初，随着西方资本主义发展到帝国主义阶段，欧洲帝国主义列强对非洲的殖民争夺和瓜分达到历史上最猖狂的阶段。英国、法国、德国、意大利、比利时是在非洲进行殖民角逐的主要国家，都抱有野心宏大的瓜分计划，而 1884—1885 年柏林会议是帝国主义瓜分非洲的重要标志，列强掀起了瓜分狂潮。作为这场狂潮的序幕，1881 年至 1882 年，英国和法国在北非分别以埃及和突尼斯为重点展开了角逐。1882 年至 1885 年，欧洲列强殖民较量的中心是刚果河流域及中非其他地区。1885 年至 1890 年，东非又成为欧洲列强争夺的重要地区。从 1890 年至 1898 年，欧洲列强的殖民重点转向西非地区，最终将西非瓜分完毕。在殖民瓜分狂潮的后期阶段，英、法围绕尼罗河流域的控制权进行争夺，法绍达危机几乎使两国兵戎相见。英、德则在南部非洲展开了激烈的较量，并导致英国与德国支持的布尔人之间发生了帝国主义时代在非洲最大的殖民战争。至 20 世纪初，除埃塞俄比亚和利比里亚保留形式上的独立之外，非洲国家和地区已完全沦为受欧洲列强直接统治的殖民地或保护国，非洲的殖民瓜分基本结束。欧洲列强对非洲的瓜分是帝国主义殖民时代的典型写照，作为殖民扩张的结果，非洲被完全纳入欧洲主导的资本主义世界体系，但非洲人民反抗帝国主义殖民统治的斗争从未止息。

## 第一节　非洲纳入帝国主义殖民体系

### 一、19 世纪中叶前欧洲列强在非洲的殖民扩张

非洲大陆是人类的诞生地之一，拥有丰富的自然资源。在欧洲列强入侵之前，非洲人民曾经创造了辉煌的文明，北非的尼罗河流域是世界古代文明的摇篮之一。但是，欧洲列强的殖民侵略却阻断了非洲文明的发展进程，导致非洲陷入了贫穷落后的深渊，成为资本主义世界体系的边缘地区。

非洲与欧洲的联系最早可追溯到 13 世纪，以欧洲的传教活动为其开端。在 15 世纪初至 19 世纪初的四百余年中，非洲探险和黑奴贸易是欧洲列强殖民活动的主要形式。它们大规模染指非洲是从大西洋黑奴贸易开始的。1441 年，葡萄牙人将 12 名非洲黑人带回葡萄牙贩卖，这是罪恶的黑奴贸易之肇始。此后，西班牙亦加入黑奴贸易的行列。16 世纪末至 17 世纪初，英国、荷兰和法国殖民者开始全面从事跨大西洋黑奴贸易，17 世纪至 18 世纪这种贸易达到最猖獗的阶段。黑奴贸易在 18 世纪末期由盛转衰，1814 年至 1815 年维也纳会议明确规定禁止这种贸易活动。此后，欧洲列强开始寻求以更加直接的方式侵入非洲，而新一轮的非洲探险热潮则为欧洲列强的全面渗透和殖民侵略做了进一步的铺垫。

在非洲内陆的探险活动中，英国和法国扮演了重要角色。据不完全统计，英、法等欧洲列强的探险活动，在 1800 年至 1850 年共有 21 次，1851 年至 1870 年达到 56 次，1871 年至 1880 年则为 41 次。这些非洲内陆的探险活动绝大多数直接服务于欧洲列强的殖民扩张，因而是欧洲列强侵略和争夺非洲的开路先锋。一轮又一轮的非洲探险热潮本身就是欧洲列强殖民渗透的一个重要组成部分，它们与欧洲列强在非洲沿海地区的殖民扩张相互呼应，推动了列强对非洲的瓜分。

葡萄牙和西班牙是欧洲列强中最先在非洲从事殖民扩张的国家。1415 年 8 月，葡萄牙占领摩洛哥北部濒临直布罗陀海峡的休达城，建立了非洲的第一个殖民据点。1469 年，葡萄牙国王颁布开发几内亚海岸的特许权，将殖民触角伸向西非地区。西班牙作为早期殖民非洲的开拓者，同葡萄牙围绕西北非的势力划分展开了争夺。根据 1480 年《阿尔卡萨瓦斯条约》，加那利群岛划归西班牙，西非和几内亚则划归葡萄牙，该条约是欧洲列强在非洲划分势力范围的第一个殖民条约。

进入 19 世纪之后，英国和法国成为欧洲列强殖民非洲的主要大国。它们首先在西非、东非和北非沿海地区展开殖民扩张。英国在西部非洲的殖民活动主要集中在塞拉利昂、尼日尔河和阿散蒂三角洲地区。1808 年，英国将塞拉利昂改建为皇家殖民地，在西非取得一个重要的殖民扩张据点。到 1832 年，英国又占据了冈比亚河流域沿岸的全部地区，从而初步确立了它在西非塞拉利昂和冈比亚的势力范围。1861 年，英国与拉各斯国王签订条约，兼并拉各斯岛，这标志着英国开始了向尼日尔河三角洲地区的殖民扩张。1874 年，英国向阿散蒂发动军事进攻，迫使其签订《福梅纳条约》，规定阿散蒂承认普拉河以南各附庸国的独立，直接导致阿散蒂帝国瓦解，为英国全面控制黄金海岸（今加纳）创造了条件。与此同时，英国还将触角伸向东非沿海地区。1856 年阿曼国赛义德苏丹去世后，英国直接出兵干预王位继承，并于 1861 年策动东非沿海地区组成桑给巴尔苏丹国，由此确立了英国在桑给巴尔及其沿海地区的控制地位。

法国于 1817 年在塞内加尔沿海地区的圣路易和戈雷建立殖民扩张的基地。1842 年，法国与当地国王签订条约获得了加蓬湾北部的土地，法国在加蓬湾沿海地区的殖民势力得到拓展。与此同时，为确立在达荷美地区的优势地位，法国于 1868 年与达荷美国王签订条约，规定科托努割让给法国，这使达荷美地区初步置于法国的控制之下。法国在东非殖民扩张活动的重点是在马达加斯加。1862 年，法国与马达加斯加签订条约并据此取得诸多特权，包括在马达加斯加沿海租借领土的权利，这为法国进一步的殖民扩张奠定了基础。

北非地区是欧洲列强殖民角逐的主要战场，其中法国更是在北非进行扩张的急先锋。1830 年，法国发动了侵略阿尔及利亚的战争。1834 年，法国宣布吞并阿尔及利亚。此后，法国以阿尔及利亚为基地开始实施积极的扩张计划，企图东并突尼斯，西吞摩洛哥，进而在西北非建立一个庞大的法属殖民帝国。1869 年 7 月，突尼斯被迫接受了法、英、意的要求，由“国际财政调查团”监督并控制突尼斯政府的全部收入，直接导致突尼斯的财政经济命脉完全掌握在欧洲人（主要是法国银行家）的手中。作为北非地区的一个战略要地，摩洛哥是法国追逐的重要目标。1844 年，法国占领乌季达和摩加多尔并炮轰丹吉尔。1860 年，法国迫使摩洛哥签订《得土安条约》，规定摩洛哥放弃休达地区的主权。此后，摩洛哥成为法国殖民扩张的主要对象之一。

## 二、帝国主义时代与对非洲的殖民瓜分

上述 19 世纪中叶前欧洲列强对非洲的殖民侵略是它们在世界范围内扩张的一个组成部分。英国、法国和俄国是 19 世纪这种海外扩张的主要殖民大国。到 19 世纪中叶，英国已确立在澳大利亚和新西兰的殖民统治，完全吞并了印度，并加紧了在东亚（主要是在中国和东南亚）等地的扩张步伐。法国不仅在非洲，而且通过在印度支那地区的侵略活动，初步形成了其在东南亚的殖民统

治格局。俄国凭借地缘优势在近东、中亚和远东不断进行侵略蚕食，将西伯利亚地区并入版图，其疆土伸展至太平洋，并同英国在亚洲展开了激烈的角逐。19 世纪中叶前欧洲列强的这些殖民扩张，为其后帝国主义瓜分世界作了铺垫。进入 19 世纪中叶之后，随着自由资本主义向垄断资本主义即帝国主义时代过渡，资本帝国主义列强掀起了大规模的瓜分世界的狂潮，殖民扩张达到了有史以来的最猖狂时期。经过短短的几十年时间，到 19 世纪末 20 世纪初世界基本被瓜分完毕，形成了庞大的帝国主义殖民体系。

帝国主义时代的基本特征是垄断资本统治的确立和要彻底瓜分世界。正如列宁在《帝国主义是资本主义的最高阶段》中所说："帝国主义是发展到垄断组织和金融资本的统治已经确立、资本输出具有突出意义、国际托拉斯开始瓜分世界、一些最大的资本主义国家已把世界全部领土瓜分完毕这一阶段的资本主义。"① 他指出，19 世纪 70 年代之后，主要帝国主义国家"开始了夺取殖民地的大'高潮'，瓜分世界领土的斗争达到了极其尖锐的程度。所以，毫无疑问，资本主义向垄断资本主义阶段的过渡，即向金融资本的过渡，是同瓜分世界的斗争的尖锐化联系着的"②。因此，帝国主义时代的殖民政策，归根到底是列强为了在经济上和政治上瓜分世界而采取的国际政策。

帝国主义时代列强的殖民扩张呈现出不同于以往的特点。首先，在帝国主义时代，殖民地在列强争夺中的地位和意义更加突出，垄断资本的扩张和资本输出成为帝国主义列强争夺和瓜分殖民地的基本动力。列宁就强调指出："对于金融资本来说，不仅已经发现的原料产地，而且可能有原料的地方，都是有意义的……因此，金融资本必然力图扩大经济领土。"③ 其次，列强在殖民扩张过程中既相互勾结又相互争夺是一种常态。帝国主义国家的垄断资本为了在激烈的国际竞争中占据更为有利的地位，往往会根据自身的利益和需要结成不同形式的国际联盟，但垄断资本海外扩张的根本目的就是追逐利润的最大化，因此，国际垄断资本之间既有相互勾结的一面，更有矛盾冲突的本质一面。这也使帝国主义时代列强间的关系变得更为错综复杂，其瓜分世界的斗争空前激烈，是导致帝国主义战争的重要根源。最后，帝国主义的殖民政策在一定程度上分化了殖民地的社会结构，导致殖民地人民反抗殖民主义斗争的复杂化，

---

① 《列宁专题文集 论资本主义》，人民出版社 2009 年版，第 176 页。
② 《列宁专题文集 论资本主义》，人民出版社 2009 年版，第 165 页。
③ 《列宁专题文集 论资本主义》，人民出版社 2009 年版，第 171 页。

但由于国际垄断资本扩张和剥削的本性，其与殖民地之间的矛盾是不可调和的，因而殖民地人民的反抗和斗争，最终将从根本上动摇帝国主义殖民体系的基础。

19世纪下半叶欧洲列强对非洲的殖民瓜分是帝国主义时代的一个缩影，也是帝国主义殖民体系形成的一个突出标志。欧洲列强在非洲掀起的瓜分狂潮，使“非洲像蛋糕一样被随意切割，然后任由欧洲诸强国鲸吞”①。从15世纪到19世纪上半叶，列强在非洲占领的领土为310多万平方公里，而在19世纪最后的25年占领了2500多万平方公里。到1912年以摩洛哥沦为法国的保护国为标志，欧洲列强对非洲的殖民瓜分基本结束。至此，几乎所有非洲国家和地区均被欧洲列强瓜分为殖民地或保护国，其中法国占有非洲面积的35.9%，英国占29%，德国占8.2%，比利时占7.5%，意大利占7.4%，葡萄牙占6.8%，仅有埃塞俄比亚和利比里亚勉强维持着形式上的独立。

欧洲列强对非洲的瓜分给非洲国家的经济、政治发展带来了巨大的灾难。从经济上讲，欧洲列强的殖民统治从根本上摧毁了非洲国家原有的经济结构，导致非洲经济完全被纳入欧洲主导下的资本主义世界经济体系。非洲的自然资源横遭掠夺，非洲国家的经济结构被固定在单一作物经济的范畴内，成为列强资本输出场所、工业制成品的销售市场和原材料供应地。这种严重失衡的经济结构阻碍了当地经济的持续发展，使非洲国家在资本主义世界经济中处于边缘地位。政治上对非洲国家而言最重要的是主权与独立的丧失。欧洲列强在瓜分非洲的过程中大肆掠占非洲国家的土地，建立起一整套殖民统治制度，破坏和阻断了非洲国家的政治发展进程，致使非洲国家在政治上长期处于依附地位，饱受欧洲列强的奴役和控制。因此，欧洲列强殖民侵略与瓜分非洲的基本后果就是非洲在世界体系中被殖民化和边缘化，这是导致非洲国家在此后长期落后的主要原因。不仅如此，为争夺殖民利益，欧洲列强甚至在非洲地图上任意勾画各个殖民地或势力范围的所谓边界，从而人为割裂了非洲历史上按民族聚居或族群分布而形成的区域格局，严重破坏了非洲民族和国家正常的历史脉络和发展进程，给非洲国家留下了边界争端和民族纠纷的遗患，导致非洲国家独立后治理困难。欧洲列强的殖民瓜分是造成后来非洲大陆边界问题与族群矛盾的

① Thomas Pakenham, *The Scramble for Africa: the White Man's Conquest of the Dark Continent from 1876 to 1912*, New York: Avon Books, 1991, p. 21.

重要根源。

## 第二节 英、法在北非和西非的争夺

### 一、英、法在埃及的殖民争夺

18世纪末19世纪初的埃及仍是奥斯曼帝国的总督管辖区。埃及扼亚、非交通的咽喉，战略地位突出，因而在19世纪上半叶即逐渐成为英、法争夺的焦点。

1798年5月，拿破仑·波拿巴率法国远征军入侵埃及，至7月相继占领了亚历山大、开罗等主要城市和埃及大部分地区。法国的占领激起了埃及人民的强烈反抗，1798年和1800年，埃及先后两次爆发了抵抗法国侵略的开罗起义。在经历了埃及人民的沉重打击之后，法军被迫于1801年撤离埃及，法国三年多的军事占领宣告结束。

法国远征军撤离之后，穆罕默德·阿里（1769—1849）在埃及的权力角逐中脱颖而出，并迫使土耳其苏丹于1805年承认其为埃及总督。随后，穆罕默德·阿里实行一系列改革，推动埃及在19世纪30年代发展成为中央集权化的、具有较强工业实力的国家。

与此同时，欧洲列强并没有放松对埃及的渗透。1839年，英国为打压埃及，劝诱土耳其挑起了土埃战争，但埃军大获全胜并直逼伊斯坦布尔，列强遂决定直接出面干预。1840年7月，英、俄、普、奥、土五国向埃及发出最后通牒，英军亦兵临开罗城下实施武力威胁。穆罕默德·阿里不得不屈服于英国的压力。根据1840年《伦敦条约》和1841年苏丹敕令，穆罕默德·阿里只保留了对埃及的世袭权以及对苏丹地区的终身管辖权。英国还强迫埃及取消贸易保护措施，实行协定关税并降低关税税率。随着不平等协定的实施，失去保护的埃及工厂在欧洲商品的冲击下纷纷倒闭，改革惨遭失败，埃及在经济上开始遭受英国的控制。

在阿里之后，埃及进入阿巴斯一世（1813—1854）和穆罕默德·赛义德的统治时期。1851年7月，埃及同英国签订由英国人修建从亚历山大至开罗铁路的协议，标志着英国势力在埃及的进一步延伸。在赛义德时代，埃及的主要银行和商业机构均为欧洲列强，尤其是英国所控制，而英、法两国为角逐对埃及经济命脉的控制权，围绕国际苏伊士海运运河公司展开了争夺。

早在穆罕默德·阿里执政时，法国就提出开凿苏伊士运河，但遭拒绝。1854 年，赛义德执政后遂于 10 月同法国人莱塞普斯签订了开凿连接地中海和红海的苏伊士运河的合同。英国立即表示反对并敦促土耳其苏丹拒绝批准运河协定。但莱塞普斯在法国政府的支持下于 1857 年组成国际苏伊士海运运河公司，并不顾英国的反对，在土耳其苏丹尚未批准运河协定的情况下于 1859 年破土动工修建运河。1869 年 11 月，苏伊士运河正式通航。

苏伊士运河的开通大大缩短了从欧洲到印度洋乃至西太平洋的航程，而埃及却为运河耗资 1680 万英镑，债台高筑。到 1876 年，埃及因无力偿债而宣布财政破产。苏伊士运河通航突显了埃及战略地位的重要性，这促使英、法展开了更加剧烈的争夺。1875 年，英国利用埃及的财政危机以及普法战争之后法国无暇他顾之机，抢购了埃及持有的运河股票，从而将世界上最重要的贸易通道置于英国的掌控之下。从长远来看，英国此举无疑具有重要的战略意义，是它进一步排挤法国势力并控制埃及，进而最终占领埃及的开端。

英、法争夺的加剧体现在双方都试图谋取对埃及财政的监督权。以帮助整顿埃及的财政秩序并制定债务偿还计划为由，英、法于 1876 年 10 月迫使埃及新任赫迪夫伊斯梅尔（1830—1895）接受了解决埃及国债问题的方案，并任命英、法提名的两个财政总监督，其中英国领事罗曼为国家财政收入和国家预算的总监督，法国领事马拉雷为国家财政支出的总监督。这样，英、法确立了对埃及财政的“双重监督”制度，埃及的经济命脉为英、法所控制，埃及的财政主权从此丧失。

为进一步扩大在埃及的殖民权益，英、法于 1878 年 8 月迫使埃及同意组建一个有欧洲人参加的内阁，殖民主义的代言人努巴尔被任命为首相兼外交大臣和司法大臣，英国人威尔逊任财政大臣，法国人布利尼埃任公共工程大臣兼管埃及的铁路和邮政，此即“欧洲人内阁”，英、法据此直接掌握了埃及的财政经济资源并实际上控制了内阁权力。

## 二、英国对埃及的占领及其统治

欧洲殖民者对埃及的经济掠夺和政治控制激起了埃及人民的反抗。1881 年 9 月，开罗爆发由祖国党领袖艾哈迈德·阿拉比上校领导的起义，要求解散欧洲人内阁并进行议会选举。1882 年 2 月，新任赫迪夫陶菲克被迫任命民族主义者巴鲁迪担任首相，阿拉比则出任陆军大臣，由此组成了以祖国党人为主的新内阁。紧接着，新内阁宣布举行议会选举，颁布宪法，并取消了英、法对埃及财政的“双重监督”制度。英、法指责新内阁的行为损害了其在埃及的利益并于5月派军舰驶抵亚历山大港进行武力恫吓。但埃及人民并未屈服，陶菲克逃往亚历山大港，置身于英国的保护之下。

就在此时，法国的政策出现微妙变化。由于受国内政治危机以及突尼斯和印度支那事件的困扰，法国不愿卷入直接的军事干涉，并于7月撤走了停泊在亚历山大港的舰队。英国认为这是独占埃及的良机，遂借故挑起军事冲突，炮轰并占领了亚历山大城。8月，英军占领苏伊士运河地区，控制了被称为“帝国生命线”的苏伊士运河。1882年9月，英军攻陷开罗，从此开始了英国对埃及长达74年的军事占领，埃及事实上成为英国的殖民地。

实际上，从军事占领埃及之日起，英国就面临法国等国要求撤军的压力，为此英国首相格拉斯顿公开表示英国不会长期占领埃及。1883年1月，英国外交大臣格兰维尔照会列强，声称英国对埃及的占领是暂时的，一旦条件允许，英国将从埃及撤军。此后，英国曾多次承诺撤军，总计达66次之多，但始终没有履行撤军诺言。不仅如此，英国还于1914年12月以土耳其加入同盟国一方参加第一次世界大战为由，宣布结束奥斯曼帝国对埃及的宗主权。至此，埃及彻底沦为英国的殖民地。

英国对埃及的占领不仅确保了英国通往印度的海上生命线的安全，还增强了英国在北非地区和东地中海的势力，确立了英国在该地区殖民争夺的优势。同时应该看到，英国对埃及的占领进一步刺激了欧洲列强在非洲的扩张欲望，进一步推动了19世纪末期欧洲列强对非洲的瓜分狂潮，为欧洲列强瓜分非洲提供了一个危险的新动力。

在占领埃及之后，英国拒绝了法国试图恢复在埃及的行动自由的要求，同时采取了一系列措施以确保英国对埃及的殖民统治。鉴于埃及名义上仍然是奥斯曼帝国的一个行省，埃及统治者仍然拥有奥斯曼帝国的封号——赫迪夫，因此，为避免因公开吞并埃及而招致其他列强的反对，英国在埃及的殖民统治采用的是一种间接统治制度。

首先，凭借军事占领的有利条件，英国控制了埃及赫迪夫的继承权，为间接统治埃及奠定了基础。其次，为确保在埃及的殖民权益，英国在埃及设置了总领事兼外交专员，该专员同时担任埃及赫迪夫和首相的顾问，掌握着埃及国家的实权，实为英国驻埃及的总督。通过上述手段，英国实际上控制了埃及的外交、立法和司法权，从而将赫迪夫变成了英国的傀儡。1883 年，素有“东方暴君”之称的伊夫林 · 巴林就任英国驻埃及的第一任总领事兼外交专员，实际统治埃及长达 24 年。这种“英国人的头，埃及人的手”的间接统治制度成为英国殖民统治埃及的基本特征。随着英国的军事占领，英国金融资本大举向埃及渗透，导致埃及走上单一经济作物制的道路，经济畸形发展，成为依附于英国的外围殖民地国家。1904 年，英国与法国达成协议，以承认摩洛哥为法国的势力范围作为交换，独占了埃及的财政权。

### 三、法国占领突尼斯及其在摩洛哥的扩张

19 世纪中期以后，法国以 19 世纪前期所攫取的殖民成果为依托，在北非地区加紧了对突尼斯和摩洛哥的殖民侵略。

突尼斯位于直布罗陀海峡通往苏伊士的必经之地，对于保护法国在阿尔及利亚的统治具有重要意义。但意大利也将突尼斯视为追逐的猎物。1871 年，意大利趁法国在普法战争中失败之机向突尼斯沿海派出舰队，企图占领突尼斯，法、意在突尼斯的角逐趋于激烈。

在 1878 年 6 月至 7 月举行的有关近东问题的柏林会议期间，法、英、德三国就突尼斯问题达成秘密交易：英国同意法国夺取突尼斯以换取法国承认英国占领塞浦路斯；德国为转移法国对德复仇的视线亦积极鼓励法国占领突尼斯，宰相俾斯麦甚至赤裸裸地煽动法国抢先采摘突尼斯这只“熟透的梨子”。此后，法国加速了侵占突尼斯的进程。

1881 年 4 月，法国以突尼斯克鲁米尔部落侵犯阿尔及利亚为借口派兵侵入突尼斯，5 月迫使突尼斯签订《巴尔杜条约》。该条约规定突尼斯由法国军队占领；未经法国同意，突尼斯不得与其他国家建立直接联系或缔结国际条约；突尼斯财政与外交由法国管理。这个条约确立了法国在突尼斯的优势地位，并为法国将突尼斯变成其保护国奠定了基础。1883 年 6 月，法国又迫使突尼斯签订《马尔萨协定》，规定突尼斯接受法国的保护国地位。至此，突尼斯完全丧失主权独立，沦为法国的殖民地。法国占领突尼斯同英国占领埃及一样，成为欧洲列强开始瓜分非洲的重要标志之一。

在占领突尼斯之后，法国将殖民扩张的矛头指向摩洛哥。鉴于阿尔及利亚与摩洛哥的边界尚不明确，法国借机不断入侵摩洛哥并占领战略据点。1901

年，法国与摩洛哥签订条约，迫使摩洛哥宣布接受法国的协助以镇压叛乱部落，从而为法国干涉摩洛哥创造了便利条件。与此同时，法国还加紧在摩洛哥收购土地，开采自然资源，并利用贷款担保控制了摩洛哥的海关税收和海关权利。

为扩大在摩洛哥的殖民权益，法国还展开了积极的外交活动，同意大利、英国和西班牙就北非地区的势力划分达成妥协，并借此钳制德国。1902 年，法、意达成协议，相互承认法国在摩洛哥、意大利在的黎波里等地有行动自由。1904 年，英、法在签署《英法协定》时达成谅解，法国承认英国在埃及的特权，英国则承认法国在摩洛哥的特殊地位。也是在 1904 年，法国同西班牙签订协定，划分了两国在摩洛哥的势力范围。作为对抗的另一方，德国指责上述协定损害了德国在摩洛哥的利益，声称法国正在利用摩洛哥问题孤立德国，法、德关系出现危机。

1905 年 2 月，法国向摩洛哥提出由法国监督创办港口警察、开设银行并修建铁路，试图以此将摩洛哥变为法国的保护国。德国立即表示反对，德皇威廉二世甚至亲访摩洛哥丹吉尔港，宣称德国将维护摩洛哥的主权和独立，不惜为此一战，第一次摩洛哥危机由此酿成。1906 年 1 月，列强在西班牙的阿尔赫西拉斯召开国际会议，鉴于与会列强多数站在了法国一边，德国陷入孤立。会议通过的议定书名义上承认摩洛哥是独立国家，事实上确认了法国在摩洛哥的特殊地位。

阿尔赫西拉斯会议之后，法国加紧了对摩洛哥的殖民侵略。1907 年，法国占领乌季达省和卡萨布兰卡。1911 年 4 月，摩洛哥爆发反法武装起义，法国遂以保护侨民为借口占领摩洛哥首都非斯及其他主要城市。面对法国在摩洛哥势力的膨胀，德国迅速采取措施与之抗衡。7 月，德国军舰“豹号”开往摩洛哥港口城市阿加迪尔，形成第二次摩洛哥危机。1911 年 11 月，法、德达成协议，德国承认法国对摩洛哥的保护权，作为补偿，德国取得了法属刚果的一部分。这样，在欧洲列强围绕摩洛哥的较量中，法国占据了绝对优势。

1912 年 3 月 30 日，法国强迫摩洛哥签订《非斯条约》，规定法国有权在摩洛哥驻军；未经法国同意，摩洛哥不得签订国际条约或进行国际借贷。至此，摩洛哥完全沦为法国的保护国，法国在北非地区的殖民势力范围基本框定。

### 四、英、法在尼罗河上游和西非的争夺与较量

在争夺非洲的较量中，英、法都制订了庞大的殖民计划。在英国方面，殖

民主义者塞西尔·罗得斯提出所谓的“开普敦-开罗计划”。该计划以英国在北非和南非地区的殖民据点为基地，南北并进，深入非洲内陆，目标是占领东北非、中非和南非，建立纵跨非洲大陆的英属殖民帝国。而控制尼罗河上游乃至整个尼罗河流域则是实现“开普敦-开罗计划”的关键，因此，阻止其他列强染指尼罗河流域并夺取尼罗河上游地区就成为英国非洲政策的基本点之一。

与此同时，法国设计了一个东西并进的殖民扩张方案，即所谓的“佛得角-索马里计划”。该计划试图以法国在北非和西非的殖民据点为依托，征服刚果河流域，吞并苏丹，以期建立一个从大西洋岸边的佛得角到非洲之角的索马里的法属非洲殖民帝国。从发展方向上看，英、法的两个扩张计划势必将在尼罗河上游地区迎头相撞，19 世纪末的“法绍达危机”由此酿成。

1896 年 3 月，受法国支持的埃塞俄比亚打败意大利的进攻，英国遂以支持意大利为借口命令驻埃英军总司令基钦纳率军占领喀土穆。为实现东西对接横跨非洲大陆的殖民扩张计划，开辟通往尼罗河的道路，法国亦于 1896 年派出三支远征军东西并进向苏丹腹地挺进，以期在尼罗河上游的苏丹南部会师。但迫于交通困难等原因，由法属索马里出发的两支远征军中途折回，另一支由马尔尚率领的远征军从大西洋沿岸的法属加蓬出发，由西向东直逼尼罗河上游，最终于 1898 年 7 月到达苏丹南部尼罗河上游的法绍达并升起法国国旗，宣称获得了对该地区的“有效占领”。

法国对尼罗河上游地区的占领如若持续下去，无疑拦腰切断了英国计划中的开普敦-开罗铁路线，同时将危及英国对埃及的殖民统治，因而是英国无法容忍的。基钦纳于是亲率五艘炮艇沿尼罗河溯流而上，于 1898 年 9 月抵达法绍达，在法国国旗以南半公里处升起了英国国旗。基钦纳宣称英国将不会承认法国对尼罗河任何地区的占领，要求法国人撤出法绍达。马尔尚则声称法国远征军将恪守使命，决不会撤离法绍达。至此，英、法在尼罗河谷的冲突达到了决定性关头，此即“法绍达危机”，英、法在非洲的争夺随之达到高潮。

在战争一触即发之际，法国由于诸多因素的制约而选择了妥协。首先，从英、法军事实力对比来看，英国在苏丹的远征军有 2 万人以上，且占有尼罗河交通之便利；而法国远征军则是孤军深入，且只有区区百余人，后勤保障难以为继，在对抗中处于不利地位。其次，从法国所面临的国际环境来看，自普法战争之后法、德关系对立，法国在对英战争中不仅不会获得德国的支持，反而有可能使德国坐收渔翁之利；俄国此时关注远东也不会支持法国并劝说法国让步。最后，从法国的外交选择来看，与法德矛盾相比，法英矛盾居于次要地位，法国希望在未来的法、德对抗中获得英国的支持，不愿冒同英国开战的风险。法国外长德尔卡塞认为，对法国来说，英国是竞争对手但不是敌人。只有俄、英、法达成联合，方可抵抗德国。基于上述因素的制约，法国最终作出妥协。1898 年 11 月，法军撤出法绍达地区，持续近两个月的“法绍达危机”宣告结束。

为确认各自在苏丹和尼罗河地区的势力范围，英、法于 1899 年 3 月签订协议，规定以尼罗河与刚果河的分水岭作为英、法在苏丹地区的殖民边界。根据该协议，法国放弃对苏丹和尼罗河沿岸的领土要求，承认苏丹南部和尼罗河流域是英国的势力范围；英国则承认苏丹以西的赤道非洲是法国的势力范围。至此，法国的势力被逐出尼罗河流域，英、法在这个地区的殖民角逐基本结束，并为 1904 年的英法协约创造了条件。

在英、法逐鹿尼罗河上游的同时，苏丹人民亦展开了反抗殖民侵略的斗争，其中最著名的就是马赫迪起义。1881 年 8 月，苏丹人民在穆罕默德·艾哈迈德（自称马赫迪）的领导下举行起义，迅速控制了苏丹中部地区。1885 年 1 月，马赫迪起义军攻占英国统治苏丹的中心喀土穆，英国总督戈登被击毙。此后，苏丹人民在马赫迪的领导下建立起统一的国家，马赫迪起义亦成为苏丹人民反抗英国殖民主义侵略的一个光辉榜样。1896 年，英国再次向苏丹发动进攻，并于 1898 年 9 月攻陷苏丹首府，马赫迪起义惨遭英国镇压。此后，苏丹名义上接受英、埃共管，实际上成为英国的殖民地。

同样从 19 世纪中期起，英、法在西非地区的殖民矛盾日渐激烈。法国以塞内加尔、达荷美和象牙海岸（今科特迪瓦）为基地，加紧实施殖民占领并向内陆地区推进。英国则以塞拉利昂、冈比亚和尼日尔河三角洲地区为依托，力图建立一个英属西非殖民帝国。1869 年，英国与荷兰达成协议，荷兰将其在西非的殖民据点转让给英国，从而增强了英国在西非的殖民实力。在此背景下，英、法于 1890 年签订条约，英国以承认法国占领马达加斯加为条件，换取法国认可英属尼日利亚东北边界与乍得湖相连。此后，英、法均加快了向西非内陆扩张的步伐。

早在 19 世纪 50 年代，法国在塞内加尔的殖民扩张就激起了塞内加尔人民的抵抗。1852 年，塞内加尔爆发反抗法国殖民侵略的奥马尔起义。经过 10 年的英勇斗争，奥马尔在塞内加尔河流域建立图库勒帝国，成功阻遏了法国殖民者沿着塞内加尔河向内地的侵略。1864 年，奥马尔去世，其子阿赫马杜继续领导抗击法国殖民侵略者的斗争。1884 年柏林西非会议之后，出于同英国争夺西非殖民优势的考虑，法国于 1890 年再次向图库勒帝国发起进攻，阿赫马杜领导人民展开了英勇斗争。但由于实力悬殊，阿赫马杜领导的抗法斗争惨遭失败，法国随即占领塞内加尔河流域的大片地区。与此同时，法军还从西非沿海地区登陆，先后占领了几内亚、上沃尔特（布基纳法索）和达荷美。1893 年，法国军队占领了西非文化古城廷巴克图，并随即侵入乍得湖北部地区。1903 年，法国侵占了毛里塔尼亚。至此，法国在西非的军事侵略行动暂告一段落，并基本奠定了法属西非殖民地的基础。

19 世纪中叶，英国的殖民渗透导致阿散蒂帝国分裂，1884—1885 年柏林会议之后，英国加紧了全面征服黄金海岸地区的侵略活动。1896 年，英国再度向阿散蒂发动大规模军事进攻并占领了阿散蒂首府库马西。1898 年，英国相继占领阿散蒂以北的纳萨、瓦尔瓦累和甘巴加等地。英国的殖民侵略激起阿散蒂人民的强烈反抗，1900 年 3 月，阿散蒂人民发起了大规模的武装起义，包围库马西近三个月，英国殖民主义者调集远征军方解库马西之围。10 月，阿散蒂人民的武装起义被英国殖民主义者残酷镇压。1901 年，英国宣布新占地区为英国的保护国，1902 年，英国又宣布阿散蒂为英国的保护国，将其并入黄金海岸殖民地。至此，英国完成了对阿散蒂和黄金海岸地区的殖民征服。

在抢夺黄金海岸的同时，英国还以拉各斯岛为基地，加紧了对尼日尔河三角洲地区的殖民扩张，并于 19 世纪 80 年代初占据了尼日尔河下游地区。在柏林会议承认了英国对尼日尔的控制权之后，英国立即采取了进一步的行动。1885 年，英国宣布从拉各斯到喀麦隆沿海地带为“尼日尔河三角洲保护国”。1886 年，经英国政府特许的“皇家尼日尔公司”宣布成立，负责处理英国在西非地区的殖民事务。1893 年，英国政府又宣布成立“尼日利亚海岸保护国”。1895 年，英国征服奥约王国，并于 1897 年占领了贝宁。

由此可见，从 19 世纪 80 年代中期起，英、法争先恐后地开始了向西非内陆的殖民扩张并各有斩获，同时也激化了两国在西非地区的矛盾冲突。实际上，当法国于 1893 年占领与尼日利亚相邻的达荷美之后，英、法在尼日利亚西部边界就时常发生摩擦，法国同英国“皇家尼日尔公司”的军事抗衡与对峙日渐升级，并最终酿成了 1898 年的“尼日尔危机”。经谈判，英、法于 1898 年 6 月在巴黎签订了瓜分西非的协定，划定了以尼日尔河为界的殖民地边界，此即英法《巴黎协定》。根据协定，英国获得西非的塞拉利昂、冈比亚、黄金海岸和南北尼日利亚，法国占有塞内加尔、几内亚、马里、象牙海岸和达荷美等地区，由此形成英属西非殖民地和法属西非殖民地。至此，1898 年英法《巴黎协定》结束了两国在尼日尔地区持续 20 余年的争夺，英、法瓜分西非的格局基本形成。

## 第三节 列强在刚果河流域的角逐和埃塞俄比亚抗意战争

### 一、刚果河流域的殖民纷争

刚果河流域位于非洲中心地区，拥有丰富的自然资源和重要的战略地位。19 世纪 70 年代之后，刚果河流域成为欧洲列强争夺的重点之一。

1871 年，美籍英国人亨利·斯坦利抵达坦噶尼喀湖以东地区考察。1874 年至 1877 年，斯坦利到达刚果河流域探险，发现刚果河流域自然资源丰富且可常年通航，其经济和战略价值是非洲其他地方无法相比的。比利时国王利奥波德二世（1835—1909）闻讯后决意将刚果河流域据为己有，以免错过分享非洲这块巨大蛋糕的机会。

在利奥波德二世的倡议下，来自比、英、法、德、意等国的探险家于 1876 年 9 月在布鲁塞尔召开“国际地理学会议”，商讨对非洲中部地区展开进一步的“科学考察”，并决定成立“国际考察和开发中非协会”（简称“国际非洲协会”），利奥波德二世当选会长，协会总部设在布鲁塞尔。1878 年 11 月，“国际非洲协会”比利时委员会改称“上刚果研究会”（1882 年改称“国际刚果协会”），并以刚果河流域的开发作为协会宗旨。在比利时的支持下，“国际刚果协会”对刚果河流域展开了大规模的考察，比利时亦借助于“国际刚果协会”的考察加紧了对刚果河流域的渗透。

1879 年 1 月，亨利·斯坦利接受利奥波德二世的派遣并在“国际刚果协会”的资助下，率领探险队第三次前往刚果河流域考察。斯坦利所到之处，使用暴力、欺骗、收买等手段，同当地酋长签订了 450 多项保护条约，建立了 22 个工作站，攫取了 233 万平方公里的土地，从而为比利时在刚果河流域的殖民扩张建立了牢固的据点。凭借“国际刚果协会”的探险，比利时占领了刚果河流域的广大地区。

比利时在刚果河流域的大肆扩张引起了欧洲列强，尤其是法国的严重关切。早在 1875 年，法国就从被其占领的加蓬地区加紧向刚果河口以北进行扩张。1879 年，法国派遣皮埃尔·布拉柴率队前往刚果河流域展开新的探险。1880 年 9 月，布拉柴到达刚果河下游北岸并利用欺骗手段迫使当地酋长签订协定，将刚果河北岸地区置于法国的保护之下。1881 年 11 月，斯坦利到达刚果河下游，并在南岸建立据点，与法国形成隔河对峙之势，进而宣布布拉柴所签订的保护协定无效。面对比利时的挑战，法国于 1882 年 11 月宣布建立法属刚果殖民地，以此限制比利时向北扩张，法、比两国在刚果河流域的殖民矛盾趋于激化。

与此同时，葡萄牙也宣布对刚果河口享有历史权利并得到英国支持。1884 年 2 月，英、葡签订《英葡条约》，英国承认葡萄牙在刚果河口的历史权利，葡萄牙则承诺在该地区奉行自由贸易原则。至此，法、比两国在刚果河流域殖民地的出海口有被截断的危险。

面对葡萄牙的殖民扩张意图和英国的从中作梗，法、比两国提出强烈抗议，刚果河流域争端一时成为欧洲列强较量的焦点。比利时首先表达了强硬的立场，声称如果列强不承认比利时在刚果的权益，比利时就让无法和解的竞争者彼此正面交锋。就英国而言，鉴于英、法两国在北非、西非等地的殖民角逐正趋激烈，因此，英国对葡萄牙支持的目的是遏制法国在非洲的扩张势头。对于刚刚经历了埃及殖民失利的法国而言，英国的举措无疑是旧恨添新仇，英法关系再度恶化。与此同时，出于殖民扩张和外交战略的考虑，德国亦积极介入刚果河流域的殖民争端。一方面，德国试图利用英法矛盾，将法国的注意力引向非洲，同时通过支持法国在非洲的殖民扩张以缓解普法战争以来的德法紧张关系；另一方面，鉴于英、德在西南非洲地区的殖民争夺正处于白热化的时期，因此，德国亦力图通过刚果河流域争端以压制英国，鼓励比利时占有刚果河河口地区（1884 年 11 月，即柏林会议召开前夕，德国承认了比利时在刚果河河口地区的主权），这样，既可以限制英国在非洲的扩张，又可以为德国利用列强矛盾以寻求殖民扩张创造条件。正因为如此，德国随即建议在柏林举行国际会议，专门讨论列强的非洲争端，尤其是刚果河流域的势力划分问题。由于列强围绕刚果河流域的争夺呈现出相持不下的态势，英、法、比、葡等国接受了德国的倡议，柏林会议随即举行。

## 二、1884—1885 年柏林会议

1884 年 11 月至 1885 年 2 月，有关非洲问题的国际会议（但没有非洲国家

参加）在德国柏林召开，英、法、德、意、比、葡、西、美（这是美国首次出席讨论西半球以外事务的国际会议）等 15 个国家出席会议。这次柏林会议是在列强角逐非洲的矛盾日渐加剧的背景下召开的，作为会议的共同发起国，德国和法国认为，柏林会议的主要议程是：协调列强在刚果河流域的殖民利益；制定有关非洲问题的国际公约。为此，德、法两国建议柏林会议应重点讨论以下问题并寻求达成协议：第一，关于刚果盆地以及刚果河流域的自由贸易问题；第二，关于刚果河流域和尼日尔河流域的自由航行问题；第三，关于有效占领非洲领土问题，主要是确立有效占领的原则和程序。

会议期间，列强围绕非洲问题，尤其是刚果河流域问题展开激烈争论。由于英国、德国等国并未在刚果占有土地，这些国家主张在刚果河流域奉行自由贸易原则，强调列强诸国均享有在刚果河流域进行传教和通航的同等权利。由于法国和葡萄牙在刚果地区已经占有土地并获得了相应的殖民权益，它们竭力反对在其占领的地区实行自由贸易。关于刚果的归属问题，法国提出整个刚果河地区应归法国所有，但法国的主张立即遭到英国和德国的强烈反对，比利时乘机作出表态，承诺“国际刚果协会”将保证在刚果地区实行自由贸易，从而赢得了英、德等国的支持。实际上，与会的多数国家均不愿看到刚果被一个大国所控制，而是宁愿将其交给实力相对较弱的比利时。面对来自英、德等国的强大压力，法国被迫承认“国际刚果协会”在刚果河河口地区的领土权利，“国际刚果协会”认可法国占有除刚果河河口以外的刚果河以北和以西的地区（法属刚果），而葡萄牙则放弃了对刚果河口北岸的所有要求，仅保留了卡奔达的一块领地。此后，“国际刚果协会”先后同与会各国达成协议，确认了“国际刚果协会”所占刚果地区的主权。至此，列强通过双边协定进一步划分了西非地区的边界，刚果归属问题的解决亦为柏林会议的进一步谈判铺平了道路。经过紧张激烈的讨价还价，列强最终达成妥协，并签署了《柏林会议关于非洲的总议定书》（简称《柏林会议总议定书》）。

概括地讲，《柏林会议总议定书》的主要内容有两方面。第一，关于刚果河流域的自由贸易问题。《柏林会议总议定书》规定，各国享有在刚果河流域进行贸易、航行、传教和旅行的自由，各国有责任保障该地区的中立。第二，关于“有效占领”原则。《柏林会议总议定书》规定的所谓“有效占领”原则包括两层含义：任何欧洲国家今后占领非洲领土或宣布建立保护国，均须将其行动通知本议定书签字国以便其权利得到认可；任何欧洲国家对非洲地区的占领必须由管理人员或军队形成实际占领，并在占领的领土上保证建立足以保护现有各种权利的统治权力，同时保证遵守规定条件的自由贸易。①

1884—1885 年柏林会议是列强共谋瓜分非洲的帝国主义殖民会议，在瓜分非洲的历史上占有重要地位。第一，柏林会议非但没有制止欧洲列强在非洲沿海地区已经开始的殖民争夺和角逐，反而将欧洲列强殖民扩张的矛头指向了非洲的核心区域——刚果盆地，从而为欧洲列强逐鹿非洲大陆提供了新的动力。第二，柏林会议确立了欧洲列强进一步瓜分非洲的基本政策——“有效占领”原则，从而加速了它们瓜分非洲的进程。第三，柏林会议是欧洲列强举行的以协调各自利益并大规模瓜分非洲为目的的一次多边国际会议，从此之后，非洲开始被作为一个整体而纳入欧洲列强的瓜分范畴。从瓜分方式来看，柏林会议是欧洲列强按经纬度线任意勾画各自殖民地或势力范围的典型例证。因此，1884—1885 年柏林会议是帝国主义列强瓜分非洲新高潮的一个重要标志。

根据这次柏林会议的有关协议，“国际刚果协会”占领下的刚果自由邦于 1885 年 8 月成立，比利时国王利奥波德二世被国会授权成为刚果自由邦的君主。至此，刚果实际上沦为利奥波德二世的私人殖民地，利奥波德二世对刚果自由邦的君主权，即“利奥波德制度”，亦成为欧洲殖民主义史上一种特别的殖民统治制度。

### 三、意大利的扩张与埃塞俄比亚抗意战争

16 世纪以来，埃塞俄比亚处于割据状态。1855 年，库阿尔族的封建主卡萨统一埃塞俄比亚全境，并自立为埃塞俄比亚皇帝，称提奥多尔二世（1818—1868），从而结束了埃塞俄比亚的分裂状态，建立了统一的埃塞俄比亚国家。

在埃塞俄比亚走向统一之前，英国殖民者早在 19 世纪初期就以考察尼罗河支流河源为名进入了埃塞俄比亚。到 19 世纪 30 年代中期，英国已经逐步在红海南岸取得了相应的殖民据点。但埃塞俄比亚的统一以及提奥多尔二世的改革打乱了英国的殖民计划，英国尤其不能容忍埃塞俄比亚在经历改革之后走上独立自主的道路。因此，英国于 1867 年 10 月发动了入侵埃塞俄比亚的战争，提奥多尔二世率领埃塞俄比亚人民奋起抵抗，但因力量悬殊太大，提奥多尔二世最终饮弹自尽，埃塞俄比亚的抗英战争惨遭失败。抗英战争失败后，提格雷

① 参见《国际条约集（1872—1916）》，世界知识出版社 1986 年版，第 81—97 页。

的统治者卡萨·瓦格在英国的支持下于1872年加冕成为约翰尼斯四世皇帝(1831—1889)，而英国的商人和传教士则获得了在埃塞俄比亚自由活动的权利。

法国对埃塞俄比亚也是垂涎已久，英国占领埃及后，法国加紧了对红海沿岸地区的殖民扩张，以期弥补在埃及的损失并在非洲东北部地区同英国展开新一轮的角逐。19世纪80年代，法国占领吉布提港，并以此为基地向埃塞俄比亚进行殖民渗透。

意大利在欧洲列强中实力相对较弱，但其殖民扩张的野心毫不逊色。苏伊士运河通航后，面对英、法在北非的殖民拓展，意大利急不可待地加入了殖民扩张的行列。1881年，突尼斯被法国占领，意大利在北非的殖民扩张遭遇挫折，于是意大利将扩张的矛头指向埃塞俄比亚。对意大利染指埃塞俄比亚的意图，英国出于抗衡法国的目的而竭力纵容。1885年，英国将马萨瓦港转让给意大利，唆使意大利发动侵略战争。

1887年1月，意大利侵入埃塞俄比亚，但遭到了埃塞俄比亚人民的顽强抵抗。同年12月，意大利在英国的支持下再次侵犯埃塞俄比亚，仍然遭遇失败。

1889年3月，埃塞俄比亚皇帝约翰尼斯四世在同苏丹马赫迪军队的战斗中身亡，意大利随即支持孟尼利克登上埃塞俄比亚皇位，称孟尼利克二世(1844—1913)。意大利试图以此攫取殖民权益。5月，意大利与埃塞俄比亚签订《乌西阿利条约》，规定埃塞俄比亚将厄立特里亚的大部分地区转让给意大利。10月，意大利与埃塞俄比亚签订《乌西阿利条约》的补充协议。意大利再次承认孟尼利克二世为埃塞俄比亚皇帝并许诺向埃塞俄比亚提供400万里拉的贷款；埃塞俄比亚则承认意大利在红海沿岸占有的殖民地。

1890年2月，意大利将其在红海沿岸的属地合并为一个殖民地——厄立特里亚，与此同时，意大利还通知欧洲列强诸国，声称根据《乌西阿利条约》，埃塞俄比亚已是意大利的保护国。意大利的行径激起埃塞俄比亚人民的强烈愤慨，埃塞俄比亚立即提出抗议。

面对意大利的侵略威胁，埃塞俄比亚转而加强同法国的联系，法国出于抗衡意大利的考量决定支持埃塞俄比亚。而英国对法埃关系的发展深感不安，则积极支持意大利，以期达到制衡法国的目的。1894年5月，英国和意大利签订协定，意大利承认英国占领埃及和苏丹，英国承认埃塞俄比亚和厄立特里亚为意大利的势力范围。英国的支持进一步刺激了意大利的侵略野心，促使意大利加快了入侵埃塞俄比亚的步伐。

1894 年 7 月，意大利再次发动对埃塞俄比亚的殖民侵略战争。在孟尼利克二世的领导下，埃塞俄比亚人民掀起保卫祖国的高潮。1896 年 3 月，埃、意军队在阿杜瓦展开决战，埃塞俄比亚最终击败了意大利侵略军，取得了抗意战争的决定性胜利。阿杜瓦战役是非洲人民抵抗欧洲殖民主义和帝国主义侵略的一个成功案例，是埃塞俄比亚人民取得抗意战争胜利的伟大转折点。1896 年 10 月，意大利与埃塞俄比亚签订了《亚的斯亚贝巴和约》，意大利宣布承认埃塞俄比亚的完全独立与主权，并支付战争赔款 1000 万里拉。至此，帝国主义瓜分非洲时期意大利在埃塞俄比亚的扩张宣告结束。

埃塞俄比亚人民抗意卫国战争的胜利为非洲人民抗击殖民侵略者树立了光辉的榜样，埃塞俄比亚也因此免遭欧洲列强的殖民瓜分，成为帝国主义瓜分非洲时期唯一通过民族战争打败欧洲殖民主义侵略者、保持民族独立的国家。

### 四、列强争夺与瓜分索马里

索马里位于非洲大陆东北端的“非洲之角”，扼红海出海口，与阿拉伯半岛隔海相望，战略位置重要。19 世纪中叶以后，索马里成为欧洲列强殖民侵略的角逐场，并最终被英、法、意三国瓜分完毕。

为控制红海和通往印度的航线，英国早就觊觎亚丁和索马里海岸。1839 年，英国用武力占领了亚丁，并随即将殖民触角伸向索马里北部，迫使塔楚拉苏丹和泽拉总督同英国签订保护条约，接受英国的保护。1884 年，英国乘埃及因苏丹爆发马赫迪起义而被迫从索马里撤退军队之机，强行派兵占领了索马里北部的泽拉、布尔哈和柏培拉等三个沿海城市，并分别派驻了副领事，加强了英国在索马里北部的殖民地位。此后，从 1884 年到 1886 年，英国先后迫使索马里有关部落的酋长签订一系列保护条约，从而将英国在索马里的殖民利益从沿海扩张到内陆。1887 年 7 月，英国宣布依据 1884—1885 年柏林会议所确立的原则，将索马里北部沿海从腊斯吉布提到邦迪尔柴达的地区作为英国的保护领，并派殖民代表进行管理，从而确立了英国在索马里北部的殖民统治，奠定了英属索马里的基础。

与此同时，法国也将殖民扩张的矛头指向索马里，并同英国在索马里北部展开较量。1859 年，法国取得了塔楚拉海湾北部奥博克港的租借权。1862 年，法国同索马里当地酋长签订条约，正式占领了奥博克。1882 年，法国在吉布提港建立了海军基地作为殖民扩张的据点。1883 年至 1887 年，法国又强迫当地酋长签订了一系列条约，占领了整个塔楚拉海湾地区。为分割在“非洲之角”的势力范围并缓解殖民纷争，英、法于 1888 年签订条约，以泽拉和吉布提为界瓜分了“非洲之角”的部分地区，从而初步奠定了法属索马里的基础。1896 年，法国正式宣布将其在索马里北部所攫取的占领区合并为一个新的法国殖民地——法属索马里，吉布提则成为法属索马里的首府。

意大利对索马里也是垂涎已久，尽管意大利对索马里的殖民侵略迟于英、法两国，但其占领的索马里领土最大。1869 年，意大利在红海沿岸的阿萨布建立了殖民渗透据点，但由于索马里北部已逐渐被英、法所占据，意大利遂将殖民扩张的矛头指向索马里的东南部地区。通过胁迫和利诱等手段，意大利在 1889 年 2 月至 4 月先后迫使索马里当地酋长签订条约，将索马里南部的奥比亚地区和米朱提地区割让给意大利，这是意大利插手对索马里殖民瓜分的开始。同年 11 月，意大利又宣布对布拉瓦、梅尔卡、摩加迪沙和瓦尔谢克拥有保护权。出于抗衡法国的考虑，英国对意大利采取了纵容的态度。正是在英国的支持下，意大利于 1892 年 8 月强迫桑给巴尔苏丹将贝纳迪尔沿海地区租让给意大利。1894 年 5 月，英国和意大利签订协定，划定了英、意两国在索马里的势力范围。

在侵占索马里南部沿海地区之后，意大利将殖民扩张的触角伸向索马里内陆地区。1897 年，意大利迫使埃塞俄比亚签订边界协定，埃塞俄比亚承认从英属索马里边界到朱巴河左岸的巴德拉之间的地区归意大利统治。1901 年，意大利再次迫使米朱提苏丹签订条约，将意大利的统治区域延伸到瓜达富伊角。1905 年，意大利强迫桑给巴尔苏丹签订条约，以 14 万英镑的代价取得了贝纳迪尔地区。同年，意大利又从英国手中租得基斯马尤附近的地区。1908 年 5 月，意大利再次强迫埃塞俄比亚订立条约，取得了自朱巴河到谢贝利河之间号称索马里谷仓的大片沃土。同年，意大利宣布将其在索马里半岛的全部领地合并为意属索马里。1911 年 7 月，英国和意大利签订条约，划定了意属索马里和英属东非的边界。至此，意大利在“非洲之角”的殖民范围基本划定。

面对殖民主义的侵略，索马里人民展开了英勇顽强的斗争，多次爆发反抗英、法、意的武装起义。在索马里人民抵抗殖民主义的斗争中，1899 年至 1920 年由穆罕默德·阿卜杜拉·哈桑领导的反英武装斗争是规模最大的一次。哈桑起义主要发生在英属索马里地区，并蔓延到意属索马里的部分地区，持续时间长达20年之久。尽管哈桑起义在英国的残酷镇压下惨遭失败，但这次起义展示了索马里人民抵抗殖民主义侵略的坚强决心，是索马里人民反对殖民主义和帝国主义侵略的民族解放战争。

## 第四节　英、德在东非与南非的较量和英布战争

### 一、英、德在西南非洲和东非的角逐与瓜分

在1871年实现统一之后，德国的注意力主要是放在欧洲，以保证其在欧洲大陆的优势地位。随着德国资本主义经济的发展，德国在19世纪80年代开始染指非洲。19世纪90年代中期之后，德国向所谓实行“世界政策”转变，积极拓展海外市场争夺殖民地，非洲大陆就进一步成为德国殖民势力觊觎的目标。正是抱着后来居上的扩张野心，德国在非洲大陆同老牌殖民大国英、法等国展开了激烈的殖民角逐。

1883年12月，德国不来梅商人吕德里茨在西南非的安格拉培开那海湾购得面积约650平方公里的土地，德国随即宣布该地区处于其保护之下。1884年8月，德国宣布除已被英国占领的沃尔维斯湾外，从南纬26度到葡属西非殖民地之间的西南非洲为德国保护地，这是德国在非洲掠取的第一个殖民地，同时也是德国殖民主义扩张政策的开端。以德属西南非洲为据点，德国加紧了对多哥和喀麦隆的殖民扩张。

1884年年初，德国占据了多哥沿海地区。紧接着，德国不断向多哥内地推进。1885年和1886年，法、英两国分别承认了德国在多哥的特权，多哥沦为德国的殖民地。

早在19世纪30年代，英、法就开始向喀麦隆殖民渗透。从19世纪80年代初期起，德国力图将喀麦隆据为己有。1884年9月，德国宣布喀麦隆地区被置于德国的控制之下。英国闻讯后立即与德国交涉，但为时已晚，喀麦隆及其沿海地区已成为德国的殖民地。因此，仅仅在1884年至1885年的一年间，德国就在西南非地区掠取了西南非洲、多哥和喀麦隆等三块殖民地，从而跻身于殖民强国的行列，1884年也被称为德国的“殖民年”。1902年，德国又将德属喀麦隆的范围进一步扩大到北部乍得湖一带；1911年第二次摩洛哥危机后，德国获得法属刚果的一部分。至此，德国在喀麦隆的殖民权益得到进一步的

巩固。

在争夺西南非地区的殖民权益的同时，德国还将扩张的矛头指向了东非和南非地区。19 世纪 80 年代，英、德在东非的较量尤为剧烈。桑给巴尔岛地处非洲东海岸印度洋航线的要冲，是英国垂涎之地。英国在 19 世纪 70 年代以前已将殖民触角伸入桑给巴尔并初步确立了对桑给巴尔沿海地区的控制地位。到 19 世纪 80 年代中期，桑给巴尔苏丹国表面上保持独立，但英国实际上左右着苏丹的权力。作为后起的殖民大国，德国觊觎地处东非的坦噶尼喀东北沿岸地区。为此不顾英国的反对，于 1885 年 3 月宣布将坦噶尼喀地区纳入德国的保护范围，标志着德国获取了在东非地区进行殖民扩张的前哨阵地。

德国染指东非招致英国的强烈不满，但鉴于英、法在北非的争夺日趋尖锐，且英国还忙于镇压苏丹马赫迪起义，因此英国决定寻求妥协。1886 年 11 月，英、德达成划分东非地区势力范围的协定，其主要内容为：英、德同意以鲁伍马河口—乞力马扎罗山北麓—维多利亚湖东岸为分界线划定势力范围，即线南为德国的势力范围，线北为英国的势力范围；英国支持德国向桑给巴尔苏丹承租沿海地区的特权；英国承认德国占有维图地区以及从维图通向曼达湾的走廊。此后，法国以承认英德协定为条件，获得了在马达加斯加岛的行动自由。

鉴于英德协定并没有确定英、德东非属地的西部界线，因此，1886 年英德协定不仅没有化解英德矛盾，反而促使英、德双方借机疯狂扩充各自的势力范围，而争夺的中心则集中于尼罗河河源所在地乌干达。1889 年，德国军队进入乌干达，迫使乌干达国王签订保护条约。面对德国觊觎尼罗河河源的企图，英国自然不会袖手旁观，立即出兵占领乌干达和维多利亚湖以西的地区。最终英、德于 1890 年 7 月签订《赫尔果兰条约》，德国把对维图和乌干达的保护权让予英国，并承认英国对桑给巴尔和肯尼亚的保护权；英国承认德国占有坦噶尼喀、马菲亚岛、卢旺达和布隆迪；作为对德国的补偿，英国将其在北海的赫尔果兰岛让予德国。《赫尔果兰条约》是英、德共同瓜分东非的产物，是欧洲列强瓜分非洲的一个重要组成部分，具备欧洲帝国主义兴盛时期瓜分非洲的所有特征。

在《赫尔果兰条约》签订之后，英、德、法开始巩固其在东非的殖民权益。1890 年 11 月，英国宣布将桑给巴尔置于英国保护之下。1894 年，英国又宣布乌干达为其保护国。1895 年，马达加斯加彻底沦为法国的保护国。1898 年至1903年，德国相继宣布卢旺达和布隆迪为德国的殖民地。至此，英、德、法在东非的殖民争夺中各有所获，东非已被瓜分完毕。

欧洲列强的殖民侵略从一开始就激起了东非人民的反抗，起义接连不断，其中1905年的马及马及起义影响最大。由于德国殖民者强行在坦噶尼喀推行棉花种植计划并强占当地人的大量土地，因而激起了坦噶尼喀各部族的强烈不满。1905年，起义首先在马图姆比人中爆发，此后，坦噶尼喀各部族如基齐人、恩金多人、恩戈尼人都参加了起义，由此形成了声势浩大的马及马及起义。为扑灭起义，德国殖民者对坦噶尼喀各部族展开大屠杀，遭屠杀的非洲人达30万人。由于德国殖民者的镇压，马及马及起义惨遭失败，但坦噶尼喀人民的武装斗争在非洲人民抵抗殖民主义和帝国主义的斗争史上留下了可歌可泣的一页。

## 二、英、德在南非的较量与英布战争

1806年，英国占领南部非洲的开普（又称好望角）殖民地，并与先期到达这里的荷兰殖民者后裔布尔人展开争夺。1848年，英国宣布兼并奥兰治河与瓦尔河之间的土地，由此引起布尔人的强烈不满，英布矛盾再度激化。与此同时，作为同是欧洲殖民者的英国人和布尔人又都面临着南非人民的抗争，在镇压南非人民的问题上有着共同的利益，鉴于此，英国人和布尔人均有达成妥协的愿望。在此背景下，英国于1852年1月同布尔人签订《桑德河公约》，英国承认瓦尔河北岸的布尔人独立。1854年2月，英国同布尔人签订《布隆方丹公约》，英国承认奥兰治主权国独立。与此同时，奥兰治主权国改称奥兰治自由邦。为履行《桑德河公约》的规定，瓦尔河北岸的布尔人于1852年在比勒陀利亚成立德兰士瓦共和国。以奥兰治自由邦和德兰士瓦共和国的建立为标志，布尔人建立了自己的共和国（统称布尔共和国）并得到英国的承认，英布矛盾暂时缓解，直至英布战争爆发。

英布战争是世纪之交英国殖民者和布尔殖民者争夺南非地区的殖民权益的战争，同时也是帝国主义时代在非洲规模最大的一次殖民战争。

1870年前后，瓦尔河沿岸地区发现金刚石矿，于是，矿区的产权就成为英国人和布尔人争夺的对象。1877年4月，英国出兵占领了德兰士瓦首都比勒陀利亚，宣布吞并德兰士瓦共和国。英国的占领激起布尔人的强烈不满，抵抗运动持续不断。为结束战争，英国和德兰士瓦于1881年8月和1884年2月分别签订《比勒陀利亚协定》和《伦敦议定书》，英国再次确认德兰士瓦共和国独立，但英国享有对德兰士瓦外交事务的控制权。这次英布战争是英国人和布尔人争夺南部非洲控制权的殖民战争，战争的结束并未从根本上消除英布矛盾。

19 世纪 80 年代，德兰士瓦的威特沃特斯兰德地区发现了世界上蕴藏量最为丰富的金矿，欧洲列强随即蜂拥而至并展开了激烈争夺。1887 年，英国殖民者罗得斯成立南非统一金矿公司，迅速垄断了南非的金矿开采。面对英国攫取的丰厚利益，布尔人心有不甘，于是英布争夺采矿权的矛盾进一步加剧。

英国与布尔共和国之间的矛盾为德国向南非渗透提供了可乘之机，而布尔人也希望发展与德国的关系并借助德国的力量来抗衡英国。德国同布尔共和国的关系获得迅速发展。德国在 1885 年 1 月就已同布尔共和国签订贸易条约，1886 年至 1896 年的 10 年时间里，德国对德兰士瓦的商品输出从每年的 30 万英镑剧增到 1200 万英镑。1891 年成立的泛德意志联盟公开宣称自己是布尔人的亲兄弟和保护者，大力支持布尔人对抗英国，以求巩固和扩大德国的利益。德国还于 1894 年派军舰驶入迪拉果阿湾以展示对布尔人的支持。英国提出强烈抗议，但德国不为所动，反而公开支持德兰士瓦采取对英强硬立场。德国这种试图把布尔共和国变成受德国保护的国家的行为，进一步加剧了英德矛盾和英布双方在南非的争夺。

德国在 19 世纪 90 年代中期后加紧了在非洲的扩张步伐。它的目标是将德国所占领的东非、西南非和西非等地的殖民地连接起来，建立一个从大西洋到印度洋的殖民帝国——南非大德意志。因此，德国的殖民扩张计划与英国的“开普敦-开罗计划”迎头相撞，凸显了英德矛盾的尖锐性。在此背景下，英国加快了战争的步伐，以期夺取对布尔人国家的宗主权。由于英国在南非地区的投资主要集中在德兰士瓦，因此英国将军事打击的目标首先锁定在德兰士瓦。1895 年 12 月，在英属开普殖民地总督罗得斯的策划下，英国南非公司经理詹姆森率领武装骑警侵入德兰士瓦，但遭到德兰士瓦布尔人的顽强抵抗，詹姆森束手就擒。“詹姆森袭击”事件发生时，德国照会英国政府，抗议英军侵略德兰士瓦；而詹姆森袭击失败之后，德皇威廉二世又于 1896 年 1 月 3 日向德兰士瓦总统克鲁格发去贺电，盛赞德兰士瓦成功抵御了外部的武装进攻，捍卫了国家的独立与和平，这就是所谓“克鲁格电报”事件。所有这些均被英国视为德国发出的挑衅行为，同时也更加坚定了英国通过使用武力占领德兰士瓦的决心。为了瓦解“布尔-德意志联盟”，英国在发动战争之前展开了积极的外交活动，创造有利的战争环境。1898 年 8 月，英、德签订条约，英国以同意德国有关共同瓜分葡属非洲殖民地的建议为条件，换取德国作出了停止支持布尔共和国的承诺。

面对日益迫近的战争威胁，布尔人决定乘英军尚未部署就绪之机先发制人。1899 年 10 月，德兰士瓦共和国和奥兰治自由邦同时对英宣战，并抢先向英属纳塔尔发起进攻，第二次英布战争爆发。到 1900 年年初，战局开始朝着有利于英国的方向发展。3 月，英军占领奥兰治首府布隆方丹，6 月，英军占领约翰内斯堡和比勒陀利亚等城市。9 月，英国宣布吞并德兰士瓦和奥兰治，尽管布尔人竭力反抗，但大势已去。与此同时，南非土著人在英布战争期间不断爆发反抗殖民奴役的起义，严重威胁到英国人和布尔人的殖民统治，促使英布双方考虑作出妥协。

1902 年 5 月，英、布签订《韦雷尼京和约》。根据和约，布尔人承认英国国王为其合法主权者；英国则允许布尔人成立自治政府。至此，英国获得了南非地区的最高统治权，而布尔人的殖民权益仍然得以保留。《韦雷尼京和约》的签订标志着英、布殖民者从相互争夺走向妥协联合，最终融为一体。它巩固了英国殖民者在南非的殖民统治，并为英、布白人殖民者共同奴役和欺压南非黑人奠定了政治基础。

在《韦雷尼京和约》签订之后，英国开始筹划建立南非联邦。1909 年，英国议会公布了《南非联邦宪法》。1910 年 5 月，英国宣布将南非的开普、纳塔尔、德兰士瓦和奥兰治合并成立南非联邦，牢固确立了英国在南非地区的殖民统治地位。此后，英、布殖民统治者沆瀣一气地推行种族歧视和种族隔离政策，对南非黑人实行残酷的“种族主义”统治。

**思考题：**

1. 试析帝国主义时代欧洲列强殖民扩张政策的基本特点。
2. 评述 1884 年的柏林西非会议及其影响。
3. 试述法绍达危机的起因、经过及其结果。
4. 试述埃塞俄比亚的抗意卫国战争及其意义。
5. 评析英布战争的原因及其后果。

# 第十一章　亚洲的分化及东亚传统秩序的解体

18 世纪至 19 世纪，西方资本主义列强对亚洲国家的侵略和争夺逐渐成为亚洲国际关系的主要内容。这些尚处于封建社会的亚洲国家在与西方殖民势力的碰撞与互动过程中，分化出几种不同的情形。西亚的奥斯曼帝国随着所谓“近东问题”的演变在 19 世纪中期被纳入大国控制的“欧洲协调”机制。中亚是俄、英两国的角逐场，大多被吞并或成为它们的势力范围。南亚和东南亚被普遍殖民化，特别是印度成了大英帝国在海外的象征。在东亚，作为亚洲大国的中国在面对“千年大变局”的抗争中沦为半殖民地，以中国为中心的东亚传统国际秩序也随之走向瓦解，而明治维新后的日本经过中日甲午战争和日俄战争，以帝国主义列强的身份崛起为东亚强国。值得指出的是，在 19 世纪末 20 世纪初整个亚洲都已被纳入资本主义世界市场的时候，世界上基本所有大国都卷入东亚发生的危机与纷争之中，不仅有英、俄、法等欧洲老牌列强，新崛起的来自不同大陆的德国、美国和日本也扮演了重要角色。这一情形在整个国际关系的发展史上第一次出现，是帝国主义时代全球性国际体系形成在东亚的反映。

## 第一节　西方列强的侵略与南亚、东南亚的殖民地化

### 一、英国吞并印度和它的殖民统治

英国殖民势力在 17 世纪初开始侵入南亚，到 18 世纪中期已经在印度站稳脚跟，确立起在那里的贸易垄断地位。英国东印度公司是英国对印度殖民掠夺的主要工具，它以马德拉斯、孟买和加尔各答为中心形成三大管区，不断地将其势力向内陆地区伸展；公司本身也由一个商业性机构逐渐转变为集商业、政治、军事和司法为一体的殖民统治机构。在此过程中，英国先后打败了葡萄牙、荷兰、法国等竞争对手，特别是经过 1746 年至 1763 年与法国在印度东部卡尔纳提克的三次战争，法国除了在本地治里等处保留部分商业势力外，政治和军事上不复成为英国的对手。这为英国独占对印度的统治权扫清了障碍。英国从 18 世纪中期开始用武力对印度进行领土征服。其时，印度莫卧儿帝国的

朝廷徒有虚名，实际上“已经蜕化成一个由地区性后继国家构成的松散组合”①。各地省督和封建王公拥兵自重，相互倾轧，形成割据局面，加上伊朗、阿富汗儿番入侵浩劫，帝国瓦解之势日趋严重。马克思曾说：“英国在印度的统治是怎样建立起来的呢？大莫卧儿的无上权力被它的总督们摧毁，总督们的权力被马拉塔人摧毁，马拉塔人的权力被阿富汗人摧毁；而在大家这样混战的时候，不列颠人闯了进来，把他们全都征服了。”②

英国对印度的领土征服首先是夺取富庶的孟加拉。1757 年 6 月，英国东印度公司殖民军头目克莱武率领3000 名远征军，与当时依靠法国的孟加拉纳瓦布（莫卧儿时代地方统治者称号）的 7 万军队在普拉西展开决战，由于纳瓦布手下的将领被英军收买，结果印军惨败，孟加拉遂被吞并。然后英国人把矛头指向南印度的迈索尔王国，从 1767 年到 1799 年，先后对迈索尔进行了四次战争，最后通过利诱手段拆散了它与马拉塔、海德拉巴的联盟，将迈索尔击溃，其领导人铁普苏丹英勇牺牲。在兼并了南印度之后，英国殖民者集中力量对付在印度中部的马拉塔联盟，他们挑拨和利用马拉塔各王公之间的矛盾，经过 1803 年至 1805 年和 1817 年至 1818 年的两次战争，征服了马拉塔人并取得了德干地区和印度斯坦的统治权。为了与俄国争夺中亚，英国在 1839 年至 1842 年进行第一次对阿富汗的战争，在此期间它强行使印度西北部靠近阿富汗的信德地区（信仰伊斯兰教）成为其藩属，1843 年予以兼并。继而又在 1845 年至 1846 年和 1848 年至 1849 年发动了两次对印度北部锡克教国家的战争，占领旁遮普地区，废黜了锡克国王。至此，整个印度沦为英国的殖民地。

英国殖民者在征服印度的过程中，使用武力吞并和建立附属国两种手段。兼并后被直接统治的领土占整个印度面积的 3/5，人口占 3/4；其余的则通过签订各种依附性条约（如所谓的资助同盟条约等）依然由土邦王公进行统治，在 19 世纪 40 年代，这样的土邦有 500 多个，人口占整个印度的 1/4。这一附属国体系实际上是一种英国监护下的间接统治，土邦没有对外交涉的权利，必须向英国殖民当局缴纳贡赋，并负责供养在当地驻扎的英国雇佣军。英国殖民者在印度奉行“分而治之”的政策，他们利用印度不同民族、宗教和种姓间的差别以及各地王公间的分裂状况，施展各种政治阴谋，分化瓦解，各个击破。

---

① ［美］约翰·F. 理查兹：《莫卧儿帝国》，王立新译，云南人民出版社 2014 年版，第 281 页。

② 《马克思恩格斯文集》第 2 卷，人民出版社 2009 年版，第 685 页。

马克思指出，这种政策是“大不列颠大约一百五十年来用以保有它的印度帝国的金科玉律”①。

17 世纪以后，从印度所掠夺的财富成了英国进行原始资本积累和工业革命的一个重要来源。从不平等的垄断贸易，直接的暴力抢劫和搜刮，到各种田赋地税的横征暴敛，英国殖民者给印度带来的苦难与历史上相比，在程度上不知要深重多少倍。他们在不同管区实行的柴明达尔制度和莱特瓦尔制度，一方面破坏了原来落后的村社土地所有制，另一方面却又保存了对农民的各种资本主义前的剥削形式，使得占印度人口 11/12 的农民都可怕地赤贫化了。1784 年后，英国对印度实行东印度公司和英国政府双重管理。1757 年到 1815 年间，英国从印度掠走的财富达到 10 亿英镑。19 世纪初，随着英国工业革命的深入发展，英国对印度的殖民政策进入自由资本主义阶段。1813 年，英国取消东印度公司对印贸易特权后，印度转变为英国的商品市场和原料产地。以棉织业为例，1813 年至 1844 年，印度输往英国的棉花从 4100 吨增至 4 亿吨，1814 年至 1835 年，英国棉布输入印度的数量由 90 万码增至 5100 万码，这使印度传统的棉织业遭到致命的打击。印度许多人口稠密的手工业城镇也因英国商品的大量涌入而凋敝，孟加拉的达卡原有 15 万居民，到 1824 年只剩下 2 万人。印度手工业和农业相结合的自给自足的经济基础趋于瓦解。英国殖民者还强迫印度农民种植罂粟，然后贩运到中国和东南亚一带，牟取暴利。

英国的殖民统治引起了印度人民的不断反抗，其中以 1857 年至 1859 年印度民族大起义影响最大。1857 年 5 月 10 日，驻米鲁特的印籍士兵首先举事起义，第二天占领德里，宣布拥戴莫卧儿皇帝巴哈杜尔沙二世（1775—1862），号召驱逐英国殖民者，恢复民族独立。起义迅即得到人民广泛响应，形成燎原之势，席卷北印度和中印度大片地区，各地纷纷成立民族政权。德里、勒克瑙和詹西等地成为起义的中心。但是由于没有统一的领导，各自为战，加上一些参加起义的封建主的叛变，起义最后遭到英军的镇压。1857 年 9 月，德里沦陷，巴哈杜尔沙被流放缅甸，莫卧儿王朝正式灭亡。1858 年 3 月，勒克瑙陷落并惨遭屠城，4 月詹西失守，詹西女王芭依继续坚持奋战，最后英勇牺牲。此后，她一直是印度人民景仰的民族英雄。各地的游击战一直持续到 1859 年。19 世纪 50 年代末期的印度民族大起义是印度人民争取民族解放的一次英勇斗争，

① 《马克思恩格斯全集》第 16 卷，人民出版社 2007 年版，第 164 页。

同时它也鼓舞并间接支援了亚洲其他国家反对殖民侵略的斗争，它所树立的反英斗争的革命传统，成为推动印度民族运动发展的精神源泉。这次起义对英国的殖民统治造成了极大的冲击。为了加强对印度的统治，1858 年 8 月，英国终结了东印度公司在印度的活动，改由英国政府直接管辖。1859 年颁布“女王诏书”，采取笼络印度土邦王公的措施。1877 年，英国宣布维多利亚女王为印度女皇。英属印度作为大英帝国最重要的殖民地，是英国争霸世界和对亚洲其他国家进行侵略的基地。

## 二、西方对东南亚的殖民侵略与东南亚的殖民地化

自 16 世纪初葡萄牙人占领马六甲开始，西方国家对东南亚的殖民侵略和争夺持续了 4 个世纪之久，先是葡萄牙和西班牙，继而是荷兰、英国、法国和美国。16 至 18 世纪，西方殖民活动主要集中在东南亚沿海和海岛地区，大多没有深入东南亚国家腹地。殖民者以暴力手段征服土著居民，掠夺金银财富和香料市场，控制海上贸易及其航路。葡、西的殖民掠夺由王室控制，通常采取贵族、商人和教士三位一体的模式。在葡、西衰落和 1588 年西班牙“无敌舰队”覆灭之后，荷、英、法殖民势力随着商业资本的发展迅速崛起，它们各自成立东印度公司（商业垄断公司）作为殖民掠夺的主要工具。马克思曾经把“对东印度开始进行的征服和掠夺”列为资本主义“原始积累的主要因素”之一。① 19 世纪是东南亚从整体上被殖民化的重要时期，西方列强出于工业资本和后来垄断资本的发展需要，一般由国家政权直接组织对东南亚的殖民活动，它们以战争征服和政治勒索的手段大肆进行领土扩张，其势力深入这些国家内地。东南亚地区逐渐成为它们的商品市场、原料产地和投资场所，被纳入资本主义世界市场。英、法是这个时期在陆上东南亚（即中南半岛，也称印度支那半岛）进行殖民扩张和争夺的主角。到 20 世纪初，整个东南亚除了暹罗（今泰国）外都沦为了殖民地，而中国与东南亚国家之间所保持的原有藩属关系则遭到瓦解。

西班牙是继葡萄牙之后最早侵入东南亚的殖民国家。在麦哲伦实现经达菲律宾群岛的环球航行后，16 世纪 20 年代，西班牙派出远征队企图掠占马鲁古群岛（即香料群岛），但被已在那里经营的葡萄牙人所拒。1529 年，葡、西订

---

① 《马克思恩格斯文集》第 5 卷，人民出版社 2009 年版，第 860—861 页。

立《萨拉戈萨条约》，以马鲁古群岛以东17度为界划分两国在太平洋的势力范围。马鲁古群岛西北方向的菲律宾群岛虽然划为葡萄牙的势力范围，但1565年，西班牙人的远征队用武力占领宿务，在菲律宾建立了第一个殖民据点。而后，西班牙于1569年占领班乃，于1571年占领马尼拉并将其建成在菲律宾进行殖民统治的中心。至17世纪初，菲律宾的北部和中部均已被西班牙侵占。西班牙是以剑和十字架征服菲律宾的，天主教会成为其统治的主要支柱。它实行贸易垄断，控制西起中国经马尼拉中转到墨西哥的航线，进行所谓“大帆船贸易”达200多年（至1815年前）。西班牙对菲律宾南部（棉兰老岛和苏禄）的扩张一直因那里穆斯林的反抗而受阻，虽然在19世纪下半叶取得了对那里的统治权，但实际的控制只限于一些城镇。1896年，菲律宾人民举行反对西班牙的武装起义；1898年6月，发表独立宣言并建立菲律宾革命政府；1899年1月，在马洛洛斯成立了菲律宾共和国。但与此同时，美国在1898年美西战争爆发后于同年8月占领马尼拉，12月与西班牙在巴黎谈判，菲律宾被转让给美国。1899年2月，美国开始对菲战争，1901年4月，菲律宾共和国被扼杀，菲律宾继而又沦为了美国的殖民地。

荷兰从16世纪末开始侵入印度尼西亚。1602年，荷兰东印度公司成立，从国会获得在东印度群岛进行垄断贸易、征募军队、战争和缔约等特权。17世纪初，荷兰殖民者在安汶岛建立据点后用武力把葡萄牙人赶出马鲁古群岛，接着又迫使英国人退出对香料贸易的竞争，1641年，取得对马六甲的控制。他们的重点目标是爪哇，1619年，占领该岛西北海岸的雅加达，然后以此为基地发动征服爪哇的战争，马打兰、万丹等当地伊斯兰王国先后臣服。至18世纪后期，印度尼西亚大部分地区都置于荷兰东印度公司直接或间接的统治之下。1780年至1784年第四次英荷战争后荷兰失去海上优势，1800年，荷兰东印度公司解散，荷兰政府对印度尼西亚进行直接管理。英国利用此时期欧洲和荷兰政局动荡之机，派遣英印军队远征爪哇，于1811年至1816年占有了荷属东印度的主要领地，实行自由贸易的殖民政策。之后为了遏制法国，英国把印度尼西亚归还荷兰。1824年，两国订立《伦敦条约》划分在东南亚的殖民势力范围，英国以退出荷属东印度换取荷兰承认马来半岛为英国的活动区域，并确认马六甲、锡兰以及荷兰在印度的商馆等归英国。荷兰恢复在印度尼西亚的殖民地后，镇压了1825年至1830年日惹王子领导的爪哇人民起义，推行强迫种植制以榨取财富。19世纪下半叶，荷兰征服了加里曼丹（婆罗洲）大部和苏门答腊，其中1873年开始的对亚齐王国（苏门答腊北部）的战争进行了30年。20世纪初叶，荷兰已在印度尼西亚全面建立殖民统治。

英国早在17世纪已侵入东南亚进行殖民活动。在18世纪后期取得海上优势并基本确立在印度的统治之后，加强了对东南亚的殖民侵略，扩张的主要地区一是利于控制从印度到东亚海上贸易航道的马六甲海峡和马来半岛，二是与英属印度毗连的缅甸。1786年，英国侵占马六甲海峡西入口的槟榔屿；1819年，迫使当地柔佛王国苏丹出售新加坡岛加以占领；1826年，英国把新加坡、槟榔屿和从荷兰人那里夺来的马六甲合并为海峡殖民地，隶属英印当局，1867年改由英国政府殖民地部直辖。19世纪70年代起，为掠夺马来半岛的资源和防止其他列强势力的渗入，英国对半岛的诸土邦王国采用“分而治之”、设立驻扎官制度等方法，迫使它们接受“保护”。1896年，霹雳等4个被保护的土邦组成马来联邦，由海峡殖民地派专员管理，吉隆坡为统治中心。及至1914年，柔佛和吉打等被称为“马来属邦”的其他5个土邦也都纳入英国保护之下，马来半岛整个被殖民地化。此外，英国在1840年侵占北加里曼丹的沙捞越，并在1888年把文莱王国变成了自己的保护国。

英国侵略缅甸的目的是要使印度与英属马来领地连成一片，掠夺印度支那的内陆地区并打开从西南侵入中国的门户。为此，它在19世纪发动了三次对缅甸的战争。1824年3月，英印殖民当局以印缅边境的冲突为借口挑起第一次侵缅战争，缅甸军民进行了英勇的抵抗。1826年2月，英军逼近缅京阿瓦，迫使当时贡榜王朝的国王签订了丧权辱国的《杨达波条约》，割让阿达干、阿萨姆、丹那沙林等地，赔款1000万卢比。1852年，进行第二次侵缅战争，将整个下缅甸地区霸为己有。1885年，发动第三次侵缅战争，攻陷此时的京城曼德勒，最终兼并了上缅甸地区，缅王被流放，贡榜王朝覆灭。1886年2月，整个缅甸并为一个省，隶属英属印度，实行“以印治缅”，缅甸成了英国殖民地的殖民地。

法国从17世纪已在印度支那进行殖民活动，其中天主教传教士起了很大作用。19世纪20年代后，为了堵住英国势力从印度向中南半岛的拓展以及建立窥伺中国西南的跳板，法国加紧了对印度支那三国的殖民扩张。1858年，法国纠集西班牙组成联合舰队，借保护传教士为名，从岘港登陆发动了侵略越南的战争。1862年6月，迫使阮氏王朝签订第一次《西贡条约》，取得南圻东部三省及政治、经济等各项特权。1864年，法国出兵占领柬埔寨乌东的王宫，迫使柬王同意接受法国对柬国的保护，并在1867年2月迫使暹罗放弃对柬埔寨的宗主权。在把柬埔寨变成保护国之后，法国于1867年6月占领了越南南圻西部三省，从而使整个南圻成为法属殖民地，与柬埔寨接壤。1873年，法军侵入北圻，遭到越南军民和中国农民义军黑旗军的联合抗击。1874年3月，越南被迫签订第二次《西贡条约》，之后法国便极力想以此否定中国与越南的藩属关系，鲸吞整个越南，控制沿红河进入云南的航道。随着北圻形势吃紧，越南请求中国相助。1882年，法军再次侵入北圻，占领河内等地，于1883年从海路攻占京城顺化，8月强迫越南签订《顺化条约》，承认法国的保护。1883年12月，法军远征军进攻在越南山西驻守的黑旗军和清军，挑起中法战争。1884年6月，在法国逼迫下，阮氏王朝最终签订了确认法国保护权的第二次《顺化条约》，至此，越南沦为法国殖民地。1885年中法战争结束时，中国清政府承认法、越之间所订条约。1887年10月，法国将越南与柬埔寨合并，组成法属印度支那联邦。

1893年4月，法国殖民军大举侵入老挝，遭到宗主国暹罗军队的抵抗。7月，法国舰队闯入湄南河炮击北揽，进逼暹罗京城曼谷。10月，迫使暹罗订立《曼谷条约》，把湄公河东岸的老挝让给法国。1899年，老挝被并入法属印度支那联邦。这样，法国确立了对印度支那三国的完全殖民统治。暹罗自1855年与英国签订了丧失诸多政治和经济权益的《鲍林条约》之后，法国等西方国家相继仿效，迫其订立一系列不平等条约，暹罗最终沦为半殖民地国家。同时，由于英、法两国的激烈争夺相持不下，暹罗保持了名义上的独立，成为英属缅甸和法属印度支那之间的“一个必要的缓冲国”①。英、法在1896年和1904年两次划分在暹罗的势力范围。

## 第二节 英、俄在中亚的角逐

### 一、英、俄对波斯的侵略和争夺

英、俄是19世纪侵略亚洲的两个殖民大国。俄国为了夺取暖洋出海口和

---

① ［英］D. G. E. 霍尔：《东南亚史》下册，中山大学东南亚历史研究所译，商务印书馆1982年版，第794页。

控制进入印度、中国的通道，沿着其帝国边缘不断向南进行拓殖；英国为了保证海上控制权和英属印度的安全，极力向北扩展势力。这两大殖民势力的扩张和对峙，使得从里海到帕米尔高原的亚洲腹地变成了它们的竞技场。英、俄对波斯（伊朗）和阿富汗等中亚各地的侵略和争夺，是这场旷日持久的“大角逐”的显著体现。这是它们争霸世界斗争的组成部分，对亚洲局势有着深刻影响。

在19世纪的前30年中，俄国对波斯卡扎尔王朝进行了两次侵略战争，意图侵占处于欧亚大陆结合部的外高加索地区和里海地区，并将其作为南下扩张的跳板。1802年，俄国兼并了以前隶属波斯的格鲁吉亚，之后又于1804年1月派军队攻占甘扎，入侵波斯的阿塞拜疆，挑起了第一次俄波战争（1804—1813）。在战争相持期间，波斯曾幻想依靠英、法援助对付俄国。1807年波斯与拿破仑帝国订约，但不久拿破仑就变卦毁约，他与俄国签订“西方归拿破仑，东方归亚历山大”的《提尔西特和约》。1809年，波斯继而与英国订立联盟，但1812年7月，英国又与俄国达成和解以反对拿破仑，背弃了对波斯的承诺。1812年10月，俄军对波斯发起总攻，在阿斯兰杜兹大败波军，1813年1月，攻克连科兰，高加索沿里海一带尽为俄军所占。1813年10月，波斯被迫签订《古利斯坦条约》，俄国夺取了分布在高加索山脉西南波斯的12个省，获得对波斯国王继承的干预权和里海航行特权。

1826年6月，俄国进而蚕食在亚美尼亚的波斯领土，波斯国王宣布进行“圣战”抗击侵略，这就是第二次俄波战争（1826—1828）。最初波军大胜，收复了大部分高加索失地，但俄军举行反攻扭转了形势。1827年秋，俄军占领大不里士，威胁波斯首都德黑兰。1828年2月，俄、波签订了《土库曼查伊条约》。根据该条约，除《古利斯坦条约》已割取的领土外又把埃里温、纳希契凡两汗国划归俄国，阿拉斯河为两国边界，重申俄国独占里海航行权，俄国享有领事裁判权、治外法权及政治、经济上的多种权益，波斯还赔款500万土曼。这样，经过两次侵波战争，俄国取得了几乎整个外高加索地区以及对里海的控制权。《土库曼查伊条约》严重破坏了波斯的主权独立，在一定程度上使波斯依附于俄国。

英国一直以来把波斯当成是阻挡印度受到威胁的一道“防线”，在1814年与波斯所订的盟约中就规定，波斯不得让任何欧洲国家取道向印度进军，并应阻止在阿富汗和中亚汗国形成对印度的威胁。英国企图以此来制约和平衡俄国在波斯的势力，但效果不大。俄波战争之后，随着俄国势力在波斯的膨胀，英、俄在波斯的矛盾日益尖锐。两国围绕赫拉特问题发生了激烈的争斗。赫拉特是阿富汗西北部一个实际处于独立状态的王公领地，因地处战略要冲，被视作是“通向印度的锁钥”。俄国想利用波斯征服赫拉特，乘机向阿富汗伸展势力，而英国则不容俄国势力向作为印度门户的阿富汗推进。正如恩格斯指出的：“一旦英国和俄国为了争夺亚洲的霸权而发生严重冲突……赫拉特就将成为双方争夺的主要目标，而且可能成为双方最先采取大规模军事行动的场所。”①

1837 年 7 月，波斯在俄国纵容下征讨赫拉特，11 月包围赫拉特城。双方在赫拉特的对垒达 10 个月之久，战斗异常激烈。波斯兵营中有俄国军官组织攻城，赫拉特军中有英国军官指挥守城。1838 年 6 月，英印当局派军队到波斯湾，威胁波斯后方。8 月，英国对波斯发出最后通牒，波斯如不从赫拉特撤围，英国将对波斯宣战。波斯只得退兵。然而到 19 世纪 50 年代，赫拉特又起风云。由于俄国的鼓励以及担心赫拉特落入阿富汗和英国人手中，波斯于 1856 年春再次东征，10 月攻占赫拉特。英国迅即在 11 月 1 日对波斯宣战，英波战争爆发。英国舰队进入波斯湾，占领哈尔克岛，12 月攻陷布什尔，继而向波斯胡齐斯坦推进。1857 年 3 月，英、波签订停战协定，波斯撤出赫拉特并承认阿富汗之独立地位，今后波、阿发生争端要请英国调停。通过这次战争，英国实际上把波斯湾和波斯东南部置于自己的控制范围。此后，赫拉特于 1863 年并入了阿富汗。

从 19 世纪下半叶起，英、俄对波斯的侵略转向以经济掠夺为主，加快了把波斯变为自己的原料产地、商品市场和投资场所的步伐。19 世纪 60 年代至 70 年代初，英国获得在波斯建设电报线路的租让权，开了两国竞相争夺各种租让权的先河。1872 年，英国大资本家路透用贿赂手段取得一项为期 70 年的一揽子租让权，包括建设铁路、开采矿藏、砍伐森林、兴建水利等方面的垄断，这无异将使整个波斯的工业资源落入英国之手。俄国得悉后施加政治压力，迫使波斯政府取消了这项授予，不过后来路透得到了开办波斯帝国银行的租让权作为补偿。1890 年，波斯政府将全国烟草专卖权让与英国公司，因遭到波斯人民的大规模反对而撤销，但赔偿50 万英镑，以波斯湾海关税收做抵押。英国还先后取得在波斯南部建筑铁路和公路、卡伦河通航、开采石油等特权。俄国依仗

① 《马克思恩格斯全集》第 16 卷，人民出版社 2007 年版，第 45 页。

其地理及政治上的优势，控制了在波斯北部建电报线路、铁路公路交通、里海的波斯沿岸捕鱼、塞姆南的石油开采等垄断权。俄国还取得了开办波斯贴现银行的租让权以与英国的波斯帝国银行竞争，通过给波斯政府借款来控制波斯的财政。1901 年，俄国与波斯订立新的商约，大幅降低俄国商品的关税率，使之在与英国商品的竞争中处于有利的地位。到 19 世纪末 20 世纪初，英、俄两国在波斯南、北各形成了自己的势力范围，而波斯则完全成为一个半殖民地国家。

## 二、俄国兼并中亚汗国和英、俄在阿富汗的争斗

19 世纪 60 年代，俄国在中亚开始了新一轮的征服。对于俄国而言，征服中亚既是为了给 1861 年农奴制改革后国内统治集团以及工商业的需要开辟新的原料产地和销售市场，同时也是为了能够南下威慑印度并在与英国的争霸中获得战略上的有利地位。在此之前，俄国已逐步地通过诱降、征剿、实行军屯和殖民、建筑要塞等手段，基本控制了中亚北部的哈萨克草原，19 世纪 40 年代至 50 年代，又建成新西伯利亚要塞线和锡尔河要塞线，从东、西翼对中亚形成合抱之势。1864 年年初，沙皇批准了军方关于向中亚腹地推进的计划。俄外交当局宣称对中亚用兵的理由是维持边界的安全和保护贸易活动。1864 年 5 月，俄国发起军事行动，9 月，占领浩罕汗国的军事重镇奇姆肯特，实现了上述两条要塞线的连接，南哈萨克草原因此为新浩罕线所封闭而归入俄国的统治。接着，俄国便着手对中亚南部的三汗国浩罕、布哈拉、希瓦进行逐个吞并。

1865 年，俄军再次向浩罕发动进攻，6 月，占领中亚最大的城市塔什干。1867 年，俄国在塔什干建立直属俄陆军部的突厥斯坦总督府，号称“半个沙皇”的殖民头子考夫曼任总督，加强对不断扩大中的新征服地区的管辖。1868 年，迫使浩罕订立商约，控制了该汗国的经济。1866 年至 1868 年，俄军借口布哈拉汗国干预浩罕事务，对之进行征服战争。1868 年 5 月，俄军占据撒马尔罕，继而又残酷镇压撒马尔罕人民的反俄起义，洗劫了这个中亚圣城，6 月，布哈拉汗接受俄国提出的割地赔款的和约，该汗国沦为俄国的附庸国。之后，俄国为征服里海以东、阿姆河下游的希瓦汗国做准备，1869 年，在里海东岸建立克拉斯诺沃茨克要塞（红水湾），从西、北、东三面形成了对希瓦的包围。1873 年春，俄军集结几路兵力远征希瓦，于 5 月进入希瓦城。8 月，双方签订条约，希瓦汗承认臣服俄国，割让阿姆河右岸。1876 年，俄国在镇压浩罕汗国境内的起义之后将其兼并，该汗国领土改称费尔干纳省。至此，俄国完成了对

中亚三汗国的征服。后来俄国于1887年把布哈拉地区改为撒马尔罕省，1889年把希瓦归属外里海省。恩格斯在评价俄国在中亚推进的军事意义时说："的确，自从俄军这样深入中亚细亚以后，从北方进攻印度的计划，已经不再是模糊不定的意图，而是具有相当明确的轮廓了。"①

征服中亚三汗国以后，俄国势力已达阿姆河流域，英、俄在阿富汗的争斗趋于激化。阿富汗在中亚大角逐中占有特殊的战略地位，这里自古以来就是那些到印度去建立帝国霸业的征服者的必经之地。对于英国来说，阿富汗是印度的屏障，把阿富汗纳入势力范围是其北进的重要目标。其实1838年赫拉特冲突即已拉开了英、俄在阿富汗争斗的序幕。当时英国为了获得对阿富汗的控制，紧跟着就发动了第一次英阿战争（1838—1842），但在阿富汗人民英勇顽强的抗击下，英军遭到惨重的失败。此后，英国多次与俄国就在中亚设立中立或缓冲地带问题进行谈判，想把俄国势力拒于阿富汗之外。根据1873年达成的协议，俄国承认阿富汗是处在俄势力范围之外的独立国家，双方同意维持阿富汗领土完整。但这只是外交上的周旋，实际上两国均不打算罢手，它们在阿富汗的竞争也更变本加厉。19世纪70年代中期起，英国推出所谓"前进政策"与俄国抗衡。1876年，英国占领了紧邻阿富汗东南边境的军事重镇奎达，把俾路支纳入自己势力范围，还要求阿富汗断绝与俄国的联系，接受英国代表常驻阿首府喀布尔。但此时阿富汗的埃米尔谢尔·阿里汗（1825—1879）转向采取接近俄国疏远英国的政策，1878年8月，他在喀布尔与考夫曼派出的俄国来使签订"联俄协定"。② 英国生怕俄国得势，以阿富汗拒绝接受英国使节为借口，发动了第二次英阿战争（1878—1881）。

1878年11月，英印军队3.6万人从三路突破边界入侵阿富汗，1879年1月，占领坎大哈、贾拉拉巴德等城市后进逼喀布尔。谢尔·阿里汗仓皇撤离，于同年2月死在流亡路上。他"继位"的儿子亚库布汗为阻止英军前进，于1879年5月到英军营地谈判，签订《甘达马克条约》。其中规定，阿富汗外交由英国控制，英国派代表驻于喀布尔，阿富汗割让库腊姆、辟申、奎达等领土并将开伯尔等山口交英国控制。英国的侵略激起阿富汗人民的反抗，1879年9月，喀布尔军民举行起义，打死英国驻扎官，击溃了他的卫队。英国侵略军调

① 《马克思恩格斯全集》第12卷，人民出版社1962年版，第641页。

② 参见［俄］M. A. 捷连季耶夫：《征服中亚史》第二卷，新疆大学外语系译，商务印书馆1983年版，第506—507、535—538页。

集力量收复喀布尔，对起义者血腥镇压，亚库布汗被逼退位，流放印度。俄国利用阿富汗无君主的这种情况，在1880年2月把在中亚流亡的阿富汗王族阿卜杜尔·拉赫曼（1844—1901）从北部护送入境，企图在阿富汗扶植一个亲俄政权。但阿卜杜尔·拉赫曼进入阿富汗后，英国告诉他，如要英国支持他继任阿富汗王位，条件是俄国不能充当阿富汗的保护国。阿卜杜尔·拉赫曼与英国达成妥协，于1880年7月正式就任阿富汗埃米尔。随即双方签订了一份备忘录，约定阿富汗内部事务由埃米尔处理，阿富汗不得与英国之外的任何国家建立外交关系，应允遵守《甘达马克条约》。与此同时，在喀布尔起义被镇压之后，阿富汗人民和部族、王公的抗英斗争从未停止，1880年7月，在梅旺德重创英印侵略军。直到9月英国取得坎大哈会战的胜利后才使局面平息。英国感到难以在阿富汗长期进行直接统治，于1881年4月撤出英军，第二次英阿战争结束。英国通过这次战争获得了对阿富汗外交的控制权，阿富汗成为其保护国。

1885年，随着俄国不断向阿富汗西北部推进，英俄之间经历了中亚角逐中最严重的一次危机。俄国从19世纪70年代后期起对土库曼进行了一系列的征讨，1881年，在野蛮征服土库曼人后，就以阿什哈巴德为首府建立外里海省进行统治，之后又将之升格为总督区。从这里通往阿富汗要比从突厥斯坦的塔什干走容易得多，实际上是建立了一个新的与英国对抗的基地。1884年2月，俄国占领谋夫，锋芒指向阿富汗的战略重镇赫拉特。英国一面鼓动阿富汗调集兵力抗击入侵，一面要求与俄国立即组成“联合委员会”举行勘界谈判，以确定俄属中亚与阿富汗西北的分界。1884年6月，阿军进据距赫拉特外100多英里的彭狄（又译班吉）。俄国表面同意谈判，实际上蓄意拖延，以便在谈判之前抢占更多领土，造成既成事实。1885年3月底，俄军纵队击溃阿军，占领彭狄。危机骤发，英国调2.5万英印军队到奎达集结。但此时形势对英不利，一是在中亚腹地陆上作战，英军的兵力、地理优势和物资供给等方面远不如俄国；二是英国本欲仗其海上优势从近东海峡一线反制俄国，但土耳其受三皇同盟国家压力，不敢允启海峡咽喉，这个计划落空；三是阿卜杜尔·拉赫曼汗自知阿富汗为“两头狮子之间的山羊”，并不愿他的国土成为英、俄的战场。英、俄最后通过“调解方式”走出了这场中亚危机。① 1885年9月，两国达成妥

① David Gillard, *The Struggle for Asia, 1824-1894*, New York: Holmes & Meier Publishers, 1977, p. 145.

协，俄国侵占了阿富汗的彭狄绿洲等领土，但佐勒菲尔卡山口还是归阿富汗。1887 年，英、俄签订划定阿富汗西北边界的条约。

### 三、英、俄在帕米尔地区的角逐

19 世纪 80 年代中期以后，帕米尔地区成为英、俄中亚角逐的一个焦点。帕米尔古称葱岭，位于新疆西南，东起塔什库尔干，西至喷赤河（阿姆河上游），南接兴都库什山脉，北达阿赖岭。它自古以来就是中国领土，从西汉至清朝，中国历代政府在此设官置守。清乾隆二十四年（1759）平定大小和卓时在伊西洱库尔的苏满树置了御制纪功碑。帕米尔境内分有 8 个部分，亦称“八帕”；清政府在此设立大小卡伦 20 余处，定期巡视。帕米尔不仅是中国西部的屏障，也是亚洲内陆东西交通的重要通道。到 19 世纪 80 年代，帕米尔在英、俄中亚角逐中的重要性日益明显。俄国 1876 年兼并浩罕之后将边界伸展到阿赖谷地，下一步占领帕米尔即可挺进兴都库什山直接威胁印度；英国为了把俄国势力挡在离兴都库什山尽可能远的地方，也力谋使帕米尔变成自己的势力范围，以建立起一条从阿富汗到喀什噶尔的缓冲带，拱卫印度。因此，英、俄都不断派员窜入帕米尔地区，从事武装探险、侦察地形、搜集情报、收买当地土邦等活动，为争夺和入侵该地做准备。

中、俄在 1884 年 6 月签订了《续勘喀什噶尔界约》（简称《界约》），内容涉及帕米尔边界。这个条约把俄属费尔干纳省的边界向南推进到乌孜别里山口，并且规定从乌孜别里山口起，俄国界线转向西南，中国界线一直往南。这就是说，俄国走向线西北的帕米尔地区被划给了俄国，中国走向线以东的帕米尔地区仍留在中国。而两条线之间形成了包括萨雷库里湖在内的一个三角形的“待议地区”，这为后来英、俄的侵吞、分赃提供了可能。该《界约》在 1881 年中、俄订立《伊犁条约》之后作为重勘两国边界的子约之一由俄国强施于中国，是关于帕米尔地区中俄界限的唯一条约。然而，俄国并不想遵守这一条约。

1887 年英、俄划定阿富汗西北边界后，两国对帕米尔的竞争加剧。1891 年 7 月至 9 月，俄国派遣武装部队侵入帕米尔，向南到了兴都库什山，驱赶中国驻防兵士并拆毁设施，劫走了在苏满的乾隆纪功碑，将途中相遇的在那里“游历”的英国军官扣留并强令离开。英国做出强烈反应，1891 年冬，英军从克什米尔出发占领了帕米尔东南方的战略要地坎巨提。坎巨提原为中国的藩属，位于帕米尔通往印度的要道，被视为印度的天然门户，此后该地区名义上中、英两属，实际被英国人所控制。英国的目的是要加强兴都库什山防线。1892 年春，俄国大臣会议决定武力占领帕米尔，6 月俄军 1500 人大举入侵，向东推进到萨雷阔勒岭，向南推进到瓦罕谷地，强占了中国萨雷阔勒岭以西的帕米尔地区。在此情况下，英国企图通过划分势力范围阻止俄国的南下，并在兴都库什山脉以北建立一道防卫印度西北边界必需的“栅栏”。从 1893 年 4 月起，英、俄抛开中国政府在伦敦举行瓜分帕米尔的谈判。经过两年多激烈的讨价还价，1895 年 3 月达成协议。内容是从萨雷库里湖东端依纬度方向划一条线直至中国的边境，该线以北为俄国势力范围，以南为英国势力范围，但英国不得直接兼并，而是将它作为阿富汗领土的一部分。在此前，英国劝使阿富汗同意将喷赤河右岸的什南格、罗善和瓦罕属地交给俄国，以换取在该河左岸的达尔瓦兹和东部瓦罕。这样，俄国与英属印度之间就被阿富汗的“瓦罕走廊”隔开，形成了一个“缓冲”地带。① 俄国与阿富汗的东北分界也就此基本划定。1895 年 9 月，英、俄完成了实地勘界和立标的工作。至此，英、俄在帕米尔的角逐以非法“私分”中国领土而告结束。中国帕米尔之“八帕”，只剩下塔克敦巴什帕米尔和郎库里帕米尔的一部分，其余全被英、俄瓜分了。

在 1892 年俄国强占帕米尔之后的中俄交涉中，俄国罔顾 1884 年中俄《续勘喀什噶尔界约》的规定，转而要求以乌孜别里山口“转东而南”改划中、俄边界，被中国驻俄公使许景澄严辞拒绝。1895 年英俄私分帕米尔的协议出笼，清政府提出抗议，认为“英俄不顾中国允认与否，遽行定界，迹近强占”。帕米尔问题此后成为一个长期的历史悬案，是 19 世纪英、俄帝国主义在中亚扩张和对中国的侵略所致。

## 第三节　列强侵华背景下中国和外国的关系

### 一、两次鸦片战争与中国的半殖民地化

1840 年爆发的中英鸦片战争是中国在亚洲的地位及其与世界的关系发生变

---

① Gerald Morgan, *Anglo-Russian Rivalry in Central Asia: 1810-1895*, London: Frank Cass, 1981, p. 212.

化的转折点。在鸦片战争之前，中国是独立的亚洲大国，并且是东亚建立在封贡体系基础上的传统国际秩序中心。鸦片战争之后，中国开始沦为西方资本主义列强侵略和争夺的半殖民地，由此引起的变化深刻地影响了亚洲和世界的局势。

18 世纪末 19 世纪初，中国清朝统治由盛而衰。为维护自己的封建统治和防范外国势力的侵入，清政府昧于世界大势，采取消极的“闭关”政策。这个时期，欧美资本主义却在迅速崛起，并在全球各地进行殖民扩张，夺取原料和市场资源。“资本主义如果不经常扩大其统治范围，如果不开发新的地方并把非资本主义的古老国家卷入世界经济的漩涡，它就不能存在与发展。”① 拥有海上霸权并经历工业革命的英国，此时已是世界上最强大的资本主义国家。取得对印度的殖民统治之后，物阜民丰的中国就成为它在亚洲的主要扩张目标。为打破清政府“一口通商”等限制，进占中国市场，英国曾于 1793 年派遣马戛尔尼使团以给乾隆皇帝祝寿的名义来华，提出开放天津、浙江商埠，割让沿海岛屿、减轻税率等要求，清政府以不合“天朝体制”加以拒绝。在外交手段不能达到目的情况下，英国一方面不断地武装扰攘中国东南沿海地区，一方面纵容罪恶的鸦片贸易。19 世纪 40 年代至 50 年代，英国通过两次鸦片战争，用炮舰打开了中国的大门。

英国发动第一次鸦片战争（1840—1842）的直接原因是保护在华鸦片贸易。18 世纪中叶英国在西方各国对华贸易中已居首位，但长期存在着贸易逆差。由于中国自给自足的自然经济，加上清政府的限制政策，英国向中国输出的工业品销路不大，而英国却需要用大量银元从中国购买茶叶、生丝等商品。于是，英国通过从其殖民地印度向中国走私毒品鸦片来牟取暴利。18 世纪末开始，鸦片不断输入中国，其中也包括美国商人从土耳其贩运的鸦片。到 19 世纪 20 年代中期，鸦片已成为英国对华输出货品的第一大宗，占到 50%～60%。据有关统计，1821 年至 1839 年，运入中国的鸦片有 28. 8 万箱；1828 年至 1839 年，中国净外流白银约为 6500 万银元。② 在鸦片起着重要作用的“英—印—中”三角贸易中，英国政府、英印当局和英国商人攫取了巨额的利润。猖獗的鸦片走私贸易给中国造成了严重的社会危害，并威胁到清政府的财政基础。清

① 《列宁选集》第 1 卷，人民出版社 2012 年版，第 232 页。

② 参见吴义雄：《条约口岸体制的酝酿——19 世纪 30 年代中英关系研究》，中华书局 2009 年版，第 357、371 页。

朝禁烟派大臣、湖广总督林则徐认为，如漠视烟毒泛滥，“中原几无可以御敌之兵，且无可以充饷之银”。1838 年冬，道光皇帝（1782—1850）命林则徐赴广东禁烟。林则徐采取坚决的禁烟措施，严行查缴外国烟贩鸦片 2 万余箱，于 1839 年 6 月在虎门悉数销毁。中国正义的禁烟运动对英国而言是个沉重打击。1839 年 10 月，英国内阁作出对华战争决定。马克思称这是一场“为保护鸦片贸易而发动和进行的战争”①。

1840 年 6 月，英国派懿律率领的侵略舰队到达广东海面，封锁珠江口。然后沿海北上，7 月攻陷浙江定海。8 月英舰到天津大沽口外炫耀武力。道光帝惊恐动摇，派直隶总督琦善与英军议和，之后将林则徐革职查办。琦善在广州与英全权代表义律谈判期间裁撤海防，专求绥抚。1841 年 1 月初，英军乘隙袭占大角、沙台炮台。义律单方面谎称所谓“穿鼻草约”成立，内容为中国赔偿烟款 600 万元、割让香港。随即英军于 26 日侵占香港。此时道光帝态度转向抵抗，下诏对英作战。御前大臣奕山被派到广州主持军务，但庸碌无能，一战即溃，与英军妥协。1841 年 5 月，广州三元里人民举起“平英团”义旗，痛击在附近掳掠的英国侵略者，是为近代中国人民自发武装反抗外国侵略的先声。英国政府对义律所炮制的“穿鼻草约”感到不满足，改派璞鼎查为全权代表，进一步扩大对华战争。1841 年 8 月起，英军大肆侵扰中国东南沿海各地，攻陷福建、浙江、江苏的重要城镇。1842 年 7 月，英军占领镇江，切断南北漕运。8 月英舰直抵南京下关水面。清政府不得不派钦差大臣耆英、伊里布前往求和，1842 年 8 月 29 日，与璞鼎查签订了丧权辱国的《南京条约》。主要内容为：中国赔偿鸦片烟价和军费 2100 万银元，割让香港，开放广州、厦门、福州、宁波、上海五个通商口岸，实行协定关税。1843 年，英国又通过签订《中英五口通商章程》及其续约，取得领事裁判权和片面最惠国待遇等特权。1845 年，英国在上海取得第一个租界，开启了西方列强在中国建立殖民地制度的先例。第一次鸦片战争和《南京条约》的签订，是中国遭受帝国主义列强奴役和压迫的起点。《南京条约》签订后不久，美国和法国接踵而至，对清政府施加压力，在 1844 年 7 月和 10 月分别签订中美《望厦条约》和中法《黄埔条约》，获得了类似的侵华权益。葡萄牙趁机在 1849 年强占澳门，篡夺了中国对澳门的管辖权。

---

① 《马克思恩格斯文集》第 2 卷，人民出版社 2009 年版，第 635 页。

第二次鸦片战争（1856—1860）是英国联手法国，并在美、俄的支持下发动的，其目的是扩大已获得的在华特权，谋取全面的经济和政治利益，包括使鸦片贸易合法化。在此之前，英国于1854年歪曲中美《望厦条约》的规定，援引“最惠国待遇”，要求全面修改《南京条约》，之后美、法也提出修约要求，清政府都未予同意。于是西方列强计划用武力迫使清政府让步。1856年10月的所谓“亚罗号事件”成为这场战争的导火线。广东水师拘捕了中国走私船“亚罗号”上的海盗嫌犯，英国领事却硬说是英国船而进行干涉。10月23日英舰悍然炮轰广州，一度入城焚掠，后因兵力不足退出。英国政府决定派额尔金为全权代表率军征讨中国。与此同时，法国也以之前一位传教士违约潜入广西被杀的所谓“马神甫事件”为借口，派葛罗率军来华。1857年12月，英法联军攻陷广州，两广总督叶名琛被俘送加尔各答。英法联军继而北上，于1858年5月攻陷大沽，侵入天津城郊。清政府急忙派大学士桂良到天津议和。美、俄两国支持英、法，该两国公使也随侵略军到天津活动，名义上为“调停”，实际是从中渔利。同年6月，清政府被迫与四国分别签订《天津条约》，定一年后在北京交换批准书。1859年6月，前赴北京换约的英、法公使率舰队抵大沽口外，蛮横地拒绝按清政府安排的在北塘登陆的路线，攻击大沽炮台，驻守的清军奋起自卫反击，击沉击伤敌舰十余艘，英、法侵略军只得撤走。1860年，英、法集中更大的兵力，再次北犯。8月攻占天津，9月打到通州，咸丰皇帝（1831—1861）逃往热河。10月初，北京城郊举世闻名的御苑圆明园遭到英、法侵略者的野蛮抢劫，烧为废墟。清政府留守京城的恭亲王奕䜣请俄国公使斡旋，于10月24、25日被迫与额尔金和葛罗分别签订中英、中法《北京条约》，并互换《天津条约》的批准书。这两批条约主要内容是：外国公使驻京；新增天津、南京、台湾（台南）、汉口等11个通商口岸；允外国教士内地传教，租买田地；外国人进入海关管理，修改税则；鸦片贸易合法化；赔款给英、法白银各800万两；割让九龙司给英国。

沙皇俄国是第二次鸦片战争时期夺取中国领土最多的国家。从19世纪40年代起，俄国趁清政府边防空虚，不断蚕食和武装侵占中国东北黑龙江流域和西部边疆地区。俄国把英法对华战争看作用条约的形式把其非法所占中国领土固定下来的天赐良机。1858年5月，在英法联军进犯天津、威胁北京之际，俄国东西伯利亚总督穆拉维约夫率领军舰兵临瑷珲城下，28日逼使黑龙江将军奕山签订《瑷珲条约》，割占黑龙江以北、外兴安岭以南60多万平方公里的土地，将乌苏里江以东的中国领土划为“两国共管”。1860 年 11 月 14 日，俄国公使伊格纳切夫以“调停有功”为名，敲诈胁迫奕䜣签订中俄《北京条约》。除承认《瑷珲条约》外，又将乌苏里江以东约 40 万平方公里的中国领土划归俄国，并规定了由俄国指定的中俄西部疆界走向，增开喀什噶尔为商埠，在库伦（今乌兰巴托）和喀什噶尔设领事。接着在 1864 年，俄国以该约为据逼使清政府订立《勘分西北界约记》，割占巴尔喀什湖以东以南 44 万多平方公里的中国领土。俄国这个时期共掠走中国领土 144 万多平方公里，这在国际史上是罕见的。

经过两次鸦片战争，中外关系的性质发生根本变化。中国被迫接受了列强用武力所强加的不平等的条约体系，列强凭借不平等条约赋予的各种特权，对中国进行政治压迫、经济掠夺和文化侵略。这是中国陷入半殖民地化的主要标志。第二次鸦片战争后，清政府“借师助剿”，勾结列强镇压了太平天国农民起义。清政府中的洋务派开始进行旨在“外敦和好，内要自强”的洋务运动，以维护清朝的封建统治，出现了一段短暂的“同治中兴”的时期。

## 二、中国的边疆危机和中日甲午战争

19 世纪 70 年代至 90 年代，欧美资本主义列强向帝国主义阶段过渡，同时掀起了更大规模的争夺殖民地和分割世界领土的狂潮。这个时期，列强加紧侵占中国周边邻国和蚕食中国沿边地区，造成中国边疆出现普遍的危机，明治维新后的日本走上对外扩张的道路，在其中扮演了重要的角色。19 世纪 70 年代，中国周边“海澨之波涛未息，山陬之游徼纷来”，东南、西南和西北边疆接连受到侵略和威胁；19 世纪 80 年代和 90 年代，伴随着列强对周边邻国越南和朝鲜的侵略，分别发生了两场大规模战争，即中法战争和中日甲午战争。这一过程所导致的结果是中国主权和领土的进一步丧失，并面临被列强瓜分的危险；而随着中国与琉球、越南、朝鲜等邻国藩属关系的结束，东亚以中国为中心的传统秩序走向瓦解。

19 世纪 70 年代，中国东南沿海的威胁主要来自日本对台湾的侵略及其对琉球的吞并。明治初期，日本基于“开拓万里波涛，布国威于四方”的国策，把朝鲜、琉球和中国台湾作为扩张目标。1871 年 12 月，有琉球漂流民在台湾被高山族人所杀，日本即以此为借口蓄意发动侵略台湾的战争。1872 年，为使

“征台”行动师出有名和给日后吞并琉球作铺垫，日本片面宣布琉球王国为藩属并控制其外交。1873年，日本就琉球人遇害之事向清政府进行敲诈，清总理衙门明确申明此事与日本无关：“二岛（指台湾和琉球）俱我属土，属土之人相杀，裁决固在于我。我恤琉人，自有措置，何预贵国事，而烦为过问?”① 1874年5月，日本陆军中将西乡从道率军3000人在台湾琅㤭登陆，侵占高山族部落地区进行焚掠。侵略军遭到高山族人民的顽强抵抗，日军退居龟山，设都督府。清政府派船政大臣沈葆桢率军1.5万赴台部署防务，同时与日本交涉要其撤出侵台军队。1874年10月，清政府在英国调停下与日本订立中日《北京专条》，规定日本撤军，但中国赔偿白银50万两，不予追究日本的不是。1875年，日本强令琉球断绝与中国已有500年的封贡关系，1879年3月，以武力强占琉球，改为冲绳县。琉球国王向清政府求救，清政府虽出面干涉但无保护琉球的实力。在此前后中日关于琉球问题的交涉，始终没有达成共识，清政府采取延拖之策，遂成悬案。需要指出的是，1874年日本对台湾的军事侵略是明治政府成立后的第一次对外用兵，而且距《中日修好条规》生效不过一年。

西南边疆的边患是因英国在扩大对缅甸殖民侵略的过程中力图打开中国的后门而起。1875年2月，英国一支武装探路队经八莫由缅甸侵入云南边境，途中为当地山民拦击，英国译员马嘉理在蛮允受袭身亡。英国利用这个“滇案”向清政府要挟、施压，谋求扩大在华权益。英国驻华公使威妥玛在交涉中要尽各种威逼手段，一次次提出远超出“滇案”处理范围之外的要求。海关总税务司英国人赫德也对清政府进行恐吓：英印军队已派兵5000人在缅甸贡兰海口至云南交界处驻扎。② 1876年，英国调军舰到烟台和大连湾驻泊，以示战争威胁。同年9月，清廷重臣直隶总督李鸿章（1823—1901）与威妥玛签订中英《烟台条约》，其中除了赔偿、遣使道歉等解决“滇案”的内容外，还允许英国调查滇缅边境通道和在云南通商，中国增开包括长江沿岸的通商口岸和码头，中外司法案件要有外国人会审等。《另议专条》又规定在中国“察酌情形”许可时，允许英国人经内地或由印度进入西藏。这是中国被迫签订的一个严重不平等条约，英国由此获得了侵入中国云南、西藏等西南边疆和中国内地的所谓“条约权利”。

① 王芸生编著：《六十年来中国与日本》第1卷，生活·读书·新知三联书店2005年版，第64—65页。

② 参见王绳祖：《中英关系史论丛》，人民出版社1981年版，第115—116页。

在西北边疆，英、俄在中亚的角逐到19世纪70年代已伸展到中国新疆。1865年，浩罕军事头目阿古柏在西北回民起义之际入寇南疆盘踞，以英国为靠山，在天山南路一带发展势力。伊犁河谷为新疆最富饶的地区，且是通往南疆的要津，战略地位重要。1871年，俄国为阻遏阿古柏占据伊犁和英国势力进入北疆，决定先下手，7月俄军侵占伊犁，事后照会清政府称“代为收复”。1872年，清政府与俄交涉归还伊犁事宜，俄国坚持以清政府恢复在新疆的统治为前提条件，并且提出划界、割地等无理要求。清政府意识到西北局势的严重性，1875年决定采纳左宗棠“海防、塞防并重”的意见，授他以钦差大臣督办新疆事务。1876年，左宗棠出师西征，1878年1月，消灭阿古柏势力，收复除伊犁外的新疆全境。于是清政府派崇厚出使俄国去索还伊犁。崇厚在俄国诱逼下，未经清政府同意，擅自于1879年10月签订了《交收伊犁条约》（即《里瓦几亚条约》）。此约尽含丧权辱国的内容，遭到中国朝野反对，清政府拒绝批准。1880年2月，清政府派驻英公使曾纪泽赴俄重新交涉。俄国立即调动军队并派军舰驶往中国沿海进行恫吓，但因柏林会议后它在欧洲的逼仄地位，没敢贸然发动对华战争。曾纪泽采取“改约议和”的方针，经半年多艰苦谈判，在1881年2月与俄外交大臣吉尔斯签订中俄《伊犁条约》。中国收回伊犁和特克斯河流域，赔款900万卢布作“代为收复”等费用，伊犁霍尔果斯河以西归属俄国，俄在新疆获商贸特权。这仍然是个不平等条约，但中国收回了伊犁河谷和部分主权。在之后的1882年至1884年间，两国就勘定西部边界订立了5个子约，连同中俄《伊犁条约》一起，沙俄从中国又掠夺了7万多平方公里的领土。

1883年至1885年的中法战争是由法国侵略越南北部（北圻）、威胁中国西南边疆而引起的。1882年，随着法国侵犯北圻、进窥中国西南边省的形势日趋严重，清政府应越南请求，调桂、滇清军出境驻防，“保护属邦，固守边界”，同时展开对法交涉，以求和平解决。1883年2月，法国费里再次组阁上台，拒绝清政府和谈之议，增派侵越兵力。8月，法国在用武力迫使越南朝廷签订《顺化条约》后加快了吞并北圻的步伐。1883年12月，孤拔率领的法国远征军向驻守在山西的清军以及刘永福的黑旗军发动进攻，清军被迫应战，中法战争爆发。战争开始后，清军在越北战场接连失利。1884年5月，李鸿章在天津与法海军舰长福禄诺签订中法《简明条约》，承允撤回清军，对法国与越南所订条约“均置不理”，准予法国在中越边界通商，拟3月内会订细则等。然而法国并不因此满足，利用6月法军到北黎“接防”时与清军发生冲突为借口索要巨额赔款，把战争扩大到中国东南沿海。8月，法国舰队进犯基隆不逞，于23日在福州马江发动袭击，摧毁福建水师和马尾船厂。1884年8月26日，清政府下诏，对法作战，力图以战促和。在东南沿海，10月法国舰队再次进攻台湾，虽然占领基隆，但在沪尾（淡水）被台湾事务大臣刘铭传率领的清军大败，改采海上封锁政策。1885年3月，法舰队侵扰浙东，在镇海被中国守军痛击，退而占领澎湖。在越北战场，1885年3月，清粤军老将冯子材率部在取得中越边境的镇南关大捷后收复谅山，扭转了此前的不利战局。4月清政府乘胜求和，下令停战撤军。1885年6月，李鸿章与法国驻华公使签订《中法新约》，承认法国与越南之间所订立的条约，法国取得在中国西南的通商特权，中国在修建铁路时应向法人“商办相助”，法国撤出基隆、澎湖。由于中国人民对法国侵略的胜利抗击，这次战争中国没有割地赔款，但其后果仍然是严重的，西南大门由此洞开。而继清政府承认法国对越南的统治后，英国在1886年也迫使清政府承认英国对中国另一个相邻属国缅甸的统治。

中日甲午战争（1894—1895）是日本蓄意发动的一场侵略中国和全面控制朝鲜的战争。1876年2月，日本用武力叩关，强迫朝鲜签订了奴役性的《江华条约》，开始了其侵略朝鲜和在亚洲大陆上扩张的第一步。之后列强纷至沓来，与朝鲜订立不平等条约，朝鲜陷于半殖民地化的境地。朝鲜是中国的重要邻邦，清政府在加强与其藩属关系的同时，采取“以夷制夷”使列强间保持平衡的政策，借以抑止日本实现“征韩”。日本把中国看作在朝鲜扩张的障碍，一直企图割断清政府与朝鲜的传统关系。因此，中日矛盾围绕着朝鲜事务逐渐激化，成为此时影响朝鲜和东亚局势的一个主要因素。1882年，朝鲜政局动荡，发生“壬午兵变”，事后日本以保护公使馆为名取得在朝鲜汉城的驻兵权。1884年，朝鲜国内发生日本支持的“甲申政变”，驻朝清兵介入平叛，参与政变的日本公使自焚使馆逃往仁川。1885年，日本借此事件与清政府订约，规定今后中、日两国或一国需要向朝鲜出兵时必须相互知照。日本因而取得向朝鲜出兵的权利，为后来发动中日甲午战争埋下伏笔。此后，日本积极进行对清战争的各种准备，从派遣间谍搜集情报到建立以北洋海军为针对目标的海军舰队。1887年，日本参谋部拟定详细的“征讨清国策”。1893年，天皇批准《战时大本营条例》，实际上已完成战争准备。1894年2月，朝鲜爆发了东学党农民起义。日本乘机诱使清政府出兵代剿，并保证自己“必无他意”，这其实是个圈套。6月2日，日本获知朝鲜已向清求援的情报，第二天内阁会议即决定出兵朝鲜，并连夜奏请天皇批准。“这个时候，日清开战之局已定。”①

当1894年6月中、日军队陆续进入朝鲜之时，朝鲜政府已与起义军取得妥协。清政府提议中、日双方撤兵。日本以督促朝鲜改革为名拒绝撤兵。清政府避战求和，一味寄希望于通过列强的调停促使日本撤兵。7月23日，日军占领王宫，控制朝鲜政权。25日，日本海军在丰岛海面突袭清朝舰队，同时进攻驻牙山清军，挑起了蓄谋已久的战争。8月1日，中、日正式宣战。战争持续了8个月，清军连遭败绩。日军在经过9月平壤战役和大东沟黄海海战之后侵入中国东北，于11月攻陷旅顺，大肆屠杀平民。1895年2月，日军进攻山东威海卫，清北洋海军全部覆灭。同年3月，日军占领澎湖。1895年4月17日，李鸿章代表清政府在日本与日本总理大臣伊藤博文（1841—1909）签订了丧权辱国的《马关条约》。该约在朝鲜“独立自主”名义下废除了其与中国的传统关系，中国割让辽东半岛、台湾全岛及所属各岛屿、澎湖列岛等地给日本并赔款白银2亿两，增开沙市、重庆等4个口岸，给日本以通商、设厂特权等。条约签订后，台湾省军民反对割台，英勇抗击日寇，坚持了半年之久。俄国对旅顺、大连海港等地觊觎已久，不能坐视辽东半岛落入日本之手。4月23日，俄国联合德国和法国进行强势干涉，日本不得不交还辽东半岛，但又从中国勒索“赎金”白银3000万两。《马关条约》是中国所签订的最受屈辱的不平等条约之一，进一步加深了中国半殖民地化的程度。对于东亚国际关系而言，中日甲午战争的结果从根本上动摇了中国的大国地位，中国历史上与周边国家形成的封贡体系最终崩溃，它标志着中国“传统对外交往的完全瓦解”②。日本通过这次战争基本确立了在东亚的强国地位，进而跻身列强行列，进一步展开对这个地区的争夺和侵略。

### 三、中国的瓜分危机、义和团运动和八国联军侵华

19世纪末，外国列强对中国的侵略进入一个新的阶段。它们争相对华进行

① ［日］信夫清三郎编：《日本外交史》上册，天津社会科学院日本问题研究所译，商务印书馆1980年版，第260页。

② Warren I. Cohen, *East Asia at the Center: Four Thousand Years of Engagement with the World*, New York: Columbia University, 2000, p. 302.

资本输出，掀起了强占租借地和划分势力范围的狂潮。这种具有帝国主义时代明显特征的经济和政治侵略，把中国完全纳入世界资本主义的经济体系，同时使中国面临被瓜分的深渊。甲午战争后的几年间，列强对清政府举债款白银 4.51 亿两。其中列强趁清政府无力筹付对日赔款之机而出借的三次大借款白银为 3.1 亿两（1895 年法俄集团一次，1896 年和 1898 年英德集团两次）。这些借债附有苛刻的条件，从控制清政府的海关，到获得办银行、修铁路、开矿山、建工厂等特权。列强夺取了 1.9 万余里的铁路修筑权，侵占沿线的土地和资源，享有沿线行政权和警察权，并以此作为它们争夺和巩固自己势力范围的手段。帝国主义列强对中国经济命脉的操纵、大规模的奴役性资本输出以及商品倾销，不仅阻碍了中国民族工商业的发展，而且造成中国农村传统经济的萎缩和衰败，广大农民、手工业工人和中小商人陷于破产和贫困之中。

“三国干涉还辽”是这个时期列强争夺租借地和划分势力范围的开端。俄国在 1896 年李鸿章使俄期间诱使签订《中俄密约》，以“还辽有功”为由，打着“共同御日”的幌子取得了修建中东铁路的路权，其后在 1898 年强租旅顺、大连并又取得中东铁路支线的路权，把中国东北变成了俄国的势力范围。德国在 1895 年获得在汉口和天津开辟租界的权利，1897 年以山东巨野教案为借口派军舰占领胶州湾，1898 年强租并取得胶济铁路的路权，山东变成德国势力范围。法国取得了修建越南至云南铁路的路权，把云南、广西、广东变成其势力范围，并于 1899 年强租广州湾。英国在 1898 年强租九龙半岛界限街以北、深圳河以南的九龙半岛北部大片土地及附近 200 多个离岛为香港“新界”，强租威海卫，取得了广九、津镇南段、沪宁杭等铁路线的路权，同时迫使清政府同意不将长江沿岸诸省让与他国，将其变为英国势力范围。日本于 1896 年取得在重庆、天津、福州、厦门等 8 市设立专管租界的权利，1898 年使福建变成其势力范围。美国忙于对西战争来迟一步，国务卿海约翰于 1899 年 9 月至 11 月间照会其他列强，在承认各国在华势力范围的同时，提出“门户开放”的政策，以“机会均等、利益均沾”为原则，力图保持整个中国市场对此时经济实力已超过各列强的美国自由开放。至此，中国已濒临“瓜剖豆分”的危险境地，中国的大部分地区都被列强划为势力范围，它们还在租界地实行直接的殖民统治。列宁当时曾尖锐地指出，“欧洲各国政府一个接一个拼命掠夺（所谓‘租借’）中国领土”，它们“（最先恐怕是俄国政府）已经开始瓜分中国了”。①

深重的民族危机，激起了中国人民空前的救亡图存的斗争。继1898年资产阶级改良派发动的戊戌变法失败之后，中国爆发了震惊中外的以农民为主体的义和团反帝爱国运动。义和团运动起源于山东、河北一带的民间拳会组织，由这个地区此起彼伏的反洋教斗争演化而来。1898年，赵三多领导的义和拳在山东冠县以“扶清灭洋”旗帜揭竿而起，攻打教会，是义和团运动开始的标志。清政府对义和团采取剿抚兼施、为我所用的政策，但义和团由于其局限性，并不能正确认识清朝封建统治者与外国列强之间的关系，而他们的斗争方式也存在着落后和非理性的盲目排外的一面，实际上这是中国传统社会底层之民众不屈于外来列强侵略、拯救民族危亡的一种自发反应。到1900年春夏之交，义和团在直隶和京津地区的活动获得迅猛发展，北方诸省的反帝斗争也日趋高涨。

义和团的反帝运动严重威胁了列强的在华权益。1900年4月，英、美、法、德等国联合警告清政府，限在两月内剿灭义和团，否则将“代为剿平”。5月底6月初，各国驻华公使以保卫使馆为名，不顾清政府劝阻，组成400余人卫队进京，实为八国联军（英、美、法、德、俄、日、意、奥）之先遣队。6月10日英国海军舰队司令西摩又率领联合远征军2000多人，从天津沿铁路向北京开拔。由于在沿途廊坊等地遭到义和团和部分清军的阻击，两周后逃回天津租界。6月13日，公使团在卫队进京后开始所谓“猎取拳民行动”，任意开枪寻衅，激起民愤，导致京城秩序开始混乱。6月17日，列强的联合舰队发动突然袭击，攻占中国清军驻守的大沽口炮台，八国联军侵华战争正式开始。6月21日，清廷被迫下了“宣战诏书”。慈禧太后（1835—1908）主要担心的是列强进兵北京将对她的统治地位构成威胁，进而干预清廷内政，迫她“归政”于光绪皇帝（1871—1908）。同时她企图利用义和团作为阻挡外来压力的工具。这个宣战文件是很奇怪的，既没有送达各国，也没有指明谁是交战对象。② 其实它反映了清政府在面临列强侵华军队麇集于津沽、义和团弥漫于京师之际的惶惑心态，清政府没有与列强交战的意志和力量。6月20日起，义和团和清军对东交民巷的外国使馆实施包围，但清军并未进行真正意义上的攻击。7月中旬侵华联军攻陷天津，清政府态度此时已转向与列强求和。

---

① 《列宁选集》第1卷，人民出版社2012年版，第279页。

② 参见胡绳：《从鸦片战争到五四运动》，人民出版社2010年版，第531—532页。

8月初，八国联军集结1.9万兵力挺进北京，14日攻入京城，使馆解围。慈禧太后带着光绪皇帝仓皇出逃西安。侵华联军进京后，古都遭受空前洗劫。它们在京、津地区实行殖民统治，八国联军人数增至约5万人。德国元帅瓦德西在10月作为联军司令到京后扩大战争，分侵山海关、保定以至山西境内。俄国自7月起以镇压东北义和团为名派遣十多万大军，几路出动侵入中国东北，并制造了骇人听闻的屠杀海兰泡、江东六十四屯平民的惨案，到10月，东北已被俄国军事占领。逃亡中的清政府一方面抓紧布置议和乞降，命庆亲王奕劻和在粤的李鸿章作为议和大臣从速与列强商议和谈；一方面下诏，令官兵对义和团"痛加剿除"。义和团的斗争坚持到1902年，后期河北起义军提出了"扫清灭洋"的口号。清政府与外国侵略者公开合流，义和团运动最终被它们联合镇压了。

在中国南方，当北方义和团势力高涨之时，英、美等国驻上海领事与地方实力派封疆大吏刘坤一、张之洞等人频繁互动，1900年6月26日，达成所谓"东南互保"的章程，主要内容是上海租界归各国领事共同保护，长江及苏杭内地归各督抚保护，两不相扰。其后"东南互保"扩大到十多个省，实质上是合作抵制义和团的反帝运动波及这些地区，以保全列强的侵略权益和这些督抚所管辖区域的秩序。美国积极参加了八国联军镇压义和团的行动，但担心中国如果被瓜分将大不利于它在中国和东亚的利益，因而在7月给列强发出第二次"门户开放"照会，重申"利益均沾"，并声明保持中国领土和行政的实体。这是要求列强共同保证一个遵奉所订不平等条约的清政府在中国的统治。北京被占领以后，列强之间争夺中国的各种复杂矛盾日益暴露，经过反复的争吵和协商后，它们认定保全清政府作为共同统治的工具较为有利，并就接受慈禧太后为首的清政府为"合例政府"达成妥协。

1900年12月，参加侵华联军的8国和西班牙、比利时、荷兰3国（共11国），联合向清政府提出包括惩凶、赔款等内容的议和大纲十二条。清政府"应即照允"，慈禧太后发布"罪己诏"，表示此后要"量中华之物力，结与国之欢心"。1901年9月7日，奕劻和李鸿章代表清政府与11国公使签订了《最后议定书》（即《辛丑条约》）。主要规定：中国赔款白银4.5亿两，39年还清，本息共计白银9.8亿多两，以海关税、盐税和地方税收为担保；北京划使馆区，可驻兵；拆除大沽及其至北京的所有炮台，由列强派兵驻守北京至山海关的各处要地；改总理衙门为外交部；惩办义和团运动中与列强作对的官吏；严禁一切反帝的活动和组织。1902年1月，慈禧太后回銮北京，清政府已沦为

"洋人的朝廷"。

《辛丑条约》是帝国主义列强掠夺中国的又一严重的不平等条约。中国实际上成为一个列强共管下的半殖民地国家。由于当时腐朽的社会制度和自身的局限，义和团的失败是必然的，但是其反帝爱国斗争有着重要的历史地位。义和团不畏强暴、血战到底的抗争，阻止了侵华列强瓜分中国的图谋，使得列强不敢也不能把中国完全变成殖民地。义和团运动是鸦片战争以来中国人民反对外来侵略斗争的伟大继续，同时也促进了中国的民族觉醒。10 年后，中国人民吸取了义和团血的教训，举起资产阶级民主革命的旗帜，在辛亥革命中推翻了清王朝的腐朽统治，从而开始了救亡图存的新征程。

### 四、英、俄对中国西藏、蒙古地区的侵略和分裂活动

19 世纪末 20 世纪初，英、俄加紧了对中国西藏的渗透和侵略。这是两国中亚角逐的继续，也是它们在中国争夺势力范围的较量，因此形成了"英俄交窥藏地"的局面。英国在 1876 年《烟台条约》附约中攫取入藏"探路"的权利后，于 1888 年以英属印度为基地发动了第一次侵藏战争，随之迫使清政府订约承认英国为锡金的保护国，开放亚东为商埠，打开了从印度进入西藏的大门。这时俄国也已开始觊觎西藏，不断派遣武装"考察团"经新疆、蒙古、青海等地，侵入藏北高原一带活动。俄国侵藏的一个重要手段是以宗教为掩护进行政治渗透。它利用其境内布里亚特蒙古人与西藏人民都信奉藏传佛教格鲁派的关系，在学经朝佛的名义下派人潜入西藏，广泛结交西藏权贵，传播亲俄思想。其中德尔智取得达赖十三世（1856—1933）的侍讲（参宁堪布）职位，对西藏上层政治活动和达赖十三世此时的"联俄拒英"政策起了重要作用。1898 年至 1902 年，达赖十三世四次派他去俄国觐见沙皇尼古拉二世，进行联俄活动。俄国对西藏当局影响得以加强。

英国担心俄国夺得侵藏先机。1903 年 12 月，趁日俄战争即将爆发之际，英国派荣赫鹏率英印侵略军发动了第二次侵藏战争。西藏军民在拉孜等地英勇抵抗。1904 年 8 月，英军攻占拉萨，达赖十三世出逃库伦。9 月，西藏地方官员被迫在布达拉宫签订《拉萨条约》，主要规定西藏增开商埠、赔款，拆除印度边境至拉孜、拉萨的一切防御设施，非经英国允许，不得将土地以及铁路、公路、电线、矿山等权益出让任何外国，也不得允许任何外国干涉西藏事务和派员入藏。这些规定实际上把西藏变成了英国独占的势力范围。但这个条约没

有清政府签字因而是非法的，俄、美、德等国也表示反对。1906 年 4 月，清政府和英国经折冲在北京签订《续订藏印条约》，其中正约六条，包括英国承允不沾藏境，不干涉西藏一切政治等，但又将《拉萨条约》作为附约。该约仍然是个不平等条约，英国掠取许多侵略权益，但它使中国收回了部分权利，并在事实上承认了中国对西藏的主权。

1906 年以后，随着帝国主义列强争霸世界形势的发展变化，大国关系重组步伐加快。英、俄两国在世界政治中的关系由对抗走向协约，它们在中亚问题上也从激烈争夺转为妥协和勾结。1907 年 8 月促成英俄协约的中亚协定中包括了一个有关中国西藏的协定。其中俄国承认英国因“地理位置”而在西藏享有特殊利益，英国接受俄国与西藏保持宗教联系的权利。其实在谈判中还存在着一项没有写入条约的秘密谅解，即英国“承认俄国在与其接邻的蒙古地区的特殊利益”①。这个协定把中国对西藏的主权虚构为所谓“宗主权”，这是为日后英国分裂西藏的侵略活动制造根据。

沙俄觊觎中国蒙古地区由来已久。自 19 世纪中期以来，俄国利用清廷积弱和不平等条约之利，向外蒙古进行了全面渗透。1907 年，俄国相继从英国和日本（通过第一次《日俄密约》）得到在该地区享有“特殊利益”的“承诺”后，对外蒙古的侵略步伐更为急迫，极力收买当地僧俗封建领主投靠俄国，酝酿叛乱。1911 年 10 月，中国爆发辛亥革命，俄国乘机策动外蒙古亲俄集团实行“独立”，驱逐清朝驻库伦官员。12 月，在俄国扶植下的“大蒙古国”宣布成立，以活佛哲布尊丹巴为皇帝。俄国迅即向外蒙古派遣军队并控制了财政、经济大权。外蒙古“独立”激起了中国人民的愤怒声讨。1912 年 1 月，孙中山（1866—1925）在就职中华民国临时总统时庄严宣布“五族共和”的主张。俄国政府无视中国关于蒙古、西藏主权的明确立场，坚持分裂活动。1912 年 11 月，它公然与外蒙古傀儡政权签订《俄蒙协约》，规定由俄国扶助外蒙古“自治”，排斥中国的主权。1913 年 11 月，俄国利用袁世凯（1859—1916）政府迫切需要得到列强承认的心理，逼使其作出妥协，签订了《中俄声明文件》及《另件》。规定俄国承认中国在外蒙古的宗主权；中国承认外蒙古的自治权；外蒙古是中国领土的一部分，但中国不能在外蒙古设治、驻军、移民，凡关于外

① 中国社会科学院近代史研究所：《沙俄侵华史》第四卷下册，人民出版社 1990 年版，第 707 页。

蒙古政治、土地交涉事宜须与俄国协商。俄国事实上取得了在外蒙古的统治地位。之后在 1915 年 6 月，又签订《中俄蒙协约》确认上述俄国侵略权益，外蒙古名义上取消“独立”，但实质没变。在此期间，俄国还非法武装强占了蒙古西北部的中国唐努乌梁海地区。

在俄国制造外蒙古“独立”的前后，英国也在积极进行分裂中国西藏的阴谋活动。英国的方法是通过利用和挑拨达赖十三世与清政府的矛盾，在西藏上层扶植亲英派势力，企图以“维持西藏在中国宗主权下的自治”为借口把西藏独立出去，成为英国控制下的半殖民地附庸。1911 年辛亥革命动荡之际，西藏亲英势力在英国支持下发动武装叛乱，驱赶清朝官员和驻军，进扰西康藏区及川、滇。1912 年，中华民国临时政府派兵到西康击溃叛军收复川边，并准备入藏平叛。英国公开出面干涉阻止。8 月，英国致中国备忘录，要求中国不得干涉西藏“内政”和不得在藏驻兵，企图否定中国对西藏的主权地位。之后，英国在极力阻扰中国中央政府同西藏地方当局进行直接联系的同时，提出举行中、英、藏三边会议解决所谓“西藏问题”。在英国的威逼下，袁世凯政府接受了这一无理要求。

1913 年 10 月至 1914 年 7 月，这个英国一手操纵的会议在印度西姆拉召开。中国代表为西藏宣抚使陈贻范，西藏地方“代表”为伦钦夏扎，英国代表为英印政府外事秘书麦克马洪。会议期间，夏扎在英方唆使下提出“西藏独立”等要求，遭到陈贻范的驳斥和反对。于是麦克马洪炮制了一份“调停约稿”，编造所谓“内、外藏”界线。要点是内藏（包括青海、川边和西康一部）由中国管辖，外藏（包括西藏全部及西康大部）由拉萨地方掌理，实行自治；中国对西藏具有宗主权但承认外藏有自治权，中国在外藏不派军队、不驻官吏、不办殖民等。1914 年 4 月，麦克马洪抄袭沙俄分裂外蒙古时的故伎，在条约附件中添上“西藏为中国领土的一部分”的字句，诱迫陈贻范画行。陈声明正式签押须奉有训令而后可。中国政府随即明令拒签，否认该约。这个三方会议至此实际上已破裂。这个会议之外另有一个阴谋，英国代表与西藏地方代表背着中国中央政府代表进行了关于所谓印藏边界的私下谈判，并于 1914 年 3 月在印度的德里秘密换文。英方以答应支持西藏当局的所谓“要求”，换取了把中印边界东段传统边界线往北推移到喜马拉雅山脊，从而将不丹以东 9 万多平方公里的中国领土划入印度。① 这就制造出了一条臭名昭著的所谓“麦克马

---

① 参见丁名楠等：《帝国主义侵华史》第二卷，人民出版社 1986 年版，第 449 页。

洪线”，此后英国政府多年都不敢公开。7 月 3 日，西姆拉会议举行末次会议，英、藏“代表”签订正约及附图，“麦克马洪线”也被标入附图中。陈贻范代表中国政府声明，一概不予承认。西姆拉会议宣告破产。中国历届政府从未承认非法的《西姆拉条约》和所谓的“麦克马洪线”。

## 第四节 日本在亚洲的崛起

### 一、日本从被迫开国到“脱亚入欧”

19 世纪中叶之前，日本处在德川幕府（1603—1868）的封建统治之下。早在 1613 年至 1639 年间，幕府为了防止西方势力对日本社会的侵蚀危及自己的统治，颁布了一系列严厉禁止在日本传播基督教和统制对外贸易的法令，从而开始了历时 200 余年的所谓锁国时期。在此期间，只有长崎一地保持着由幕府所控制的与荷兰、中国的贸易关系。从 18 世纪末起，随着西方殖民势力在亚洲各地的扩张，欧美列强也对地处亚洲东隅的日本频频叩关，要求开港通商，但均因幕府坚持锁国政策而没有成功。至 19 世纪中叶，德川幕府统治已进入腐朽的末期，其时中国遭鸦片战争的失败被西方列强的坚船利炮打开了门户。1853 年 7 月，美国海军准将佩里率领舰队闯入日本浦贺港，威逼幕府接受美国总统要求开港的国书。1854 年 3 月，美国以中美《望厦条约》为底本，迫使日本签订了开放下田等港口和美国享有最惠国待遇的《神奈川条约》。这是标志日本国门被打开的第一个不平等条约，之后英、俄、荷等国接踵而至，于 1854 年至 1856 年分别与日本签订类似的条约。1858 年 7 月，美国又迫使幕府签订《日美友好通商条约》，主要规定开放神奈川、长崎、神户、新潟、函馆五港，江户、大阪两市通商，承认美国具有居住权、领事裁判权，实行协议关税等。同年，荷、俄、英、法等国相继与幕府签订了同样的通商条约，统称为《安政五国条约》。这些不平等条约损害了日本的独立主权，西方列强将日本纳入资本主义世界市场。

外国资本主义的侵入，不仅使日本面临着半殖民地化的危机，而且加速了日本封建制度的瓦解，幕府末期各种社会矛盾空前激化。以西南强藩为主的改革派武士在“尊王攘夷”的旗帜下掀起了倒幕运动，其后又演变为一场以倒幕维新、富国强兵为宗旨的资产阶级性质的革命运动。经过反复的政治较量和武装斗争，倒幕派迫使德川幕府在1867年11月向天皇朝廷“奉还大政”。1868年1月3日，由天皇出面召开御前会议，宣布王政复古、废除幕府。接着倒幕力量又经过一年多的内战，彻底打败了德川幕府及其残余势力。在推翻幕府统治的同时，日本开始“明治维新”。在此过程中，日本建立起地主资产阶级的天皇制政权，实行一系列自上而下的改革，从而走上了资本主义发展的道路。

日本明治维新的现代化是以大力扩充军备、使“国威”耀于海外为基本方针，沿着“脱亚入欧”的路线进行的。表现在对外关系上，日本一方面承认以前缔结的不平等条约，同时又进行修约活动，以取得与列强平等的地位；另一方面则逐步形成了以侵略朝鲜和中国为主要目标的大陆扩张政策。所谓“脱亚入欧”，用明治时期思想家、征韩侵华论的倡导者福泽谕吉（1835—1901）的话说，是要脱离邻国的行列而与西洋文明国共进退。其实质是打破以中国为中心的“华夷秩序”，加入列强在亚洲的争霸角逐，进行殖民扩张。因此，日本虽然经过20多年的明治维新改革成为亚洲最早的现代民族国家，并成功地摆脱了沦为半殖民地的命运，但同时它又将自己置于与亚洲其他国家对立的地位，走上了对邻国进行军事侵略的道路。

日本的大陆政策发端于19世纪70年代明治初期，在其仍然受不平等条约束缚的情况下，就开始把扩张的矛头指向了朝鲜、中国等周边国家，实行所谓的“失之于俄美，补偿于邻国”的经略。19世纪80年代，日本加紧了在朝鲜的经济和军事扩张活动，并举全力进行以中国为敌的入侵大陆的战争准备。1890年12月，日本内阁总理山县有朋（1838—1922）在国会发表施政方针，公开提出“保护利益线”，把目标对准其国家主权线之外的相关区域。这表明大陆政策作为日本的国策已然形成。1894年发动中日甲午战争是实施这种政策的必然产物，日本也由此而达到“脱亚入欧”的目的。1900年八国联军侵华，日本出兵最多。此后，日本进一步扩军备战，逐步使国家机器军国主义化，进入封建军事帝国主义的阶段。正如列宁所指出的，在日本，“对军事力量的垄断，对极广大领土和掠夺异族——如中国等等——的极便利条件的垄断，部分地填补了，部分地代替了现代最新金融资本的垄断”。①

## 二、日、俄在东北亚的争夺和日俄战争

19世纪末20世纪初，日本和俄国争夺中国东北和朝鲜的矛盾日益激化，

① 《列宁选集》第2卷，人民出版社2012年版，第714页。

并发展成为影响东亚局势的主要因素。自 19 世纪 90 年代初起，俄国开始修建西伯利亚大铁路，将对外扩张的战略目标转向东方，野心勃勃地实施以夺取东亚及太平洋霸权为内容的远东政策。这就与明治维新后正在东亚崛起的日本的大陆政策发生尖锐的冲突，中国的东北三省和朝鲜半岛成了它们角逐的焦点。俄国在中日甲午战争后“干涉还辽”，强迫日本交出已到手的辽东半岛，然后通过《中俄密约》和《旅大租地条约》，取得西伯利亚铁路贯通中国东北三省的建筑权和旅顺口不冻港，利用铁路和资本（华俄道胜银行）把中国东北变成其势力范围，1900 年，又加以武装占领实行全面控制。在朝鲜，俄国趁清朝退出之机干涉朝鲜内政，利用亲俄派攫取大量利权。作为在朝鲜除日本以外的重要的侵略势力，俄国在与日本的明争暗斗中形成了与之对峙的局面。虽然 1898 年俄国同意不妨碍日、朝之间在商业和工业上的关系，但俄国占领东北后，为了防止日本进占朝鲜，提出“朝鲜中立化”建议；而日本把中国东北问题和朝鲜问题联系到一起，声言中国东北局势不恢复到俄国占领前的状态，就不同俄讨论朝鲜问题。1901 年年初，传出了正在进行中的中、俄交涉的情况，俄国企图强迫清政府接受其对中国东北的独家统治。日本对俄提出强烈抗议，谴责它破坏了东洋的均势；俄国则以中国东北事务与日本无关为由，拒绝接受日本的抗议。

俄国势力的南下，对日本在东亚大陆的扩张构成了巨大的战略性威胁，日本视之为推行“攻取朝鲜以制辽东”的大陆政策的障碍。在此背景下，日本加快了自“三国干涉还辽”后即在“卧薪尝胆”口号下开始的 10 年期扩军计划，准备对俄战争；在外交上，寻求攀结英国作为反俄的盟国。英国的在华利益受到俄国扩张的挤压，尽管英国并不想直接卷入日、俄冲突，但借助日本牵制俄国有利于其在东亚和太平洋地区的地位。1902 年 1 月 30 日，日本驻英公使林董同英国外交大臣兰斯多恩在伦敦签订了《英日同盟条约》，为期 5 年。双方承诺尊重和保护英国在中国与日本在中国和朝鲜的“特殊利益”，在其受到侵略或威胁时可采取必要的措施；如缔约国一方与另一国发生战争，缔约国另一方应保持严格的中立，并努力防止其他国家参与反对盟国的敌对行动；如其他国家加入反对其盟国的敌对行动，缔约国另一方应提供援助，共同作战。此外还秘密约定，两国海军在东亚海域进行合作，保持优势。英日同盟是一个针对俄国的攻守同盟。对于日本来说，这个同盟的意义在于，当它与东亚之大敌俄国决战时，可以不用担心欧洲会像 1895 年那样进行干涉并夺取它的“胜利果实”。[1] 1902 年 2 月，美国照会各国，指责俄国在华行为破坏了门户开放政策，采取了与英、日协调的路线。

由于中国人民的坚决反对以及国际列强的压力，俄国于 1902 年 4 月与中国签订《交收东三省条约》，以苛刻的条件同意一年半内分 3 期撤出中国东北。但 1903 年俄国在宫廷集团的鼓动下采取更为强硬的政策，不仅毁约停止撤军，而且增兵中国东北加强统治，同时利用所攫取的森林租让权侵蚕朝鲜北部。1903 年 7 月后的半年多里，日本同俄国就划分东北亚势力范围展开谈判。日本坚持独占朝鲜，有保留地承认俄国在中国东北的地位，俄国坚持独占中国东北，有保留地承认日本在朝鲜的地位。实际上，双方的侵略野心及其战略利益的根本对立使它们不可能达成妥协，谈判成了走向战争的前奏。[2] 1904 年 2 月 8 日，日本海军突然袭击停泊在旅顺口的俄国军舰。2 月 10 日双方宣战，日俄战争爆发。这是日俄之间为掠夺中国和朝鲜而互相厮杀，主要在中国土地上进行的帝国主义战争。腐败的清政府无力阻止，竟宣称“中立”。日俄战争历时一年多，双方都投入了数十万兵力，战况惨烈。战争开始后日军分别从朝鲜和辽东半岛登陆，迅速控制朝鲜并跨过鸭绿江进入中国东北。5 月占领大连，围困旅顺，8 月在黄海海战中重创俄国舰队。1905 年 1 月，日军攻陷旅顺，3 月在沈阳会战中大败俄军。5 月 27 日至 28 日在日本海对马海峡，俄国调来东亚增援的波罗的海舰队被日本联合舰队歼灭。至此，俄国败局已定，而日本虽然取得胜利也已精疲力竭。经美国总统西奥多・罗斯福出面调停，日、俄各派代表于 1905 年 8 月开始在美国朴茨茅斯城举行媾和谈判。

在日俄和谈开始前后，美、英、日就战后东亚秩序进行幕后交易。1905 年 7 月，美国和日本在东京签署备忘录，规定日本承认美国在菲律宾的特殊地位，美国承认日本对朝鲜的宗主权。1905 年 8 月 12 日，英国和日本提前修订《英日同盟条约》，规定把同盟条约的义务扩大到英属印度边界；缔约国一方与任何其他国家发生战争，另一方应共同作战；英国承认日本享有对朝鲜的保护权。事实上，日本通过与美、英的安排至少已保证取得在朝鲜的优越地位。1905 年 9 月 5 日，日、俄两国代表经过激烈的争吵，终于签订《朴茨茅斯和约》。主要内容是：俄国承认日本在朝鲜有“卓绝的利益”，将从中国获得的旅

---

① 参见［苏］鲍・亚・罗曼诺夫：《日俄战争外交史纲（1895—1907 年）》，上海人民出版社 1976 年版，第 231 页。

② Ian Nish, *The Origins of the Russo-Japanese War*, New York: Longman, 1985, pp. 254-256.

大租借地及附属特权、南满铁路（长春至旅顺）及相关利权转让给日本，库页岛南部割让给日本；日、俄在中国东北各自铁路沿线可驻扎护路兵队，东北三省行政权归还中国。这是日、俄重新分割东北亚势力范围的帝国主义分赃条约，严重践踏了中国和朝鲜的主权。日本获得了朝鲜和中国东北的南部，而俄国仍占领中国东北的北部。条约签订后不久，1905 年 11 月，日本迫使朝鲜签署《日韩保护协约》；12 月，迫使清政府签署《中日会议东三省事宜正约及附约》，进一步扩大在中国东北的特权。通过 1904 年至 1905 年的日俄战争，日本崛起为东亚第一强国，堂而皇之地成为国际列强争霸亚洲的重要成员。

### 三、日俄协约和日美矛盾

日俄战争以后，东亚局势发生重大变化。日、俄在《朴茨茅斯和约》的基础上化敌为友，建立起以侵略中国和朝鲜为主要内容的协约关系，该和约和这个时期的英日同盟、法日协约等一起，在东亚形成一种英、法、日、俄合作的局面。另一方面，日本独霸中国东北南部及其扩张性的大陆政策，造成了与美国在“门户开放”旗号下扩大在华权益的对立，日美矛盾遂成为东亚局势演变中的一个持久因素。

日俄战争的结果使双方在东北亚的争夺尘埃落定，两国为了确保各自的势力范围并协调对付其他列强的竞争而走向联合。俄国战后已无力争雄东亚，谋求与日妥协以保持既有的侵略阵地，同时将其对外战略的重点回到欧洲和近东。日本要巩固战争的成果并抵制美国经济势力进入中国东北，同样需要与俄国缓和关系。在国际上，1904 年就已结成协约的英、法两国，此时从加强遏制德国在欧洲和全球的地位出发，也积极推动战后日、俄改善关系。英国不再视俄国为东亚之虞，1906 年已开始通向英俄协约的中亚谈判。1907 年 6 月 10 日，作为俄国盟国的法国与日本在巴黎签署《日法协定》并秘密换文，规定尊重和支持彼此在亚洲的地位和领地，日本承认法国在印度支那的领土权以及在中国广东、广西、云南的特殊利益，法国承认日本在朝鲜的保护权以及在中国福建和东北“满、蒙地区”的特殊利益。这些变化为日俄协议铺平了道路。1907 年 7 月 30 日，日、俄两国在圣彼得堡签订《日俄协定》及其密约。内容主要是相互保证尊重彼此现时领土之完整和各种条约权利，划分中国东北三省为“北满”（属俄国）和“南满”（属日本）的势力范围。俄国承认日本在朝鲜的支配地位和在“南满”的特殊利益，日本承认俄国在“北满”和外蒙古的特殊利益，日俄协约由此确立。1910年7月，第二次日俄协约订立时增加了内容，即日、俄相互承认各自在其特殊利益的区域有自由行动的权利，当它们的“特殊利益”受到威胁时应协商采取共同行动或相互援助的措施。这使日俄协约具有了攻守同盟的性质。同时日本在1910年8月22日迫使朝鲜签订《日韩合并条约》将其吞并，开始了对朝鲜长达30多年的被称为“日据时代”的殖民统治。1912年7月订立第三次日俄协约，又背着中国将在东北的势力范围扩展到内蒙古，秘密把内蒙古分为东、西两部分，分属日、俄。日俄协约一直延续到第一次世界大战爆发之后。

美国在日俄战争中名为中立，实际上是支持日本遏制俄国的，它给日本提供了大量的战争借款。但是日本取得胜利后违背在中国东北保持门户开放的承诺，力图将其经营成侵华基地而排斥美国势力，这样日、美围绕中国东北的争夺就成了两国矛盾的根源。1905年10月，美国铁路大王哈里曼与日本达成谅解备忘录，准备由美、日组成联合财团收买日本夺得的南满铁路，以后由美、日共同管理。这是哈里曼建设环球运输系统的第一步，他计划再收买中东铁路、取得西伯利亚铁路使用权，经欧洲到美国的海运，与横贯美国大陆的铁路线相连接。但日本政府随即就废止了这个备忘录，给美国资本分享战争成果的企图以沉重的打击。1906年，日本建立南满铁路株式会社，设置关东都督府，通过各种经济、政治和军事手段扩大侵略权益，并实施垄断式的贸易控制。美国对中国东北的出口贸易大幅下降。至1907年，由于日本联手俄国在中国东北实行封闭政策，加上美国国内掀起反对日本移民浪潮，两国关系趋于紧张。美国对清政府采取亲善政策以遏制日、俄，并在1908年夏派出大型舰队巡航，到太平洋以示对日本的警告。为防止中、美接近对日不利，日本主动要求与美国谈判太平洋与东亚问题。美国西奥多·罗斯福政府担心日本向太平洋，特别是菲律宾扩张，也不愿因为中国而导致与日本的军事冲突。1908年11月，美国国务卿和日本驻美公使在华盛顿签订《鲁特-高平协定》，达成妥协。双方同意维持太平洋地区的现状，尊重属于彼此的领土和属地，支持各国在华工商业机会均等。该协定在中国问题上是美国做了退让，但是，这个协定并没有给日美双边关系带来实质性的改善。

1909年，美国塔夫脱总统上台后推行“金元外交”，鼓励美国垄断资本向中国东北扩张。11月国务卿诺克斯向列强提出“满洲铁路中立化”方案，由列强借款给中国赎回东北三省内所有属于外国人的铁路，归出资各国共同管理。

为防备日、俄反对，美国又准备了第二方案，即以美、英为主合资借款给中国，修建锦州至瑷珲的新铁路线。美国的目的是要凭借其雄厚的资本力量取代日、俄在中国东北的优势。但美国的这两个方案都因日、俄的阻扰而遭到失败，英、法在此问题上采取了同其盟国保持一致的态度。鉴于日美关系的对立，1910 年 8 月，美国建议与英国订立仲裁协定，以防止英美关系受不测事件的影响。此举得到英国响应，因为它需要美国在对德斗争中的支持。因此，当 1911 年 7 月《英日同盟条约》第三次签订时，根据英国的要求，规定该约不适用于与缔约国有仲裁关系的国家，实际上排除了美国作为英日同盟针对的对象。尽管如此，日本仍然视该同盟为“帝国外交的真髓”，而美国与日本在东亚的矛盾依然如故。

**思考题：**

1. 简述西方列强对印度和东南亚进行殖民征服的主要经过和后果。
2. 简析 19 世纪英、俄中亚大角逐的性质及主要经过。
3. 评述 1840 年至 1895 年列强对中国的侵略及其对东亚格局的影响。
4. 试析日俄战争后日本与俄国和美国关系的变化及原因。

阅读文献　　大事年表　　索引　　后记

## 郑重声明



## 读者意见反馈

为收集对教材的意见建议，进一步完善教材编写并做好服务工作，读者可将对本教材的意见建议通过如下渠道反馈至我社。

咨询电话　400-810-0598

读者服务邮箱　gjdzfwb@ pub. hep. cn

通信地址　北京市朝阳区惠新东街 4 号富盛大厦 1 座
　　　　　高等教育出版社总编辑办公室

邮政编码　100029

## 防伪查询说明

用户购书后刮开封底防伪涂层，使用手机微信等软件扫描二维码，会跳转至防伪查询网页，获得所购图书详细信息。

防伪客服电话　(010)58582300